경찰학강의

배철효, 배재경, 김정석, 김문성, 가기현

도서출판 **진 영 사**

경찰학강의

배철효, 배재경, 김정석, 김문성, 가기현

2014년 02월 21일 초판인쇄

2014년 02월 26일 초판발행

발행인 박 진 영

발행처 도서출판 진영사
인천광역시 부평구 갈산동 16-22번지
전화 : 032)505-4207
팩스 : 032)505-4206
E-mail : 0183734207@hanmail.net
등록 : 122-91-77317

ISBN 978-89-6541-160-4 93350
값 25,000원

머 리 말

그간 한국사회가 양적, 질적으로 팽창해 오면서 국민의 요망과 기대수준도 한층 진일보하였다. 그러나 이러한 시대적 사명과 국민의 요구에 편승하지 못한 치안환경의 심각성 문제는 급기야 범죄의 흉포화, 심각화를 초래하였다. 비단, 일련의 범죄사건(여성·아동성범죄, 학교폭력의 심각화, 연쇄살인 등)을 거론하지 않더라도 오늘날의 치안 안전문제가 얼마나 심각한 위기상황에 봉착했는가를 알 수 있다.

이에 2013년 박근혜정부가 출범하면서, 이러한 각종 문제를 해결하기 위해 행정안전부에서 안전을 더욱더 중요시하고, 국민의 생명과 재산보호를 최우선시 한다는 의미에서 안전행정부로 조직을 개칭하면서 그 어느 때보다 안전의 문제를 중요과제로 주목하고 있다.

따라서, 박근혜정부에서는 경찰분야에 새로운 활력의 동인을 찾고자 경찰인력을 2만명 증원하는 계획을 수립하고 있는 상황에서 어려운 취업환경을 고려해 볼 때 경찰공무원 시험에 응시하고자 하는 수험생들에게는 그 어느 때보다 많은 관심과 열정을 보일 것으로 예상된다.

이에 새롭게 출간되는 〈경찰학 강의〉는 저자들이 그간 강단에서 강의하며 습득한 지식과 이론, 다양한 경험적 사항을 보다 새로운 관점에서 보완하고,,심화시켜 간단하고 집중적으로 활용할 수 있도록 학생들에게 전달하고자 하는 내용을 모두 담고 있지만 단기간에 볼 수 있는 책이 꼭 필요하다는 절심함으로 만든 출간물이라 할 수 있다.

경찰학 강의의 특징을 살펴보면 먼저 대학의 기본강의교재와 수험서로서의 모든 내용을 빠짐없이 도표식으로 정리 하였다. 여러 책을 참고할 필요 없이 이 책만으로 경찰학 개론을 마스터할 수 있도록 하였다. 둘째, 개정된 경찰관련 법령을 모두 반영하였다. 셋째, 수험공부에 필요하게끔 중요내용만 도표식으로 정리하고 그렇지 않은 부분은 과감히 삭제하다. 불필요한 내용까지 포함하여 서술하는 경우 책의 분량이 너무 많아 정리하는데 많은 시간이 소요되고 공부에 흥미를 잃을 수 있기 때문에 정말 꼭 알아야 할 내용만 담았다.

그리고 본서는 경찰공무원 시험, 승진시험을 준비하는 경찰관, 경찰간부후보생들에게 경찰학에 대한 전반적인 이해와 응용을 돕기 위한 사명감에서 편찬되었으며, 부지불식(不知不識)간의 오류나 부족한 점이 있다면 독자들의 넓은 아량으로 이해해 주길 바란다.

마지막으로 본서가 경찰학을 처음 접하는 초심자들에게는 학문의 길라잡이가 되고, 수험을 준비하는 수험생들에게는 합격의 영광을 안겨주는 작은 초석이 되길 바란다.

아울러, 어려운 출판계의 환경에도 불구하고 본서의 출간을 흔쾌히 수락해 주신 도서출판 진영사 박진영 사장님과 그 임직원 여러분에게 형언할 수 없는 감사의 마음을 전한다.

2014년 2월
저자 일동

목 차

제1편 경찰학

제2편 경찰철학

제3편 경찰사학

제4편 경찰행정법

제5편 경찰행정학

제6편 경찰통제와 과제

제7편 경찰학 각론

제 1 편

경찰학

제1장 경찰의 개념
제2장 경찰의 기본적 임무 및 수단

제 1 장 경찰의 개념

1. 대륙법계 시대별 경찰개념 정리 (독일 중심으로)

<table>
<tr><th></th><th colspan="2">경찰의 개념</th><th>특 징</th></tr>
<tr><td>고 대</td><td colspan="2">라틴어 politia에서 유래, 도시국가의 일체의 정치, 특히 헌법을 의미</td><td rowspan="2">경찰과 행정의 미분화</td></tr>
<tr><td>중 세</td><td colspan="2">① 14C말 프랑스의 경찰 개념(국가 목적 · 국가 작용을 의미)이 15C 말에 독일에 계수
② 교회 행정의 권한을 제외한 일체의 국가 행정을 의미
예 1530년 독일의 제국 경찰법</td></tr>
<tr><td>경찰 국가 (17C~ 18C)</td><td colspan="2">① 경찰의 개념에서 외교 · 사법 · 군사 · 재정 작용 등이 분리 → 경찰과 행정의 분화
② 경찰은 사회 공공의 안녕과 복지에 직접 관계되는 내무 행정(內務行政)의 전반을 의미
③ 소극적 치안 유지뿐만 아니라 적극적인 공공 복리의 증진을 위한 강제력의 행사도 경찰에 포함 → 경찰은 강제력으로 대표되는 무제한적 국가 권력</td><td rowspan="3">경찰과 행정의 분화</td></tr>
<tr><td rowspan="2">법치 국가 (야경 국가)</td><td>18C ~ 19C</td><td>① 계몽주의, 자유주의, 자연법 사상, 권력분립주의의 영향으로 법치주의가 대두
② 경찰의 개념이 소극적 위험방지 분야(치안 분야)에 한정된다.
예 프로이센 일반란트법 (1794), 프랑스 경죄처벌법전 (1795)
※ 참고 Kreuzberg판결
[1882 : 경찰권의 발동은 소극적인 질서유지에 한정]
③ 실제로는 질서 유지를 위한 위험방지라는 이름하에 협의의 행정경찰적 사무도 수행 (→ 대륙법계 경찰의 특징)</td></tr>
<tr><td>20C</td><td>2차 세계대전 이후 비경찰화 과정을 거치면서 보안경찰의 임무에 국한된다.</td></tr>
</table>

Notice

※ 경찰과 행정개념이 분화되기 시작한 것은 경찰국가시대부터이다.

구 분	경찰국가시대(17 ~ 18C)	법치국가시대(18C후반)
시대적 배경	군주주권론	계몽철학, 법치주의, 자연법사상, 권력분립주의
경찰업무의 범위	내무행정 전반 (소극적인 질서유지 + 적극적인 복지증진)	소극적인 질서유지
경찰관료의 지위	① 국왕의 절대적인 권력에 복종 및 헌신 ② 국민과는 대립 ③ 재판통제를 받지 않는다.	법에 따라 재판통제를 받는다.
시민의 지위	경찰권의 객체	경찰권의 주체

◐ 대륙법계와 영미법계의 비교 ◑

	대륙법계	영미법계
경찰 개념의 형성	통치권을 전체로 경찰권 발동의 범위와 성질을 기준으로 형성된다.	자치권한을 위임받은 조직체로서 역할을 중심으로 형성된다.
경찰 개념의 발전	경찰이란 무엇인가에 중점. 경찰권의 발동 범위를 제한하는 과정에서 발전	경찰 활동은 무언인가에 중점 ⇒ 경찰은 시민을 위하여 법을 집행하고 서비스하는 기능·역할을 수행하는 조직체로서 주민의 안전을 위한 기능이라는 점에서 발전
경찰과 시민의 관계	① 대립관계 ② 경찰권의 객체	① 협력관계 ② 경찰에 대한 경찰권의 위임, 동반자 관계
역 사	경찰권 발동 범위 축소의 역사	경찰활동 범위 확대 경향
정 리	경찰이란 공공의 안녕과 질서를 유지하기 위한 조직체로서, 주권자인 시민을 위하여 때로는 명령, 강제 등 권력적 수단이나 수사 권한을 동원하여 법을 집행하고, 때로는 서비스를 통하여 적극적으로 봉사하는 임무를 수행하는 조직이다	

◐ 경찰의 개념에 대한 전통적 견해와 현대적 견해 ◑		
	전통적 견해(대륙법계)	현대적 견해(영미법계)
기능	사회공공의 안녕과 질서를 유지하기 위하여 일반통치권에 의거하여 국민에게 명령·강제함으로써 그 자연적 자유를 제한하는 작용	사회공공의 질서를 유지하고 위해와 범죄로부터 국민 개개인의 생명과 재산을 보호하며 다양한 공공서비스 또는 공공재를 제공해 주는 작용
특색	① 경찰을 규범적 강제작용 측면에 한정 ② 경찰과 국민간의 수직적 관계를 설정 ③ 경찰권이란 실질적 의미의 경찰이 사용하는 통치권적 권한을 의미	① 경찰을 문제해결자로 인식 ② 비권력적인 공공서비스 제공자임을 강조 ③ 경찰과 국민간의 수평적 관계를 설정

Notice

◑ 한국에서의 경찰 개념의 형성 ◐

① 경찰 개념의 형성 : 프랑스 → 독일 → 일본 → 우리나라

② 프랑스(죄와형벌법전) → 일본(행정경찰규칙 : 1875) → 우리나라(행정경찰장정 : 1894)

우리의 행정경찰장정에서의 「행정경찰」의 용어 및 정의는 대륙법계 특히 프랑스에서 유래된다.

③ 1945년 이후 영미법계의 민주주의적 이념에 따른 경찰 개념이 계수
(국민의 생명·신체·재산의 보호 : 경찰법 제1조)

㉰ 일본의 경찰관 등 직무집행법(1947), 한국의 경찰관직무집행법(1953)

2. 형식적 의미와 실질적 의미의 경찰개념 (대륙법계에서만 구분)

◐ 형식적 의미의 경찰과 실질적 의미의 경찰 비교 ◑		
	형식적 의미의 경찰	실질적 의미의 경찰
개념	① 실정법상 보통경찰기관에 분배되어 있는 임무를 달성하기 위하여 행하여지는 경찰활동 ② 실정법(제도)적 의미의 경찰, 조직중심(→ 법적 권한) ③ 경직법§2에 규정된 경찰관의 직무범위	① 사회공공의 안녕과 질서를 유지하기 위하여 일반통치권에 근거하여 국민에게 명령·강제하는 권력적 작용 ② 학문 이론적 의미의 경찰, 작용(성질·작용)중심
사례	정보·보안(대공)활동(정보경찰), 수사활동(사법경찰), 서비스활동(방범지도, 순찰 등)	건축허가, 영업·위생감찰, 산림,경제, 철도 등
관계	형식적 의미의 경찰에는 실질적 의미의 경찰에 속하지 않는 것도 있으며(사법경찰), 실질적 의미의 경찰에 속하는 것이 모두 경찰행정기관의 임무인 것도 아니다(위생경찰). 따라서 형식적 의미의 경찰이 언제나 실질적 의미의 경찰이 되는 것은 아니고, 또한 실질적 의미의 경찰이 모두 형식적 의미의 경찰이 되는 것도 아니다. 그러나 생활안전경찰의 불심검문처럼 실질적 의미의 경찰이면서 형식적 의미의 경찰인 경우도 있다. 예 생활안전경찰의 순찰활동 → 양자는 불일치	

㊟ **법정경찰과 의회경찰(국회경호권)은 형식적·실질적 의미의 경찰에 모두 해당되지 않는다.**

Notice

◑ 실질적 의미의 경찰개념의 의의 ◐

실질적 경찰개념은 이른바 일반조항의 존재를 전제로 하여 경찰관청에 대한 권한의 포괄적 수권과 법치국가적 요청을 조화시키기 위하여 구성된 도구적 개념으로서, 경찰의 개념범위의 무제한적 확장을 제한하는 기능을 하고 있다.

◉ 실질적 의미의 경찰

목적	(1) 사회목적적 작용 ⇒ 국가목적적 작용은 제외된다. (예) 외교·군사·재정·사법) (2) 사회 공공의 안녕과 질서유지를 직접 목적으로 한다. ⇒ 개인 상호간의 민사 관계는 제외된다. (3) 장래에 향한 질서유지 작용임 ⇒ 과거에 대한 체재인 형사 작용은 제외된다.
수단	(1) 국민에게 명령·강제하는 권력적 작용임 ⇒ 비권력적 작용은 제외된다. (2) 자연적 자유를 대상으로 한다. (명령적 행위) ⇒ 자연적 자유가 아닌 새로운 법률상의 권리나 능력을 좌우하는 형성적 행위는 제외된다.
권력의 기초	(1) 일반 통치권에 기초를 둠 ⇒ 특별권력관계에 기초하는 의원경찰·법정경찰은 제외된다. (2) 일반 통치권이란 주권을 실현키 위한 국가의 제 권력으로서 국가와 국민간의 관계를 전제하며 [일반권력관계] ,국가(조직)내부의 부분 질서를 의미하는 특별권력관계와 구분된다.

Notice

◑ 비경찰화 ◐

경찰 개념의 형성 과정에서 경찰의 사무이던 것을 다른 관청의 사무로 이관하는 현상, 즉 범죄의 예방과 검거 등 보안경찰 이외의 협의의 행정경찰 사무인 영업경찰·건축경찰·보건경찰 등의 경찰 사무를 다른 행정관청의 분장 사무로 이관하는 현상을 말한다.

2차 대전 종전 후 영미 등 연합국이 독일, 일본, 우리나라에서 협의의 행정경찰 사무에 대하여 행하였다.

독일의 행정법 분야도 경찰법과 질서법분야로 구분하고 있다.

3. 경찰의 분류 (이론적 학문적 분류)

◐ (광의) 행정경찰과 사법경찰의 비교 ◑

구분	(광의) 행정경찰	사법경찰
기 준	삼권분립 사상, 목적 · 기능	
개 념	공공 질서유지 및 범죄예방 활동	형사 사법권의 보조적 작용, 체포, 수사
비 고	① 실질적 의미의 경찰 ② 행정법규 적용 ③ 경찰청장의 지휘·감독 ④ 현재 및 장래의 사태에 대해 발동 ⑤ 비책임자에게도 발동 ⑥ 인권침해 위험 작다 ⑦ 진술거부권, 미란다원칙 (×)	① 형식적 의미의 경찰 ② 형사소송법 적용 ③ 검사의 지휘·감독 ④ 과거의 사태에 대한 작용, 진압경찰 ⑤ 관련자에게만 발동 ⑥ 인권침해 위험 많다 ⑦ 영장주의, 진술거부권, 미란다원칙 (O)
기 타	① 프랑스 죄와형벌법전에서 유래 ② 한국의 경우 보통경찰기관이 양 사무를 모두 담당 (조직법상 미분화 ⇨ 행정경찰 사법경찰 일원주의)	

◐ 보안경찰과 협의의 행정경찰 비교 ◑

구분	보안경찰	협의의 행정경찰
기 준	업무의 독자성	
개 념	경찰청의 분장 사무처럼 사회 공공의 안녕과 질서 유지를 위하여 다른 행정작용에 부수 하여 수행되지 않고 그 자체로서 독립하여 행해지는 경찰 작용	타 행정작용에 부수하여 그 행정작용과 관련해서 발생하는 위험을 방지하기 위해 행해지는 경찰 작용
비 고	① 교통 · 풍속경찰 ② 소방 · 해양경찰 ③ 일반경찰기관이 담당	① 산림 · 위생 · 경제 · 철도 · 건축 · 공물경찰 ② 비경찰화와 관련 ③ 특별경찰기관(행정부 주무장관)이 담당

보안경찰의 의미	학문상(총론)	성질 구분	예방경찰 의미
	실무상(각론)	영역 구분	대공경찰 의미

◐ 국가경찰과 자치제경찰 비교 ◑

구분		국가경찰	자치제경찰
기 준		권한과 책임의 소재	
개 념		국가가 설립하고 관리하는 경찰	지방자치단체가 설립하여 관리하는 경찰
의 의		경찰 유지의 권한과 책임이 국가에 있다.	경찰 유지의 권한과 책임이 지방자치단체에 분산되어 있는 경찰 제도이다.
임 무		국민 개인의 권익 보호 외에 국가적 이익의 보호와 국가적 질서유지 측면이 강조된다.	개인의 권익 보호와 사회 공공의 안녕 · 질서의 유지에 치중한다.
수 단		권력적인 명령 · 강제를 주된 수단으로 한다.	권력적 명령 · 강제의 면보다 비권력적 수단을 중시한다.
조 직		중앙집권적 · 관료적인 제도로서 단일화된 명령 체계를 갖추고 있다.	주민자치 사상에 따라 자치단체별 지방분권적인 조직 체계를 가지고 있다.
비고	장점	① 조직의 통일적 운영 ② 경찰 활동의 능률성 · 기동성을 발휘 ③ 타 행정부문과의 긴밀한 협조 · 조정 원활 ④ 전국적인 통계자료의 정확성 ⑤ 국가권력을 배경으로 하므로, 보다 강력한 기능을 발휘할 수 있다.	① 지방 특성에 적합한 경찰행정 활동 ② 인권 보장, 민주성 보장으로 주민의 지지 획득 용이 ③ 지방별로 독립된 조직이므로 조직 · 운영의 개혁이 용이하다.
	단점	① 국민을 위한 봉사 기능의 저하 ② 지방의 특수성 간과, 창의성이 저해 ③ 정부의 특정 정책의 수행에 이용되어 본연의 임무를 벗어날 우려가 있다. ④ 관료화되어 주민과 멀어지고 국민을 위한 봉사가 저해될 수 있다.	① 전국적 · 광역적 활동에 부적합 ② 다른 경찰기관과의 협조·응원 체제 곤란 ③ 지방 세력이 간섭하여 정실에 흐르기 쉽다. ④ 통계자료에 정확을 기하기 힘들다. ⑤ 전국적인 기동성이 약하고, 조직 체계가 무질서해지기 쉽다.
기 타		현행 경찰법상으로는 중앙집권적 국가경찰을 원칙하고 있다. 제주특별자치도 설치 및 국제자유도시 조성을 위한 특별법상 제주특별자치도에 자치경찰을 가미하고 있다. 소방경찰은 특별시 · 광역시 · 도의 사무로써 자치경찰을 원칙으로 하고 국가소방경찰을 가미하고 있다. 부분적으로 자치단체 경찰이 인정되고 있다고 할 수 있다. 위원회는 자치제 경찰의 특성을 가지고 있다.	

◐ 질서경찰과 봉사경찰 비교 ◑

구분	질서경찰	봉사경찰
기 준	형식적 의미의 경찰 중에서 경찰 활동의 질과 내용을 기준	
개 념	보통경찰조직의 직무범위 중에서 강제력을 수단으로 공공의 안녕과 질서유지를 위한 법집행을 주로 하는 경찰 활동	강제력이 아닌 서비스 · 계몽 · 지도 등을 통하여 경찰 직무를 수행하는 경찰 활동
비 고	범죄 수사 · 진압, 즉시강제, 교통 위반자에 대한 처분(교통 통고처분)	방범 지도, 청소년 선도, 교통 정보의 제공, 방범 순찰, 수난구호

◐ 예방경찰과 진압경찰 비교 ◑

구분	예방경찰	진압경찰
기준	경찰권 발동의 시점	
개념	경찰상의 위해 발생을 방지하기 위한 작용으로 행정경찰 작용보다 좁은 개념	이미 발생된 범죄의 수사를 위한 권력적 작용으로 사법경찰과 일치
비고	① 정신착란자에 대한 보호조치 ② 총포·화약류의 취급 제한	사법경찰(범죄의 제지 · 수사, 피의자의 체포 등)

◐ 평시경찰과 비상경찰 비교 ◑

구분	평시경찰	비상경찰
기준	위해 정도 및 담당 기관, 적용법규	
개념	평온한 상태에서 일반 경찰법규에 의하여 보통경찰기관이 행하는 경찰 작용	전국 또는 어느 한 지방에 비상사태가 발생하여 계엄이 선포될 경우 군대가 병력으로 계엄법에 따라 행하는 경찰

제 2 장 경찰의 기본적 임무 및 수단

1. 경찰의 임무는 **행정조직법상의 보통경찰기관을 전제로** 한 개념이다.

경찰법(경찰조직에 관한 기본법) 제3조	경찰관직무집행법(경찰작용에 관한 기본법) 제2조
1. 국민의 생명·신체 및 재산의 보호 2. 범죄의 예방·진압 및 수사 3. 경비·요인경호 및 대간첩작전 수행 4. 치안정보의 수집·작성 및 배포 5. 교통의 단속과 위해의 방지 6. 기타 공공의 안녕과 질서유지	1. 국민의 생명·신체 및 재산의 보호 2. 범죄의 예방·진압 및 수사 3. 경비·요인경호 및 대간첩작전 수행 4. 치안정보의 수집·작성 및 배포 5. 교통의 단속과 위해의 방지 6. 기타 공공의 안녕과 질서유지

◐ 공공의 안녕과 질서 비교 ◑		
공공의 안녕(安寧)	의의	법질서, 권리, 각 개인의 법익, 국가 또는 기타 공권력 주체의 기관과 집행의 불가침성을 의미 (成文의 법규범) → 개인과 국가의 二重的 개념으로 구성
	구성요소	① 法秩序의 불가침성 → 공공의 안녕 제1의 요소 ㉠ 公法규범 위반 : 원칙적으로 공공의 안녕에 대한 위험으로 취급 ㉡ 私法규범 위반 : 보충성의 원칙상 경찰의 개입은 최후·최소의 수단이 되어야 함 ② 國家의 존립과 국가기관의 불가침성 ㉠ 군은 적국과의 관계에서, 경찰은 사회공공과의 관계에서 국가존립을 보호 ㉡ 정보·보안·외사경찰의 중요성 → 국가목적적 치안유지 작용 ③ 個人의 권리 및 법익의 불가침성 ㉠ 공공의 안녕과 관련된 개인법익의 경우 경찰의 원칙적인 임무사항 ㉡ 私法的 개인법익의 침해의 경우 개인은 효과적인 보호시기를 놓쳐 권리가 무효화되거나 사실상 어려워질 때만 경찰에 원조요청을 할 수 있으며, 이 경우에도 경찰원조는 잠정적 보호에 국한되어야 한다. (보충성의 원칙)

공공의 질서(秩序)	의의	당시의 지배적 윤리와 가치관을 기준으로 판단할 때, 원만한 공동체 생활을 위한 불가결의 전제조건이 되는 각 개인의 행동에 대한 불문규범의 총체(의무에 합당한 재량)
	내용	① 유동적 개념으로서 제한적 사용과 엄격한 통제를 요한다. ② 오늘날 규범의 成文化의 요청으로 인해 공공질서 개념의 사용범위는 점차 축소되는 경향이 있다.

◉ 오늘날 경찰활동은 서비스 제공 · 행정지도 · 정보수집활동 등 비권력적 수단에 의한 활동이 증대되고, 명령·강제 등 권력적 수단에 의한 활동은 점점 축소되고 있다.

2. 경찰활동의 유형과 법적 성질

◐ 구체적 위험과 추상적 위험의 비교 ◑

	구체적 위험	추상적 위험
개념	구체적인 사안에 있어 존재하는 손해발생의 충분한 가능성	일반 · 추상적으로 고찰했을 때 손해발생의 가능성이 있다는 가설적인 경우(구체적 위험의 예상가능성)
내용	경찰개입은 구체적 위험이 존재하는 경우에 가능하지만, 반드시 보호법익에 대해 위험이 필수적으로 존재해야 하는 것은 아니다. 따라서 밤 시간이나 차도에 차가 전혀 다니지 않는 경우일지라도 빨간 불에 차도를 건너는 자, 야간에 행인이 없는 도로에서 교통신호를 무시하고 운전한 자 등은 개인적 법익, 국가적 법익에 대한 손해발생의 가능성은 없지만, 모두 법질서의 불가침성에 대한 침해의 충분한 가능성이 있으므로 경찰책임자가 되고 경찰권을 개입할 수 있다.	경찰의 개입은 추상적 위험이 있을 때에도 가능하다. 따라서 경찰은 순찰이나 교통감시 등의 활동을 할 수 있다.
기타	경찰의 개입은 구체적 위험 또는 적어도 추상적 위험이 있을 때 가능하다. 따라서 사전배려원칙에 따라 추상적 위험 이전의 단계에서 사전배려적 개입이 허용되는 환경행정과 다르다.	

유형	구체적 사례	법적 성질	구제수단
즉시 강제	불심검문, 정신착란자 등의 보호, 위험발생방지, 범죄의 예방과 제지, 위험방지를 위한 출입, 경찰장구의 사용, 분사기 등의 사용, 무기의 사용	권력적 사실행위	①항고소송 제기 곤란 ②손해전보청구 가능
범죄 수사	형사소송법상의 범죄수사활동	기속행위	①부작위시직무유기죄 ②손해전보청구 가능
행정 처분	범칙금납부통고서발부, 운전면허의 정지 · 취소, 총포소지허가	법률행위 권력행위 규제행정	①항고소송 가능 ②손해전보청구 가능
급부 행정	① 금전급부 : 중요 범죄 신고자 또는 검거자에 대한 포상금 지급 ② 서비스제공 : 정보제공(교통 · 지리 정보제공), 각종 보호의 제공 (인명구조, 경호), 교육(어린이 교통안전교육), 순찰활동 ③ 시설의 설치 : 신호기 · 도로표지 등의 설치	비권력적 행위	손해전보청구만 가능
사유 재산권 보호	유실물의 관리	보충적 작용	
행정 지도	방범지도, 청소년선도	비권력적 사실행위	손해전보청구만 가능
정보 수집	각종 정보의 수집활동	비권력적 사실행위	손해전보청구만 가능

3. 광의 경찰권 = 협의의 경찰권 + 수사권

<table>
<tr><th colspan="4">◐ 협의의 경찰권과 수사권의 비교 ◑</th></tr>
<tr><td rowspan="5">협의의 경찰권</td><td colspan="3">① 사회공공의 안녕과 질서를 유지하기 위하여 일반통치권에 의거 국민에게 명령·강제하는 권한 → 일반통치관계를 전제 (∴원칙적으로 통치권에 복종하는 모든 자기 대상)
② 자연인·법인, 내국인·외국인을 불문하고 모두 경찰권의 복종대상
㉠ 경찰의무는 인권을 내재적으로 제약하는 성질을 가진다. → 외국인도 경찰권의 대상
㉡ 경찰법(§4), 경찰관직무집행법(§1)의 「국민」을 「개인」으로 개정 필요성 부각
㉢ 다른 행정기관이나 행정주체가 경찰의무에 위반하는 경우 경찰권이 발동될 수 있는가?</td></tr>
<tr><td>실질적 경찰책임설</td><td colspan="2">국가 등 고권력 주체도 실질적 경찰책임을 부담한다는 견해</td></tr>
<tr><td rowspan="3">형식적 경찰책임설</td><td>전면적 긍정설</td><td>경찰목적이 타 행정기관에 비해 우월함을 전제로 고권력 주체의 경찰책임을 전면적으로 인정하는 견해</td></tr>
<tr><td>제한적 긍정설 (다수설)</td><td>행정기관이 통치권의 행사가 아닌, 일반사인과 마찬가지로 사법적(私法的)활동을 하는 경우에는 경찰권의 발동이 가능하고, 공행정의 책무수행에 저해되지 않는 범위 내에서 원칙적으로 경찰권의 발동이 가능하다.</td></tr>
<tr><td>부정설</td><td>당해행정기관 스스로 위험 제거(독일의 다수설)</td></tr>
<tr><td>수사권</td><td colspan="3">국가형벌권을 행사하기 위해 형소법에 의해 경찰에게 부여된 권한으로서, 범죄사실을 조사하고 범인 및 증거를 발견·수집·보전하기 위한 경찰의 권한
① 자연인(내국인·외국인)에게 발동. 법인에게는 예외적으로 발동된다. 예 압수·수색
② 협의의 경찰권에 의해서는 일반처분(一般處分) (예 통행금지)이 가능하고, 경찰책임자 이외의 비책임자(非責任者)에게도 권한이 발동될 수 있지만, 수사권에 의해서는 이러한 것이 불가능함</td></tr>
</table>

4. 경찰의 관할

◐ 사물관할 · 인적관할 · 지역관할의 비교 ◑		
사물 (事物) 관할	의의	경찰이 처리할 수 있고 또 처리해야 하는 사무내용의 범위 → 조직법적 임무규정 주의 : 다만. 특별법상의 사법경찰관리의 직무범위에 대해서는 형사소송법 · 사법경찰의 관할에서 제외된다. → 「범죄수사규칙」에 상호간의 관계를 규정 예 국정원직원, 군사법경찰기관, 교도소장, 산림보호종사원, 선장 등
	특색	① 범죄의 수사가 경찰의 사물관할로서 인정 (영미법의 영향) ② 우리의 경우 작용법인 경찰관직무집행법에 조직법적 임무규정이 포함되어 있다.(제2조 5호)
인적 (人的) 관할	의의	경찰권이 어떤 사람에게 적용되는가의 문제 → 원칙적으로 국가의 일반통치권에 복종하는 모든 사람이 경찰권의 대상
	예외	대통령 · 국회의원(헌법), 외교사절(국제법), 주한 미군(SOFA)
지역 (地域) 관할	해양경찰청 관할	해양 → 육상 : 국토해양부와의 관할구분의 필요성
	국회 및 법정 내부	① 국회경호권 - 국회의장이 행사, 경찰관은 회의장 건물 밖에서만 경호 ② 법정경찰권 - 재판장이 행사
	치외법권 지역	① 외교공관 · 외교관의 사택 · 교통수단 등이 대상 ② 상태책임의 경우에 예외가 있다. 예 화재나 전염병의 발생시
	미군 영내	시설 및 구역 내부 경찰권
		사람이나 재산 · 미군재산에 관한 압수 · 수색 · 검증 → 동의를 요한다.

국회법

제143조(의장의 경호권) 회기중 국회의 질서를 유지하기 위하여 의장은 국회안에서 경호권을 행한다.

제144조(경위와 경찰관) ① 국회의 경호를 위하여 국회에 경위를 둔다.

② 의장은 국회의 경호를 위하여 필요한 때에는 국회운영위원회의 동의를 얻어 일정한 기간을 정하여 정부에 대하여 필요한 국가경찰공무원의 파견을 요구할 수 있다.

③ 경위와 파견된 국가경찰공무원은 의장의 지휘를 받아 경위는 회의장건물안에서, 국가경찰공무원은 회의장건물밖에서 경호한다.

법원조직법

제60조(국가경찰공무원의 파견요구) ① 재판장은 법정에 있어서의 질서유지를 위하여 필요하다고 인정할 때에는 개정전후를 불문하고 관할경찰서장에게 국가경찰공무원의 파견을 요구할 수 있다.

② 제1항의 요구에 의하여 파견된 국가경찰공무원은 법정내외의 질서유지에 관하여 재판장의 지휘를 받는다.

제 2 편

경찰철학

제1장 경찰이념
제2장 경찰윤리
제3장 경찰의 사상적 토대

제2편 경찰철학

제 1 장 경찰이념

Notice

① 경찰철학에는 경찰이념론과 경찰윤리분야가 포함된다.
② 경찰이념론은 조직으로서의 경찰의 기본가치·기본방향·규범 등이 이에 해당된다.
③ 경찰윤리에는 개개의 경찰관에게 요구되는 이상적인 경찰상에 대한 것이 이에 해당한다.
④ 경찰이념론과 경찰윤리론은 완전히 독립적인 것이 아니고 상호의존적이다. 즉 민주경찰은 경찰의 기본이념이 각 경찰관의 윤리의 바탕이 되어 바람직한 경찰상으로 나타날 때 국민의 신뢰를 받을 수 있다.

◐ 경찰의 기본이념 ◑	
민주주의	① 헌법상의 主權在民(주권재민)의 원칙에서 파생 → 경찰권 在民의 원칙 ② 경찰의 민주화를 위한 방안 ㉠ 국민의 경찰에 대한 민주적 통제와 참여장치의 보장 → 경찰위원회 ㉡ 국민의 참여기회의 보장 및 경찰활동의 공개 → 행정절차법, 정보공개법 ㉢ 경찰조직 내부의 적절한 권한 분배 → 경찰관 개개인의 민주적 의식의 고양

<table>
<tr><td rowspan="3">법치
주의</td><td>의의</td><td colspan="2">경찰권을 발동함에는 법률이 규정한 요건에 따라야 하고(法律에 의한 行政의 원리), 위법한 경찰작용에는 사법적 구제(司法的 救濟)를 보장하는 것
㉠ 권력작용(처분 · 경찰강제 · 즉시강제)의 경우 특히 강하게 요구된다.
㉡ 임의활동(사실행위) → 직무의 범위 내에서는 개별적 수권이 없어도 행사가능
㉢ 경찰관직무집행법 제2조 5호의 일반적 수권조항성 여부 : 부정설 (多)</td></tr>
<tr><td rowspan="2">작용</td><td>적극적
측면</td><td>① 법률에 근거하지 아니한 위법한 처분 등으로 국민의 법률상의 이익을 침해해서는 아니 된다는 것
② 위반시 → 재량하자와 비례원칙의 문제→행정구제의 문제</td></tr>
<tr><td>소극적
측면</td><td>① 경찰관청에게 법률로써 정한 의무를 이행하지 아니하여 국민에게 손해를 끼쳐서는 아니 된다는 것
② 위반시 → 의무이행심판 · 부작위위법확인소송
③ 예외적으로 「재량의 0으로의 수축」을 통해 경찰개입청구권이 인정</td></tr>
<tr><td rowspan="2">인권
존중
주의</td><td>근거</td><td colspan="2">헌법 §10 · §37, 경찰법 §4</td></tr>
<tr><td>구현</td><td colspan="2">① 경찰비례의 원칙(경직법§1 · 경찰법§4)
② 수사에 있어서의 法定主義원칙과 임의수사의 원칙(강제처분법정주의)
③ 경찰의 인권존중 → 경찰의 운용 면에서 민주화의 요청</td></tr>
<tr><td>정치
적
중립
주의</td><td colspan="3">① 경찰은 특정정당 기타 정치단체의 이익이나 이념을 위해 활동할 수 없으며, 오로지 주권자인 전체국민과 국가를 위하여 활동해야 한다는 원칙
② 이를 보장하기 위해 「공무원의 신분보장」과 「직업공무원제」를 채택하고, 국가공무원법상의 「정치운동금지」의 의무를 부과한다.</td></tr>
<tr><td>경영
주의</td><td colspan="3">① 종래의 능률성이나 효과성의 차원을 넘어서는 생산성 차원의 경영 마인드가 요구
② 경찰경영이념 → ㉠ 고객만족, ㉡ 효율성(투입-산출의 비율), ㉢ 효과성(목표 달성도)
이를 확보하기 위한 수단으로 조직혁신 · 구조조정 · 감축관리 등이 요구된다.</td></tr>
</table>

◐ 경찰행정이념의 시대적 변천 ◑		
시기	행정이론	경찰행정이념
19C초	관료제이론	합법성 : 법률에 의한 행정
19C말	행정관리론	기계적 능률성 : 최소의 비용으로 최대의 산출 추구
1930년대	통치기능론	사회적 능률성 : 민주성
1950년대	행정행태론	합리성 : 수단이 목표달성에 기여한 정도
1960년대	발전행정론	효과성 : 목표달성도
1970년대	신행정론	형평성 : 소이집단에 대한 배려를 강조, 공무원의 책임성
1980년대	신공공관리론	생산성 : 능률성 + 효과성
1990년대	신국정관리론	신뢰성 : 정부에 대한 믿음, 사회적 자본

◐ 법률유보의 범위에 관한 학설 ◑	
침해유보설	국민의 자유와 권리를 침해하는 경우에만 법률의 근거를 요한다는 학설
권력행정유보설	국민의 권리·의무와 관계가 있는 모든 권력적 작용에는 법률의 근거하에 가능하다는 학설
급부행정유보설	침해적 영역외에도 급부행정상의 행위에도 사회국가의 이념 및 평등권을 근거로 법률의 근거를 요한다는 학설
중요사항유보설 (본질사항유보설)	헌법의 법치국가원칙, 민주주의 원칙, 기본권보장원리와 관련하여, 각 행정부문의 본질적 사항에 관한 규율은 법률에 유보하여야 하되, 그 본질성 여부는 그 규율이 갖는 의미·효과·중요성을 고려하여 개별적·상대적·단계적으로 판단하여야 한다는 것. → 의회유보론과 연결
전부유보설	모든 행정작용에는 법률의 근거가 필요하다고 하는 견해로서, 국민주권주의와 의회민주주의사상에 그 기초를 두고 있다.
신침해유보설	국민의 자유와 권리를 침해하는 경우뿐만 아니라, 특별권력관계에 있어서도 구성원의 권리와 자유를 제한하는 경우 법률의 근거를 요한다는 학설.

◐ 형식적 법치주의와 실질적 법치주의 ◑		
구분	형식적 법치주의	실질적 법치주의
개념	법률의 제정시 '절차와 형식'이 적합하기만 하면 내용적 타당성에 관계없이 법치주의에 부합하는 것	법률의 제정시 '절차와 형식'은 물론 그 '내용'까지 헌법에 적합하여야 한다는 것
배경	군주제를 합리화하는 이론적 근거	인권보장이 최고이념
내용	㉠ 형식적 기본권 보장 ㉡ 침해유보설 ㉢ 합법성 강조 ㉣ 포괄적 위임입법 인정 ㉤ 소송사항의 열기주의 ㉥ 법실증주의 입장 ㉦ 재량권 광범위 인정 ㉧ 국가배상책임 부인 ㉨ 법의 일면적 구속력	㉠ 실질적 기본권 보장 ㉡ 법률유보 범위의 확대 ㉢ 정당성 강조 ㉣ 포괄적 위임입법 금지 ㉤ 위헌법률심사 ㉥ 소송사항의 개괄주의 ㉦ 신자연법사상 ㉧ 재량권 통제 ㉨ 국가배상책임인정 ㉩ 법의 양면적 구속력

제 2 장 경찰윤리

1. 클라이니히(Kleinig)의 윤리교육의 목적

윤리교육의 목적	내 용
도덕적 결의의 강화	경찰관이 실무에서 내부 및 외부로부터의 여러 압력과 유혹에도 굴복하지 않고 자신의 소신과 직업의식에 따라 일을 처리하는 것을 말한다. 그러나 도덕적 결의의 강화를 윤리교육의 가장 우선적 과제로 보는 것은 현재의 경찰상의 운영의 문제점을 구성원의 도덕성에만 전가하려는 잘못된 태도와 연결된다.
도덕적 감수성의 배양	경찰이 다양한 계층의 사람들(부자나 가난한 자)에 모두 인간으로서 존중하고 공평하게 봉사하는 것을 말한다. 그러나, 현실적으로 경찰관은 이미 가지고 있는 감수성을 명료하게 표현하지 못하는 경우가 많으므로 윤리교육의 목적이 도덕적 감수성만을 주안점으로 해서는 곤란하다.
도덕적 전문능력의 함양	경찰이 비판적·반성적 사고방식을 배양하여 조직 내에 관습적으로 내려오는 관행을 비판적으로 검토하여 수행하는 것을 말한다. *경찰윤리교육에 있어서 가장 중요한 목적이다.

Notice

◑ 경찰윤리확립의 필요성(John Keinig) ◐

① 경찰의 기본적 이념간에는 긴장과 충돌의 가능성이 존재(예 질서유지 → 인권존중)

② 이념의 충돌시 경찰관의 윤리의 문제, 즉 법적 테두리 내에서 양심에 따른 가치판단의 문제가 발생 → 경찰윤리의 중요성이 부각

③ 경찰관의 강력한 권한과 상당한 재량성 → 합리적 판단 및 자율적 반성의 중요성이 부가

④ 경찰업무의 많은 비정상적 상황 → 일상적인 도덕적 대응만으로는 불충분하고 적절히 발달된 도덕적 대응이 요구된다.

⑤ 위기상황에의 개입의 불가피성 → 회피가능성이 없다.(법적 명령)

⑥ 경찰업무의 특수성 → 경찰은 대표적인 규제행정으로서 보다 더 많은 유혹에 노출된다.

⑦ 경찰집단 내부에서의 의무불이행의 유혹 → 집단규범에의 동조화를 요구하는 압력

2. 악법에 대한 태도와 학설의 대립

① 법 실증주의자

국가와 사회의 관계에서 법실증주의자는 사회나 개인에 대하여 국가의 우월성을 강조하는 견해로서 인간의 기본권은 자연권으로 존재하는 것이 아니라 법률에 의하여 비로소 창설되는 것이라는 견해이다. 법실증주의자는 '법적안정성'을 강조하고 자연법을 부정하는 관점에서 정당한 절차만 밟아서 제정된 법이면 악법도 법이라고 본다.

② 자연법론자

국가와 사회의 대립을 전제로 국가에 대한 사회나 개인의 우월성을 강조한다. 인간의 기본권은 국가이전에 이미 존재하던 것을 국가가 법으로 확인하는 것이라는 견해이다. 자연법론자는 공동체가 추구하는 객관적 윤리질서에 반하는 법은 명백한 악법에 지나지 않는다고 보고 악법에 대한 저항권은 자연법적으로 승인되고 보장되어야 하는 것으로 본다.(G.라드부르흐)

자연법적 관점에 의하더라도 저항권은 최후 수단성, 보충성으로 저항권은 공동체에

서 용인된 제도적 수단을 총동원해도 악법에 대한 불법을 막을 길이 없을 때 최후적으로 행사되어야 한다.

③ 소결

민주사회의 주류는 사회계약설을 근거로 악법에 대한 저항권의 정당성을 인정한다. 즉 사회와 국가를 관념적으로 구분하면서 사회의 정부에 대한 우위를 인정한다. 이 견해는 국가(정부)는 사회목적을 위한 도구성격으로 본다.

3. 저항권 행사와 경찰의 대응

① 의의

저항권은 정당성의 이름으로 합법성에 도전하는 행위이며, 자연법의 이름으로 실정법에 도전하는 행위라고 할 수 있다.

헌법학자들의 견해에 다르면, 저항권은 민주적, 법치국가적 기본질서 또는 기본권체계를 침해하는 공권력에 대하여 더 이상의 합법적인 대응수단이 없는 경우에 주권자로서의 국민이 민주적, 법치국가적 기본질서를 유지회복하고 기본권을 수호하기 위하여 공권력에 저항할 수 있는 최후의 비상수단적 권리를 말한다.

저항권 사상은 로크의 자연권이론과 맹자의 역성혁명론에 사상적 근거를 두고 있다.

② 요건

헌법학자들은 저항권을 행사할 수 있는 상황에 대하여

㉠민주적, 법치국가적 기본질서를 전면적으로 부인하는 경우일 것.

㉡공권력행사의 불법성이 객관적으로 명백할 것

㉢최후의 수단으로 사용(보충성)

③ 경찰의 대응

어떠한 법이 공동체의 객관적 윤리질서에 반하는 것이 명백하고 정상적인 제도적 채널로 그 해결이 어려운 상태라면 경찰은 시민의 저항권을 저지하기 위해 공권력을 행사할 수 없다.

다만, 법이 객관적 윤리질서에 위배되는 지 불분명할 경우에는 현실적인 법에 근거하여 법집행을 해야 한다.

4. 경찰부패의 원인 (델라트르)

구분	내용
미끄러운 경사이론	사소한 잘못이라도 나중에는 좀 더 멈추기 어려운 미끄럼의 경사로에 있게 된다. 따라서, 사생활에 엄격한 제한을 가해야 한다.
전체사회 가설	미국 시카고 경찰의 부패원인을 분석하던 윌슨이 내린 결론으로 사회전체가 경찰의 부패를 묵인하거나 조장할 때 경찰관은 자연스럽게 부패행위를 하게 되며 처음 단계에는 부패를 하지 않더라도 작은 호의와 같은 것에 길들여져 나중에는 명백한 부정부패로 빠져들게 된다는 것이다. * 미끄러지지 쉬운 경사로 이론과 유사
구조원인 가설	니더호퍼, 로벅, 바커 등이 주장한 가설로 신참경찰관들이 그들의 고참 동료들에 의해 조직의 부패전통 내에서 사회화 됨 으로써 부패의 길로 들어선다는 것이다. 이런 부패의 관행은 경찰관들 사이에서 '침묵의 규범'으로 받아 들여진다.
썩은사과 이론	부패의 원인은 자질이 없는 경찰관들이 모집단계에서 배제되지 못하고 조직내에 유입됨으로써 경찰의 부패가 나타난다는 이론 *부패의 원인은 조직의 체계적 원인보다는 개인적 결함에 두고 있다
소결	정부패의 원인을 설명하는데 있어서 위의 어느 한가지 가설로는 모든 것을 설명하지 못하고 복합적인 원인에 의하여 나타난다고 본다.

5. 작은호의에 대한 가설

구분	내용
허용론 (펠드버그)	① 비록 자신이 해야 할 일을 하는 경우지만, 고마움을 표시하는 것은 당연함 ② 작은호의를 받더라도 경찰관은 편파적으로 업무를 처리하지 않음 ③ 순찰구역에서 경찰은 작은 호의를 통하여 지역주민과 친밀해 질 수 있음 ④ 공짜 커피와 같은 것은 일반적인 관행으로서 완전히 불식시키는 것은 불가능 함
금지론 (셔먼)	① 작은선물이라도 정례화되면 준사람에 대한 의무감이나 신세를 지고 있다는 생각을 가지게 됨 ② 작은호의를 받아들이는 사람은 점점 더 멈추기 어려운 부패의 미끄러운 경사로위에 있는 사람들 임 ③ 대부분의 경찰관들이 뇌물과 작은 호의를 구별할 수 있어도, 일부는 양자를 구별할 능력이 없음. ④ 공짜커피를 제공하는 사람들은 대개 불순한 의도를 가지고 있음.

Notice

◉ **카오스(혼돈) 이론 :** 혼돈은 초기치 민감성이 높은 현상이다. 처음에 입력한 데이터인 초기치, 초기적 조건을 조금만 바꿔도 그 결과가 큰 폭으로 변하게 되는 현상이다. 혼돈의 초기치 민감성을 로렌즈의 '나비효과'라고 부르기도 한다. 나비 한마리의 날개 짓처럼 사소하고 미묘한 움직임이 크게 증폭되어 엉뚱한 결과를 빚을 수 있음을 시사하는 말이다. (작은 호의가 큰 부패로 발전)

◉ **깨진 유리창 이론 :** 지하철의 깨진 유리창을 방치할 경우 시민의 준법의식이 결여되어 더 큰 범죄를 야기한다는 이론이다.(이는 부패를 설명하는 이론이 아니라 경범죄처벌의 이론적 근거 임)

6. 경찰부패에 대한 내부고발

구분	내용
내부고발 원인 (엘리스톤)	① 개인은 정보를 공표하기 위하여 의도된 일련의 행동을 수행한다. ② 정보는 공적인 기록사항으로 된다. ③ 정보는 조직 내에서 가능하거나 현실적인, 사소하지 않은 잘못에 관한 것이다. ④ 행위를 수행하는 개인은 조직의 현재 또는 과거의 구성원이다.
내부고발의 정당화 요건 (클라이니히)	① 적절한 도덕적 동기에 의해 이루어져야 한다. ② 내부고발자는 특별한 경우를 제외하고 공표를 하기 전에 자신의 이견을 표시하기 위한 모든 내부적 채널을 다 사용했어야 한다. ③ 내부고발자는 부적절한 행동을 하도록 지시되었다는 자신의 신념이 합리적 증거에 근거하였는지 확인해야 한다. ④ 내부고발자는 도덕적 위반이 얼마나 중대한가, 도덕적 위반이 얼마나 급박한가 등의 세심한 고려가 있어야 한다. ⑤ 어느 정도의 성공가능성이 있어야 한다.

Notice

◉ **whistlebowing :** 동료나 상사의 부정에 대하여 감찰이나 외부의 언론매체를 통하여 공표하는 내부고발행위

◉ **침묵의 규범 :** 내부고발행위와 반대로 동료의 부정부패에 대하여 눈감아 주는 것

◉ **busybodyiness :** 남의 비행에 대하여 일일이 참견하여 도덕적 충고를 하는 것

7. 냉소주의의 문제와 극복

(1) 냉소주의(cynicism)의 개념

조직의 냉소주의는 공중의 생활이 위선으로 가득 차 있다고 생각할 때, 그리고 경찰조직이 하급직원에 대하여 무리한 요구를 할 때 나타난다.

미국의 니더호퍼는 냉소주의가 자신의 신념체제가 붕괴되었지만 새로운 것에 의해 대체되지 않을 때 나타나는 아노미 현상이라고 보았다.

(2) 회의주의와의 구별

회의주의(skepticism)는 개별적 사안에서 합리적 의심을 하여 비판을 하는 것이고, 냉소주의(cynicism)는 합리적 근거 없이 사회에 대한 신념의 결여로 인해 생겨나는 것이다.

(3) 냉소주의의 폐해

냉소주의는 충성의 도덕적 제약으로부터 해방시켜 조직에 대한 반발과 일탈현상을 초래한다. 또한 경찰문화의 냉소주의의 가장 큰 문제점은 극단적이고 객관성이 결여되어 모든 것을 부정적으로 보는 문화를 조장한다는 것이다.

(4) 냉소주의의 극복방안

상사로부터의 부당한 대우와 스트레스는 불신을 야기하여 냉소주의를 야기한다. 이런 냉소주의에 대하여는 행정학자 중 '맥그리거' 이론 중 **Y이론**에 입각한 조직 관리를 해야 한다.

8. 경찰의 전문직업화의 문제점

문제점	특징
부권주의(父權主義)	아버지가 자식의 문제를 모두 결정하듯이 전문가가 상대방의 입장을 고려하지 않고 일방적으로 결정
소외(alienation)	나무는 보고 숲은 보지 못하듯 전문가가 자신의 국지적 분야만 보고 전체적인 맥락을 보지 못하는 것
차별(discrimination)	전문직이 되는 데 장기간의 교육과 비용이 들어, 가난한 사람은 전문가가 되는 기회를 상실하는 것

9. 경찰윤리강령 제정과정

경찰윤리헌장(1966) → 새경찰신조(1980) → 경찰헌장(1991) → 경찰서비스헌장(1998)

Notice

◑ 경찰 헌장 본문 ◐ (1991)

1. 모든 사람의 인격을 존중하고 누구에게나 따뜻하고 봉사는 **친절한 경찰**
1. 정의 이름으로 진실을 추구하며 어떠한 불의나, 불법과도 타협하지 않는 **의로운 경찰**
1. 국민의 신뢰를 바탕으로 오직 양심에 따라 법을 집행하는 **공정한 경찰**
1. 건전한 상식위에 전문지식을 갈고 닦아 맡은 일을 성실하게 수행하는 **근면한 경찰**
1. 화합과 단결 속에 항상 규율을 지키며 검소하게 생활하는 **깨끗한 경찰**

Notice

◑ 경찰 서비스 헌장 ◐(1998)

우리는 국민의 생명과 재산을 보호하고 법과 질서를 수호하는 국민의 경찰로서 모든 국민이 안전하고 평온한 삶을 누릴 수 있도록 다음과 같이 실천하겠습니다.

1. 범죄와 사고를 철저히 예방하고 법을 어긴 행위는 단호하고 엄정하게 처리하겠습니다.
1. 국민이 필요로 하면 어디든지 바로 달려가 도와 드리겠습니다.
1. 모든 민원은 친절하고 신속 . 공정하게 처리하겠습니다.
1. 국민의 안전과 편의를 제일 먼저 생각하며 성실히 직무를 수행하겠습니다.
1. 인권을 존중하고 권한을 남용하는 일이 없도록 하겠습니다.
1. 잘못된 업무처리는 즉시 확인하여 바로 잡겠습니다.

* 경찰헌장이나 경찰윤리헌장이 선언적이고 추상적인 내용으로 구체적인 기준 제시가 미흡했던 것과는 달리 경찰 서비스 헌장은 국민에게 제공하는 서비스 기준과 내용, 제공방법 및 절차가 구체적으로 포함되어 있다.

10. 경찰윤리강령의 문제점

문제점	특징
실행가능성의 문제	경찰강령은 법적 강제력이 없기 때문에 위반했을 경우 제재할 방법이 미흡, 지나친 이상추구의 성격 때문에 빛 좋은 개살구가 될 수 있음
냉소주의의 문제	경찰강령은 직원들의 참여에 의하여 이루어지는 것이 아니라 상부에서 제정하여 하달되어 냉소주의 야기
최소주의의 위험	경찰관이 최선을 다하여 헌신과 봉사를 하려다가도 경찰강령에 포함된 정도의 수준으로만 근무를 하여 경찰강령이 근무수행의 최소기준이 됨
비진정성의 조장	경찰강령은 경찰관의 도덕적 자각에 따른 자발적인 행동이 아니라 외부로부터 요구된 것으로서 타율성으로 인해 진정한 봉사가 이루어지지 않을 수 있음(윤리적 불감증 야기)
우선준위 미결정	경찰강령이 구체적인 경우 상세하지만 그보다 더 곤란한 현실문제에 있어서 무엇을 먼저하고 무엇을 나중에 해야 할지 우선순위를 결정하는 기준이 못 됨
행위중심적 성격	경찰강령이 무슨 무슨 행위 중심적으로 규정되어 있어 행위 이전의 의도나 동기를 소홀히 함

제 2 장 민주주의 경찰활동의 사상적 토대

1. 사회계약설

	홉스	로크	루소
저 서	리바이어던 (Leviathan)	시민정부제2론	사회계약론
자 연 상 태	① 만인의 만인에 대한 투쟁 ② 약육강식의 투쟁 상태	① 처음에는 자유·평등·정의가 지배하는 사회 ② 인간관계의 확대에 따라 자연권 유지가 불안	① 처음에는 자유·평등이 보장 되는 목가적 상태 ② 점차 강자와 약자의 구별이 생기고 불평등관계가 성립
사 회 계 약	① 자연권의 전면적 양도 ② 각 개인의 자연권 포기	① 자연권의 일부를 국가 또는 국왕에 신탁(일부양도설) ② 자연권의 보장	① 모든 사람의 의지를 종합 통일(일반의지) ② 자연적 자유대신에 사회적 자유 확보 ③ 모든 사람에게 시원적 자유를 되찾아 줌
특징	① 국왕의 통치의지에 절대복종 ② 대군주제를 통한 평화와 안전의 기대 ③ 혁명은 절대 불가	① 반항권(혁명권)의 유보 ② 제한군주제(2권분립) → 시민권의 확보	① 국민주권의 발동으로 불평등 관계 시정 ② 일반의지의 표현인 법을 통하여 인간의 자연권 및 정의 실현(저항권인정)

◐ 로크의 사회계약론 ◑

자연 상태의 사회 →	사회계약 이행과정 →	사회계약 후 사회
1. 인간은 다른 사람으로부터 자유롭고 자기가 원하는 것을 결정하고 추구할 자유가 있다. 2. 자연 상태 에서도 인간은 자연법의 제한을 받으며 자신의 권리가 침해되었을 때 스스로의 자위권을 발동할 수 있다.	1. 자연 상태에서 자위권이 있어도 힘이 없는 자는 생명과 재산에 대한 안전이 결여되어 있다. 2. 생명과 재산의 안전을 확보하기 위하여 자연권의 일부를 포기하고 그 임무를 국가에 맡긴다. 3. 자연법이 있다고 하더라도 합의된 기준이 없고, 자연법을 선고할 재판관도 없으며, 자연법을 집행할 강력한 공권력도 존재하지 않는다.	1. 시민은 자연권의 일부를 포기하고 생명과 재산의 임무를 국가에 위탁하고 국가는 경찰에게 생명과 재산의 보호라는 임무를 부여하였다. 2. 정부는 자연법을 토대로 실정법을 만들고 법원을 만들어 판결을 선고하며, 경찰과 검찰의 공권력을 통하여 법을 집행한다.

2. 바람직한 경찰활동의 기준 (코헨과 펠트버그)

기준	내용
공정한 접근의 보장	◉ 치안서비스는 일종의 사회적 공공재로서 누구나 차별없이 제공되어야 한다는 것 ① 경찰인은 범죄현장, 소요현장, 사고현장 등 사회적 위험이 있는 모든 곳에서 그 기능을 행사한다. ② 경찰인의 안전보장과 질서유지라는 법집행행위는 궁극적으로 경찰인의 사회용역을 통한 서비스 활동이다. <u>경찰행위를 서비스활동이라 할 때 모든 시민들은 누구나 이러한 접근이 가능해야 한다</u>. → 즉 부자나 빈자, 여자나 남자, 시골사람이나 도시사람, 노인이나 젊은이, 건강한 사람이나 장애인 할 것 없이 모든 사람에게 경찰서비스의 제공이 거부되어서는 안 된다. ③ 경찰활동에 대한 공정한 접근 상대적으로 동등한 서비스에 대한 필요를 가진 개인들이 상대적으로 동등하게 서비스를 받을 기회를 가져야 한다는 것을 의미한다. 그러나 개인들이 가지는 <u>서비스에 대한 필요는 개인의 판단에 의해 이루어지는 것이 아니며 개인이 원할 때마다 경찰서비스를 얻을 수 있는 것을 의미하지도 않는다</u>.

공정한 접근의 보장	④ 공정한 접근이 경찰활동에서 저해되어 나타나는 경우 ㉠ 편들기 경찰인이 전체 시민사회의 안전과 평화를 위한 추상적 기준과 필요성에 따른 판단을 도외시하고 근거가 희박하거나 불공평한 구분을 통해서 그들의 서비스를 제공할 때 일어나는 현상 (예 친구나 동료 경찰인에게 특혜를 주는 것) ㉡ 요청되는 경찰서비스의 제공을 해태하거나 무시하는 경우 (예 가난한 동네 순찰시에는 문제 발생해도 그냥 지나치고, 부자 동네 순찰시에는 작은 문제에도 친절히 해결해 주는 태도, 甲의 집에 강도가 들어 순찰지구대에 신고했는데, 순찰지구대에서 평소 甲의 경찰업무 비협조를 이유로 현장에 출동하지 않은 경우)
공공의 신뢰 확보	시민들이 자신의 권리행사를 제한하고 치안을 경찰에게 믿고 맡겼다는 것을 인식하고 경찰이 거기에 부응하는 것을 의미한다. ① 시민은 경찰이 반드시 법집행을 할 것을 신뢰한다. 즉 경찰에게 권한 행사를 맡긴 시민들은 경찰이 이러한 권한을 행사하기 위해 훈련과 교육을 받았으며 필요시 경찰장비를 사용할 수도 있기 때문에 경찰은 일반사람보다 강하다고 믿고 있다. 그래서 어떠한 상황에서도 법집행을 하리라고 신뢰한다. (예 절도, 강도 신고를 받고 현장출동 후 범인을 보고 신변의 안전을 걱정하여 추격하는 척하다가 도망가도록 내버려 둔 경우) ② 시민은 경찰이 강제력을 행사할 때 필요한 만큼의 최소한을 사용할 것을 신뢰한다. 경찰은 시민에게 최소한의 불편과 고통을 주는 강제력을 선택하고 행사해야 한다는 것이다. 그러므로 경찰인은 법집행을 함에 있어서 불가피하지 않는 상황에서 생명에 위협을 가하거나 부상을 가하지 말아야 하는 의무를 시민사회에 지고 있는 것이다. 결국 시민들은 경찰이 자의적이고 불필요한 강제력을 행사하지 않을 것을 기대한다. 이러한 시민의 기대는 경찰인에게 최소한 권력을 그것도 적정하게 사용할 것을 윤리적으로 부과하는 것이다. (예 만취자가 공원에서 행패를 부린다는 신고를 받고 출동, 만취자가 경찰에게 심한 욕설을 하고 맥주병을 던지는 등 난동을 부리자, 쉽게 제압할 수 있었음에도 불구하고 경찰봉으로 다리를 가격 상해를 입힌 경우, 달아나는 절도범의 등뒤에서 총격을 가하는 경우, 단속 경찰에 대한 수 차례 공격으로 경찰이 통제력을 잃고 반격을 한 경우) ③ 시민은 경찰이 사익을 위해 공권력을 사용하지 않을 것을 믿고 있다. 경찰의 직분에 사적 이익 등 사사로운 감정이 개입된다면, 공평한 법집행자에 대한 시민의 신뢰에 어긋나게 되는 것이다.

생명과 재산의 안전 확보	경찰목적이 시민의 생명과 재산의 보호에 있으므로 경찰이 이 목적을 행위의 지표로 삼는 것을 의미한다. ① 경찰의 기능을 한마디로 요약하면 시민의 생명과 재산의 안전을 위한 법집행이다. 이러한 생명과 재산의 안전은 경찰이 체포, 검문, 임의동행, 동향관찰, 채증 등과 같은 억압적·강제적 수단을 사용하는 경찰활동뿐만 아니라 모든 경찰활동의 기준으로서 의미를 가진다. 즉 이 기준은 경찰의 활동영역에서 어떻게 해야하는지에 대한 방향을 제시해 준다. ② 범법자에게는 명확하게 법집행을 하는 것이 공중의 응당한 처분을 해야 하는 것이다. 그러나 여기서 간과해서 안 되는 점은 경찰의 법집행이 수단이라는 것이다. 즉 법집행 자체는 목적이 아니고 시민의 생명과 재산의 안전을 유지하고 보호하기 위한 수단이라는 것이다. 이것은 엄격한 법집행이 시민의 생명과 재산의 안전을 위할 때 그 타당성을 가지며 오히려 안전에 위협이 될 때는 법집행이 한발 물러서야 된다는 것을 의미한다. (㉮ 난폭운전을 하는 폭주족을 과도하게 추격하다가 오토바이가 다른 차량을 충격하여 사상이 발생한 경우) ③ 법집행을 양보할 수 없는 상황도 있다. 현재적인 위협을 당하고 있는 시민의 생명과 안전이 잠재적인 위협보다 더 우선적이다. (㉮ 인질이 된 어린이의 목숨을 구하는 게 교통법규 준수보다 우선됨) ④ 즉 경찰의 법집행의 지향이 궁극적으로 시민의 생명과 재산의 안전이라는 것이다. 이것은 결코 수단적 가치에 의해 소홀히 되어서는 안 되는 경찰활동의 목적이다. 즉 엄정한 법집행이라는 가치와 시민의 생명과 재산의 안전이라는 가치는 때에 따라 어느 것이 우위로 나타나거나 적당히 조정할 문제가 아니라, 전자는 후자를 위한 수단임을 명백히 해야 한다는 것이다.
역할한계와 팀웍 (= 협동)	경찰은 그들에게 부여된 사회적 역할범위 내에서 활동을 해야 하며, 이러한 범위 내의 활동을 함에 있어도 상호 협력을 통해 경찰목적을 달성해야 한다는 것이다. (1) 역할한계 ① 권력분립원칙 하에서 경찰은 일반행정기능과 일반복지행정기능의 일부를 담당하고 있다. 경찰의 일반행정기능은 위험방지의무로 대표되고, 일반복지행정기능 등은 정부의 다른 기관에서 수행되고, 때에 따라 경찰은 지원하고 있다.

역할한계와 팀웍 (= 협동)	② 경찰에게 공동체가 부과한 것은 범법자에 대한 처벌이 아니라 처벌이 가능하도록 준비하는 직업인 것이다. 이것을 준수하지 않는다면 민주사회에서 요구하는 기관간의 권력분립원칙을 어긴 것이 되며 이것은 국가기관간의 역할한계를 고려하지 않는 행위가 된다. (예 정의감이 투철한 김형사가 형사계에서 사건을 해결함에 있어서 좋은 사람과 나쁜 사람을 구별하여 나쁜 사람에게 면박을 주는 등 혼내주는 행위를 한 경우) ③ 이러한 역할한계는 경찰조직 내부에서도 마찬가지이다. 경찰활동은 경찰조직 내의 여러 부서가 제 기능을 수행해 줄 때 원활하게 이루어지며 조화를 이룬다. 어느 누구라도 월권행위를 한다면 조직활동이 파열음을 낼 것이기 때문이다. (2) 팀웍 경찰업무의 대부분은 그 효율성을 위해 경찰인 상호간의 팀웍이 요구된다. 그러므로 개인의 공명심은 경찰활동의 윤리적 요청인 협동의 관념을 위해 절제되어야 한다. 요컨대, 각 조직원은 팀의 일원으로서 일한다고 해도 과언이 아니다. 이 협동의 의미는 부서간 또는 사람간의 기능적인 업무협조 뿐만 아니라 정보교환이라든지 무형적인 것도 의미한다. (예 A경사가 특진 욕심으로 주요 탈옥범 S를 혼자 검거하려다 실패한 경우)
냉정하고 객관적인 자세	경찰인은 공적인 역할을 수행함에 있어 사사로운 감정에 잡하지 않고 공평하고 사심이 없어야 한다는 것이다. ① 경찰업무는 경찰인의 개성과 감정에 구애됨이 없는 객관성을 요구하는 사회활동이라고 할 수 있다. ② 객관성을 상실하는 주된 원인 ㉠ 경찰인의 지나친 관여 본분을 모르는 열정, 편견이나 선호에 사로잡힐 때 경찰인의 지나친 관여가 이루어지는 것이다. 객관성은 이러한 지나친 관여를 지양하고 상황이나 사태를 불공평하게 미리 판단하지 않고 냉정하게 바라볼 수 있게 하는 것이다. (예 아버지로부터 가정폭력을 많이 경험한 경찰이 가정문제의 모든 잘못은 남편에게 있다고 생각하고 간통사건 처리시 여자 쪽에 감정이입을 하여 사건을 처리한 경우) ㉡ 냉소주의 자기의 행위나 임무에 대한 의미를 부여하지 못하고, 현실에 대한 개선의 의지도 없는 상태를 말하며, 타인과의 관계에 있어서 신뢰를 보이지 않고 모든 것을 위선으로 생각한다.

제 3 편

경찰사학

제3편 경찰사학

제 1 장 한국경찰의 역사

대한민국 경찰사의 구분

1) 1894년 갑오개혁 ⇒ 한국경찰의 조직법적·작용법적 근거를 마련
2) 1945년 해방 ⇒ 경찰사상에 있어서도 새로운 출발을 지향
3) 1991년 경찰법 제정 ⇒ 경찰청이 외청으로 독립하여 경찰에 새로운 전기 마련

1. 갑오경장 이전의 경찰제도

<table>
<tr><th>구분</th><th colspan="2">갑오경장 이전의 경 찰 제 도</th></tr>
<tr><td>고조선</td><td>팔조금법(한서지리지에 전한다.) → 살인죄 · 상해죄 · 절도죄의 규정이 전한다.</td><td rowspan="6">① 군사, 형집행 기능과 통합 수행
② 가부장적 사회질서 유지</td></tr>
<tr><td>한군현</td><td>① 행정자체로서 郡(군) · 縣(현) · 卿(경) · 亭(정) · 里(리)의 체제를 취함
② 현, 경, 정에 각각 위, 유요, 정장에게 五兵을 주어서 경찰기능을 담당케 함
오병 - 활, 창, 방패, 검, 갑옷</td></tr>
<tr><td>부여</td><td>관직으로 사출도(마가 · 우가 · 저가 · 구가)를 둠 : 일책12법(절도자는 12배 배상)</td></tr>
<tr><td>옥저</td><td>고구려와 예속관계 왕이 없이 渠帥(거수)가 읍락을 지배</td></tr>
<tr><td>동예</td><td>고구려와 예속관계 왕이 없이 渠帥(거수)가 읍락을 지배
責禍(책화)제도 : 경계침범의 경우 노예나 우마로 배상
폐쇄적 씨족사회의 유산</td></tr>
<tr><td>삼한</td><td>신지 · 견지 · 읍차 · 부례(정치적 지도자) ↔ 천관(종교적 지도자 : 소도 , 치외법권)</td></tr>
</table>

<table>
<tr><td>고구려</td><td>지방 : 욕살(褥薩)</td><td>일책12법</td><td>감옥(X) - 제가평의회에서 즉심
무려라 - 국경경비대</td><td rowspan="3">중앙집권적 국가 행정·군사와 일체
반역죄 엄벌</td></tr>
<tr><td>백제</td><td>지방 : 방령(方領)</td><td>관인 수재죄
수도는 달솔</td><td>위사·조정·병관좌평 : 경찰기능</td></tr>
<tr><td>신라</td><td>지방 : 군주(君主)</td><td></td><td></td></tr>
<tr><td rowspan="2">통일 신라</td><td>중앙</td><td colspan="3">理方府(이방부 : 범죄의 수사와 집행을 담당)·병부·사정부. 형의 종류 세분</td></tr>
<tr><td>지방</td><td colspan="3">9주〈총관 → 도독〉·5소경〈仕臣〉 : 해양경찰 활동이 활발 〈완도 청해진〉</td></tr>
<tr><td rowspan="3">고려</td><td>중앙</td><td colspan="3">형부(刑部)·병부(兵部)·어사대·금오위(수도의 순찰·포도검란(捕盜禁亂)의 업무와 비위예방을 담당)</td></tr>
<tr><td>지방</td><td colspan="3">① 5도 양계의 행정체제(道·郡·縣)에서 각 지방의 수령이 경찰을 담당. 지방의 안찰사, 병마사
② 현에 尉衙(위아 : 長 현위)라는 지방기관이 경찰기능(현재의 경찰서)을 했다.</td></tr>
<tr><td>기타</td><td colspan="3">삼별초(경찰, 전투 등 공적업무 수행)
순마소(→ 순군만호부 : 방도금란(防盜禁亂) 외에 왕권보호의 정치경찰적 기능)</td></tr>
<tr><td rowspan="2">조선</td><td>중앙</td><td colspan="3">① 의금부·포도청(최초의 전문적·독립적 경찰기관으로서 갑오경장 때 폐지)
② 직수아문(直囚衙門) : 중앙의 각 관청이 소관사무와 관련하여 직권에 의하여 위법자를 체포·구금하여 경찰기능 수행하였다.(경찰권의 多元化)</td></tr>
<tr><td>지방</td><td colspan="3">관찰사 등 각 지방의 수령이 경찰권을 담당</td></tr>
</table>

Notice

① 경찰기능은 다른 행정작용 또는 군사작용과 미분화

② 경찰의 이념 → 전제왕권의 공고화

③ 전제적인 경찰권이 행사

④ 갑오개혁 이전에는 중국의 영향

2. 갑오경장부터 한일합병 이전의 경찰

Notice

① 경찰과 일반행정작용·군사작용의 分化
② 경찰의 기능 → 광범위(감옥·위생·소방·영업)
경찰의 이념 → 일본침략의 확보수단(인권의 보호가 목적이 아님)
③ 경찰에 대한 최초의 「법적 규제」가 이루어진다. → 근대 국가적 경찰체제
④ 일본의 경찰제도가 이식되었다.

① 갑오경장과 한국경찰의 창설

① 1894년 6월 일본 각의에서 한국경찰의 창설을 결정
(소속 : 법무아문소속으로 창설결정 → 내무아문소속으로 신설)
7월 『경무청관제직장 : 조직법』 과 『행정경찰장정 : 작용법』 을 제정
② 『경무청관제직장』 에 의한 한성부에 경찰(경무청)이 창설 → 경찰·감옥사무를 담당
「경무청관제직장」은 일본의 「경시청관제」를 본뜬 것 → 일본의 경찰제도의 이 식
③ 『행정경찰장정』 에 의한 경찰의 직무범위
㉠ 포괄성과 광범성
→ 영업 · 시장 · 회사에 대한 사무 및 일체의 위생사무, 소방사무까지 담당
→ 경찰업무와 일반행정업무의 미분화 (경찰과 행정의 분화 시작)
㉡ 「행정경찰장정」은 일본의 「행정경찰규칙」과 「위경죄즉결례」를 혼합한 성격
④ 경찰고문관제도의 실시(1894)와 內部 경찰체제의 정비
중앙 → 「내부관제」가 제정되어 內部大臣의 경찰에 대한 지휘감독권이 정비
지방 → 「지방관제 : 1895」와 「지방경찰규칙 : 1896」이 제정되어 체제가 정비

Notice

최초의 경찰조직법 → 경무청관제직장
최초의 경찰작용법 → 행정경찰장정

② 광무개혁과 경부경찰체제

① 경찰이 『內部(내부)』에서 독립하여 중앙관청으로서 『警部(경부)』를 설치(1년간 존속) → 실패했다. 「경부관제」에 의하여 한성 및 각 개항시장의 경찰업무와 감옥사무를 통할
「경무청관제 : 1902」를 통해 경무청이 경부의 업무를 관리 → 오늘날 경찰청의 원형
② 1896년 일본헌병의 주둔 → 헌병경찰제의 시초
일본의 「헌병조례」에 의해 헌병은 군사·행정·사법경찰을 결합
1903년부터 보통 및 고등경찰활동 수행

③ 을사조약과 한국경찰권 상실

① 1904년 고문정치 → 고문경찰제도 성립(경찰사무 일제에 일본의 동의를 요한다.)
② 1905년 통감정치 → 내부 소속의 경찰이 「경무부」로 독립되어 통감이 직접 경무부를 지휘. 한국 독립 이후의 「경무부」의 원형이 출범. 지방경찰의 체제가 정비되었다.
③ 1907년 경시청체제의 출범과 한국 내 한일경찰의 통합
- 경무청을 경시청으로 개칭 → 한국 경찰관청과 계급의 일본화를 추진
- 각 道에 내무부와 경찰부를 두어 경시의 경찰부장이 관찰사를 보좌하여 도내의 경찰사무를 관장한다.
  → 오늘날 지방경찰청의 원형
④ 한국경찰권의 상실과정
㉠ 1908.10 「경찰사무에 관한 취극서」- 재한국 일본인에 대한 경찰사무의 지휘감독권 위양
㉡ 1909.03 「재한국 외국인민에 대한 경찰에 관한 한일협정」
㉢ 1909.07 「한국 사법 및 감옥사무 위탁에 대한 각서」
㉣ 1910.06 「한국 경찰사무 위탁에 관한 각서」→한국 경찰권의 완전상실

3. 일제강점기의 경찰

헌병경찰제도	① 헌병경찰제도의 시행 → 경찰과 헌병의 통합. 『조선주답헌병조령』 ② 임무분담 : 일반경찰 《개항장 · 도시》 ↔ 헌병경찰 《군사경찰상 필요지 · 의병활동지》 ③ 치안입법 : 보안법 · 신문지법 · 출판법 · 집회단속법
보통경찰제도	① 3.1운동 이후 보통경찰제도로 전환 → 경찰의 조직(구조)은 변화하였으나, 직무와 권한에 대한 기본적 변화는 없다. ② 각종 치안입법으로 경찰의 대상영역 확대→사상경찰 · 경제경찰 · 외사경찰 ③ 치안입법 : 치안유지법 · 정치범처벌법 · 예비검속법

Notice

① 경찰은 일본 식민지지배의 중추기관
총독의 制令權 : 일종의 입법권
경찰(경무총장의 命令權을 통해 전제주의적 경찰권 행사가 가능
② 경찰에 대한 不信의 풍조가 축적

4. 미군정하의 경찰

<미군정기 경찰의 공과>

1. 긍정적 측면

군정경찰은 한국이 자주독립하여 정부를 수립할 때까지의 과도기에 한국민을 위하고 치안을 확보하는 임무를 띤 경찰로써 미점령군의 안전과 그 병력의 유지 및 군사행동에 협조하는 것을 사명으로 하였으며, 이는 해체를 전제로 한 경찰이었고 일제강점기 경찰에서 자주독립국가의 국립경찰로의 교량적인 역할을 담당하였다.

(1) 선진 기법의 도입

① 경찰기능의 재정비

미군정 당국은 남한의 경찰권을 접수한 이후 본래의 경찰영역을 넘어선 비정상적 권한을 경찰관서의 관할에서 회수하여 다른 관서로 이관시켜 비른바 **비경찰화를 추진**하였다.

㉠ 위생사무의 이관 : 1945년 9월 24일에 미군정청에 위생국이 설치되고, 종전의 경무국 위생과를 폐지하고 위생업무를 위생국이 관장하게 되었다.

㉡ 경제경찰업무의 이관 : 조선총독부 경무국 경제경찰과를 폐지하고 그 의무와 직무는 정부로 부터 소멸하게 되었다.

㉢ 소방업무의 이관 : 중앙의 경무부에서 관장하던 소방업무가 시 · 읍 · 면 · 동의 소방부로 이관 되었다.

㉣ 출판물 등의 검열업무의 이관 : 조선총독부 경무국 검역과의 영화검열업무가 폐지되고 공보부에 이관 되었다.

㉤ 각종 허가권의 이관 및 폐지 : 경무부의 각종 허가권의 일부가 각 도지사 또는 서울시장에게 이관되고 일부는 폐지되었다.

㉥ 선박 및 선원의 단속, 현장조사 및 수색업무의 이관 : 재무부 세관국 으로 이관되었다.

㉦ **경찰의 독자적 수사권 행사**

미군정이 실시되기 전에 검찰은 단순한 형사소추기관으로서의 지위만 가지고 있었던 것이 아니고, 범죄수사기관으로서 사법경찰권에 대한 지휘 감독권을 가지고 있었다. 미군정 실시 후, 1945년 12월 29일 법무국의 검사에 대한 훈령 제3호에 의하여 '검사의 기본직무는 법원에 공소를 제기하는 것으로서, 자세한 범죄조사는 검사의 직무가 아니며, 경무국이 조사하여야 할 사항은 경무국에 의뢰하도록' 규정하였다. 영미법 체계에 있어서는 범죄수사기관은 경찰이고 검찰은 단순한 형사소추기관에 불과하기 때문에 이는 미군정 당국이 검찰이 범죄 수사를 못하도록 한 것으로 보아야 할 것이다.

② **교육기관의 개편**

미군정은 1945년 9월 13일 당시 세종로에 있던 경찰관 강습소를 복구하고 신규 경찰관 2,000명을 모집하여 교육시킨 후 순경으로 임용하였다. 1945년 11월 15일 미군정은 경찰관 강습소를 조선경찰학교로 개명하고 종전의 신임 순경의 교육을 중지하고 각 도에서 선발된 경사급을 입교시켜 새로운 이념에 입각한 일선경찰관 감독 및 지도 방법의 교육을 실시하였다. 이것이 우리나라 경찰간부교육기관의 시초였다.

③ 과학수사의 도입

1945년 10월 30일자 법령에 기하여 법무국 형사과 지문계가 관장하던 지문록 및 형사조사제도가 경무국에 이관되어, 인권을 무시한 혐의자의 대량검거와 이들로부터 자백을 강제적으로 받으려던 과거 일제경찰로부터 탈피할 수 있는 토대를 구축하고자 하였다. 이러한 노력은 경무부 수사국 산하에 법의실험소(Criminal laboratory)를 설치 · 운영한 점에서 찾을 수 있다.

④ 여자경찰제의 도입

1946년 5월 15일 최초로 여자경찰관을 채용하여 국립경찰학교에서 교육을 실시한 후 동년 7월 16일 졸업시켰다.

⑤ 공보업무의 개시

1947년 3월 6일 각 관구경찰청 및 제주도 경찰 감찰청에 경찰공보실을 설치하였다.

(2) 민주화 조치

① 법령의 개폐

1945년 10월 9일자 미군정법령 제11호에 의해 조선총독부시대의 한국인의 정치변혁의 시도를 금하는 '정치범처벌법', 공산당 활동을 금하고 한국인의 독립운동을 금하는 '치안유지법', 치안유지법 위반자의 관찰과 한국 독립운동 혐의자를 감시하는 '정치범보호관찰령', 범죄를 저지를 개연성이 있는 사람을 사전 구금하는 예비검속에 관한 예비검속법 등이 폐지되고, 이들 법의 위반자를 다루는 고등경찰업무를 관장하던 경무국 보안과가 1945년 9월 29일 폐지되었다. 아울러 형사소송 법규를 개정 · 처벌금지조항을 삽입함으로써 일제하의 비민주적 관행을 타파하고자 하였다.

② 경찰의 대민가혹행위 시정노력

경찰의 권력남용을 방지하기 위한 구체적 대안으로서 일제하에 근무한 고위경찰관의 면직, 경찰관의 훈련, 구치장 환경의 개선 및 민권의 보호를 제시하였다.

③ 경찰검의 폐지

일제하의 경찰은 위엄을 내 보이기 위해 칼을 차고 다녔고, 이는 국민과의 거리를 멀리하게 만들었다. 그러나 1945년 11월 8일을 기해 이를 폐지하여 칼 대신 경찰봉을 휴대하고 근무하도록 하였다.

④ 표어의 제정

일제경찰의 억압적 이미를 쇄신하기 위하여 경찰의 표어를 「봉사와 질서」로 채택하고 그 정신을 함양하기 위하여 그 표어의 마크를 제복상의 좌측 흉장의 위쪽에 패용케 하였다.

2. 부정적 측면 : 친일인사의 입직

미군정당국은 한반도 진주 이후 사회의 치안확보를 위하여 일제하에 존재하였던 경찰기구의 기능을 지속시켰다. 그 후 경찰권을 확보한 미군정청은 기존의 경찰조직이 한인과 일인으로 구성되어 있었던 것을 한인으로 재조직하려 하였고 이러한 재조직은 두 가지 방식의 경찰관 충원으로 이루어졌다.

하나는 기존의 일제에 봉사하였던 한인 경찰들을 군정경찰에 새롭게 채용하는 방식이었고, 다른 하나는 전혀 새로운 인물을 군정경찰에 신규채용하는 방식이었다. 여기서 주목되는 것은 대거 경위급 이상 경찰간부의 충원과정에서는 일제에 봉사했던 한인 경찰관들이 대거 채용되었다는 사실이다. 1946년 1월 남한의 경위급 이상의 경찰관 1,157명 중 82%인 949명이 일제 경찰 출신 이었다.

이와는 달리 하급 경찰직의 경우 대부분 경찰관 채용시험을 통하여 전직 경험이 없는 새로운 사람들로 충원 되었다. 그것은 일제 강점하에서 경찰업무에 종사하였던 인물들의 경험을 높이 산 군정청 경무부에 의하여 대부분 간부직으로 승진 등용되었기 때문이다.

이같이 일제경찰 출신자를 대거 군정경찰 간부로 충원한 이유 중 하나는 일제치하에서 해방된 조선의 치안확보가 가장 시급한 과제였던 미군정청 입장에서는 치안확보를 담당할 가장 유효하고 가용 가능한 인적 자원이 일제경찰 출신밖에 없었다는 사실에 기인한다. 또 다른 이유는 미군청 및 군정경찰 수뇌들이 일제경찰 출신자들에 대하여 갖고 있던 인식과 태도에서 발견된다. 즉 그들은 경찰직을 치안 확보를 위한 기술직으로만 파악하고 국가형성기에 이들이 갖고 있는 정치적 의미는 중요시하지 않았다.

5. 건국정부수립이후 1991년 이전의 경찰

내무부 경찰체제	⑴ 중앙경찰 조직 : 治安局(1948) ⇒治安本部(1975) 정부수립시 경무부를 치안국으로 격하 조정하여 그 지위를 보조기관화 시킴 ⑵ 지방경찰 조직: 市道경찰국(시 · 도의 보조기관) 경찰서장은 1991년 이전에도 경찰에서 유일하게 행정관청으로서의 지위를 보유한다. ⑶ 국립과학수사연구소와 해양경찰대 설치(1953), 전투경찰대 설치(1968), 의무경찰제도 도입(1983) ⑷ 소방업무(1975)의 배제
경찰관련법령	⑴ 경찰관직무집행법 제정(1953)⇒영미법적 사고가 도입되었다.. ⑵ 경찰공무원법(1969) · 행정대집행법 · 경범죄처벌법 제정

6. 경찰경찰법 제정 이후의 경찰

1991년 이후	⑴ 『경찰법』의 제정 ⇒경찰개혁의 최대과제는 정치적 중립성의 확보에 있었다. ⑵ 정치적 중립성의 확보를 위한 제도적 방안 경찰청의 내무부 외청화 및 각 경찰청장, 지방경찰청장, 경찰서장의 독립관청화 경찰위원회제의 신설 ⑶ 지방행정과 치안행정의 업무협조를 위해 치안행정협의회를 설치

7. 우리나라 경찰사를 통한 교훈

(1) 한국경찰의 역사를 바르게 인식할 필요가 있다.

1) 근대적인 우리 경찰의 창설은 우리의 자주적인 노력과 능력에 의하여 이루어진 것이 아니다.
2) 1894년 일본 내각의 결정과 제국주의 일본의 주도면밀한 계획 가운데 추진 진행되었으며, 해방 후의 경찰체제의 경우에도 식민지기의 경찰체제를 유지하는 미

군정의 정책에 의하여 총독부하의 경무국을 그대로 활용한 것에 지나지 않았다.

(2) 경찰의 존재목적 또는 경찰의 이념을 바로 잡을 필요가 있다.

과거와 같이 정치적 중립성을 훼손하는 경찰활동은 더 이상 반복되어서는 아니 되며, 국민을 위한 존재로서 헌법이 요구하는 국민 전체에 대한 봉사자로서의 경찰역할에 충실하여야 할 것이다.

(3) 경찰 스스로 개혁에 대만 준비와 충분한 연구가 필요하다.

개혁의 거센 물결을 거부하고 안주하던 우리는 주도 면밀하게 준비된 일본에 의하여 경찰권을 상실하고 나아가 국권을 상실 당한 뼈아픈 역사를 가지고 있다. 이러한 역사는 만약 우리 경찰이 21세기의 거센 개혁의 물결을 거부한다면 다시 닥칠지도 모르는 일이다.

(4) 우리 경찰은 역사적으로 다른 나라의 영향을 많이 받았다.

1) 갑오개혁 이전에는 중국으로부터, 갑오개혁 이후에는 일본으로부터, 그리고 해방 이후에는 미국으로부터 일부 영향을 받았다.
2) 한국은 한국 나름의 독특한 환경이 있으므로, 이제 더 이상 다른 국가의 제도를 모방하거나 수용하는데 그치지 말고, 우리의 노력과 연구로 우리에게 맞는 독창적인 제도의 개발이 필요하다.

◐ 경찰조직연혁 ◑

1949.10.18. 경찰병원 설치
1953.12.14. 경찰관직무집행법 제정
1955.3.25. 국립과학수사연구소 설치
1966.7.1. 경찰관 해외주재관 제도 신설
1969.1.7. 경찰공무원법 제정
1969.1.7. 경정, 경장 2계급 신설하고, 2급지 서장을 경감에서 경정으로 격상
1974.12.24. 내무부 치안국을 치안본부로 개편
1979.12.28. 경찰대학설치법 제정 공포(1981년에 1기생 입학)
1991.8.1. 치안본부의 경찰청으로의 승격, 지방경찰국의 지방경찰청으로의 성격
1996.8.8. 해경청 해양수산부로 이관(해경청 및 하부조직이 내무부 경찰청에서 해양수산부로 이관)
1999.5.24. 경찰서에 "청문관제" 도입
1999.12.28. 면허시험장을 책임운영기관화하여 청장 직속의 "운전면허시험관리단"신설
2000.9.29. 사이버테러대응센터 신설
2005.7.5. 경찰청 생활안전국에 여성청소년과 신설
2005.12.30. 경찰병원을 추가로 책임운영기관화
2006.3.30. 경찰청 외사관리관을 "외사국"으로 확대 개편
2006.7.1. 제주도 자치경찰 출범
2006.10.31. 제주지방경찰청장을 치안감급으로 격상
2006.10.31. 경찰청 수사국 내에 "인권보호센터" 신설
2009.11.23. "경찰종합학교"를 "경찰교육원"으로 명칭 변경
2010.12.31. 운전면허시험관리단 폐지 - 교통안전공단으로 이관
2012.1.25. 부산청장 직급조정 : 치안감 -> 치안정감
부산청 차장(경무관)을 폐지하고 3부(경무관 2명 증원) 신설
2012.11.20. 1개 자치구역 내에 다수의 경찰서가 있는 지역의 중심경찰서장을 경무관으로 보임할 수 있도록 하는 [경찰법] 개정('12.2.22)에 따라, 수원남부경찰서·분당경찰서·청주흥덕경찰서·전주완산경찰서·창원중부경찰서 서장의 직급을 총경→경무관으로 조정

제 2 장 경찰제도의 세가지 모델

*민주주의 경찰제도의 3가지 Paradigm

<table>
<tr><td rowspan="7">분권화체제</td><td>의의</td><td colspan="3">(1) 특색⇒다수의 자치적인 경찰기구를 가지며 경찰력의 행사에 많은 제한을 가함
(2) 입법례⇒미국, 스위스, 케나다, 네덜란드, 벨기에</td></tr>
<tr><td rowspan="6">미국</td><td rowspan="3">특색</td><td>제한된 경찰력</td><td>경찰권이 법에 의해 제한 받는다.</td></tr>
<tr><td>지방통제</td><td>경찰력을 제공하는 책임이 지방정부에 있다.</td></tr>
<tr><td>분권화된 법집행기관</td><td>다양한 경찰기관들이 경찰력을 제공</td></tr>
<tr><td>장점</td><td colspan="2">시민의 자유를 보호하고 시민들을 가장 잘 봉사하는 원동력이 되었다.</td></tr>
<tr><td>단점</td><td colspan="2">(1) 연방정부와 주 정부간에 경찰활동을 위한 기본구조(Framework)가 없다.
(2) 국제범죄 및 광역범죄에 대처능력이 미약
(3) 기관간 할거주의, 관할분쟁, 통일적 기준의 미비, 의사전달 · 조정의 미비</td></tr>
<tr><td>대책</td><td colspan="2">집권화의 강화가 아니라 현존 기관들간의 조정과 협조의 강화가 필요</td></tr>
<tr><td rowspan="4">집권화체제</td><td>의의</td><td colspan="3">경찰력이 중앙정부의 직접적인 통제 하에 있는 체제 (중앙정부가 책임을 부담) ⇒사회의 권리를 개인적인 시민의 권리보다 더 중시하는 특징을 보임
입법례⇒프랑스, 한국, 이태리, 핀란드, 이스라엘, 대만, 덴마크, 스웨덴</td></tr>
<tr><td rowspan="3">프랑스</td><td>특색</td><td colspan="2">(1) 강력한 관료제와 집권화된 중앙정부 형태라는 정치적 하부구조를 가진다.
(2) 경찰의 기능은 중앙정부의 보호자</td></tr>
<tr><td>장점</td><td colspan="2">(1) 범죄통제에 매우 효율적 · 효과적인 대처가 가능
(2) 경찰력 행사로부터 시민의 권리를 보호하기 위한 장치를 보유
⇒시민의 인권보호에 다른 유형의 체제에 비해 소홀하지 않다.</td></tr>
<tr><td>단점</td><td colspan="2">국가경찰위주의 임무수행 과정에서 자치도시들의 이익이 무시된다.</td></tr>
</table>

<table>
<tr><td rowspan="5">절충형체제</td><td colspan="2">의의</td><td>(1) 중앙정부와 지방정부가 경찰에 대한 통제권한을 공유(=순화된 분권형, 통합형)
(2) 원래 분권화 체제를 취한 국가에서 경찰의 통합성·능률성의 향상을 위하여 「국가적인 기준」을 채택하여서 분권적 기반 위에 집권화된 능률을 추구하는 모형
(3) 입법례⇒영국, 호주, 일본, 브라질</td></tr>
<tr><td rowspan="3">영국</td><td>특색</td><td>(1) 분권화 체제보다는 경찰기관의 수가 적은 편이다.
(2) 1856년의 「County and Borough Police Act」를 통해 전국적인 평준화에 대한 모델을 제공</td></tr>
<tr><td>장점</td><td>(1) 경찰기관들의 통일적인 경찰업무 수행이 가능
(2) 경찰서비스의 열악화 및 부패를 방지</td></tr>
<tr><td>단점</td><td>(1) 범죄통제와 시민의 자유보호간의 균형이 어려움
(2) 분권화에 따른 비효율성을 극복키 위해 국립범죄정보국(NCIS)과 국가범죄수사국(NCS)을 창설⇒국가경찰적 임무를 수행케 한다.</td></tr>
</table>

◉ **아이캔 베리(경로의존성)** - 제도의 지속성 - 불확실성이 현 제도를 유지, 고착케 한다.

구 분	지방분권적경찰제도	중앙집권적 경찰제도	통합형(절충형)경찰제도
권한과 책임의 소재	지방정부	중앙정부	지방정부 + 중앙정부
우선 가치	시민의 자유와 권리	사회안전	자유와 안전의 조화
경찰기관수 (경찰청)	많다. (미국 18,800여 개)	적다. (한국 1개)	중간정도 (영국 52개 경찰청)
장 점	권한남용 억제 (시민의 자유보호)	범죄통제에 효율적	조정과 통제에 우수
단 점	비효율성	권한남용의 우려(정치적 중립성의 문제)	경찰의 성격 애매
국 가	미국, 스위스, 캐나다, 네덜란드, 벨기에	프랑스, 한국, 중국, 이태리, 핀란드, 이스라엘, 태국, 대만, 덴마크, 스웨덴	영국, 호주, 일본, 브라질

제 4 편

경찰행정법

제1장 개관
제2장 경찰조직법
제3장 경찰공무원법
제4장 경찰작용법
제5장 경찰구제법

제4편 경찰행정법

제 1 장 개관

1. 경찰행정법의 특징

<table>
<tr><td rowspan="2">형식상 특색</td><td>성문성</td><td>경찰법에서는 일방적 규율의 예측가능성의 보장과 법적 생활의 안정성을 도모하기 위하여 성문법주의가 강하게 요구된다.</td></tr>
<tr><td>형식의 다양성</td><td>경찰분야는 대상이 다양하고 변동성이 높아 통일된 단일법전이 존재하지 않고 법형식이 다양하다.
예 개별법, 명령, 규칙, 자치법규 등</td></tr>
<tr><td>성질상 특색</td><td colspan="2">① 획일성·강행성 : 국가의사의 실현을 위해 개개인의 의사를 불문하고 강제적으로 규율한다.
② 기술성·수단성 : 경찰법은 합목적적으로 경찰목적을 실현하기 위한 절차를 정하는 것
③ 집단성·평등성 : 법적 평등을 보장하기 위해 규율내용이 정형화되는 경향에 있다.</td></tr>
<tr><td>내용상 특색</td><td colspan="2">① 경찰행정주체의 우위성 : 경찰주체에게 일방적으로 명령·강제하며 법률관계를 형성·변경하는 힘, 즉 지배권을 인정한다.(행정의 실효성 확보를 위해 실정법이 인정한 특색에 불과)
② 공익우선성 : 私人간의 법률관계와 다른 특별한 법적 규율을 하는 경우가 많다.</td></tr>
<tr><td></td><td colspan="2">① 비록 통일된 경찰법 단일법전은 존재하지 않으나, 경찰법은 통일된 법체계를 이루고 있다.</td></tr>
</table>

2. 법과 경찰활동의 관계

조직규범	모든 경찰의 활동은 조직규범에서 정해진 권한의 범위 내에서 행해져야 하며, 직무범위 외의 것이라면 그것은 경찰의 직무행위로 볼 수 없고 그 효과도 국가에 귀속되지 않는다는 것 → 사물관할의 문제
제약규범 (법률 우위)	어떠한 경찰활동도 경찰활동을 제약하는 법률의 규정에 위반해서는 안 된다는 것
근거규범 (법률 유보)	수권규정이 없다면 경찰기관은 자기의 판단에 따라 독자적으로 행위할 수 없다는 것

3. 경찰조직법상의 원리

민주성, 효율성, 정치적 중립성, 집권성

4. 경찰작용법상의 원리

법률에 의한 행정, 기본적 인권존중

5. 경찰행정법의 법원(法源)

의의	경찰의 조직·작용 및 통제에 대한 법의 존재형식 내지 인식근거
내용	① 법치주의의 원칙상 성문법에 의한 규율이 바람직 하나, 성문법이 미비한 부분에서는 불문법이 예외적·보충적으로 경찰법의 법원이 될 수 있다. ② 행정규칙(훈령)은 원칙적으로 법규성을 가지지 않으나, 경찰사무의 기준이 되고 인식근거가 된다는 점에서 경찰법의 법원이 될 수가 있다.(多)

- 성문법원 : 헌법, 법률, 국제조약·국제법규, 명령,자치법규
- 불문법원
  - 관습법
    - 행정선례법(훈령·통첩·고시등에 의한 선례등)
    - 민중적 관습법(입어권, 유수사용권, 온천사용권등)
  - 판례법
  - 조리법 : 평등원칙, 신뢰보호의 원칙, 비례원칙, 부당결부금지의 원칙등

1) 성문법원

구분			내용
헌법			헌법전 중에서 행정의 조직이나 작용의 기본원칙을 정한 부분 예) 행정조직법정주의 (§96), 국민의 자유 · 권리 제한의 법정주의 (§37②)
법률			가장 중요한 경찰법의 법원
조약·국제법규			헌법에 의하여 체결 · 공포된 조약과 일반적으로 승인된 국제법규는 국내법과 같은 효력을 가진다.(헌§6)⇒ 일반법 대 특별법관계, 국내법전환절차 불요(多)
명령	법규명령	의의	행정권이 정립하는 일반적 · 추상적 규정으로서 법규의 성질을 가지는 것
		위임명령	법률의 위임에 근거해서 법률의 내용을 보충 · 구체화하는 규정
		집행명령	법률의 집행에 필요한 부수적 · 세목적 규정 시행령(대통령)과 시행규칙(총리령 · 부령). 법률우위의 원칙이 적용
	행정규칙		(1) 행정조직 내부에서 상급행정기관이 하급행정기관에 대하여 그 조직이나 업무처리의 절차 · 기준 등에 관하여 발하는 일반 · 추상적 규범⇒법규상 부정 (2) 법령해석 규칙(규범 해석적 행정규칙)이나 재량준칙은 법규성을 인정(多)
조례규칙			(1) 지방의회가 제정⇒「조례」 : 자치단체장이 제정⇒「규칙」 (2) 법률의 위임이 없는 한 조례로서 형벌을 규정할 수 없다. (3) 현행 국가경찰제하에서 자치입법인 조례 · 규칙은 경찰활동과는 관련성이 적다.

▎위임명령과 집행명령의 비교 ▎

구 분	위임명령	집행명령
내 용	법률에서 위임받은 사항을 내용적으로 보충하는 법규명령(법률보충명령)	법률의 범위내에서 법률의 시행에 필요한 세부적·기술적 사항을 규율하는 법규명령
근 거	상위법령의 수권이 필요함	상위법령의 수권 없이도 가능함
규율대상	새로운 권리·의무사항의 규율이 가능	새로운 권리·의무사항의 규율이 불가
공통점	• 법률종속명령 • 행정기관이 발령권자 • 위임명령과 집행명령은 실제로는 하나의 명령에 함께 제정되는 것이 일반적임	• 법규성 인정 • 문서·법조형식·공포를 요함

▎법규명령과 행정규칙의 비교 ▎

구 분	법규명령	행정규칙
권력적 기초	일반통치권에 근거하여 제정됨	특별권력에 근거하여 제정됨
성 질	법규성 인정	법규성 부정
구속력	원칙적으로 대외적·양면적 구속력	원칙적으로 대내적·일면적 구속력
수범자	행정기관과 국민 양자 모두에게 적용됨	행정조직 및 특별행정법관계 내부에 적용
근 거	• 위임명령 – 상위법령 수권필요 • 집행명령 – 상위법령 수권불요	행정권의 당연한 권능으로 수권 불요
한 계	법률유보·법률우위원칙 적용	법률우위원칙만 적용
형 식	• 반드시 조문형식의 문서 • 대통령령, 총리령, 부령형식	• 반드시 문서형식일 필요는 없음. 구두로도 가능 • 고시, 훈령, 지시, 예규, 일일명령 등의 형식
제정절차	• 법제처 사전심사(모든 법규명령) • 국무회의 심의(대통령령)	특별한 절차규정 없음
공 포	반드시 공포를 요함(효력발생요건)	공포를 요하지 않음. 적당한 방법으로 이루어짐

위반의 효과	• 위법 ○ ⇨ 위반행위는 무효 또는 취소(구별기준은 중대명백설) • 위반행위에 대한 행정소송 제기 가능	• 위법 × ⇨ 위반행위의 효력에 영향이 없음(그러나 징계사유는 될 수 있음) • 위반행위에 대한 행정소송 제기 못함
재판 규범성	인 정	부 정
소 멸	폐지, 종기의 도래, 해제조건의 성취, 근거법령의 소멸	비교적 자유롭게 폐지, 변경이 가능
공통점	•양자 모두 일반적 · 추상적 규범으로서 행정의 기준이 되는 규범 •그러므로, 행정기관은 양자 모두 준수하여야 할 법적 의무를 부담	

* 조약의 법원성

(1) 국내법령과 동위

국회의 동의를 요하는 조약은 법률과 동일한 효력

국회의 동의를 요하지 않는 조약은 명령과 동일한 효력

헌법상 절차에 따라 체결· 공포된 조약과 일반적으로 승인된 국제법규를 국내에 적용하기 위한 **별도의 입법은 불필요**하다.

(2) [판례]

- 국제항공운송에 관한 법률관계에 대하여는 일반법에 대한 특별법으로서 바르샤바협약이 우선적용(대판1986.7.22, 82다카1372)
- **지방자치단체의 조례가 조약에 위반하는 경우에는 그 효력이 없다**(대판 2005.9.9, 2004추10).

2) 불문법원

* 관습법

(1) 보충적 효력

(2) 성립 : 장기적·일반적 관행의 존재 + 법적 확신 -> 법적 확신설

(3) 행정선례법 : 국세기본법/행정절차법에서 명시

* 현대사회는 행정의 유동성으로 인하여 관습법의 성립요건인 일정한 관행이 형성되기가 쉽지 않고 법적 확신도 형성되기 어려우므로, 행정법 영역에서 관습법의 성립가능성은 그다지 높지 않다.

* 판례의 법원성 ⇒ 다수설은 제도적인 관점에서 법적 구속력은 부정, 실질적인 관점에서 사실상 구속력은 인정(절충설), 판례는 판례의 법원성에 대해서 부정적인 입장

법원조직법 제8조는 "상급심의 판결은 당해사건에 관하여 하급심을 기속한다"고 규정하고 있다. 즉 상급법원의 재판의 기속력은 '당해'사건에 한정되고 '동종'사건에 대해서는 미치지 않는다.

[판례] 대법원의 판례가 법률해석의 일반적인 기준을 제시한 경우에 유사한 사건을 재판하는 하급심법원의 법관은 판례의 견해를 존중하여 재판해야 하는 것이나, 판례가 사안이 서로 다른 사건을 재판하는 하급심법원을 직접 기속하는 효력이 있는 것은 아니다(대판 1996.10.25, 96다31307).

◉ 조리법(법의 일반원칙, 법 해석의 기본원칙, 법 적용시 최후의 보충적 법원) : 위반효과 - 위헌·위법

1) 신뢰보호의 원칙

① 이론적 근거-법적 안정성설(다수설)

② 실정법적 근거-국세기본법 제18조 3항(과세관행의 존중), 행심법 제 18조 5항(오고지의 효과), 행정절차법 제4조(신의성실, 신뢰보호)

의의	(1) 행정기관의 적극적·소극적인 선행조치 ⇒ 개인의 보호가치 있는 신뢰는 보호해 주어야 한다는 원칙 (2) 영미법상의 금반언의 법리와 유사함 ⇒ 제2차 대전 후 사회국가적 기능이 중시되면서 급속하게 발전
근거	(1) **법적 안정성설**(우리 다수설) vs 신의칙설(독일의 미망인판결) (2) 실정법적 근거도 있음(국세기본법 제18조 제3항, 행정절차법 제4조 제2항)

적용요건	㉠ 선행조치 ㉡ 보호가치 있는 신뢰 ㉢ 상대방의 조치 ㉣ 인과관계 ㉤ 선행조치에 반하는 후행처분 등
선행조치	(1) 적극적· 소극적, 명시적· 묵시적인 의사표시가 있어야 함 (2) 선행행위가 적법행위· **위법행위인지도 묻지 않음** (3) 묵시적 견해표명은 **단순한 착오· 누락만으로는 부족**하고 일정한 사정이 있어야 함 (4) 부작위의 경우 선행조치로 인정하기도 하고 부정하기도 함 (5) 공적 견해표명 여부는 **조직상의 형식적인 권한분장이 아니라 실질로 판단** (6) 과세관청의 **일반론적 의사표시**는 공적인 견해표명에 해당하지 않음 (7) 헌법재판소의 위헌결정은 선행조치인 공적 견해표명에 해당하지 않음 (8) 무효인 선행조치는 신뢰보호의 대상에서 제외됨(판례) (9) 과세관청이 **공적인 견해를 표명하였다는 사실**은 **납세자가 주장·입증**
보호가치 있는 신뢰	(1) 사위의 방법에 의한 허가취득은 아니어야 보호가치 있는 신뢰에 해당 (2) 상대방에게 귀책사유(사기· 강박· 악의·중과실)가 있는 경우에는 보호가치성이 부정 (3) 귀책사유 유무는 행위의 직접 상대방뿐만 아니라 관계자 모두를 기준
한계	(1) 양자동위설 & 이익형량설 → 신뢰보호원칙의 요건을 충족하더라도 행정의 법률적합성원칙과 충돌할 경우 상대방의 보호이익과 행정처분의 취소 등에 의하여 달성되는 공익간의 구체적인 형량이 필요 (2) 존속보장을 원칙으로 하되 보충적으로 가치보장도 가능 (3) 신뢰의 바탕이 된 사정이 변경되었다면 신뢰를 주장할 수 없음
적용영역	(1) 수익적 행정행위의 취소·철회의 제한 (2) 확약 (3) 행정계획 (4) 실권의 법리 (5) 법률의 소급적용금지

[판례] **운전면허취소사유**에 해당하는 음주운전을 적발한 경찰관의 소속경찰서장이 사무착오로 위반자에게 **운전면허정지처분을 한 상태**에서 위반자의 주소지 관할 지방경찰청장이 위반자에게 **운전면허취소처분**을 한 것은 선행처분에 대한 당사자의 **신뢰 및 법적 안정성을 저해**한다.

[판례] 택시운전사가 면허정지기간 중 운전하다가 적발되어 형사처벌 후 아무런 조치가 없다가 **3년여가 지난** 행한 운전면허취소처분은 위법(실권의 법리를 적용함), 교통사고가 난지 **1년10개월이 지나** 운전면허를 취소한 것은 신뢰보호원칙에 반하지 않음(실권의 법리를 적용하지 않음).

2) 비례의 원칙(과잉금지의 원칙)

(1) 근거

① 자연법적 근거-정의 · 공평 · 형평관념

② 실정법적 근거-헌법 제37조 2항(기본권의 본질적 침해금지), 경찰관직무집행법 제1조 2항(경찰관 직권의 최소한도내의 행사 및 남용금지)

(2) 내용

① 적합성의 원칙:목적달성을 위한 행정작용(수단)은 그 목적에 적합하게 행사되어야 한다.

② 필요성의 원칙:필요한 최소한의 간섭(침해),최소침해수단을 선택

③ 상당성의 원칙(협의의 비례원칙):어떤 행정조치가 목적실현을 위해 필요한 경우라도, 그것에 의해 초래되는 불이익이 이익보다 커서는 안된다. (비교형량 : 이익 〉불이익)

비례원칙위반 인정사례와 부정사례(판례)

비례원칙 위반을 인정한 경우 ⇨ 위법	비례원칙 위반을 부정한 경우 ⇨ 적법
• **전 운영자가 유사휘발유를 판매한 줄 모르고 양수한 양수인에게 최장기간인 6월의 사업정지처분을 한 경우** • 청소년유해매체물인지 모르고 청소년에게 대여한 업주에 대하여 700만원의 과징금을 부과한 경우 • 경찰관이 난동을 부리던 범인을 검거하면서 가스총을 근접 발사하여 가스와 함께 발사된 고무마개가 범인의 눈에 맞아 실명한 경우 • 운전면허를 받은 사람이 **자동차 등을 이용하여 범죄행위**를 한 때 범죄의 경중이나 고의 또는 과실을 가리지 않고 **필요적으로 운전면허를 취소**하도록 한 경우	• 음주운전으로 인한 면허정지·취소의 경우 • **음주측정거부자**에 대한 운전면허를 **필요적으로 취소**하도록 규정한 것 • 장관표창을 받았더라도 적극적으로 금품을 요구하여 수수한 공무원에 대하여 해임처분을 한 경우 • 경찰공무원이 신호위반자에게 먼저 적극적으로 금품요구 하였고 전달방법을 구체적으로 알려주었다면 비록 1만원에 해당하더라도 해임처분은 정당 • 개인택시운전사가 자동차를 운전하여 강제추행 등 범죄행위를 한 것에 대해 운전면허를 취소한 경우 • 선거당일의 선거운동금지는 비례원칙 위반 아님, 위반자를 사전선거운동보다 무겁게 처벌하는 것도 비례원칙 위반 아님

3) 평등의 원칙

평등원칙 위반을 인정한 경우 ⇨ 위법	평등원칙 위반을 부정한 경우 ⇨ 적법
• 함께 화투놀이를 한 경우에 3명은 견책, 1명은 파면처분을 한 것 • 국·공립사범대학 등 출신자를 우선 채용하는 것 • 국유잡종재산에 대하여 시효취득을 부인 • 약사 또는 한약사가 법인의 형태로 약국을 개설할 수 없도록 한 것 • 제대군인에 대한 가산점제도 • 국가유공자 등에 대하여 일률적으로 10%의 가산점을 부여하고 있는 것 • **청원경찰의 인원을 감축**하면서 초등학교 졸업 이하 학력소지자 집단과 중학교 중퇴 이상 학력소지자 집단으로 나누어 각 집단별로 같은 감원비율을 선정한 것 • 개인택시운송사업면허의 우선순위 기준으로 무사고운전 등의 성실의무를 **반드시 동일회사에서 이행**하였을 것을 요구하는 것 • 해외근로자 자녀 특별전형에서 **외교관과 공무원 자녀에 대해서만** 20%의 **가산점**을 인정한 것	• 교환직렬에 대하여 다른 일반직 직원과 비교해 5년간의 차등정년을 둔 것 • 피보험자의 생활수준별로 소득금액을 차등규정한 것 • 국가정보원 제한경쟁 7급 직원을 채용함에 있어 '병역의무를 필한 자'를 응시자격 기준으로 정한 국가정보원의 공고 • 개인택시운송사업면허를 하면서 **택시운전 경력을 우대**하거나 **해당지역 운수업체**에서 일정기간 근무한 경력이 있는 것을 우대한 것 • 공토법상 이주대책의 대상자에서 세입자를 제외한 것 • 국가유공자의 사후양자 중 등록하기 전의 사후양자와 등록된 사후양자를 차별하는 것 • 국민건강보험 직장가입자 중 사용자와 근로자의 표준 보수월액 산정방법을 달리한 것

4) 자기구속의 법리 : 근거 – 평등원칙설(통설)

(1) 재량권행사에서 동종의 사안에 대하여 제3자에게 행한 결정에 구속된다는 법리

(2) 행정의 자기구속의 법리는 평등원칙에서 파생된 법리로 보는 것이 일반적임

(3) 헌법재판소는 명시적으로 '평등원칙 또는 신뢰보호의 원칙'을 근거로 밝히고

있음

(4) 불법적인 관행에 있어서 자기구속의 법리를 내세워 평등한 대우를 주장할 수는 없다.

(5) 자기구속의 법리는 1회 이상의 선례가 필요하므로 최초로 적용할 경우에는 적용하기 어렵다는 선례필요설이 다수설의 입장이다.

"행정규칙은 일반적으로 행정조직 내부에서만 효력을 가지는 것이고 대외적인 구속력을 갖는 것이 아니다. 다만 행정규칙이 법령의 규정에 의하여 행정관청에 법령의 구체적 내용을 보충할 권한을 부여한 경우, 또는 재량권행사의 준칙인 규칙이 그 정한 바에 따라 되풀이 시행되어 행정관행이 이룩되게 되면 평등의 원칙이나 신뢰보호의 원칙에 따라 행정기관은 그 상대방에 대한 관계에서 그 규칙에 따라야 할 자기구속을 당하게 되는 경우에는 대외적인 구속력을 가지게 된다."(헌재 1990.9.3, 90헌마13)

5) 부당결부금지의 원칙

(1) 행정작용을 함에 있어서 이와는 실질적으로 관련이 없는 상대방의 반대급부를 조건으로 하여서는 안 된다는 것

[판례] 한 사람이 여러 종류의 자동차운전면허를 취득하는 경우뿐 아니라 이를 취소 또는 정지함에 있어서도 서로 별개의 것으로 취급하는 것이 원칙이라 할 것이고 그 취소나 정지의 사유가 특정의 면허에 관한 것이 아니고 다른 면허와 공통된 것이거나 운전면허를 받은 사람에 관한 경우에는 여러 운전면허 전부를 취소 또는 정지할 수도 있다고 보는 것이 상당할 것이지만, 이륜자동차로서 제2종 소형면허를 가진 사람만이 운전할 수 있는 오토바이는 제1종 대형면허나 보통면허를 가지고서도 이를 운전할 수 없는 것이어서 이와 같은 이륜자동차의 운전은 제1종 대형면허나 보통면허와는 아무런 관련이 없는 것이므로 이륜자동차를 음주 운전한 사유만 가지고서는 제1종 대형면허나 보통면허의 취소나 정지를 할 수 없다(대판 92.9.22, 91누8289).

4. 훈령과 직무명령

1) 훈령의 종류(형식상 분류)

협의의 훈령	일반적 업무에 대하여 장기간에 걸쳐 일반적으로 지시하기 위하여 발하는 것
지시	개별적 · 구체적으로 발하는 명령
예규	반복적 행정사무의 기준을 제시하는 명령
일일명령	당직 · 출장 · 특근 · 휴가 등 일일업무에 관하여 발하는 명령

◉ 훈령

의의	상급관청이 하급관청에 대하여 상당한 장기간에 걸쳐 하급관청의 권한행사를 일반적으로 지시하기 위하여 발하는 명령(행정규칙) 〔행정의사의 통일⇒ 『훈령에 의한 행정』〕 예)도로교통법의 특정 조항에 대하여 경찰청이 내린 법률해석의 지침
효력 성질	⑴ 훈령의 법규성 ⇒ 부정 (원칙) ⇒ 하급관청을 구속함에 그치고 국민에 대하여는 구속력이 없다. (대판) ⇒ 따라서 훈령에 대한 위반행위는 하급관청을 구성하는 공무원의 직무상 의무위반에 그치며(징계사유가 될 뿐). 당해 행위가 위법이 되는 것은 아님(대판) ⑵ 단, 훈령 중 행정사무처리 또는 법령해석의 기준을 제시하는 것을 내용으로 하는 경우(재량준칙)에는 평등원칙에 의한 「자기구속의 법리」 에 의하여 법규성이 긍정된다. ⇒ 훈령의 外部化 현상 예) 국무총리 훈령인 개별토지가격합동지침 (대판 1994)
위반	훈령에 위반한 행위는 위법이 아니며, 그 자체의 효력에는 영향이 없다.→징계사유가 될 뿐

<table>
<tr><td rowspan="6">심사</td><td>구분</td><td>훈령</td><td>직무명령</td></tr>
<tr><td rowspan="2">형식적 요건</td><td>① 권한 있는 상급관청이 발 할 것
② 하급관청 권한 내의 사항일 것
③ 하급관청의 직무상 독립성이 보장되어 있지 않는 사항일 것</td><td>① 법정의 형식이나 절차가 있으면 이를 갖출 것
② 권한있는 상관이 발할 것
③ 부하의 직무범위 내의 사항 일 것
④ 부하의 직무상 독립이 보장된 것이 아닐 것</td></tr>
<tr><td colspan="2">하급관청이나 부하는 훈령이나 직무명령의 형식적 요건에 대해 심사권이 있다. 요건 흠결인 경우에 훈령에 복종하면 하급관청이 책임을 진다.</td></tr>
<tr><td rowspan="2">실질적 요건</td><td>① 상위법규에 저촉되지 아니할 것
② 공익에 반하지 아니할 것
③ 실현가능하고 명백할 것</td><td>①내용이 법령과 공익에 적합할 것
②실현가능하고 명백할 것</td></tr>
<tr><td colspan="2">하급관청이나 부하는 훈령이나 직무명령의 실질적 요건에 대해 심사권이 없다. 요건 흠결인 경우에도 훈령에 복종하여야 한다. 국민 등 관계 당사자가 이의신청, 행정심판, 행정소송 등을 통하여 구제받을 수 있다. 단, 범죄구성 · 명백한 위법으로 인한 당연무효의 경우에는 심사권이 있다. 이 경우 훈령에 복종하면 그 책임은 하급관청이 부담해야 한다. (대판)</td></tr>
<tr><td>경합</td><td colspan="2">서로 모순되는 둘 이상의 상급경찰관청의 훈령이 경합하는 경우
① 주관상급기관의 훈령에 따름
② 주관상급기관이 상하관계일 때는 직근 상급기관에 따름
③ 주관상급기관이 불명확할 때는 주관쟁의 방법에 따름
주관쟁의 결정권은 주관쟁의가 있는 공통된 직근 상급기관이 가짐</td></tr>
</table>

제 2 장 경찰조직법

1. 행정주체

<table>
<tr><td rowspan="2">행정주체</td><td>의의</td><td>행정을 행할 권리와 의무를 가지며, 자기의 이름과 책임 하에 행정을 실시하는 단체(法人) → 행정의 법적 효과가 귀속된다.</td></tr>
<tr><td>종류</td><td>① 국가 · 지방자치단체 · 영조물법인 · 공공조합 · 공법상 재단 · 공무수탁사인(私人)
② 현행 국가경찰제도에서는 국가가 원칙적인 경찰행정의 주체임</td></tr>
<tr><td>행정기관</td><td colspan="2">① 행정주체를 위하여 현실적으로 그 직무를 수행하는 (경찰)기관
→ 경찰행정기관이 권한범위 내에서 행하는 행위의 법적 효과는 행정주체인 국가에 귀속
② 직무의 수행에는 일정한 범위가 존재 → 사항적 · 지역적 · 기능적 한계를 가진다.</td></tr>
</table>

2. 행정기관의 종류

<table>
<tr><td rowspan="2">행정관청</td><td>의의</td><td>행정주체의 법률상 의사를 결정하여 외부에 표시하는 권한을 가지는 기관</td></tr>
<tr><td>예)</td><td>경찰청장 - 지방경찰청장 -경찰서장, 소청심사위원회, 행정심판위원회</td></tr>
<tr><td rowspan="2">참여기관
(의결기관)</td><td>의의</td><td>(1) 행정관청의 의사를 구속하는 의결을 행하는 합의제 행정기관
(2) 의결을 외부에 표시할 수 있는 권한은 ×, 의결을 거치지 아니한 행위는 무효</td></tr>
<tr><td>예)</td><td>정계위원회, 경찰위원회(사실상 심의기관에 가까움). 치안행정위원회</td></tr>
</table>

자문기관 (심의기관)	의의	(1) 행정청으로부터 자문을 받아 그 의견을 제시하는 기관 (2) 의견의 법적 구속력이 ×, 필수적 자문을 결여하면 위법사유
	예)	지방의 치안행정협의회, 경찰서의 행정발전위원회, 경찰공무원 인사위원회 등
감사기관	의의	다른 행정기관의 사무나 회계를 감사하는 권한을 가진 행정기관
	예)	감사원, 감사관-감사담당관-청문감사관
집행기관	의의	행정목적을 실현하기 위하여 필요한 실력을 행사하는 기관
	예)	공무원, 경찰공무원(순경~치안총감)
보조기관	의의	행정관청(행정기관)의 직무를 보조하기 위하여 일상적인 직무를 수행하는 기관
	예)	차장, 국장, 부장, 과장, 계장 등
보좌기관	의의	보조기관 중 특히 참모적 기능을 담당하는 기관
	예)	예) 비서실, 조정실, 담당관 등

3. 경찰관청 권한의 한계

구 분	내 용
사항적 한계	경찰에 관한 일정한 사무만을 관장할 수 있다(소관사무). 상급경찰관청이 하급경찰관청의 권한행사를 지휘·감독할 수 있으나 특별한 규정 없이 대행할 수는 없다(사물관할).
지역적 한계	경찰관청의 권한이 전국에 미치는 중앙관청과 일정한 관할지역 내에서만 효력이 발생하는 지방관청이 있다(지역적 권한 또는 토지관할).
대인적 한계	경찰관청의 권한이 일정한 인적범위에 한정(대인적 권한 또는 인적관할) 예 경찰관청의 권한이 군인 등에 미치지 않는 경우 경찰대학장의 권한이 교직원과 학생에게만 미치는 경우
형식적 한계	경찰관청의 권한행사가 형식에 의하여 제한되는 경우 예 행정안전부령 제정권이 안전행정부장관에게만 있는 경우
시간적 한계	경찰관청의 권한행사가 일정한 시간에 의하여 제한되는 경우

경찰청	설치 근거	정부조직법 (§32④⑤), 경찰법 (§2①)
	경찰 청장	(1) 국가경찰체제의 특징상 경찰사무 전반의 지휘·감독권이 집중된다.⇒독임제 (2) 경찰위원회의 동의 →안전행정부장관의 제청→국무총리→대통령이 임명 (3)임기 : 2년 중임불가(신분보장), 치안총감으로 보함 (4)경찰법상 탄핵대상자, 국회인사청문회실시(소관 상임위원회에서 실시, 대정부구속력 없음)

지방 경찰	지방 경찰청	(1) 특별시장·광역시장 및 도지사 소속 (경찰청 소속이 아님) (2) 지방경찰청장의 지휘·감독권은 경찰청장이 보유(경찰법 §11,14)
	경찰서	지방경찰청 소속, 경찰서장 소속 하에 지서·파출소 또는 출장소를 둠
	지구대 파출소	지방경찰청장이 경찰청장의 승인을 얻어 경찰서장 소속 하에 설치 (경찰청과 그 소속기관 직제 제44조)
치안 행정 협의회	(1) 지방행정과 치안행정간의 업무협조를 위한 자문기관(제주특별자치도는 제외한다) (2) 시·도지사 소속 하에 설치하며, 위원장은 부시장·부지사	

4. 경찰위원회(경찰법 제5조 ~ 제10조)

구성	(1) 행정안전부 소속. 위원은 7人(위원장 및 5人은 비상임. 1人은 상임, 상임은 정무직) (2) 위원의 임명 : 행안부장관의 제청→국무총리→대통령이 임명(2명은 법관의 자격 요) ⇨ 안전행정부장관은 위원 임명을 제청할 때 국가경찰의 정치적 중립이 보장되도록 하여야 한다. (3) 위원장은 비상임 중에서 호선, 위원의 임기 3年, 연임은 불가(보궐위원의 임기는 전임자의 남은 기간으로 함) (4) 재적위원 과반수의 출석과 출석위원 과반수의 찬성으로 의결 (5) 위원장이 사고가 있을 때에는 상임위원, 위원중 연장자순으로 위원장의 직무를 대리한다.

심의 의결 사항	(1) 경찰의 주요정책 및 경찰업무발전에 관한 사항 (2) 인권보호 관련 사항 (3) 경찰임무 외의 다른 국가기관으로부터의 업무 협조요청에 관한 사항 (4) 제주특별자치도의 자치경찰에 대한 국가경찰의 지원·협조 및 협약체결의 조정 등에 관한 주요 정책사항 (5) 기타 안전행정부장관 및 경찰청장이 위원회에 부의한 사항
성격	심의·의결기관 (경찰법 § 5①)
결격 사유	1. 당적을 이탈한 날부터 3년이 경과되지 아니한 자 2. 선거에 의하여 취임하는 공직에서 퇴직한 날부터 3년이 경과되지 아니한 자 3. 경찰·검찰·국가정보원 직원 또는 군인의 직에서 퇴직한 날부터 3년이 경과되지 아니한 자 4. 국가공무원법 제33조 각 호의 1에 해당하는 자
당연 퇴직 사유	1.정당에 가입 2.선거에 의해 취임하는 직에 취임 또는 임용 3.경찰·검찰·국가정보원 직원 또는 군인의 직에 취임 또는 임용 4.국가공무원의 결격사유에 해당
직권 면직 사유	중대한 심신상의 장애로 직무를 수행할 수 없게된 경우 (안전행정부장관 또는 위원장이 의결을 요구하여 경찰위원회의 의결로 결정)
의무	비밀엄수의무와 정치운동금지의무 준용
회의	정기회 매월 1회 위원장이 소집, 임시회 (필요한 경우, 위원3인이상과 안전행정부장관 또는 경찰청장의 임시회 소집요구시 위원장이 소집)
간사	경찰청 기획담당관
재의 요구권	(1) 안전행정부장관이 10일 이내 재의 요구 → 위원회는 7일 이내 재의결해야 함 (2) 사실상 의결기관과 자문기관의 중간형태인 심의기관 수준 임
기타	(1) 경찰활동의 객관성과 타당성을 높이고 민주성·정치적 중립에 기여 (2) 위원회의 사무는 경찰청에서 수행. 「경찰위원회규정(대통령령)」 ⇨ 이 법에 규정된 것 외에 위원회의 운영 및 제9조제1항 각 호에 따른 심의·의결 사항의 구체적 범위, 재의 요구 등에 필요한 사항은 대통령령으로 정한다.

5. 치안행정협의회 (경찰법 제16조, 치안행정협의회규정)

구 분	내용
의 의	지방행정과 치안행정의 업무협조 기타 필요한 사항에 대해 협의·조정하기 위한 협의기구 (시·도지사 소속, 단순자문기구), (설치근거 : 경찰법) → 제주특별자치도에는 치안행정위원회를 설치·운영
구 성	① 위원장을 포함한 9인의 위원으로 구성 ② 위원장은 부시장, 부지사가 된다. ③ 치안행정협의회의 조직·운영 기타 필요한 사항은 대통령령(치안행정협의회규정)으로 정한다. ④ 일반 공무원 2인·경찰공무원 3인(시·도지사 임명), 시·도지사가 위촉하는 3인(지방행정과 치안행정에 관한 학식과 경험이 있는 자) → 임명·위촉제의 혼용 ⑤ 위원장이 사고가 있을 때에는 위원장이 미리 지명하는 자가 그 직무를 대행한다. ⑥ 협의회의 사무를 처리하게 하기 위하여 간사 2인을 두되, 시·도의 기획담당관 및 지방경찰청 경무과장이 된다.
회의	① 협의회의 회의는 매분기 1회 개최하되, 특정사안에 관하여 지방행정과 치안행정과의 업무협조등을 위하여 필요한 경우에는 수시로 개최할 수 있다. ②회의는 위원장이 소집한다.
심의·조정 사항	① 지역안정 및 질서유지에 관한 사항 ② 민방위 및 재해대책 운영에 관한 사항 ③ 질서확립운동 등 지역사회운동의 효율적 추진에 관한 사항 ④ 지역주민과 경찰간의 협조 및 요망사항 ⑤ 기타 지방행정과 치안행정 간 상호지원간에 관한 사항과 시·도지사 및 지방경찰청장이 회의에 부치는 사항

6. 치안행정위원회

구 분	내용
의 의	제주자치도의 지방행정과 치안행정의 업무 협조 및 아래 사항의 각 호의 사항의 심의·의결을 위하여 도지사 소속하에 치안행정위원회를 둔다. ① 국가경찰과 자치경찰간 사무분담 및 사무수행방법에 관한 사항 ② 자치경찰활동에 관한 목표의 수립 및 평가에 관한 사항 ③ 자치경찰의 운영에 대한 지원에 관한 사항 ④ 그 밖에 자치경찰의 운영에 관하여 치안행정위원회의 위원장이 부의하는 사항
구 성	① 치안행정위원회는 위원장 1인과 당연직 위원 2인을 포함한 11인의 위원으로 구성하며, 위원장은 당연직 위원이 아닌 위원 중에서 호선한다. ② 당연직 위원은 다음 각 호의 자로 한다. 1. 제14조제2항의 규정에 의한 부지사 2. 제주자치도지방경찰청의 경무(警務)업무를 담당하는 과장 ③ 당연직 위원이 아닌 위원은 다음 각 호의 어느 하나에 해당하는 자 중에서 도지사가 위촉하되, 그 중 3인은 도의회가 추천한 자를, 3인은 제주자치도지방경찰청장이 추천한 자를 위촉한다. 1. 법관·검사 또는 변호사의 자격이 있는 자 2. 대학에서 법학·행정학·경찰학 또는 교육학을 담당하는 조교수 이상의 직에 있는 자 3. 그 밖에 지역주민 가운데 지방행정 또는 경찰행정 등의 분야에 학식이나 경험이 풍부한 자 ④ 다음 각 호의 어느 하나에 해당하는 자는 위원이 될 수 없다. 1. 「정당법」에 의한 정당의 당원 2. 지방의회의원 3. 「지방공무원법」 제31조 각 호의 어느 하나에 해당하는 자 ⑤ 당연직 위원이 아닌 위원의 임기는 3년으로 하되, 1차에 한하여 중임할 수 있다. 다만, 당연직 위원의 임기는 그 직에 있는동안 재임하고, 보궐위원의 임기는 전임자의 잔임기간으로 한다. ⑥ 치안행정위원회는 제1항의 규정에 의한 재적위원 과반수의 출석과 출석위원 과반수의 찬성으로 의결한다. ⑦ 그 밖에 치안행정위원회의 구성·운영 등에 관하여 필요한 사항은 도조례로 정한다. 이 경우 제주자치도지방경찰청장의 의견을 들어야 한다.

7. 경찰기관 종류

<table>
<tr><td rowspan="5">보통
경찰기관
(보안경찰
작용을
담당하는
경찰기관)</td><td rowspan="2">경찰관청</td><td>보통경찰
관청</td><td>경찰청장 – 지방경찰청장 - 경찰서장</td></tr>
<tr><td>특별경찰
관청</td><td>해양경찰청장 – 해양지방경찰청장-해양경찰서장</td></tr>
<tr><td colspan="2">경찰의결기관· ·자문기관</td><td>경찰위원회, 치안행정협의회 등</td></tr>
<tr><td rowspan="2">경찰집행
기관</td><td>보통경찰
집행기관</td><td>경찰공무원 (치안총감 ~ 순경)</td></tr>
<tr><td>특별경찰
집행기관</td><td>소방공무원, 헌병, 전투경찰대, 해양경찰대, 청원경찰</td></tr>
<tr><td rowspan="2">특별
경찰기관</td><td colspan="2">협의의 행정경찰기관</td><td>산림청장(산림경찰), 국토교통부장관(건축경찰), 보건복지가족부장관(보건 · 위생경찰), 해양수산부장관(어업경찰)등</td></tr>
<tr><td colspan="2">비상경찰기관</td><td>계엄사령관, 위수사령관, 수도방위사령관</td></tr>
</table>

8. 경찰조직과 권한행사

상하관청 상호간의 관계 : 권한의 대리, 권한의 위임, 내부위임, 권한의 감독

대등관청 상호간의 관계 : 권한존중(권한불가침), 권한쟁위, 상호협력(협의, 위탁, 응원)

1) 권한의 감독

의의	상급관청이 하급관청의 권한행사를 지휘하며, 적법성과 합목적성을 확보하고 국가의사의 통일적인 실현을 도모하기 위하여 행하는 통제적 작용을 말한다.
근거	감독권은 상급관청이 하급관청에 대하여 일반적으로 가지는 권한이므로 그에 관한 개별적인 법령의 근거는 필요 없으나 일반적·추상적인 법적 근거는 필요하다.

수단	감시권	보고를 받고, 서류 및 장부를 검사하며, 실제로 사무감사를 행하는 등의 권한이다. 감시권 발동에 특별한 법적 근거는 필요하지 않다.
	훈령권	① 의의 : 상급관청이 하급관청의 권한행사를 지휘하기 위하여 사전에 발하는 명령을 말한다. ② 성질 ㉠ 훈령은 법규성이 없는 행정규칙의 일종이기 때문에 수명기관이 훈령에 위반하더라도 위법이 되지 않고 행위의 효력도 유효하다. ㉡ 위반된 공무원은 징계사유가 될 뿐이다. 훈령은 일반국민을 구속하지 않는다.
	주관쟁의 결정권	하급관청간의 주관권한에 대한 쟁의가 있을 때 상급관청이 이를 결정하는 권한을 말한다.
	인가권 (승인권)	하급관청의 권한행사 전에 상급관청이 갖는 인가권을 말한다.
	취소·정지권	상급관청이 직권으로 또는 당사자의 신청 등의 청구에 의하여 하급관청의 위법·부당한 행위를 취소하거나 정지할 수 있는 권한이다.

2) 권한의 대리와 위임

◐ 권한의 대리와 위임의 비교 ◑

구분	권한의 대리	권한의 위임
공통점	경찰관청의 권한을 다른 자가 대신하여 행사한다는 점에서 공통점이 있다.	
권한귀속의 차이	행정관청의 권한이 다른 행정기관에 이전되지 않는다.	경찰관청의 권한이 피위임관청에 이전되어 수임자의 권한으로 된다.
법적 근거	임의대리는 불요, 법정대리는 필요	경찰관청의 권한이 이전되기 때문에 반드시 법령의 명시적 근거를 필요로 한다.
기관지위상의 차이	대리기관은 피대리관청의 보조기관이 되는 것이 보통이다.	하급관청·보조기관·자치제 등. 수임기관은 하급기관이 되는 것이 보통이다.
발생원인	수권행위(임의대리) 법정사실 발생 (법정대리)	法令에 근거한 위임행위

<table>
<tr><td>법적 성질</td><td colspan="2">수권행위는 피대리관청의 일방적 행위
(동의나 공시는 不要)</td><td>위임청의 일방적 행위
(권한이 이전되므로 공시가 必要)</td></tr>
<tr><td>행위방식</td><td colspan="2">현명주의가 요구</td><td>수임기관의 자기명의로 행위</td></tr>
<tr><td rowspan="2">권한의 범위</td><td>임의</td><td>일반적 · 포괄적 권한의 일부에 대해서만 가능(형식적 권한은 대리가 불가능)</td><td rowspan="2">위임청의 일반적 · 포괄적 권한의 一部에 한하여 인정</td></tr>
<tr><td>법정</td><td>전부대리가 원칙</td></tr>
<tr><td>권한행사의 귀속·책임</td><td colspan="2">피대리관청(임의대리)
- 대리관청(법정대리)
(행정소송의 피고도 동일)</td><td>수임청이 책임을 부담
(행정소송의 피고는 수임청)</td></tr>
<tr><td>사무처리의 지휘·감독</td><td colspan="2">임의대리 - 지휘 · 감독이 가능
법정대리 - 지휘 · 감독이 불가</td><td>원칙적으로 불가
(감독권에 기한 지휘 · 감독은 가능)</td></tr>
<tr><td>종료사유</td><td colspan="2">임의대리 수권행위의 철회, 실효 대리자의 사망 및 신분의 상실
법정대리 원인된 법률관계의 소멸</td><td>위임의 해제, 근거법령의 소멸, 실효
(종기의 도래 · 해제조건의 성취)</td></tr>
<tr><td>복대리
재위임</td><td colspan="2">임의대리는 원칙적으로 불가
법정대리는 복대리가 가능함</td><td>재위임이 가능(법령의 근거를 요)</td></tr>
<tr><td>피고적격의 차이</td><td colspan="2">권한대리를 한 행정행위에 대한 항고소송의 피고는 피대리관청이 된다.</td><td>권한위임을 한 행정행위에 대한 항고소송의 피고는 수임관청이 된다.</td></tr>
</table>

3) 위임전결과 대결과 권한대리의 구별

권한대리	위임전결	대결
경찰관청의 권한의 전부 또는 일부를 타인이 피대리관청을 위한 것임을 표시하고 자기의 명의로 대행하여 그 행위가 피대리관청의 행위로서 법률상 효력을 발생하는 것을 말한다.	경찰관청의 보조기관 등이 당해 경찰관청의 이름으로 권한을 사실상 대리행사하는 경우를 말한다. 비교적 경미한 사항의 편의적 처리를 위한 내부적 사무처리 방법이다.	경찰관청의 구성자가 일시 부재한 경우에 보조기관이 경찰관청에 갈음하여 외부에 표시함이 없이 결재하는 것을 말한다.
대리행위임을 표시하고 대리 경찰관청의 이름으로 행하는 외부적 법률상 행위라는 점에서 위임전결 및 대결과 구별된다.	대리행위임을 표시하지 않고 본래의 경찰관청의 이름으로 행해지는 내부적 사실상 행위라는 점에서 같다.	

4) 법정대리

의의	법정사실이 발생하였을 때 직접 법령의 규정에 의하여 대리관계가 발생하는 경우를 말한다.	
근거	반드시 법령상 근거를 요구하며, 일반법령으로는 ‘직무대리규정’(대통령령)이 있다.	
종류	협의의 법정대리	① 일정한 법정사유가 발생하면 법률상 당연히 대리권이 발생하는 경우를 말한다. ② 대통령의 궐위시에 국무총리의 대리(헌법 제71조), 국무총리에게 사고가 있을 때 부총리에 의한 대리(정부조직법 제22조), 장관에 사고가 있을 때 차관 기타 이에 준하는 자의 대리(동법 제6조 제2항), **경찰청장이 부득이한 사유로 직무를 수행할 수 없을 때에는 그 직무를 대행(경찰법 제12조 제2항).**

종류	지정대리	① 일정한 법정사유가 발생하면 지정권자가 대리자를 지정함으로써 성립된다. ② 국무총리 및 부총리 모두 유고시 대통령이 지정하는 국무위원이 국무총리를 대리하는 것이 그 예이다(정부조직법 제22조). ③ 지정대리는 피대리관청의 구성자에 일시적인 사고가 있는 때에 행하여지는 것이 보통이나, 그 궐위에도 일시적으로 그 대리자를 지정하는 경우가 있는데 이를 서리라고 한다.
범위	대리권은 피대리관청의 권한의 전부에 미친다.	
감독 및 책임	피대리관청은 대리자의 권한행사를 지휘·감독할 수 없고 대리자는 자기의 책임으로 권한을 행사한다.	

구분	권한의 위임	임의대리	법정대리
의의	법령에 근거하여 자기의 의사로써 자기의 권한의 일부를 위임	대리권을 부여하는 일방적 수권행위에 의하여	법령의 규정에 의하여 법정된 사실의 발생으로, 또는 일정한 자의 지정
근거	근거 要	불요(일부의 경우)	근거 要
가능범위	권한의 일부	권한의 일부	권한의 전부
책임소재	受任기관	피대리기관	대리인
감독	감독 (대등기관은 異說 있다.)	감독	감독불가
복대리·복위임	가능	원칙적 불가	가능
소멸	의사표시에 의한 해제, 위임근거 소멸, 조건의 성취, 기간의 경과	수권행위의 철회, 기한의 경과, 조건의 성취	대리관계의 발생원인의 소멸

제 3 장 경찰공무원법

1. 경찰공무원의 의의

의의	경찰공무원법의 대상이 되는 국가의 공무원으로서 경찰의 직무에 종사하는 자
구별	① 경찰기관에 근무하는 일반적·기능적 공무원이나 전경·의경 등은 경찰공무원이 아니다. ② 현행 국가경찰제하에서 경찰공무원은 원칙적으로 국가공무원에 해당

2. 공직의 분류 (국가공무원법)

경력직	일반직	기술·연구 또는 행정일반에 대한 업무를 담당하며 직군·직렬별로 분류되는 공무원. 예 행정(9급~1급), 공안, 기술, 연구, 지도직 공무원
	특정직	법관, 검사, 외무공무원, 경찰, 소방, 교육공무원, 군인, 군무원, 국정원직원 등 특수분야의 업무를 담당하는 공무원
특수 경력직	정무직	권한과 책임의 정도가 높고 고도의 정치적·정책적 업무를 담당하는 공무원. 선거로 취임, 임기제, 정치적 임용 예 국회의원, 지방의원, 자치단체장, 국무총리, 장·차관, 감사원장 등
	별정직	특정 업무를 담당하기 위하여 일반직과 다른 방법에 의하여 임용된 공무원. 특별한 신임을 요한다. 예 비서관, 비서, 비상계획업무담당관, 노동위원회상임위원, 예비판사 등

3. 경과 및 특기(경찰공무원법)

<table>
<tr><th colspan="4">◐ 경과와 특기◑</th></tr>
<tr><td rowspan="3">의의</td><td>개념</td><td colspan="2">① 능력과 경력을 전문화시키고 업무의 효율성을 높이기 위한 수평적 분류→ 직무의 성격에 따르는 분류
② 경찰관의 보직은 경과에 의하여 결정되지만, 그 보직은 다시 특기에 의하여 제약을 받는다.</td></tr>
<tr><td>경과</td><td colspan="2">총경 이하의 경찰관에게 적용 → 경과의 부여는 기속사항</td></tr>
<tr><td>특기</td><td colspan="2">경위 이상 경정 이하의 경찰관에게 부여 → 특기의 부여는 재량사항</td></tr>
<tr><td rowspan="7">경과</td><td>일반경과</td><td colspan="2">보안경과 및 특수경과에 속하지 아니하는 직무</td></tr>
<tr><td>보안경과</td><td colspan="2">보안경찰에 관한 직무 (보안경과는 경정 이하에 적용된다.)</td></tr>
<tr><td>수사경과</td><td colspan="2">수사경찰에 관한 직무 (수사경과는 경정 이하에 적용된다)</td></tr>
<tr><td rowspan="4">특수경과</td><td>항공경과</td><td rowspan="4">① 항공 · 해양 · 통신 · 운전(운전경과는 경사 이하에만 부여한다.)
② 경과자체가 전문특기(항공 · 통신 · 운전)</td></tr>
<tr><td>통신경과</td></tr>
<tr><td>운전경과</td></tr>
<tr><td>해양경과</td></tr>
<tr><td rowspan="2">특기</td><td>일반특기</td><td colspan="2">① 기획 · 감사 · 경무 · 방범 · 교통 · 경비 · 작전 · 형사 · 수사 · 정보 · 보안 · 외사 등 12가지
② 보안경과 및 특수경과에 속하지 아니하는 직무</td></tr>
<tr><td>전문특기</td><td colspan="2">형사 · 조사 · 감식 · 정보관리 · 정보분석 · 보안수사공작 · 보안수사심문 · 외사 및 기술(통신 · 항공 · 운전) → 특수경과는 그 자체가 전문특기에 해당)</td></tr>
</table>

4. 인사권자

직급별 인사내용	인사권자	임명절차	비고
경찰청장 임명	대통령	경찰위원회 동의 → 안전행정부장관 제청 → 국무총리 경유 → 대통령 임명	경찰법 제11조
시·도시경찰청장 등 총경 이상 경찰공무원 임명	대통령	경찰청장 추천 → 안전행정부장관 제청 → 국무총리 경유 → 대통령 임명	경찰공무원법 제6조 제1항
총경의 전보·휴직·직위해제·정직·복직	경찰청장		경찰공무원법 제6조 제1항
경정의 신규채용·승진임용·면직	대통령	경찰청장 제청 → 국무총리 경유 → 대통령 임명	경찰공무원법 제6조 제2항

직급별 인사내용	인사권자	비고
경정 이하 경찰공무원 임용	경찰청장	경찰공무원법 제6조 제2항
경감 이하 임용권, 경정의 전보·파견·휴직·직위해제·복직권	지방경찰청장 등 소속기관장에게 위임	경찰공무원임용령 제4조 제1항 다만 정원조정·인사교류·파견에 필요할 경우 예외적으로 경찰청장이 임용권행사 (경찰공무원임용령 제4조 제4항)
경감 이하 경찰서 내 전보권	경찰서장	경찰공무원임용령 제4조 제2항
경감·경위 신규채용 경위승진	경찰청장의 승인을 얻어 지방경찰청장이 임용	경찰공무원임용령 제4조 제3항

경찰공무원인사위원회(비상설, 자문기관)

경찰은 경찰공무원인사에 관련된 중요사항을 처리해야 할 경우에 경찰청장의 자문에 응하기 위하여 경찰청에 경찰공무원인사위원회를 두고 있다(경찰공무원법 제4조).

(a) 인사위원회의 기능

㉠ 경찰공무원의 인사행정에 관한 방침과 기준 및 기본계획에 대한 심의
㉡ 경찰공무원의 인사에 관한 법령의 제정 또는 개폐에 관한 사항 취급
㉢ 기타 경찰청장이 부의 하는 사항에 대한 심의

(b) 인사위원회의 구성과 의결방법

㉠ 인사위원회는 5인 이상 7인 이하로 구성되는데, 위원장은 경찰청 인사담당 국장이 되고, 위원은 경찰청 소속 총경 이상의 경찰관 중에서 경찰청장이 임명한다.
㉡ 위원장은 회의를 통할하며, 인사위원회를 대표한다.
㉢ 위원장은 경찰청 소속의 경찰공무원 중에서 약간 명을 임명하여 간사로서 인사위원회의 사무를 담당하게 할 수 있다.
㉣ 위원장이 사고가 있을 때에는 위원 중에서 최상위계급 또는 선임경찰관이 그의 직무를 대행한다.

5. 경찰공무원의 근무관계의 변동

공무원관계의 발생	임용(신규채용, 특별채용)
공무원관계의 변경	승진, 전직, 전보, 복직, 휴직, 정직, 직위해제, 파견근무, 감봉
공무원관계의 소멸	당연퇴직, 직권면직, 정년, 의원면직, 파면 · 해임

① 경찰공무원관계발생

임 명	임명이란 국가 또는 공공단체가 특정 자연인과의 사이에 공법상 특별권력관계를 설정하는 행위 – 임명의 법적 성질 : 쌍방적 행정행위설 (통) ↔ 공법상 계약설(판) ↔ 동의를 전제로 하는 단독행위설 – 상대방의 동의를 요하는 쌍방적 행정행위(다수설) → 동의 결여 임명은 무효
임용의 원칙	① 평등의 원칙 : 공개경쟁에 의한 채용시험은 동일한 자격을 가진 모든 국민에게 평등하게 공개하여야 하며 시험의 시기 및 장소는 응시자의 편의를 고려하여 결정한다(국가공무원법 제35조). ② 실적주의 원칙 : 공무원의 임용은 시험성적·근무성적 기타 능력의 실증에 의하여 행한다(국가공무원법 제26조). ③ 적격자 임용의 원칙 : 경과·특기·교육훈련·근무경력 등을 고려하여야 한다.
성립 행위 (임명) 의 요건	① 대한민국 국적을 가지지 아니한 자, 복수국적자 ② 금치산자 또는 한정치산자 ③ 파산선고를 받은 자로서 복권되지 아니한 자 ④ 자격정지 이상의 형의 선고를 받은 자 ⑤ 자격정지 이상의 형의 선고유예를 받고 그 선고유예기간중에 있는 자 (→ 당연퇴직 사유에서는 제외됨) ⑥ 징계에 의하여 파면 또는 해임의 처분을 받은 자
임용의 형식과 효력 발생 시기	① 임용의 형식(임용장 교부) : 임용장 교부는 공증적·선언적 의미, 임용장 교부는 임용의 유효 요건 X – 채용후보자명부의 유효기간 2년(1년 범위 내 연장 가능) ② 효력 발생 시기 : 임용장 또는 임용통지서에 기재된 날짜에 임용된 것으로 본다(도달주의 원칙). 다만, 사망으로 인한 면직은 사망한 다음 날에 면직된 것으로 본다.

경찰공무원법

제10조 【시보임용】 ① 경정 이하의 경찰공무원을 신규채용하는 경우에는 1년의 기간 시보로 임용하고, 그 기간이 만료된 다음 날에 정규 경찰공무원으로 임용한다.

② 휴직기간·직위해제기간 및 징계에 의한 정직 또는 감봉처분을 받은 기간은 제1항의 규정에 의한 시보임용기간에 산입하지 아니한다.

③ 시보임용기간중에 있는 경찰공무원이 근무성적 또는 교육훈련성적이 불량한 때에는 「국가공무원법」 제68조 및 이 법 제22조의 규정에 불구하고 면직시키거나 면직을 제청할 수 있다. 〈개정 2006.7.19〉

④ 다음 각호의 1에 해당하는 경우에는 시보임용을 거치지 아니한다. 〈개정 2006.7.19〉

1. 경찰대학을 졸업한 자 또는 경찰간부후보생으로서 소정의 교육을 마친 자를 경위로 임용하는 경우
2. 경찰공무원으로서 대통령령이 정하는 상위계급에의 승진에 필요한 자격요건을 갖추고 임용예정계급에 상응한 공개경쟁채용시험에 합격한 자를 당해 계급의 경찰공무원으로 임용하는 경우
3. 퇴직한 경찰공무원으로서 퇴직시에 재직한 계급의 채용시험에 합격한 자를 재임용하는 경우
4. 자치경찰공무원을 그 계급에 상응하는 경찰공무원으로 임용하는 경우

제68조 【의사에 반한 신분조치】 ① 공무원은 형의 선고·징계처분 또는 이 법에 정하는 사유에 의하지 아니하고는 그 의사에 반하여 휴직·강임 또는 면직을 당하지 아니한다. 다만, 1급 공무원은 그러하지 아니하다

제22조 【직권면직】 ①경찰공무원이 다음 각호의 1에 해당될 때에는 임용권자는 직권에 의하여 면직시킬 수 있다.

*** 국가공무원법**

제33조 (결격사유)

① 다음 각호의 1에 해당하는 자는 공무원에 임용될 수 없다.〈개정 1973.2.5, 1978.12.5, 1981.4.20〉

1. 피성년후견인 또는 한정후견인
2. 파산자로서 복권되지 아니한 자
3. 금고 이상의 형을 받고 그 집행이 종료되거나 집행을 받지 아니하기로 확정된 후 5년을 경과하지 아니한 자
4. 금고 이상의 형을 받고 그 집행유예의 기간이 완료된 날로부터 2년을 경과하지 아니한 자
5. 금고 이상의 형의 선고유예를 받는 경우에 그 선고유예기간중에 있는 자
6. 법원의 판결 또는 다른 법률에 의하여 자격이 상실 또는 정지된 자

6의2. 공무원으로 재직기간 중 직무와 관련하여 「형법」 제355조(횡령,배임) 및 제356조(업무상의 횡령과 배임)에 규정된 죄를 범한 자로서 300만원 이상의 벌금형을 선고받고 그 형이 확정된 후 2년이 지나지 아니한 자

7. 징계에 의하여 파면의 처분을 받은 때로부터 5년을 경과하지 아니한 자
8. 징계에 의하여 해임의 처분을 받은 때로부터 3년을 경과하지 아니한 자

***경찰공무원법**

제7조 (임용자격 및 결격사유)

① 경찰공무원은 신체 및 사상이 건전하고, 품행이 방정한 자중에서 임용한다.

② 다음 각호의 1에 해당하는 자는 경찰공무원으로 임용될 수 없다. 〈개정 2005.3.31〉

1. 대한민국국적을 가지지 아니한 자
2. 금치산자 또는 한정치산자
3. 파산선고를 받은 자로서 복권되지 아니한 자
4. 자격정지이상의 형의 선고를 받은 자
5. 자격정지이상의 형의 선고유예를 받고 그 선고유예기간중에 있는 자
6. 징계에 의하여 파면 또는 해임의 처분을 받은 자

② 경찰공무원관계의 변경

<table>
<tr><td>의의</td><td colspan="2">경찰공무원으로서의 신분을 유지하면서 경찰공무원 관계의 내용의 전부 또는 일부를 변경하는 것(국가의 일방적 행정행위로서의 성질)</td></tr>
<tr><td rowspan="12">유형</td><td>전직</td><td>타직렬로 수평적 이동 (경찰은 전직불가)</td></tr>
<tr><td>전보</td><td>동일직렬로 수평적 이동(전보제한기간 : 1년)</td></tr>
<tr><td>전과</td><td>경과를 바꾸는 임용</td></tr>
<tr><td>휴직</td><td>신분보유, 직무담임 해제, 복직 보장됨</td></tr>
<tr><td>직위해제</td><td>신분보유, 직위부여하지 않는것. 복직 보장 안됨</td></tr>
<tr><td>승진</td><td>상위계급으로 수직적 이동
예 심사, 시험, 특별, 근속(자동)승진</td></tr>
<tr><td>강임</td><td>① 동일 또는 타직렬의 하위직급에 임명
② 경찰에게는 적용안함(경찰공무원법 30조)</td></tr>
<tr><td>파견</td><td>국가기관, 공공단체, 국내외 교육·연구기관등 으로 이동근무</td></tr>
<tr><td>복직</td><td>휴직, 정직, 직위해제 중에 있는 경찰공무원을 직위에 복귀시키는 것</td></tr>
<tr><td>정직</td><td>① 징계의 일종으로 일정기간 직무에 종사하지 못하게 하는 것
② 1월이상 3월이하, 이 기간 동안 보수의 2/3 감액</td></tr>
<tr><td>강등</td><td>1계급하향조정, 3월간 직무수행정지, 보수2/3 감액</td></tr>
<tr><td colspan="2"></td></tr>
<tr><td colspan="3">징계처분이나 승진 이외의 조치에 대한 처분성 인정여부 → 긍정(判), 경공법제28조</td></tr>
</table>

◉ 직위해제

① 의의

㉠ 일정한 사유가 발생하면 임용권자가 직위만 부여하지 아니하는 조치로서 휴직과는 달리 복직이 보장되지 아니한다.

㉡ 직위해제의 여부는 재량사항으로서 필요적 직위해제는 인정되지 않는다.

㉢ 지휘관 등에게 징계책임을 묻는 대신에 활용하는 경우가 많으나, 직위해제는 징계가 아니므로 직위해제와 징계처분은 병과 할 수 있다. 제재적 성격이지만,

징계가 아니므로, 직위해제처분후 다시 감봉처분 하더라도, 일사부재리 금지원칙에 반하지 않는다.

② 사유

㉠ 직무수행 능력이 부족하거나 근무성적이 극히 나쁜 자(3월이내의 대기명령을 발하고 능력회복이나 근무성적의 향상을 위한 교육훈련 또는 연구과제의 부여)

㉡ 파면·해임·강등·정직 등 중징계의결이 요구중인 자(감봉·견책은 제외)

㉢ 형사사건으로 기소된 자(단, 약식명령이 청구된 자는 제외)

– ㉠과 ㉡ 또는 ㉢이 직위해제사유로 경합하는 때에는 ㉡또는 ㉢의 사유로 직위해제처분을 해야 한다.

③ 효과

㉠ 직위해제된 자는 직무에 종사하지 못하고 출근의무도 없으며, 직위해제 기간은 승진소요최저년수에 산입되지 않고, 기간 중 봉급의 80%만을 지급한다.

㉡ 직위해제사유가 소멸된 때에는 임용권자는 지체없이 직위를 부여하여야 한다.

③ 경찰공무원관계 소멸

<table>
<tr><td rowspan="4">퇴직</td><td>당연퇴직</td><td colspan="2">임용의 소극요건에 해당하는 사유가 발생함에 따라 당연히 공무원의 신분을 상실하는 것으로서 법률의 규정에 의한 소멸에 해당 (§21) → 처분성 없다.(통 · 판)
① 경찰공무원 결격사유에 해당하는 경우
② 사망, 임기만료, 정년의 경우
- 자격정지 이상의 형의 선고유예를 받고 그 선고유예기간 중에 있는 자는 당연 퇴식되지 않는다.</td></tr>
<tr><td rowspan="2">정년퇴직</td><td>연령정년</td><td>60세</td></tr>
<tr><td>계급정년</td><td>치안감(4년), 경무관(6년), 총경(11년), 경정(14년)</td></tr>
<tr><td>주의</td><td colspan="2">경감 이하는 계급정년의 적용이 없다.</td></tr>
<tr><td>면직</td><td>의원면직</td><td colspan="2">① 경찰공무원 자신의 의사표시에 기초하여 임용권자가 이를 수리함으로써 공무원관계를 소멸시키는 쌍방적 행정행위 → 임명권자의 수리(면직행위)가 요구된다.
② 임용권자의 수리행위 이전에는 공무원관계가 계속된다. 승인전 무단결근은 징계사유</td></tr>
</table>

<table>
<tr><td rowspan="2">면직</td><td rowspan="2">일방적
면직</td><td>징계면직</td><td>징계로서 공무원의 신분을 박탈하는 행위 → 파면 · 해임</td></tr>
<tr><td>직권면직</td><td>임용권자의 직권으로 공무원관계를 소멸시키는 행위
◈ 법정사유(경찰공무원법 제22조)가 발생하여 본인의 의사여부에 상관없이 임용권자가 직권으로 경찰공무원의 신분을 상실시키는 경우
① 직제와 정원의 개폐 또는 예산의 감소 등에 의하여 폐직 또는 과원이 되었을 때
② 휴직기간 만료 또는 휴직사유 소멸 후에도 직무에 복귀하지 아니하거나 직무를 감당할 수 없을 때
③ 당해경과에서 직무를 수행하는 데 필요한 자격증의 효력이 상실되거나 면허가 취소되어 담당 직무를 수행할 수 없게 된 때
④ 대기명령을 받은 자가 그 기간 중 능력 또는 근무성적의 향상을 기대하기 어렵다고 인정된 때에
⑤ 경찰공무원으로서 부적합할 정도로 직무수행능력 또는 성실성이 현저히 결여된 자로서 대통령령이 정하는 사유에 해당된다고 인정될 때
㉠ 지능저하 또는 판단력의 부족으로 경찰업무를 감당할 수 없는 경우
㉡ 책임감의 결여로 직무수행에 성의가 없고 위험한 직무에 당하여 고의로 직무수행을 기피 또는 포기하는 경우
⑥ 직무수행에 있어서 위험을 일으킬 우려가 있을 정도의 성격 또는 도덕적 결함이 있는 자로서 대통령령이 정하는 사유에 해당된다고 인정될 때
㉠ 인격장애, 알코올 중독, 약물중독 등의 정신장애가 있거나 사행행위 또는 재산의 낭비로 인한 채무과다로 도덕적 결함이 현저한 경우
㉡ 기타 불순한 이성관계등 도덕적 결함이 현저하여 타인의 비난을 받는 경우
※ ④, ⑤, ⑥의 경우는 해당 징계위원회의 동의를 얻어야 한다.</td></tr>
</table>

5. 경찰공무원의 권리

① 신분상권리

<table>
<tr><td rowspan="7">일반적 권리</td><td>직무집행권</td><td colspan="2"></td></tr>
<tr><td>신분보유권</td><td colspan="2">① 형의 선고·징계처분 또는 일정한 법정사유에 의하지 아니하고는 의사에 반하여 휴직·가임 또는 면직을 당하지 아니할 권리(국가공무원법§68)
② 경찰공무원의 신분보장은 궁극적으로 헌법에 의해 보장된다.(§7②)
치안총감·치안정감 및 시보임용 중인 공무원은 신분보장이 되지 않는다.</td></tr>
<tr><td>직위보유권</td><td colspan="2">자신에게 부여된 일정한 직위를 보유하는 권리로서, 법정사유에 의하지 아니하고는 직위를 해제 당하지 않을 권리(국가공무원법 §73②)</td></tr>
<tr><td rowspan="4">쟁송제기권(불이익처분에 대한 구제수단)</td><td>행정소송권</td><td></td></tr>
<tr><td>고충심사 청구권</td><td></td></tr>
<tr><td>소청심사 청구권</td><td>경찰공무원의 의사에 반하는 불리한 처분시에 공무원이 소청심사위원회에 소청심사를 청구하여 불복할 수 있는 권리</td></tr>
<tr><td colspan="2">현재의 절차의 구제는 주로 사후구제에 치중된다.→사전절차의 확충이 필요</td></tr>
<tr><td rowspan="3">특수한 권리</td><td>제복착용권</td><td colspan="2">경찰공무원의 권리이자 의무임</td></tr>
<tr><td>무기휴대 및 사용권</td><td colspan="2">경찰공무원이 무기를 휴대하고 → 경찰공무원법 §20
무기를 사용할 수 있는 권리 → 경찰관직무집행법 §10의 4</td></tr>
<tr><td>장구사용권</td><td colspan="2">수갑·포승·경찰봉 등 경찰장구를 사용할 수 있는 권리(직무집행법 §10의 4)</td></tr>
</table>

② 재산상권리

보수청구권	공법상 권리(多) → 당사자쟁송의 대상, 압류는 1/2까지로 제한, 소멸시효 5년(多), 3년(判)
연금청구권	공법상 권리(多) → 당사자쟁송의 대상, 압류는 절대 금지된다.
기 타	실비변상청구권, 보급품 수령권(실물대여를 받을 권리), 보상청구권

6. 경찰공무원의 의무

선서의무	취임시 소속기관장 앞에서 선서를 해야 할 의무 (국공법§55)
성실의무	(1) 최대한 공익을 도모하고 전인격과 양심으로서 성실히 직무를 수행하여 할 의무 (국공법§56) (2) 모든 공무원의 기본 의무

① 직무상 의무 (국공법)

법령준수 의무	(1) 직무수행에 있어 법령을 준수해야 할 의무 (§56) (2) 법치주의에 근거, 직무수행의 가장 기본적 의무 ⇒ 위반시 책임을 부담
복종의무	(1) 직무를 수행함에 있어 소속상관의 직무상의 명령에 복종해야 할 의무(§57) 소속상관⇒신분상의 상관이 아닌 직무상의 상관을 의미 (2) 공무원의 복종의무는 직무의 성질상 독립이 보장된 공무원의 직무수행에는 인정되지 않는다. (예) 감사위원, 의결기관의 구성원 등) (3) 직무명령에 대한 심사의 문제 (법령준수의무와 충돌) ⇒ 당연무효(위법) 또는 범죄구성시 거부의 의무가 존재(통 · 관) ⇒ 위법함을 알고 복종하였다면 그에 대한 책임을 부담해야 한다.

직무전념 의무	직장이탈금지	(1) 소속상관의 허가 또는 정당한 이유 없는 직장이탈을 하지 못한다. (§58①) (2) 공무원 구속시 현행범을 제외하고는 사전에 통보하여야 한다. (§58②)
	영리업무금지	공무 이외의 영리를 목적으로 하는 업무에 종사하지 못한다. (§64) ⇒ 소속기관장의 허가를 받아도 영리업무에 종사할 수 없다.
	겸직금지	소속기관장의 허가 없이 다른 직무를 겸하지 못한다. (§64)
친절공정 의무	공무원은 국민전체에 대한 봉사자로서 공사를 분별하고 인권을 존중하며, 친절 공정하게 집행하여야 한다. (§59) ⇒ 법적 의무	
종교 중립 의무	공무원은 종교에 따른 차별없이 직무를 수행하여야 한다.(국가공무원법 제59조의2) 공무원은 소속상관이 종교중립의 의무에 위배되는 직무상 명령을 한 경우에는 이에 따르지 아니할 수 있다.	

② 신분상 의무

비밀 엄수 의무	재직 중은 물론 퇴직 후에도 직무상 지득한 비밀을 엄수하여야 한다. (§60) 비밀의 범위 : 實質說 (통)⇒ 형식적 비밀의 경우 징계책임의 대상이 된다. 문제: 법원의 증인(허가를 받아야 진술가능) ⇔ 국회의 증인(원칙적으로 증언거부 불가)
청렴의 의무	(1) 어떠한 경우에도 증여를 하거나 증여를 받아서는 안 되는 의무 (§61) (2) 『공직자윤리법』 ⇒ 재산등록 · 공개 제도를 규정 등록의무자 ⇒공직자윤리법 시행령에서 경사 이상 공개의 대상⇒치안감 이상과 경무관으로서 지방경찰청장인 자
품위유지 의무	(1) 직무의 내외를 불문하고 그 품위를 손상하는 행위를 하여서는 아니될 의무 (§63) (2) 직무와 관련성이 없는 공무원의 단순한 사생활에는 미치지 않음이 원칙
영예 등의 제한	공무원은 대통령의 허가 없이 외국정부로부터 영예 또는 증여를 받을 수 없다. (§62)
정치운동 금지	(1) 정치적 중립성의 확보를 위해 일정한 정치적 목적을 가진 행위를 금지 (§55) (2) 공무원의 기본적 인권과 행정의 정치적 중립성의 확보라는 양대 가치의 조정이 요구된다.. 국공법은 엄격한 제한을 유지⇒공무원의 정치적 중립에 더 비중을 둔다.
집단행동 금지	(1) 노동운동 기타 공무 이외의 일을 위한 집단행동을 금지 (§66) (2) 경찰공무원은 노동3권(단결 · 단체교섭 · 단체행동권)을 가지지 못한다. (프랑스는 노동3권을 가지나, 동맹파업권은 제한된다.)

경찰공무원법	경찰공무원 복무규정
(1) 허위(거짓)보고 등의 금지 (§18) (2) 제복착용의무 (§20) (3) 지휘권남용 금지 (§19)	(1) 지정장소 외에서의 직무수행 금지 (§8) (2) 민사분쟁에의 부당개입 금지 (§10) (3) 근무시간 중 음주금지 (§9)

7. 공직자윤리법

가) 재산의 등록과 공개

① 등록의무자 : 총경이상의 경찰공무원 및 대통령령이 정하는 특정분야의 공무원(경사이상)

② 범위 : 본인, 배우자(사실혼 관계자 포함), 본인의 직계존비속(단, 출가한 여와 외조부모 및 외손자자녀는 제외)

③ 내용(공개) : 경찰공무원은 등록의무자가 된 날부터 2월 이내에 등록의무자로 된 날 현재의 재산을 경찰청에 등록을 해야 한다. 치안감 이상인 경우와 특별시·광역시·도의 지방경찰청장은 공개해야 한다.

나) 선물신고

① 경찰공무원이 외국 또는 그 직무와 관련하여 외국인(외국단체포함)으로부터 (미화100 달러 또는 10만원이상) 선물을 받는 떼에는 지체없이 소속기관의 장에게 신고하고 당해 선물을 인도하여야 한다.

② 신고된 선물은 신고 즉시 국고에 귀속된다.

다) 취업제한

① 경사이상의 경찰공무원은 퇴직일로부터 2년간 퇴직전 5년 이내에 소속하였던 부서의 업무와 밀접한 관련이 있는 일정규모 이상의 영리사기업체 또는 협회에 취업할 수 없다.

② 단, 관할 공직자윤리위원회의 승인을 얻은 때에는 예외로 한다.

◉ 부패방지 및 국민권익위원회의 설치와 운영에 관한 법률

(비위면직자의 취업제한) ① 공직자가 재직 중 직무와 관련된 부패행위로 당연퇴직, 파면 또는 해임된 경우에는 공공기관, 퇴직전 3년간 소속하였던 부서의 업무와 밀접한 관련이 있는 일정규모 이상의 영리를 목적으로 하는 사기업체(이하 "영리사기업체"라 한다) 또는 영리사기업체의 공동이익과 상호협력 등을 위하여 설립된 법인·단체(이하 "협회"라 한다)에 퇴직일부터 5년간 취업할 수 없다.

8. 경찰공무원의 책임

<table>
<tr><td>의의</td><td colspan="3">공법상 근무관계에서 경찰공무원이 그 임무를 위반함으로써 국가로부터 불리한 제재나 결과를 받게 되는 지위</td></tr>
<tr><td rowspan="5">유형</td><td rowspan="2">행정상 책임</td><td>징계책임</td><td></td></tr>
<tr><td>변상책임</td><td>공무원이 국가에 손해를 끼친 경우에 그 손해를 배상하여야 하는 책임</td></tr>
<tr><td rowspan="2">형사상 책임</td><td>행정벌 책임</td><td>공무원이 행정법규를 위반한 데 대하여 행정법이 정한 벌을 받게 되는 경우 예)국가공무원법상의 금지의무 위반에 대한 징역 또는 벌금</td></tr>
<tr><td>형사벌 책임</td><td>공무원의 행위가 공무원법상 의무위반에 그치지 않고 일반법익도 침해한 경우에 지게 되는 형법상의 책임⇒직무범죄와 준직무범죄로 나누어진다.</td></tr>
<tr><td>민사상 책임</td><td colspan="2">공무원이 직무상 불법행위로 인하여 국민에게 손해를 끼친 경우에 직접 피해자에 대하여 손해배상책임을 질 것인가에 대한 문제⇒선택적 청구권의 인정문제
판례는 제한적 선택청구권을 인정 (대판 1996/02/15)
⇒고의·중과실의 경우는 선택청구권을 인정, 경과실의 경우는 부정</td></tr>
</table>

9. 변상책임

국가배상법	2조	공무원이 그 직무를 집행함에 당하여 고의 또는 과실로 법령에 위반하여 타인에게 손해를 가한 경우 → 이 경우 공무원에게 고의 또는 중과실이 있는 경우 국가는 공무원에게 구상권(求償權)을 행사 할 수 있다.
	5조	공공의 영조물의 설치·관리의 하자로 인하여 손해가 발생한 경우
회계관계직원등의 책임에 관한 법률	① 회계관계 경찰공무원이 고의 또는 중대한 과실로 직무상 업무에 위배하여 국가에 손해를 배상하여야 하는 책임 ② 현금·물품의 출납보관자가 이를 망실·훼손하였을 경우 「선량한 관리자의 주의」를 태만 *변상책임의 유무 및 변상액은 모두 감사원이 판정	
	① 선관주의 : 구체적 사람을 기준으로 그의 능력에 따른 주의의무가 아닌, 평균적·추상적 사람이 마땅히 기울여야 할 일반적·객관적 주의의무	

10. 관할징계기관

구분	설치(소속)	관할(심의·의결)
국무총리 징계위원회	국무총리소속(행정부)	경무관 이상의 경찰공무원
경찰중앙 징계위원회	경찰청	총경 및 경정에 대한 징계사건
경찰보통 징계위	경찰청	경찰청장이 징계의결을 요구하는 경찰공무원에 대한 징계사건
	지방경찰청, 경찰대학, 경찰종합학교, 중앙경찰학교, 경찰병원	소속 경감 이하의 경찰공무원
	경정이상의 경찰공무원을 장으로 하는 경찰서, 경찰기동대	소속 경위 이하의 경찰공무원
	경감이상의 경찰공무원을 장으로 하는 전투경찰대	소속 경사 이하의 경찰공무원

11. 징계종류

징계의 종류		내 용	효 과
중 징 계 (임용권자가 15일내 집행)	파 면	공무원관계소멸 연금제한지급	5년간 공무원 결격 경찰공무원 임용불가 퇴직급여- 5년이상 1/2감액, 5년미만 1/4감액 퇴직수당 -1/2감액
	해 임	공무원 관계소멸 퇴직연금 원칙적 전액지급	3년간 공무원 결격 경찰공무원 임용불가 부패혐의 퇴직연금지급제한 퇴직급여- 5년이상 1/4감액 5년미만 1/8감액 퇴직수당- 1/4감액
	강 등	1계급 하향조정 3월간 직무수행정지 보수 2/3감액	18월간 승진, 승급 제한 (부패혐의:3개월 추가)
	정 직	1~3월 직무정지 보수 2/3감액	18월간 승진, 승급 제한 (부패혐의:3개월 추가)
경 징 계 (징계등 의결을 요구한자가 15일내 집행)	감 봉	1~3월 보수 1/3 감액	12월간 승진, 승급 제한 (부패혐의:3개월 추가)
	견 책	훈계	6월간 승진, 승급 제한 (부패혐의:3개월 추가)
전투경찰대설치법상의 징계	영창, 근신	전경대 소속 경사이하에게 적용	

12. 징계 제도

<table>
<tr><td>의의</td><td colspan="2">① 근무관계의 질서유지를 위하여 경찰공무원의 의무위반 행위에 대하여 그 책임을 추궁하여 과하는 제재(징계벌) → 특별권력관계의 내부질서 유지가 목적
② 징계벌과 형벌은 병과가 가능(判). 형사소송 우선의 원칙은 적용이 없다.</td></tr>
<tr><td>징계 자유</td><td colspan="2">① 法定主義의 원칙(§78) → But 실제에 있어 법정주의는 축소 적용된다.
㉠ 법령위반, ㉡ 직무상의 의무위반, ㉢ 체면 또는 위신을 손상하는 행위
② 징계의 사유는 고의·과실을 불문한다.
③ 징계의 소멸시효 → 3년(원칙), 뇌물·횡령의 경우는 5년</td></tr>
<tr><td>징계 권자</td><td colspan="2">① 인사권자가 보유. 징계는 징계위 의결을 거쳐 징계위가 설치된 소속기관의 장이 행사. 총리소속 징계위에서 의결을 경무관 이상의 징계는 경찰청장이 행사
② 중징계(파면·해임·강등·정직)는 징계위의 의결을 거쳐 당해 경찰공무원의 임용권자가 행한다.
경무관 이상의 강등·정직과 경정 이상의 파면·해임 → 대통령
총경 및 경정의 강등·정직과 경감 이하의 파면·해임·강등·정직 → 경찰청장</td></tr>
<tr><td>징계의 양정</td><td colspan="2">징계의 종류(효과)에 대한 재량은 있으나, 징계의 요건 자체에 대한 재량은 없다.
→ 징계의 요건은 법정화되어 있기 때문</td></tr>
<tr><td rowspan="2">절차</td><td colspan="2">① 징계에는 행정절차법상의 사전절차는 적용되지 않고 반드시 징계위의 의결을 거쳐야 한다.
② 경찰기관장의 요구 또는 요구신청 ⇨ 징계위의 의결 ⇨ 징계권자의 집행</td></tr>
<tr><td>징계위의 의결</td><td>① 요구서를 받은 지 30일 이내에 의결을 해야한다.
② 출석통지 및 의견진술의 기회를 부여해야 한다. → 결여시 무효사유
③ 위원장을 포함한 위원과반수의 출석과 출석위원 과반수의 찬성으로 의결
의견이 나뉘어 출석위원 과반수의 찬성을 얻지 못한 경우에는 출석위원 과반수가 될 때까지 징계등 심의 대상자에게 가장 불리한 의견을 제시한 위원의 수를 그 다음으로 불리한 의견을 제시한 위원의 수에 차례로 더하여 그 의견을 합의된 의견으로 본다.</td></tr>
</table>

<table>
<tr><td rowspan="1">절차</td><td>징계
권자
의
집행</td><td colspan="2">① 징계의결의 통고 : 지체 없이 징계의결을 요구한 자에게
② 집행 (15일 이내)
경징계 : 징계처분사유설명서를 징계의결이 된 자에게 교부
중징계 : 징계의결을 요구한 자가 임용권자에게 제청 → 임용권자가 사유설명서를 징계의결이 된 자에게 교부
③ 경무관 이상의 강등·정직, 경정 이상의 파면 및 해임처분의 제청과 총경 및 경정의 강등·정직처분의 집행은 경찰청장이 수행</td></tr>
<tr><td>효력</td><td colspan="3">① 승진임용과 승급에 제한, 파면 · 해임처분시 경찰공무원의 임용자격이 박탈
② 징계처분은 처분의 철회가 제한된다.</td></tr>
<tr><td rowspan="3">不服</td><td colspan="2">소청심사위에 심사청구</td><td>처분사유설명서를 받은 날로부터 30일 이내</td></tr>
<tr><td colspan="2">행정소송</td><td>피고는 경찰청장 (또는 임용권의 위임을 받은 자)</td></tr>
<tr><td colspan="3">문제 : 강임 · 휴직 · 면직처분, 직위해제와 징계 → 심사청구 및 행정소송 가능하다.</td></tr>
</table>

◉ 책임요건(고의 또는 과실 여부)

경찰책임 – 불요
징계책임 – 불요
민사책임 – 불요
경찰벌 – 경찰형벌(필요), 경찰질서벌(필요)
형사책임 – 필요
변상책임 – 고의 또는 중과실

13. 소청심사제도(안정행정부장관 소속의 소청심사위원회)

<table>
<tr><td>소청의 의의</td><td>공무원이 징계처분이나 강임 · 휴직 · 직위해제 · 면직처분 기타 본인의 의사에 反하는 불이익한 처분을 받은 자가 관할 소청심사위원회에 심사를 청구하는 특별행정심판</td></tr>
</table>

<table>
<tr><td>소청의 대상</td><td colspan="2">① 원칙 : 징계처분 · 강임 · 휴직 · 직위해제 · 면직처분(국공법§9, 소청절차규정§2)
② 기타 본인의 의사에 反하는 불리한 처분 : 의원면직의 형식에 의한 면직, 전직, 전보, 대기발령, 감점평정, 복직청구 등</td></tr>
<tr><td>구성</td><td colspan="2">안전행정부 소속, 5인 이상 7인 이내의 상임위원, 위원장은 정무직.
비상임위원은 상임위원수의 1/2이상, 모두 민간위원으로 구성
임기 3年, 한번만 연임 가능, 상임위원 겸직 금지</td></tr>
<tr><td>임명과 자격</td><td colspan="2">안전행정부장관 제청 국무총리 거쳐 대통령 임명
1. 법관 · 검사 또는 변호사의 직에 5년 이상 근무한 자
2. 대학에서 행정학 · 정치학 또는 법률학을 담당한 부교수 이상의 직에 5년 이상 근무한 자
3. 3급 이상 공무원 또는 고위공무원단에 속하는 공무원으로 3년 이상 근무한 자</td></tr>
<tr><td>소청심사 및 결정</td><td colspan="2">① 30日 이내에 심사청구, 소청인에게 의견진술의 기회가 보장 → 진술기회를 주지 아니한 결정은 무효 임
② 재직위원 2/3이상의 출석과 출석위원 1/2의 찬성으로 접수일로부터 60日 이내에 결정
→ 의견이 분립될 경우에는 출석위원 과반수에 달하기까지 소청인에게 가장 불리한 의견에 차례로 유리한 의견을 더하여 그중 가장 유리한 의견을 합의된 의견으로 봄
③ 소청심사위원회의 취소명령 또는 변경명령 결정은 그에 따른 징계나 그 밖의 처분이 있을 때까지는 종전에 행한 징계처분 또는 제78조의2에 따른 징계부가금(이하 "징계부가금"이라 한다) 부과처분에 영향을 미치지 아니한다.
④ 소청심사위원회가 징계처분 또는 징계부가금 부과처분(이하 "징계처분등"이라 한다)을 받은 자의 청구에 따라 소청을 심사할 경우에는 원징계처분보다 무거운 징계 또는 원징계부가금 부과처분보다 무거운 징계부가금을 부과하는 결정을 하지 못한다.
⑤ 소청심사위원회의 결정은 그 이유를 구체적으로 밝힌 결정서로 하여야 한다.
⑥ 소청심사위원회의 결정은 처분 행정청을 기속(羈束)한다.</td></tr>
<tr><td>행정소송과의 관계</td><td colspan="2">① 제75조에 따른 처분, 그 밖에 본인의 의사에 반한 불리한 처분이나 부작위(不作爲)에 관한 행정소송은 소청심사위원회의 심사 · 결정을 거치지 아니하면 제기할 수 없다.
② 제1항에 따른 행정소송을 제기할 때에는 대통령의 처분 또는 부작위의 경우에는 소속 장관(대통령령으로 정하는 기관의 장을 포함한다. 이하 같다)을, 중앙선거관거위원회위원장의 처분 또는 부작위의 경우에는 중앙선거관리위원회사무총장을 각각 피고로 한다.</td></tr>
<tr><td rowspan="2">불복</td><td>경찰공무원</td><td>행정소송을 제기(피고는 경찰청장 및 위임을 받은 자)</td></tr>
<tr><td>안전행정부장관</td><td>10일 이내에 재심청구는 폐지(2004.3.11)</td></tr>
</table>

구분	소청심사	고충심사
대상	자기의사에 반하는 처분 등	근무여건, 인사문제 등 모든 신상문제
법적성격	특별행정심판(행정심판전치주의 적용됨)	구속력 없는 권인보장 제도
내용	결정	시정, 권고(처분성 없음)
심사효과	구속력 있음	구속력 없음(고충처리결정은 행정소송대상 아님)
심사제기	안날로 30일 이내	기간제한 없음
관할	소청심사위원회가 전담	기관별로 상이 함

제 4 장 경찰작용법

① 경찰행정상의 법률관계의 성립·변경·소멸에 관련된 모든 법규
② 경찰 대상의 복잡·다기성으로 주로 개별입법에 의존 → 체계적 통합성과 법적 명확성이 부족
③ 경찰작용의 특성인 복잡성·재량성과 경찰작용에 대한 법치주의의 요청이 상호 긴장관계를 형성
④ 경찰작용은 국민에 대하여 명령·강제하는 대표적인 침해적·권력적 행정작용으로서 법률에 의한 행정의 원칙, 즉 법치주의가 강하게 요구된다.→법률유보 원칙이 요구
⑤ 경찰작용의 법적 근거로서는 조직법적 근거와 작용법적 근거가 있다.
㉠ 성문법원 : 법률 · 조약, 행정입법(긴급재정경제처분 · 법규명령), 조례 · 규칙
㉡ 불문법원 : 관습법(예가 드물다.), 판례법, 조리

1. 경찰권 발동의 근거와 한계

조직법적 근거	경찰이 처리할 수 있고 처리해야 하는 직무범위를 규정한 것으로서, 경찰관청의 사물관할의 범위를 의미→ 임무규정 · 직무규범
작용법적 근거	① 경찰이 행할 수 있는 조치에 대한 授權(수권) 및 그 조치의 발동요건과 한계를 정한 것으로서 권한규정을 의미 ② 경찰의 행위 중 국민의 자유와 권리에 개입 · 침해를 가져오는 조치권한(권력적 · 부담적 행위)의 행사는 반드시 구체적 수권을 요한다. → 법치주의의 원칙
	임무규정과 권한규정을 분리하는 것이 기본적인 법치국가적 요청임

Notice

법치행정의 원칙을 적용 → 즉 경찰법규는 경찰권의 근거이자 한계

일반적 수권조항	법률에 의한 개별적 수권 없이 경찰권의 발동권한을 포괄적으로 수권하는 규정(일반조항 · 개괄조항) 예 독일 경찰법 모범초안 §8
개별적 수권조항	개별적 · 구체적 사안에 대하여 특정한 종류 · 내용의 조치에 관한 법적 근거를 두는 경우(특별수권 조항). 법률유보의 원칙에 철저 → but 탄력성이 저하된다.

① 독일의 경우 우리와는 달리 수권조항과 임무규정을 따로 두어 양자를 분리하여 규정한다.
② 일반적 수권조항과 개별적 수권조항은 일반법과 특별법의 관계에 있다.

2. 경직법 제2조 제6호의 일반조항 인정여부

부정설(多)	긍정설(判)
① 경찰작용 분야는 법률유보의 본령이므로 경찰권은 법치주의 원리상 개별적인 작용법에 의한 구체적인 법적 수권이 필요하다. ② 경찰권을 포함한 권력적 행정작용에는 개별적인 작용법률의 근거를 요하므로 우리헌법상의 경찰권 발동의 수권조항으로 인정 하기에는 어려움이 있다. ③ 우리의 경찰관직무집행법은 독일과 같이 '필요한 조치를 취할 수 있다'는 명시적 규정이 없다 ④ 우리 경찰관직무집행법 제2조 제6호는 경찰의 직무범위만을 규정한 것으로 본질적으로 조직법적 성질을 가진다는 견해이다.	① 경찰권의 성질상 입법기관이 미리 경찰권의 발동사태를 상정해서 모든 요건을 법률에 규정하는 것은 불가능하기 때문에 일반조항이 필요하다. ② 일반조항은 특별수권규정에 의한 조치로도 대응할 수 없는 경우에 한하여 보충적으로 적용된다. ③ 일반조항으로 인한 경찰권 발동의 남용 가능성은 조리상의 한계 등으로 충분히 통제 될 수 있다. ④ 독일에서는 일반조항을 인정하는 것이 학설과 판례를 통하여 확립된 전통이며 경찰권 발동의 조리상의 한계이론을 논하는 것 자체가 일반조항을 전제로 한 것이다. ⑤ 긍정설 지지자들은 판례도 긍정설을 취하고 있다고 주장한다. 즉, 판례에 의하면 경찰관직무집행법 제2조에는 '기타 공공의 안녕과 질서유지'등을 그 직무로 하고 있으므로 청원경찰관이 허가없이 창고를 주택으로 개축하는 것을 단속한 것은 그들의 정당한 공무집행에 속한다고 할것이다.

3. 경찰권발동의 한계(전통적 한계이론)

경찰소극목적의 원칙	
경찰공공의 원칙 (사생활자유의 원칙)	① 사생활불가침의 원칙 ② 사주소불가침의 원칙 ③ 민사관계불간섭의 원칙 ④ 사경제자유의 원칙
경찰비례의 원칙	발동수단,정도에 관한 원칙 헌법상의 원칙 (헌§37② : 과잉금지 원칙), 경찰관직무집행법§1②
경찰책임의 원칙	발동대상에 관한 원칙
경찰평등의 원칙	헌법상의 원칙 (헌§11)

1) 경찰   목적의 원칙

의의	경찰작용은 원칙적으로 사회공공의 안녕과 질서유지를 위한 소극적인 위해방지에 한정되어야 하고, 복리증진(적극목적)이나 재정 · 군정(국가목적)을 위한 발동은 아니다. 예 경찰허가를 함에 있어 동업자간의 경쟁관계를 배려하는 것이나 식품위생법을 집행함에 있어서 소비자보호를 배려하는 것은 원칙적으로 고려의 대상이 아님
	대륙법계 (사회질서유지 + 복리목적의 질서유지) ↔ 영미법계 (사회질서유지)

2) 경찰공공의 원칙

의의	사회공공의 안녕과 질서유지에 관계가 없는 생활관계는 경찰권발동의 대상이 아니라는 원칙	
내용	사생활 불가침	① 사회공공의 질서와 관계없는 개인생활은 간섭할 수 없다는 원칙 ② 사생활의 범위는 사회통념에 의해서 결정된다.
	사주소 불가침	일반사회와 직접 접촉이 없는 가택내의 생활활동인 사주소(私住所)를 침해하여서는 안 된다는 원칙

<table>
<tr><td rowspan="2">내용</td><td>민사관계 불간섭</td><td>① 민사상 법률관계의 형성·유지는 사법권(司法權)의 작용영역으로서 경찰권의 관여 대상이 아니다.
② 민사상 법률관계 → 민법상 법률관계인 매매·임대차·불법행위·채무를 이행 등을 의미</td></tr>
<tr><td>사경제 불간섭</td><td>경찰은 원칙적으로 상품의 가격·품질, 영업의 종류·방법과 같은 사경제생활에는 관여하지 못한다는 원칙</td></tr>
</table>

3) 경찰　　의 원칙

<table>
<tr><td>의의</td><td colspan="2">① 경찰권발동의 조건과 정도(수단)는 질서유지의 필요의 정도와 비교하여, 그 사이에 사회통념상 적당하다고 인정되는 비례가 유지되어야 한다는 원칙
② 경찰권 발동의 조건과 정도에 관한 원칙
③ 헌법상 과잉금지원칙(§37②)에서 도출된 원칙이며, 경찰관직무집행법에도 명문의 규정이 있다.(§1②)</td></tr>
<tr><td>발동의 조건</td><td colspan="2">사회공공의 안녕·질서에 대한 「묵과할 수 없는 위해가 있을 때」, 「묵과할 수 없는 위해발생의 직접적 위험 또는 상당한 확실성이 있을 때」에만 발동</td></tr>
<tr><td rowspan="3">발동의 정도 (수단)</td><td>적합성</td><td>목적달성에 적합한 수단을 택하라는 원칙</td></tr>
<tr><td>필요성</td><td>① 목적달성에 적합한 여러 수단 중 국민에게 가장 적은 부담을 주는 수단을 선택하라는 원칙 → 최소침해의 원칙
② 독일의 경찰법에서는 「대체수단의 제공」이 명문화</td></tr>
<tr><td>상당성</td><td>① 경찰의 조치에 따른 불이익이 그 이익보다 큰 경우에는 그 조치를 취해서는 안 된다는 원칙 → 이익형량의 문제
② 협의의 비례원칙, 「경찰은 참새를 쫓기 위해 대포를 쏘아서는 안 된다」</td></tr>
<tr><td></td><td colspan="2">① 비례원칙은 헌법상의 원칙으로 비례원칙을 위반하면 위험·위법의 문제가 된다.</td></tr>
</table>

4) 경찰책임의 원칙

<table>
<tr><td>의의</td><td colspan="2">경찰권은 원칙적으로 사회공공의 안녕 · 절서가 침해되거나 침해될 우려가 있는 경우에 대하여 책임이 있는 경찰책임자에 대해서만 행사되어야 하고 이와 관계없는 제3자에게는 발동할 수 없다는 원칙</td></tr>
<tr><td>목적</td><td colspan="2">① 경찰책임은 객관적인 위험상황(사회적 장애)의 존재라는 사실을 중심으로 하여 이의 방지에 대한 책임자로서 취급
→ 자신의 생활범위(지배권)로부터 발생하였다고 하는 외면적 표상에 의하여서만 판단한다.
② 따라서 자연인 · 법인의 여부, 고의 · 과실의 유무, 정당한 권원의 유무 등을 묻지 않는다.</td></tr>
<tr><td>경찰책임자</td><td colspan="2">① 자기의 생활범위 안에서 객관적으로 경찰위반상태가 발생한 경우, 그에 대한 고의 · 과실의 존부와는 무관하게 경찰책임을 지게 된다.
② 자연인과 법인 모두 해당된다.
③ 자기 지배범위에 속하는 한 타인의 행위 또는 물건의 상태에 대해서도 책임을 진다.</td></tr>
<tr><td rowspan="3">종류</td><td>행위책임</td><td>① 자기 또는 자기의 지배범위 내에 속하는 사람의 행위로 인하여 질서위반의 상태가 발생한 경우에 지는 책임
책임의 성격 → 대위책임이 아닌 자기의 생활범위 안에서의 자기책임(自己責任)
② 귀속의 기준 → 직접원인설
경찰위반의 상태에 대해 직접적인 원인을 야기한 자가 책임을 부담한다.</td></tr>
<tr><td>상태책임</td><td>① 물건 또는 동물의 소유자 · 점유자 · 관리자가 당해 물건 또는 동물의 일정한 상태로 인하여 질서유지의 위해상태가 발생한 경우에 지는 경찰책임
② 상태책임의 인정범위에는 제한이 없으나, 비정형적 사건에 의해 당해 물건의 위반상태가 발생한 경우에는 책임이 귀속되지 않는다.
예 불가항력, 자연재해 현상 등</td></tr>
<tr><td>복합적책임</td><td>다수인의 행위 또는 다수인이 지배하는 물건의 상태에 기인하거나, 행위책임과 성태의 중복에 기인하여 하나의 경찰위반 상태가 발생한 경우의 책임
① 행위책임과 상태책임이 결합되어 있는 경우 → 이 경우에는 행위책임자에게 먼저 경찰권이 발동되는 것이 효율적임
예 소량의 오물을 계속 배출
② 하나의 경찰위반사실이 다수인의 행위 또는 다수인이 지배하는 물건의 상태에 기인하는 경우 → 이 경우 경찰권의 발동은 경찰의 재량에 의해 행해진다.</td></tr>
</table>

<table>
<tr><td rowspan="3">경찰책임의 예외
(경찰비책임자에 대한 경찰권의 발동)</td><td>의의</td><td>긴급한 필요가 있는 경우 질서위반의 책임이 없는 제3자에 대하여 경찰권을 발동하는 경우로서 경찰긴급권 또는 제3자에 대한 경찰책임이라고 한다.
예 화재현장의 소화작업동원, 수난구호를 위한 징용 등</td></tr>
<tr><td>요건</td><td>① 경찰위반의 상태가 현존하고 급박할 것
② 본래의 경찰책임자에 대한 경찰권의 발동으로는 위해의 제거를 기대할 수 없을 것
③ 법적 근거가 있을 것 (제3자의 승낙은 불요)
④ 제3자의 특별희생에 대한 손실보상이 있을 것</td></tr>
<tr><td colspan="2">경찰책임자가 아닌 자에 대해서는
① 긴급한 필요가 있는 경우에
② 법령상의 근거에 기하여서만 경찰권을 발동할 수 있다. 이 경우 제3자가 받은 손해는 보상되어야 한다.</td></tr>
</table>

5) 무하자재량행사청구권과 행정개입청구권의 비교

구 분	무하자재량행사청구권	행정개입청구권
내 용	적법한 재량행사를 구하는 공권	특정처분의 발동을 구하는 공권
법적 성질	적극적 공권, 형식적 공권, 절차적 공권, 제한적 공권	적극적 공권, 실체적 공권, 사전예방적 권리, 사후구제적 권리
성립요건	•재량권의 한계를 준수할 의무 •사익보호성	•행정권의 개입의무 •사익보호성
적용영역	•재량행위에서만 가능 •선택· 결정재량 모두 인정	•재량· 기속행위 모두 가능 •원칙적으로 결정재량에서만 인정
관련이론	재량의 한계이론	재량권의 영으로의 수축이론
관련판례	검사임용거부처분취소사건	무장공비김신조사건

4. 경찰행정 행위 유형

① 법적행위와 사실행위

<table>
<tr><td colspan="2">법적
행위</td><td colspan="3">① 법적 효과(권리 · 의무)를 외부적으로 발생 · 변경 · 소멸시키는 행위 (예 경찰처분)
② 법적 효과의 발생원인에 따른 법률행위적 행정행위(표시된 효과의 사의 내용)와 준법률행위적 행정행위(법률의 규정)로 나누어진다.
③ 구제수단으로서 손실보상이나 손해배상은 물론 원칙적으로 행정쟁송의 대상이 된다.</td></tr>
<tr><td rowspan="6">사실
행위</td><td>의의</td><td colspan="3">일정한 법적 효과의 발생을 목적으로 하는 것이 아니라, 직접적으로 사실상의 결과만을 가져오는 행정주체의 행위형식의 전체(행정처분이 아니다.)
예 경찰강제 · 경찰벌</td></tr>
<tr><td rowspan="2">유형</td><td>권력적
사실행위</td><td colspan="2">법령 또는 행정행위를 집행하기 위한 공권력의 행사로서 사실행위
예 경찰강제작용(강제집행, 즉시강제), 음주 용의차량의 정지지시</td></tr>
<tr><td>비권력적
사실행위</td><td colspan="2">공권력의 행사와 관계없는 사실행위 (명령 · 강제성이 없다.)
예 금전출납, 쓰레기 수거, 행정지도 등</td></tr>
<tr><td rowspan="3">권리
구제</td><td>손해전보</td><td colspan="2">국가배상 · 손실보상→청구기능</td></tr>
<tr><td rowspan="2">행정쟁송</td><td>권력적</td><td>처분성 긍정 (계속적 사실행위의 경우에만 訴益이 긍정)</td></tr>
<tr><td>비권력적</td><td>처분성 부정 (判)</td></tr>
<tr><td colspan="2"></td><td colspan="3">① 행정청의 사실행위에 대한 권리구제 방법으로서는 손해전보, 즉 국가배상이 가장 효과적이고 직접적인 방법이다.(행정소송의 경우 권리구제의 실효성이 낮다.)
② 행정지도 → 행정주체가 행정목적을 실현하기 위하여 상대편의 임의적 협력을 기대하여 행하는 非權力的 事實行爲 예) 자동차 10부제 운행</td></tr>
</table>

② 법률행위와 준법률행위

- 행정행위 내용
  - 법률행위적 행정행위
    - 명령적 행위
      - 하명
      - 허가
      - 면제
    - 형성적 행위
      - 직접 상대방을 위한 행위
        - 설권행위(특허)
        - 변권(變權)행위
        - 박권(剝權)행위
      - 타인을 위한 행위
        - 보충행위(인가)
        - 대리행위(대리)
  - 준법률행위적 행정행위
    - 확인
    - 공증(公證)
    - 통지
    - 수리(受理)

③ 행정행위의 요건

성립요건	주체	① 정상적인 상태의 행위 ② 행정기관의 권한 내의 행위 ③ 정당한 권한을 가진 행정기관의 행위(형식적 권한 내 행위)	형식적 요건
	절차	① 상대방의 협력(동의 · 신청) ② 공고 또는 통지 ③ 이해관계인의 참여 · 협의 ④ 청문 · 공청 또는 변명의 기회	
	형식	① 문서의 형식 ② 필요적 기재의 형식 ③ 서명 · 날인의 형식	
	내용	① 실현 가능한 내용 ② 확정 · 명확한 내용 ③ 적법한 내용 ④ 타당(공익에 적합)한 내용	실질적 요건

효력 요건	① 현실적으로 행정주체 또는 행정객체를 구속하는 효력을 발생시키기 위한 조건 ② 상대방에게의 도달(到達)이 효력발생요건
	① 행정행위의 성립요건이나 효력요건에 흠(하자)이 있게 되면 무효나 취소의 원인이 된다. ② 훈령이나 직무명령의 경우에도 동일한 요건을 요하나 심사가능성의 유무에 있어서 형식적 요건과 실질적 요건에 차이가 있음에 주의할 것

④ 경찰행정처분의 효력

구속력	행정행위가 성립요건과 효력요건을 갖춤으로써 그 내용에 따라 상대방과 관계 행정청 및 관계인을 구속하는 효력	
공정력	행정행위에 하자가 있는 경우에도 그것이 절대무효인 경우를 제외하고는 권한 있는 기관에 의하여 취소될 때까지 그 행위의 상대방·이해관계인은 물론 처분행정청 및 다른 국가기관 등도 이에 구속되어 그 효력 을 부정할 수 없는 힘	
확정력 (존속력)	불가쟁력	행정행위의 상대방 또는 기타 관계인이 행정행위의 효력을 법적인 쟁송수단에 의해서 더 이상 다툴 수 없는 효력 (제소기간의 경과, 심급의 종료 등)
	불가변력	① 행정행위를 한 행정청이나 또는 그 상급감독청이 직권으로 당해 행정행위를 취소·철회할 수 없는 행정행위의 구속력 ② 일정한 쟁송절차를 거쳐 행해지는 확인적 행위 등 준 사법적 행정행위에 발생 예 행정심판의 재결, 징계처분의 결정, 징계처분에 대한 소청위의 결정
집행력	① 행정행위의 내용을 행정기관이 스스로 실현할 수 있는 힘(경찰하명에서 문제) ② 처분행위와 집행행위는 별개의 행정작용 → 각각의 법적 근거가 요구된다.	

◉ 공정력

1. 행정행위의 공정력

(1) 행정행위에 하자(당연무효제외)가 있더라도, (2) 권한있는 기관에 의해 취소前까지,
(3) 일응 유효한 것으로 통용(유효성 추정) (4) 절차적· 잠정적 효력

2. 공정력과 구성요건적 효력

구 분	공정력	구성요건적 효력
범 위	상대방 또는 이해관계인	처분청과 수소법원 이외의 모든 국가기관
이론적 근거	행정의 안정성확보	국가기관 상호간의 권한존중

3. 공정력의 이론적 근거로서 자기확인설(O. Mayer), 국가권위설(E. Forsthoff), 법적 안정성설(행정정책설) 등이 있지만, 법적 안정성설(행정정책설)이 다수설의 입장이다.

4. 실정법적 근거로서 공정력을 **직접적으로 인정하는 명문규정은 없지만,** 행정행위의 직권취소, 항고쟁송규정, 자력집행에 관한 규정 등에서 **간접적으로 근거를 찾을 수 있다.**

5. 무효인 행정행위에는 공정력이 인정되지 아니하고, 취소쟁송의 대상이 되지 않는 행정작용(예 사실행위, 비권력적 행위, 공법상 계약, 사법행위 등)에 대해서도 공정력은 인정되지 아니한다.

6. 공정력과 입증책임과의 관계는 전혀 법적인 관련성이 없으므로(입증책임무관계설), 민사소송법상의 입증책임분배원칙인 법률요건분류설이 적용되어야 한다고 보는 것이 통설· 판례의 태도이다.

◉ 불가쟁력과 불가변력

구 분	불가쟁력	불가변력
차이점	① 절차법적 효력 ② 행정행위의 상대방 및 이해관계인에 대한 구속력 ③ 적용범위 - 전 행정영역	① 실체법적 효력 ② 처분청에 대한 구속력 ③ 적용범위 - 일부의 행정영역(주로 확인·판단적 행위)
공통점	목적 - 법률생활의 안정성을 위해 인정	

⑤ 무효와 취소의 구별

◐ 무효와 취소의 구별 ◑	
무효	① 행정행위의 하자가 중대하고 명백하여, 권한 있는 기관의 취소를 기다리지 아니하고 처음부터 당연히 그 법률적 효력을 발생하지 못하는 행정행위 ② 무효한 하명은 효력이 없으므로 이를 불이행해도 경찰강제나 경찰벌의 대상이 될 수 없다.
취소	① 일단 유효하게 성립된 행정행위에 관하여 성립에 하자가 있음을 이유로 효력을 소급적으로 소멸시키는 것 → 직권취소(처분청)와 쟁송취소(감독청·법원)가 있다. ② 취소가 있게 되면 그 행위의 효력은 소급적으로 무효가 된다.) ③ 취소원인은 권한을 초과, 착오, 사기 등 부정한 수단에 의거한 행위 등이다.
철회	유효하게 성립된 행정행위가 성립 후 발생한 새로운 사정에 의하여 더 이상 존속시킬 수 없게 된 경우에, 장래에 향하여 효력의 전부 또는 일부를 소멸시키는 독립된 행정행위

<table>
<tr><th colspan="2">구 분</th><th>무 효</th><th>취 소</th></tr>
<tr><td colspan="2">원 인</td><td>① 공무원이 아닌 자의 행위 또는 적법하게 구성되지 않은 합의체의 행위
② 내용이 실현불능이거나 불명확한 행위
③ 필요한 문서에 의하지 아니한 행위
④ 필요한 공고나 통지를 결여한 행위</td><td>① 필요한 자문을 결여한 행위, 사기·강박·착오에 의한 행위
② 단순 위법·공익위반·반사회질서의 행위
③ 행위가 정당한 기관에 의해 행해졌음을 표시하는 등의 형식을 결여한 행위
④ 행정의 능률·원활·참고 등을 위한 편의적 절차를 위반한 때</td></tr>
<tr><td rowspan="8">구별의 실익</td><td>효력</td><td>처음부터 효력을 발생하지 않음</td><td>취소될 때까지는 효력인정</td></tr>
<tr><td>공정력</td><td>인정되지 않음</td><td>인정</td></tr>
<tr><td>행정쟁송의 형식</td><td>무효확인 심판·소송
무효선언을 구하는 의미에서의 취소소송</td><td>취소심판·취소소송</td></tr>
<tr><td>행정소송의 제기요건 (행정심판전치주의제기기간)</td><td>不要 (단,무효선언을 구하는 의미에서의 취소소송에서는 要)</td><td>(예외적)행정심판전치주의, 제기기간에 관한 요건 충족을 要함</td></tr>
<tr><td>사정재결 (사정판결)</td><td>不可</td><td>可</td></tr>
<tr><td>선결문제</td><td>민·형사사건의 수소법원(受訴法院)이 위법성 심사 可(학설일치), 효력부인可</td><td>위법성 심사가능성 여부에 대한 학설대립(효력부인 不可)</td></tr>
<tr><td>하자의 승계</td><td>독립하여 별개의 효과를 가져오는 경우에도 승계</td><td>독립하여 별개의 효과를 가져오는 경우에는 승계불가</td></tr>
<tr><td>하자의 치유와 전환</td><td>전환만 가능</td><td>치유만 가능</td></tr>
</table>

⑥ 행정행위의 하자의 승계

구분	내용	
의의	둘 이상의 행정행위가 연속적으로 행해지는 경우, 선행행위에 하자가 있으면 후행행위 자체에 하자가 없어도 선행행위의 하자를 이유로 후행행위를 다툴 수 있는가의 문제	
전제조건	① 선행행위에는 하자가 존재하나, 후행행위에는 하자가 없어야 함 ② 선행행위는 당연무효가 아닌 취소사유인 하자가 존재하여야 함 ③ 선행행위의 하자를 제소기간 내에 다투지 않아 선행행위에 불가쟁력이 발생하여야 함	
승계여부	선행행위와 후행행위가 상호 관련성이 있더라도 별개의 효과를 목적으로 하는 경우에는 하자가 승계되지 않지만, 선행행위와 후행행위가 결합하여 하나의 법적 효과를 목적으로 하는 경우에는 하자의 승계가 인정된다고 봄 (통설과 판례의 입장 - 예외적인 판례도 있음)	
관련판례	하자의 승계 인정	하자의 승계 부정
	ⓐ 조세체납처분에 있어서독촉과 체납처분(독촉 - 압류 - 매각 -충당) 사이 ⓑ 행정대집행절차 : 계고 → 통지 → 실행 → 비용징수 ⓒ 개별공시지가결정과 양도소득세부과처분 사이 ⓓ 귀속재산 임대처분과 후행(後行)매각처분 ⓔ 한지의사시험(限地醫師試驗) 자격인정과 한지의사 면허처분 ⓕ 암매장 분묘개장명령과 후행계고처분 사이 ⓖ 안경사국가시험합격무효처분과 안경사 면허취소처분사이	ⓐ 과세처분와 체납처분 사이 ⓑ 위법한 건물의 철거명령과 계고처분 사이 ⓒ 공무원의 직위해제처분과 면직처분 사이 ⓓ 표준공시지가결정과 개별토지가격결정 사이 ⓔ 사업인정(도시계획결정)과 수용재결사이 ⓕ 변상판정과 변상명령간 사이 ⓖ 수강거부처분과 수료처분 사이

⑦ 하자있는 행정행위의 치유와 전환

행정 행위의 치유	① 의의 : 행정행위가 발령 당시에 하자로 인해 위법한 것이라고 하여도 사후에 하자를 보완하게 되면, 발령 당시의 하자에도 불구하고 그 행위의 효과를 다툴 수 없도록 유지하는 것을 하자 있는 행정행위의 치유라 함 ② 취지 : 하자의 치유는 국민의 법생활의 안정과 신뢰보호를 위한 것으로 예외적으로 인정되는 것, 불필요한 행정행위의 반복을 방지하기 위한 것임 (∴ 국민의 권익보호에 역행하는 하자의 치유는 인정 X) ③ 적용영역 : 취소할 수 있는 행정행위에만 인정됨(통설과 판례) **판례** ① 징계처분이 중대하고 명백한 하자 때문에 당연무효라면 비록 상대방이 이를 용인하였더라도 그 하자가 치유되는 것은 아니다. ② 원고가 국가공무원으로 임용된 후 명예퇴직 하였으나 임용 전에 당시 국가공무원법상의 임용결격사유가 있었으면 국가가 과실에 의하여 이를 밝혀내지 못하였다고 하더라도 그 임용행위는 당연무효이고 그 하자가 치유되는 것은 아니다. ④ 치유사유 : 요건의 사후보완, 장기간 방치로 인한 법률관계의 확정, 취소를 불허하는 공공복리상의 필요 등 ⑤ 치유의 효과 : 소급적이어서 처음부터 적법한 행위와 같은 효과를 지님
행정 행위의 전환	① 의의 : 하자 있는 행정행위를 일정한 요건하에 다른 행정행위로 전환시켜 유효하게 하는 독립된 행정행위를 의미 ② 취지 : 국민의 법생활의 안정과 신뢰보호를 위한 것, 아울러 불필요한 행정행위의 반복을 방지하기 위함 ③ 적용영역 : 무효인 행정행위에만 인정됨(통설과 판례) ④ 요건 • 무효인 행성행위와 전환 후의 행정행위가 요건 · 목적 · 효과 등에 있어서 실질적 공통성이 있을 것 • 무효인 행정행위가 전환될 행정행위의 성립 · 효력요건을 갖출 것 • 전환이 행정청의 의사에 반하지 않을 것 • 전환이 관계자(상대방 또는 제3자)에게 불이익이 되지 않을 것 • 당사자가 그 전환을 의욕하는 것으로 인정될 것 • 행위의 중복을 회피하는 의미가 있을 것

행정 행위의 전환	*** 전환이 인정되는 경우** ① 행정행위가 타행정행위로 전환되는 경우 예 이중의 도로부담금이 부과처분의 독촉으로의 효력이 인정되는 경우 ② 공법상의 행위가 사법상의 행위로 전환되는 경우 예 무효인 공법상의 임용행위가 사법상의 고용계약으로 전환되는 경우 ③ 과오납세액을 다른 조세채무에 충당한 행위가 무효인 경우에 환급행위로 전환처리 ④ 死者에 대한광업허가나 조세부과를 그 상속인에 대한 것으로 처리 ⑤ 사실상 공무원의 행위 ⑥ 재결신청인이 사망한 경우 토지수용위원회의 재결의 효력은 상속인에 대하여 인정 *** 전환이 불허되는 경우** ① 전환이 처분청의 의도에 명백히 반할 때 ② 전환될 행정해위의 법적 효과가 관계인에게 원행정행위보다 불이익으로 되는 경우 ③ 하자있는 행정행위의 취소가 허용되지 않는 경우 ④ 기속행위에서 재량행위로 전환하는 경우 ⑤ 전환의 효과 : 하자 있는 행정행위의 전환은 새로운 행위를 가져오며, 새로운 행위의 효력은 하자 있는 행정행위의 발령시점으로 소급하여 효력을 발생함(多)

⑧ 공정력(구성요건적 효력)과 선결문제

1. **의의 : 선결문제란 어떤소송사건에 있어서 그 판결을 하기 전에 먼저 결정해야 할 문제를 말한다. 즉, 항고소송은 스스로 행정행위의 공정력을 배제할 수 잇기 때문에 선결문제는 없다. 그러나 민사소송, 형사소송 등 다른 국가기관은 통설에 따르면 공정력이 미치며 새로운 견해에 따르면 구성요건적 효력이 미친다. 그 결과 민사소송, 형사소송 등에서 본안 판단의 전제로서 제기되는 행정행위의 위법성 또는 유효 여부에 관한 문제(선결문제)를 스스로 심리 · 판단할 수 있는가의 문제가 나타난다.**

2. 처분이 무효인 경우에는 위법성 판단과 효력부인 판단이 모두 가능하다. 다만, 처분이 취소하유인 경우에는 위법성 판단은 가능하나, 효력부인 판단은 할 수 없다.

(1) 민사소송

위법성판단(O): 민사법원은 행정행위의 위법성을 판단하여 국가배상청구사건의 판결이 가능하다.

효력부인판단(X) : 과세부과처분이 당연무효가 아닌 한 민사법원은 취소할 수 없으므로 부당이익이 성립되지 않는다.

(2) 형사소송

위법성 판단(O) : 행정행위 위반여부에 대한 적법성을 판단하여 형사처벌이 가능하다.

효력부인판단(X) : 연령을 속여 발급받은 운전면허를 가지고 운전해도 취소되지 않은 한 무면허로 형사처벌 할 수 없다.

선결문제	위법성 판단	효력 유무
민사사건의 경우	가 능 (계고처분 ⇨ 국가배상소송)	당연무효→ 효력부인 가능 단순위법→ 효력부인 불가 (과세처분 ⇨ 부당이득반환소송)
형사사건의 경우	가 능 (원상복구시정명령 ⇨ 도시계획법위반여부)	당연무효→ 효력부인 가능 단순위법→ 효력부인 불가 (운전면허처분 ⇨ 무면허운전여부)

⑨ 경찰하명

의의	① **의미 :** 경찰상의 목적을 달성하기 위하여 일반 통치권에 의거하여 개인에게 일정한 의무를 부과하는 행위 ② **성질** ㉠ 법률적 행위(단순한 실력을 요소로 일정한 상태를 실현시키려는 권력적 사실행위인 경찰강제와 구별) ㉡ 명령적 행위(위반시 행정상 강제집행·행정벌의 대상이 될 뿐, 그 행위의 법률상 효력에는 영향 X) ㉢ 경찰목적을 위한 하명 ㉣ 일반 통치권에 의거(특별권력관계 내부에만 효력을 미치는 훈령이나 직무명령과 구별) ㉤ 법적 근거 : 부담적 행정행위이므로 법령의 근거 필요, 원칙적으로 기속행위 ③ **대상 :** 경찰하명의 대상이 되는 행위는 사실행위 또는 법률행위

<table>
<tr><td>분류</td><td>① 내용에 따른 분류
㉠ 작위하명 : 특정인 또는 특정의 다수인에게 적극적으로 일정한 행위를 해야 할 의무를 부과
㉡ 부작위하명 : 특정인 등에게 소극적으로 일정한 행위를 하여서는 아니될 의무를 부과(경찰금지)
ⓐ 절대적 금지 : 요건구비와 무관하게 해제 x
(미성년자의 음주 · 흡연금지, 인신매매금지 등)
ⓑ 상대적 금지 : 일정한 요건을 갖춘 경우에는 해제가 가능한 것
(음식적 영업금지, 영업장소 제한 등)
ⓒ 일반적 금지 (불특정 다수인 대상 - 공공시설에서의 흡연행위 금지, 일방통행지시 등)
㉢ 급부하명 : 특정인에게 금전 · 물품 · 노동력을 제공할 의무를 부과 (납세의무 등)
㉣ 수인하명 : 경찰권 발동에 의한 실력행사를 감수하고 이에 저항하지 말아야 할 공법상 의무를 부과
② 대상에 따른 분류
㉠ 대인적 하명 : 특정인의 개인적 사정에 중점으로 두고 행해지는 하명, 일신전속적(이전 · 승계 X)
㉡ 대물적 하명 : 특정의 물건이나 설비 등 물적 사정에 중점을 두고 행하여진 하명(이전 · 승계 O)
㉢ 혼합적 하명 : 대물적 하명이면서 동시에 대인적 하명의 요소가 혼합된 경우, 원칙적으로 이전 제한</td></tr>
<tr><td>경찰
하명
형식</td><td>① <u>법규에 의한 경찰하명 (법규하명, 경찰명령)</u> : 별도의 행정행위를 기다릴 것 없이 행정법규 자체가 국민의 자유를 제한하고 특정한 의무를 규정함으로써 직접 법적 효과가 발생되는 경우의 하명 (<u>법규명령의 공포로 효력 발생, 불특정 다수인 대상</u>)
② <u>경찰처분에 의한 경찰하명</u> (협의의 경찰하명, 경찰처분) : 경찰행정 주체가 근거법규의 집행을 위하여 개별적·구체적 처분을 행함으로써 비로소 현실적으로 하명의 효과가 발생하는 경우 (<u>엄격한 법적 근거 필요</u>, 도달주의, 구술·문서·고지 등의 방법으로 고지 가능)</td></tr>
<tr><td>경찰
하명
효과</td><td><table>
<tr><td rowspan="2">지역적
범위</td><td>원칙</td><td>경찰관청 관할 구역 내에서만 미치는 것이 원칙이다.</td></tr>
<tr><td>예외</td><td>성질상 · 법규상 관할구역 외에 미치는 때가 있다.
(예 경찰서장의 자동차사용정지처분)</td></tr>
</table></td></tr>
</table>

<table>
<tr><td rowspan="6">경찰하명 효과</td><td>경찰의무 발생</td><td colspan="3">① 경찰하명을 받은 특정인 또는 불특정다수인 → 경찰의무 발생
② 경찰하명을 받은 수명자 : 행정주체(국가·공공단체)에 대하여 작위의무, 부작위의무, 수인의무, 급부의무를 발생 (의무 불이행시 강제집행 또는 경찰벌의 대상이 됨)
③ 경찰하명에 의하여 과해지는 의무는 행정주체에 대한 것 O, 제3자에 대한 것 X</td></tr>
<tr><td rowspan="5">대인적 범위</td><td>법규 하명</td><td colspan="2">법규하명은 불특정다수인, 일반적으로 효력 발생</td></tr>
<tr><td rowspan="4">경찰 처분 효과</td><td>대인적 하명</td><td>대인적 하명은 특정인의 인적 사정에 중점을 두고 행해짐 (일신전속적, 이전·승계 X)</td></tr>
<tr><td>대물적 하명</td><td>경찰하명이 특정한 물건이나 설비 등 물적 사정에 착안하여 행해진 경우 (제3자에게 이전·승계 O)</td></tr>
<tr><td rowspan="2">혼합적 하명</td><td>대물적 하명이면서 동시에 대인적 하명의 요소가 혼합된 경우로서, 원칙적으로 이전이 제한된다.
(예 총포 소지·거래금지)</td></tr>
</table>

<table>
<tr><td rowspan="8">경찰하명의 하자와 위반의 효과</td><th colspan="2">구 분</th><th>내용</th></tr>
<tr><td rowspan="2">경찰 하명의 무효</td><td>무효 원인</td><td>주체 · 내용 · 절차 · 형식상 중대 · 명백한 하자</td></tr>
<tr><td>무효 효과</td><td>처음부터 하명의 효력 발생 X (불이행시 강제집행 · 경찰벌의 대상 X)</td></tr>
<tr><td rowspan="2">경찰 하명의 취소</td><td>취소 원인</td><td>· 권한을 초과한 하명
· 착오에 의한 하명
· 사기 등 부정수단에 의한 하명
· 하명의 내용이 공익에 위반한 경우
· 경미한 절차나 형식을 결여한 경우 등</td></tr>
<tr><td>취소 효과</td><td>권한있는 기관에 의하여 취소가 있기 전까지는 유효한 하명으로 추정된다.(공정력) 그러나 취소가 있으면 하명의 효과는 원칙적으로 과거에 소급하여 없어진다.
※ 공정력 : 권한 있는 기관에 의해 취소 · 변경되기 전까지는 일단은 유효한 것으로 추정되는 힘을 갖는 것</td></tr>
<tr><td rowspan="2">경찰 하명 위반의 효과</td><td>경찰 의무의 불이행</td><td>경찰상 강제집행이 행해진다.</td></tr>
<tr><td>경찰 의무의 위반</td><td>경찰벌(경찰형벌, 경찰질서벌)이 가해진다.</td></tr>
</table>

⑩ 경찰허가

구 분		내용
의 의		경찰허가라 함은 경찰상 목적을 위해 일반적·상대적 금지를 특정한 경우에 해제하여 적법하게 특정행위를 할 수 있도록 자연적 자유를 회복시켜주는 경찰처분(학문상 개념, 실정법상 면허, 인허, 특허 등 혼용)
성 질	일반적·상대적 금지의 해제행위	경찰허가는 상대적 금지의 해제, 부작위의무(금지)의 해제라는 점에서 작위·수인·급부의무의 해제인 경찰면제와 구별
	명령적 행정행위	경찰허가는 일반 국민에 대하여 의무를 해제하는 명령적 행정행위 (형성적 행정행위인 특허와 구별)
	기속 재량행위	행정관청에 재량이 부여되었다고 하더라도 그 재량처분은 자유재량이 아니고 기속재량으로 보아야 하며(통설), 거부하여야 할 정도의 사회적 장해가 발생할 우려가 없는 한 허가를 거부하는 것은 위법
	쌍방적 행정행위	당사자의 신청을 필요로 하는 쌍방적 행정행위인 것이 원칙(직권에 의한 허가도 있음)
	법률행위적 행정행위	경찰허가는 행정주체의 의사표시를 구성요소로 하는 법률행위적 행정행위인 점에서 사실적 행위인 경찰강제와 구별된다.

※ 경찰허가의 종류

구 분	내용
대인적 허가 (이전성없음)	사람의 경력·기능·건강·성행·지식 기타 신청인의 개인적 사정을 심사하여 행해지는 경찰허가(의사면허·운전면허 등, 일신전속적, 이전·승계 X)
대물적 허가 (이전성있음)	신청인이 갖추고 있는 물적 설비, 지리적 환경 기타의 객관적 사정을 심사하여 행해지는 경찰허가(건축허가, 자동차검사합격처분, 목욕장영업허가 등, 이전·승계 가능)
혼합적 허가 (이전성제한)	• 신청인의 주관적 사정과 객관적 사정을 아울러 고려하여 행해지는 경찰허가 • 유기장영업허가는 개인적 성행(전과사실유무 등)이라는 개인적 사정과 장소라는 객관적 사정의 혼합으로 이루어지는 허가(이전·승계 제한)

※ 경찰허가의 효과

구 분	내용
경찰금지의 해제	경찰허가는 경찰금지를 해제하여 자연의 자유를 회복시켜 주는데 그치며, 그로 인하여 권리 · 능력 기타의 힘을 설정하거나 법률행위의 효력에 영향 X (특허와 구별)
경찰허가와 타법률관계	경찰허가는 법률상의 경찰금지는 해제하는데 그치며, 타법률상의 금지까지 해제하는 것 X
경찰허가와 법률행위의 효력	① 경찰허가는 일정한 사실행위를 적법하게 할 수 있도록 하는 데에 지나지 않으므로 허가를 받았다고 하여 사법상의 법률행위의 효력에 영향 X ② 허가를 받아야 할 행위를 허가없이 행하였다고 하더라도, 처벌이나 강제집행의 대상이 될 수는 있으나 사법상의 법률행위의 효력발생에는 영향 X
지역적 범위	경찰허가의 효과는 원칙적으로 당해 경찰관청의 관할 구역내에 한정 (자동차운전면허처럼 효력이 전국에 미치는 경우도 有)
시간적 범위	법규 또는 부관에 의해서 시간적 효과를 한정할 수 있으나 일반적으로 특별규정이 없는 한 경찰허가가 소멸될 때까지 그 효과가 지속된다.

※ 경찰허가의 형식 · 요건

(1) 형식 : 언제나 구체적 처분의 형식(법규허가 X), 경찰허가는 보통 서면 (그러나 요식행위 X)

(2) 요건 : 일반 행정행위의 요건을 구비하는 것 외에 절차적 요건(신청·시험·수수료나 조세의 납부)과 형식적 요건(면허증·검사증 등과 같은 공적증명의 교부·공부에의 등록) 등 필요 (상대방 신청 불요한 경우도 有)

⑪ 행정행위의 부관

1. 의의 : 주된 행정행위에 부가, 효과를 제한(법효과제한적 부관) or 보충(법률요건충족적 부관)

2. 법정부관은 법규 그 자체로서 행정행위의 부관에 관한 일반원칙은 원칙적으로 적용되지 않는다.

3. 종류

구분		내용
조건	의의	경찰허가의 효력의 발생 또는 소멸을 "장래의 불확실한 사실"의 성부에 의존케 하는 의사표시
	정지조건	경찰허가의 효력이 발생하지 않고 있다가 조건이 성취되면 비로소 발생하는 경우
	해제조건	경찰허가의 효력은 처음부터 발생하지만 조건이 성취되면 효력이 소멸되는 경우
기한		① 기한이라 함은 경찰허가 효력의 발생 또는 소멸을 "도래가 확실한 장래의 사실"에 의존케 하는 경찰기관의 의사표시 (조건과의 구별) ② 기한이 도래하면 경찰허가의 효력이 비로소 발생하는 경우를 시기라고 함 ③ 반대로 기한이 도래하면 경찰허가의 효력이 소멸하는 경우를 종기라고 함
부담	의 의	부담이란 경찰허가의 주된 의사표시에 부가하여 그 효과를 받는 상대방에 대하여 일정한 의무(작위 · 부작위 · 급부)를 부과하는 경찰기관의 의사표시(부관으로 가장 실례가 많고, 수익적 처분에 붙여지는 것이 보통, 직접 행정소송의 대상이 될 수 있는 부관)
	내 용	① 부담은 본체인 경찰허가에 부수해서 상대방에게 일정한 의무를 부과할 뿐이며, 부담이 붙여져도 경찰허가의 효력은 처음부터 완전히 발생(부관의 독립성) → 독립쟁송가능 ② 부담의 내용인 의무에는 작위 · 부작위 · 급부의 의무가 있는데, 지급의무를 부가하는 것이 보통(급부 등 의무의 불이행시 경찰허가의 취소원인)
	예	① 영업허가를 하면서 종업원의 정기건강진단의 의무를 부과하는 경우 ② 도로사용허가를 하면서 점용료의 납부를 명하는 경우
철회권 유보	의 의	경찰허가의 주된 의사표시에 부가하여 특정한 경우에 경찰허가를 철회할 수 있는 권리를 유보하는 경찰기관의 의사표시
	철회권 유보와 부담	수익적 처분인 허가 · 특허 등에 그 예가 많으며, 부담과 함께 붙여지는 경우도 有
	해제조건과의 구별	철회권의 유보는 경찰허가 효력의 소멸에 관한 것이라는 점에서 해제조건과 유사 (해제조건은 조건이 성취됨과 동시에 당연히 경찰허가의 효력이 소멸, 철회권의 유보의 경우에는 경찰허가의 효력을 소멸시키기 위한 별도의 의사표시를 필요)
	예	공기업의 특허를 하면서 특허명령서에 따른 내용을 위반하면 특허를 취소할 수 있다고 한 경우

수정부담		일정한 의무의 부과가 아니라, 행정행위의 내용 자체를 상대방의 신청과 다르게 수정·변경하는 형태의 부관(예 집단시위행진의 신청에 대하여, 신청된 것과는 다른 진로를 지정하여 허가처분을 부여하는 경우, 신청한 구조양식과는 다른 내용의 지붕구조건축허가를 하는 경우 등)
법률효과의 일부제한(배제)	의의	법률효과의 일부제한(배제)이라 함은 경찰허가의 주된 의사표시에 부가하여 법령이 그 행정행위에 대하여 일반적으로 부여하고 있는 법률효과의 일부를 제한하는 경찰기관의 의사표시 (관계법령의 명시적 근거 필요)
	예	① <u>택시영업허가를 해주면서 격일제 운행을 부관으로 하는 경우</u> ② <u>10부제 운행을 부관으로 하여 택시영업허가를 한 경우</u> ③ <u>도로사용을 허가하면서 사용시간을 야간에 한정하는 경우</u> ④ <u>버스노선을 지정하여 자동차운수업을 허가하는 경우</u>
사후변경유보(부담유보)	의의	행정행위의 사후적 추가·변경·보충의 권한을 미리 유보하는 부관 사회·경제적 변화와 기술적 발전을 예측하기 어려운 경우에 대비하기 위하여 부가하는 부관
	한계	제한적 긍정설(다) 사후부관불가함이 원칙 이지만 예외적으로 법규나 행정행위자체가 사후부관을 허용하고 있거나 유보한 경우, 상대방의 동의가 있을 때 가능 **(판례)** 제한적 긍정설 입장에서 폭넓게 사후부관 긍정 법령에 명문의 근거 있을 때, 변경이 미리 유보되어 있을 때, 상대방의 동의가 있을 때, 사정변경이 있는 경우 까지 사후부관을 허용

◉ 기타 부관 관련 사항

부관의 가능성	① 부관은 법률행위적 행정행위 가능(통설, but 확인·공증의 경우 기한을 붙일 수 있다는 견해도 有) ② 부관은 <u>법률행위적 행정행위 중에서도 재량행위에만 붙일 수 있다</u>(통설, but 기속행위에도 붙일 수 있다는 견해도 있음)
부관의 한계성	① 부관의 내용은 직접 또는 간접으로 법령의 규정에 위배되어서는 안되며 부관의 형식이 법령에 저촉되는 것이어서도 안 된다. ② 부관은 경찰허가를 규율하는 법령과 경찰허가가 목적하는 필요한 범위를 일탈할 수 없다. ③ 부관은 비례의 원칙에 적합해야 하는 바 부관을 필요로 하는 공익과 상대방이 그로 인하여 받은 불이익과의 사이에는 상당한 비례관계가 유지되어야 한다.

부관의 하자와 행정행위의 효력	① 부관의 하자와 부관의 효력 : 부관의 하자가 중대하고 명백한 것인 때에는 그 부관은 무효, 그 하자가 취소사유인 때에는 취소할 수 있다. ② 부관의 하자와 주된 행정행위의 효력 – 무효인 부관이 주된 행정행위의 중요 부분(본질적 요소)에 해당하는 경우 즉, 부관이 아니면 행정행위를 하지 않았을 것으로 인정되는 경우에 한하여만 행정행위 전체가 무효가 된다(통설). ③ 하자 있는 부관에 대한 쟁송 ㉠ 부담의 경우 : 부담만은 주된 행정행위와 별도로 직접 행정쟁송의 대상이 된다고 본다(통설). ㉡ 기타 부관 : 하자 있는 부관에 불복하는 자는 주된 행정행위 자체의 무효 또는 취소를 구하여야 한다.(통설, 판례)

구 분	전통적 견해	새로운 견해
법률행위적 행정행위	○	개별성질로 판단
준법률행위적 행정행위	×	개별성질로 판단
재량행위	○	○
기속행위	× (효과제한적 부관은 불가)	○ (요건충족적 부관은 가능)

⑫ 준법률행위적 행정행위

1) 의의 : 행정청의 효과의사 이외의 정신작용, 즉 인식·판단·관념등을 내용으로 하고, 법이 정한 효과를 발생하는 행정행위 → 부관 불가/기속행위/요식행위

2) 종류

(1) 확인

① **개념:** 특정한 사실이나 법률관계의 존부 또는 정부에 관하여 의문이나 다툼이 있는 경우에 행정청이 이를 공권적으로 판단·확정하는 행위

② **종류:** 구역결정, 발명특허, 당선인결정, 합격자결정, 교과서검정, 행정심판재

결, 소득금액결정, 준공검사, 징병검사등

③ **성질** : 판단표시행위, 준사법적 행위, 불가변력 발생

(2) 공증

① **개념:** 특정한 사실 또는 법률관계의 존재를 공적으로 증명하는 행정행위.

② **성질:** 일정한 사실 · 법률관계의 존재를 증명하는 인식의 표시행위이며, 기속행위

③ **효과:** 공적 증거력의 발생하고, 반증(反證)이 있을 때까지만 일단 진실한 것으로 추정되는 진 실추정력을 갖는데 그친다. 따라서 반증에 의해 번복이 가능하고 公定力이 인정되는 것은 아니다. 판례는 반증에 의해 전복되는 사실적 효력에 불과한 공증은 처분이 아니라는 견해를 보이고 있다.(예:토지대장 · 임야대장 · 건축물대장 · 광업원부 · 지적도등의 지적공부에 등재하는 행위에서 처분성을 부인)

"멸실된 지적공부를 복구하거나 지적공부에 기재된 일정한 사항을 변경하는 행위는… 실체상의 권리관계에 어떤 변동을 가져오는 것이 아니고,….항고소송의 대상이 되는 행정처분이라고 할 수 없다."(대판 91누 8357)

(3) 통지

① 의의: 특정인 또는 불특정다수인에 대하여 일정한 사실을 알리는 행정행위.

② 종류: 대집행계고, 납세독촉 - 처분성 인정, **당연퇴직 통보 - 처분성 부정**

"성업공사가 당해 부동산을 공매하기로 한 결정 자체는 내부적인 의사결정에 불과하여 항고소송의 대상이 되는 행정처분이라고 볼 수 없고, 또한 위 공사가 한 공매통지는 공매의 요건이 아니고 공매사실 그 자체를 체납자에게 알려주는데 불과한 것으로서…, 처분에 해당한다고 볼 수 없다(대판 1998.6. 26, 96누12030).

(4) 수리

① **의의:** 타인의 행정청에 대한 행위를 유효한 것으로 받아들이는 행정행위이며, 단순한 사실행위인 도달이나 접수와는 구별됨.

② **효과:** 법령이 정하는 바에 따라 다름. 수리에 의해 사법상의 효과가 발생하

기도 하며 (예: 혼인신고의 수리), 행정청에게 결정 등을 행할 의무가 발생하기도 한다.(행정심판청구서의 수리)

⑬ 경찰상 의무이행확보수단

<table>
<tr><td rowspan="5">경찰의무 불이행</td><td rowspan="5">경찰강제</td><td rowspan="4">경찰상 강제집행</td><td>대집행</td><td>대체적 작위의무 불이행</td></tr>
<tr><td>집행벌</td><td>비대체적 작위의무, 부작위의무 불이행</td></tr>
<tr><td>직접강제</td><td>의무불이행에 대한 최후수단</td></tr>
<tr><td>강제징수</td><td>급부의무 불이행</td></tr>
<tr><td colspan="2">즉시강제</td><td>경찰조사 (간접적 수단)</td></tr>
<tr><td rowspan="2">경찰의무 위반</td><td rowspan="2">경찰벌</td><td colspan="2">경찰형벌</td><td>직접적 의무 위반</td></tr>
<tr><td colspan="2">경찰질서벌</td><td>간접적 의무 위반</td></tr>
<tr><td></td><td colspan="4">① 법치행정의 원칙상 강제집행이 원칙적 수단이고, 즉시강제는 예외적 수단임
② 강제집행과 즉시강제의 차이점은 선행의무의 존재유무에 있다.</td></tr>
</table>

<table>
<tr><th colspan="3">◐ 의무이행 확보수단의 분류 ◑</th></tr>
<tr><td rowspan="2">전통적 의무이행 확보수단</td><td>경찰강제</td><td>강제집행 - 대집행, 집행벌, 직접강제, 강제징수
즉시강제</td></tr>
<tr><td>경찰벌</td><td>경찰형벌, 경찰질서벌</td></tr>
<tr><td>새로운 의무이행 확보수단</td><td colspan="2">금전상 제재(과징금 · 가산금), 공급거부, 명단공개, 관허사업 제한, 수익적 행정행위의 취소 · 철회, 국외여행의 제한, 취업제한</td></tr>
</table>

◐ 경찰행정상의 실효성 확보수단 ◑	
직접적 수단	강제집행 중에서(대집행, 직접강제, 강제징수), 즉시강제
간접적 수단	경찰벌, 집행벌, 기타 새로운 의무이행 확보수단

1) 경찰하명 및 경찰허가와의 성질상 동이(同異)

같은 점	차이점	
경찰목적 달성을 위해 행정청이 개인보다 우월한 의사의 주체로서 실력을 행사하는 권력적 작용	경찰하명 경찰허가	경찰의무를 명하거나 해제하는 법률행위
	경찰강제	실력행사를 통해 경찰상의 필요한 상태를 실현시키는 사실행위

2) 경찰벌과의 성질상 동이(同異)

같은 점	차이점				
경찰목적의 실현을 확보하기 위한 수단	경찰벌	이미 경찰의무를 위반한 자에 대한 제재	이행불능	처 벌 목적	과거행위대상
	경찰강제	경찰의무 불이행에 대비하여 미리 이행을 강제(경찰상의 강제집행)하거나 목적의 긴급한 위해 제거를 위해 경찰의무를 명하는 것과 상관없이 실력을 행사(경찰상 즉시강제)	이행가능	이 행 목적	장래행위대상

⑭ 경찰상 강제집행

의의	개념	경찰하명에 대한 경찰법상의 의무불이행에 대하여 경찰권이 실력을 가하여 그 의무를 이행시키거나, 이행이 있는 것과 같은 상태를 실현시키는 작용	
	근거	일반법	행정대집행법, 국제징수법
		개별법	건축법 · 도로교통법 · 출입국관리법 · 식품위생법 등

수단	대집행	① 의무자가 대체적 작위의무를 이행하지 않은 경우에, 경찰권이 의무의 이행이 있은 것과 같은 상태를 실현시킨 후, 비용을 의무자로부터 징수하는 작용 예 주차위반 차량의 견인, 불법건축물의 철거 등 ② 대집행의 절차: 대집행의 계고→통지→실행→비용징수 계통설비) ③ 대집행에 대한 구제 ㉠ 대집행 종료이전에는 준법률적 행정행위인 계고·통지나 권력적 사실행위인 실행에 대해서 각각 행정쟁송을 제기할 수 있다. ㉡ 대집행 종료이후에는 손해배상이나 원상회복의 청구가 주된 구제방법 (법률상의 이익이 있는 경우에는 행정쟁송도 가능)
	집행벌	① 부작위의무 또는 비대체적 작위의무를 이행하지 아니할 때 그 의무를 강제적으로 이행시키기 위하여 과하는 금전벌(이행강제금) ② 성질은 과태료이고, 개별법에서 예외적으로 인정된다. ③ 의무위반의 상태가 존재하는 한 계속적 부과가 가능, 엄격한 절차가 요구되지 않는다.
	직접강제	① 의무자가 의무를 이행하지 아니하는 경우에 직접적으로 의무자의 신체·재산에 실력을 과함으로써 의무의 이행이 있었던 것과 같은 상태를 실현하는 작용 예 연도공작물 등의 위험방지조치 (도로교통법§67), 해산명령 후 집회자 해산 (집시법 §18) ② 대체적·비대체적 작위의무, 부작위의무, 수인의무 등에 대하여 강제가 가능 ③ 강제집행 중 가장 강력한 수단으로서 2차적·보충적으로 활용되어야 한다.
	강제징수	① 금전급부의무의 불이행이 있는 경우에 행정청이 강제적으로 의무자의 재산에 실력을 가하여 그 의무가 이행된 것과 같은 상태를 실현하는 작용(국제징수법) ② 절차 : 독촉 → 체납처분 (압류 → 매각 → 청산) → 체납처분의 중지→결손처분

대체적 작위의무	비대체적 작위의무	부작위 의무	수인의무	급부의무
대집행	집행벌		–	강제징수
직접강제				–

⑮ 경찰상 즉시강제

<table>
<tr><td>의의</td><td colspan="3">목전의 급박한 경찰상 장해를 제거할 필요가 있는 경우에, 미리 의무를 명할 여유가 없거나 또는 성질상 의무를 명함에 의하여서는 목적의 달성이 곤란할 때에 즉시 국민의 신체 또는 재산에 실력을 가하여서 행정상의 필요한 상태를 실현하는 작용
→ 의무의 존재 및 불이행을 요하지 아니 한다. → 인권침해의 가능성이 크다.</td></tr>
<tr><td>근거</td><td colspan="3">이론적으로 「국가긴급권」 발동 → but 전형적 권력작용으로 법적 근거가 요구된다.
일반법 (경찰관직무집행법) : 개별법 (소방법 · 식품위생법 · 마약법 등)</td></tr>
<tr><td rowspan="6">수단</td><td rowspan="2">대인적 강제</td><td>경직법</td><td>불심검문, 보호조치, 위험발생 방지조치, 범죄의 예방 · 제지조치, 무기 및 장구 · 잡비 · 분사기 및 최루탄의 사용</td></tr>
<tr><td>개별법</td><td>강제격리, 교통차단, 강제진찰, 강제수용, 원조강제</td></tr>
<tr><td rowspan="2">대물적 강제</td><td>경직법</td><td>물건 등의 임시영치, 위해 방지조치 (위험발생 방지조치)</td></tr>
<tr><td>개별법</td><td>물건의 폐기처분, 위법광고물철거, 불량의 약품 · 식품폐기</td></tr>
<tr><td rowspan="2">대가택 강제</td><td>경직법</td><td>위험방지를 위한 가택출입 · 검색 등</td></tr>
<tr><td>개별법</td><td>영업소 등의 조사, 총포 · 화약류의 저장소에 대한 임검 등</td></tr>
<tr><td rowspan="3">한계</td><td rowspan="2">실체적 한계</td><td>법규상</td><td>전형적인 침해적 권력작용 → 엄격한 법적 근거가 요구된다.</td></tr>
<tr><td>조리상</td><td>① 급박성 ② 보충성 ③ 비례성 ④ 소극(목적)달성</td></tr>
<tr><td>절차적 한계</td><td colspan="2">① 영장주의의 적용여부 → 절충설 (통설)
② 원칙적으로 적용되나, 합리적 이유가 있는 경우에는 예외적으로 배제된다.</td></tr>
</table>

○ 강제집행과 즉시강제의 동이(同異)

<table>
<tr><th>같은 점</th><th colspan="2">차이점</th></tr>
<tr><td rowspan="4">① 권력적 실력행사
② 사실행위
③ 경찰목적의 실현을 확보하기 위한 수단</td><td rowspan="2">강제집행</td><td>의무불이행을 전제</td></tr>
<tr><td>하명과 강제가 별개 단계</td></tr>
<tr><td rowspan="2">즉시강제</td><td>의무불이행을 전제하지 않는다.</td></tr>
<tr><td>하명과 강제가 결합</td></tr>
</table>

⑯ 경찰상 조사

의의	경찰목적을 위한 자료수집을 위해 행하는 일체의 권력적 · 비권력적 조사작용 예 질문 · 검사, 조사목적을 위한 영업소 등에의 출입 등
근거	• 경찰조사의 기본법은 행정조사기본법이 있고, 그 외 경찰관직무집행법, 총포 · 도검 · 화약류등단속법, 식품위생법 등 개별법에서 규정하고 있음 • 강제조사는 구체적 법적 근거를 요하나, 임의조사는 조직법상의 근거만으로도 충분하다.

⑰ 경찰(행정)벌

<table>
<tr><td>의의</td><td colspan="2">경찰법상의 의무위반, 즉 과거의 비행에 대하여 일반통치권에 근거하여 과하는 제재로서의 벌 (의무불이행에 대하여서도 경찰벌을 과하도록 함으로써 간접적으로 의무이행을 확보한다.)</td></tr>
<tr><td>근거</td><td colspan="2">① 경찰벌에 대한 일반법은 없고, 개별법에 특칙을 두고 있다.
② 법률 · 법규명령 · 조례 (1천만 원 이하의 과태료 부과 가능)</td></tr>
<tr><td rowspan="3">종류</td><td>경찰형벌</td><td>형법상의 형벌을 부과하는 경찰벌 (직접적으로 경찰목적을 침해한 행위)</td></tr>
<tr><td>경찰
질서벌</td><td>과태료(過怠料)를 과하는 경찰벌 →간접적으로 질서유지에 장해를 줄 위험이 있는 경미한 경찰의무의 위반사항이 대상이 된다.
예 신고 · 보고 · 등록 · 서류비치 · 장부기재 의무 등의 위반</td></tr>
<tr><td>조례에
의한
과태료</td><td>① 지방자치법의 규정에 의하여 조례로서 과하는 행정벌
② 조례에 의한 과태료는 성질상 행정질서벌적인 것에 한정된다.</td></tr>
</table>

<table>
<tr><td rowspan="5">특수성</td><td rowspan="3">경찰형벌</td><td>적용</td><td colspan="2">원칙상 형법총칙이 적용되나, 적용 예외의 경우가 많다.
예 범의, 법인의 범죄능력(인정), 공범(적용이 배제되는 경우가 있다.), 책임능력(한정책임능력자도 책임이 인정), 책임주의(행위자 이외의 자를 벌하는 경우가 있다.→양벌규정)</td></tr>
<tr><td rowspan="2">과벌</td><td>원칙</td><td>형사소송법이 적용되고 법원에서 형사절차에 의하여 과벌</td></tr>
<tr><td>예외</td><td>통고처분 · 즉결심판 · 보호처분</td></tr>
<tr><td rowspan="2">경찰
질서벌</td><td>적용</td><td colspan="2">형법총칙적용없음. 고의 · 고실을 요건으로 함</td></tr>
<tr><td>과벌</td><td colspan="2">① 질서위반행위규제법의 적용
② 주무 행정기관의 부과결정이나 주소지 관할 지방법원의 결정으로 과벌</td></tr>
</table>

<table>
<tr><th>구분</th><th>경찰형벌</th><th>경찰질서벌</th></tr>
<tr><td>목적</td><td>행정목적 및 사회공익</td><td>행정질서</td></tr>
<tr><td>성질</td><td>행정목적의 직접적 침해에 대한 제재</td><td>단순한 행정상 의무태만에 대한 제재</td></tr>
<tr><td>처벌내용</td><td>형법상 형벌</td><td>과태료</td></tr>
<tr><td>형법총칙</td><td>원칙적으로 적용</td><td>적용되지 않음</td></tr>
<tr><td>고의·과실</td><td>필요</td><td>필요</td></tr>
<tr><td>처벌절차</td><td>형사소송법(예외:통고처분, 즉결심판)</td><td>질서위반행위규제법
(예외:지방자치법)</td></tr>
<tr><td>양자의
병과여부</td><td colspan="2">• 대법원 :병과가능(대판 2000도3874)
• 헌법재판소 :병과불가(92헌바38)</td></tr>
</table>

◈ 행정질서벌인 과태료와 행정형벌은 과벌절차가 다르지만, 다 같이 행정벌이므로 동일한 행정범(行政犯)에 대해 양자를 병과(倂科)할 수는 없다.
◈ 판례는 근거법령의 성질과 목적이 다른 경우는 양자의 병과가 가능하다고 한다. '피고인이 거주지를 이전한 후 퇴거신고와 전입신고를 하지 아니하였다는 이유로 과태료 처분을 받고 이를 납부한 일이 있다하더라도 그 후에 형사처벌을 한다고 해서 일사부재리의 원칙에 어긋하는 것이라고 할 수 없다. 일사부재리의 효력은 확정재판이 있을 때에 발생하는 것이고 위의 과태료는 행정법상의 질서벌에 지나지 아니하기 때문이다.'(대판 1989.6.13. 88도1983)

(1) 징계벌과의 구별-권력의 기초가 다르다.

구분	경찰벌	징계벌
권력적 기초	일반통치권	특별권력관계
목적	사회 질서유지	내부 질서유지
대상	일반국민	경찰공무원
	양자는 병과가 가능 (권력적 기초가 다르기 때문)	
	경찰법상의 의무위반에 대한 제재	특별권력관계 내부의 질서유지를 위한 제재

(2) 집행벌과의 구별-제재의 시기가 다르다.

경찰벌	집행벌
과거의 의무위반에 대한 제재	장래의 의무이행을 확보하기 위한 제재

(3) 형사벌과의 구별-부과되는 범죄의 성격, 비행의 성질이 다르다.

구별 긍정설	자연범(형사벌)과 법정범(경찰벌)으로 구분된다.
구별 부정설	형벌부과가 동일하다

경찰벌	형사벌
법정범에 대한 제재의 성격	자연범에 대한 제재의 성격
경찰법규가 정한 명령·금지에 위반함으로써 비로소 반(反)사회성이 되는 행위	형사범이 법규를 기다리지 않고도 반(反)사회성이 인정되는 행위

⑱ 경찰관직무집행법

1. 성격

1) 경찰작용은 법률행위적 작용과 사실상의 작용으로 구분할 수 있는데, 경찰하명이나 경찰허가와 같은 행정행위는 법률행위적 작용이고, 경찰강제와 경찰벌은 사실상의 작용에 해당한다. 경찰강제에는 강제집행과 즉시강제가 있는데, 경찰관직무집행법은 경찰상 즉시강제에 관한 일반법이다.

2) 우리의 경찰작용법은 1945년 일본의 패전에 따라 미군정이 실시되면서, 종래의 대륙법계의 치안유지 중심의 행정경찰적 개념으로부터, 영미법계의 민주주의적 경찰개념이 강조되면서 「국민의 생명·신체·재산의 보호」(1953년 경찰관직무집행법 제1조)가 경찰의 책무로서 강조되기에 이르렀다.

3) 경찰관직무집행법은 경찰작용에 관한 법으로는 그 일반법이라고 할 수 있으며, 특히 즉시강제의 기본법으로서 각종의 즉시강제를 규정하고 있다.

4) 경찰관직무집행법의 원전은 프랑스의 죄와형벌법전이다.

2. 연혁

(1) 행정경찰장정(1894년)

행정경찰장정은 우리나라 최초의 경찰작용법으로서, 일본의 행정경찰규칙을 모방한 것이다.

(2) 경찰관직무집행법의 제정(1953년)

경찰관직무집행법은 미군의 비경찰화정책으로 경찰의 직무를 보안경찰 또는 사법경찰로 국한하고, 경찰권 발동에 제약과 한계를 분명히 하여 개인의 기본권 보호라는 소극적 측면에 중점을 둔 일본의 '경찰관등 직무집행법(1948년)'을 계수한 것이다.

따라서 영미법계의 민주주의적 이념에 따라 '국민의 생명·신체·재산의 보호'가 경찰의 책무로서 강조되었다. 그러나 작전·경호·정보업무 등 국가 목적적 경찰작용에 대한 법적 근거가 없어 불법시비 및 권한남용의 문제점을 지니고 있었다.

(3) 1차 개정(1981.4.13)

① 직무규정(제2조)을 마련하여 국가안전보장업무인 경호 · 작전 · 정보업무 등의

수행근거를 신설

② 경찰장구사용 · 사실조회 등에 대한 규정 신설

③ 유치장의 설치근거 신설

(4) 2차 개정(1988.12.31)

① 임의동행의 요건과 절차 강화(경찰관서 유치시한을 3시간으로 규정)

② 임시영치기간을 30일에서 **10일로 단축**

③ 경찰관의 직권남용에 대한 벌칙을 6월 이하에서 **1년 이하의 징역 · 금고로 강화**

(5) 3차 개정(1989.6.16)

'화염병사용등 처벌에 관한 법률'의 제정으로 최루탄 사용 조항 추가

(6) 4차 개정(1991.3.8)

① 범죄와의 전쟁을 선포하고 경찰활동의 활성화 방향으로 개정

② 임의동행시 사전고지의무 삭제, 임의동행에 의한 경찰관서 체류시간을 **6시간으로 완화**

③ 경찰관의 장구 사용 대상에 현행범인 추가

(7) 5차 개정(1996.8.8)

해양경찰의 해양수산부로의 이관에 따라 해양경찰에게도 경찰관직무집행법을 적용하기 위하여 개정

(8) 6차 개정(1999.5.24)

① '장비'의 정의규정 신설

② 인신에 위해 염려가 있는 경찰장비에 대한 종류·사용기준.·안전교육·안전검사기준을 대통령령으로 정하도록 규정

③ 분사기 또는 최루탄의 사용기록 보관 및 경찰장비의 임의개조 금지규정의 신설

(9) 7차 개정(2004.5.24)

① 기존 여러개의 파출소를 통합하여 하나의 지구대를 설치

② 정무직공무원으로 되어 있던 경찰위원회 상임위원에 대한 법적근거를 마련

(10) 8차 개정(2006.2.21))

① 제주도를 폐지하고 제주특별자치도를 설치
② 자치경찰제 도입

(11) 9차 개정(2011.8.4)

제2조(직무범위) " 1. 국민의 생명·신체 및 재산의 보호" 가 추가됨

(12) 10차 개정(2013.4.5. 일부개정 2014.4.6. 시행)

제11조의2를 다음과 같이 신설한다.

제11조의2(손실보상) ① 국가는 경찰관의 적법한 직무집행으로 인하여 다음 각 호의 어느 하나에 해당하는 손실을 입은 자에 대하여 정당한 보상을 하여야 한다.

1. 손실발생의 원인에 대하여 책임이 없는 자가 재산상의 손실을 입은 경우(손실발생의 원인에 대하여 책임이 없는 자가 경찰관의 직무집행에 자발적으로 협조하거나 물건을 제공하여 재산상의 손실을 입은 경우를 포함한다)
2. 손실발생의 원인에 대하여 책임이 있는 자가 자신의 책임에 상응하는 정도를 초과하는 재산상의 손실을 입은 경우

② 제1항에 따른 보상을 청구할 수 있는 권리는 손실이 있음을 안 날부터 3년, 손실이 발생한 날부터 5년간 행사하지 아니하면 시효의 완성으로 소멸한다.

③ 제1항에 따른 손실보상신청 사건을 심의하기 위하여 손실보상심의위원회를 둔다.

④ 제1항에 따른 손실보상의 기준, 보상금액, 지급절차 및 방법, 손실보상심의위원회의 구성 및 운영, 그 밖에 필요한 사항은 대통령령으로 정한다.

3. 경찰관직무집행법의 목적과 한계

가. 경찰관직무집행법의 목적

목적 (§1)	① 이 법은 국민의 자유와 권리의 보호 및 사회공공의 질서유지를 위한 경찰관의 직무수행에 필요한 사항을 규정함을 목적으로 한다. → 영미법계 사고의 반영 ② 이 법에 규정된 경찰관의 직권은 그 직무수행에 필요한 최소한도 내에서 행사되어야 하며 이를 남용하여서는 아니 된다. → 비례의 원칙을 규정

직무범위 (§2)	1.국민의 생명·신체·재산의 보호	
	2.범죄의 예방·진압 및 수사	
	3.경비·요인경호 및 대간첩작전수행	대태러업무 X
	4.치안정보의 수집·작성 및 배포	
	5.교통의 단속과 위해의 방지	
	6.기타 공공의 안녕과 질서유지	일반조항성의 인정여부: 부정(多)⇔ 긍정(判)

(1) 경찰의 기본적 임무수행을 위한 즉시강제 수단 등의 규정

경찰관직무집행법은 국민의 자유와 권리의 보호 및 사회공공의 질서유지를 위한 경찰관의 직무수행에 필요한 사항을 규정함을 목적으로 한다(제1조 1항). 그러나 범죄의 수사와 교통의 단속과 관련해서는 형사소송법과 도로교통법이 우선 적용되고 경찰관직무집행법은 보충적으로 적용된다.

(2) 적용범위

여기서 경찰관이란 경찰업무를 수행하는 국가공무원으로서 모든 경찰관을 말한다.

1) 경찰관직무집행법은 경찰공무원법상의 경찰공무원과 전투경찰대설치법상의 작전전투경찰순경 및 의무전투경찰순경의 직무수행에 적용된다.
2) 해양경찰은 경찰법의 적용대상은 아니나, 경찰공무원법의 적용대상이며, 해양에서는 경찰관직무집행법에 의해 직무를 수행한다.
3) 청원경찰은 청원경찰법 제3조에 의거하여 그 경비구역 내에 한하여 경비임무를 수행하기 위하여 경찰관직무집행법에 의한 직무를 수행하도록 되어 있다.

① 경찰공무원법상의 순경에서 치안총감까지의 모든 공무원
② 전투경찰대설치법상의 전투경찰순경(의경 포함)
③ 사법경찰관리의 직무를 행할 자와 그 범위에 간한 법률 및 국가정보원법에 규정된 소정의 직무를 수행하는 특별사법경찰관리
④ 청원경찰법상 그 경비구역 내에 한하여 경비임무를 수행하는 청원경찰
⑤ 해양경찰은 경찰법의 적용대상은 아니지만, 경찰공무원법과 경찰관직무집행법은 적용된다.

나. 경찰관직무집행법의 한계

(1) 광의의 비례원칙

경찰관의 직권은 그 직무수행에 필요한 최소한도내에서 행사되어야 하며 이를 **남용**하여서는 아니 된다(제1조 2항). 이러한 경찰비례의 원칙에 위반한 경우에는 **1년** 이하의 징역이나 금고에 처한다(제12조). 이 원칙은 경찰관직무집행법상의 모든 직무를 수행하는데 기본원칙이 된다.

(2) 상당성의 원칙

경찰관은 불심검문, 보호조치, 사실의 확인, 경찰장구의 사용, 무기의 사용 등의 경우에, 이러한 조치를 취하여야 할 상당한 이유가 있어야만 즉시강제가 가능하다.

(3) 필요성의 원칙

경찰관은 사실의 확인, 경찰장구의 사용, 분사기 등의 사용, 무기의 사용 등의 경우에, 이러한 조치를 취하여야 할 필요 또는 부득이한 경우에 한하여 직권의 행사가 가능하다.

(4) 보충성의 원칙

경찰관의 무기사용은 무기를 사용하지 않고는 다른 수단이 없을 때에 한하여 가능하다. 다만, 대간첩작전수행에 있어 무장간첩이 경찰관의 투항명령을 받고도 이에 불응하는 경우에는 보충성을 요하지 않는다.

1) 불심검문(제3조)

의의	① 경찰관이 범죄의 예방 및 범인검거를 목적으로 거동이 수상한 자를 정지시켜서 질문 · 조사하는 작용(일반경찰작용 + 사법경찰작용) ② 자동차검문도 불심검문에 해당	
방법(수단)	(직무)질문	① 거동수상자에게 행선지 · 성명 · 주소 · 소지품의 내용 등을 물어보는 방법 ② 피의자에 대한 조사작용이 아니므로 「진술거부권」을 알릴 필요는 없다. ③ 질문시 상대방의 의사를 제압하지 않는 정도의 물리력의 행사는 허용한다.

방법 (수단)	임의 동행	① 당해 장소에서 질문을 하는 것이 당해인에게 불리하거나 교통에 방해가 되는 경우 본인의 승낙을 얻어 부근의 경찰관서에 동행하는 것 → 당사자는 동행요구를 거절할 수 있고, 동행 후 언제든지 퇴거의 자유가 있다. ② 동행한 당해인을 6시간을 초과하여 경찰관서에 머물게 할 수 없다.
	흉기 소지 조사	① 피질문자에 대하여 흉기의 소지여부를 조사하는 것 ② 이때의 신체수색은 오직 흉기의 소지유무를 조사하는데 그쳐야 한다.
당사자 의 절차적 권리	① 검문하는 경찰관의 신분과 불심검문의 목적·이유를 알 권리(경찰관의 증표에 제시) ② 임의동행시 동행장소를 알 권리 ③ 자신의 의사에 반하여 답변을 강요당하지 않을 권리 ④ 임의동행시 가족 또는 친지 등에게 즉시 연락할 수 있는 기회와 변호인의 조력을 받을 권리가 있음을 고지되어야 한다.	

제3조(불심검문) ① 경찰관은 수상한 거동 기타 주위의 사정을 합리적으로 판단하여 어떠한 죄를 범하였거나 범하려 하고 있다고 의심할 만한 상당한 이유가 있는 자 또는 이미 행하여진 범죄나 행하여지려고 하는 범죄행위에 관하여 그 사실을 안다고 인정되는 자를 정지시켜 질문할 수 있다.

② 그 장소에서 제1항의 질문을 하는 것이 당해인에게 불리하거나 교통의 방해가 된다고 인정되는 때에는 질문하기 위하여 부근의 경찰서·지구대·파출소 또는 출장소(이하 "경찰관서"라 하되, 지방해양경찰관서를 포함한다)에 동행할 것을 요구할 수 있다. 이 경우 당해인은 경찰관의 동행요구를 거절할 수 있다. 〈개정 1988.12.31, 1996.8.8, 2004.12.23〉

③ 경찰관은 제1항에 규정된 자에 대하여 질문을 할 때에 흉기의 소지여부를 조사할 수 있다.

④ 제1항 또는 제2항의 규정에 의하여 질문하거나 동행을 요구할 경우 경찰관은 당해인에게 자신의 신분을 표시하는 증표를 제시하면서 소속과 성명을 밝히고 그 목적과 이유를 설명하여야 하며, 동행의 경우에는 동행장소를 밝혀야 한다. 〈개정 1991.3.8〉

⑤ 제2항의 규정에 의하여 동행을 한 경우 경찰관은 당해인의 가족 또는 친지등에게 동행한 경찰관의 신분, 동행장소, 동행목적과 이유를 고지하거나 본인으로 하여금 즉시 연락할 수 있는 기회를 부여하여야 하며, 변호인의 조력을 받을

권리가 있음을 고지하여야 한다. 〈신설 1988.12.31〉

⑥ 제2항의 규정에 의하여 동행을 한 경우 경찰관은 당해인을 6시간을 초과하여 경찰관서에 머물게 할 수 없다. 〈신설 1988.12.31, 1991.3.8〉

⑦ 제1항 내지 제3항의 경우에 당해인은 형사소송에 관한 법률에 의하지 아니하고는 신체를 구속당하지 아니하며, 그 의사에 반하여 답변을 강요당하지 아니한다. 〈신설 1988.12.31〉

2) 보호조치(제4조)

<table>
<tr><td>의의</td><td colspan="2">경찰관이 긴급구호를 요하는 자를 발견할 때 보건의료기관·공공구호기관에 긴급구호를 요청하거나 경찰관서에 일시적으로 보호해 구호의 방법을 강구하는 조치</td></tr>
<tr><td>성질</td><td colspan="2">원칙적으로 재량행위이나 구체적 상황 하에서는 기속성이 인정되어 국가배상책임이 인정되는 경우도 있다. (大判)</td></tr>
<tr><td rowspan="2">대상</td><td>강제보호</td><td>① 정신착란 또는 술취한 상태로 인하여 위해를 미칠 우려가 있는 자
② 자살 기도자</td></tr>
<tr><td>임의보호</td><td>미아·병자·부상자 등 → 당해인이 이를 거절하는 경우에는 예외로 한다.</td></tr>
<tr><td>내용</td><td colspan="2">① 무기·흉기 등의 임시영치 → 보호조치시 피구호자가 휴대하고 있는 무기·흉기 등 위험을 야기할 수 있는 것으로 인정되는 물건은 경찰관서에 임시영치할 수 있다.
② 경찰관서에서의 보호조치는 24시간을, 임시영치는 10일을 초과할 수 없다.</td></tr>
</table>

제4조(보호조치등) ① 경찰관은 수상한 거동 기타 주위의 사정을 합리적으로 판단하여 다음 각호의 1에 해당함이 명백하며 응급의 구호를 요한다고 믿을 만한 상당한 이유가 있는 자를 발견한 때에는 보건의료기관 또는 공공구호기관에 긴급구호를 요청하거나 경찰관서에 보호하는 등 적당한 조치를 할 수 있다. 〈개정 1988.12.31〉

1. 정신착란 또는 술취한 상태로 인하여 자기 또는 타인의 생명·신체와 재산에 위해를 미칠 우려가 있는 자와 자살을 기도하는 자
2. 미아·병자·부상자등으로서 적당한 보호자가 없으며 응급의 구호를 요한다고 인정되는 자. 다만, 당해인이 이를 거절하는 경우에는 예외로 한다.

② 제1항의 긴급구호요청을 받은 보건의료기관이나 공공구호기관은 정당한 이유없이 긴급구호를 거절할 수 없다.

③ 제1항의 경우에 피구호자가 휴대하고 있는 무기·흉기등 위험을 야기할 수 있는 것으로 인정되는 물건은 경찰관서에 임시영치할 수 있다.

④ 경찰관이 제1항의 조치를 한 때에는 지체없이 이를 피구호자의 가족·친지 기타의 연고자에게 그 사실을 통지하여야 하며, 연고자가 발견되지 아니할 때에는 피보호자를 적당한 공중보건의료기관이나 공공구호기관에 즉시 인계하여야 한다.

⑤ 경찰관은 제4항의 규정에 의하여 피구호자를 공중보건의료기관 또는 공공구호기관에 인계한 때에는 즉시 그 사실을 소속 경찰서장 또는 지방해양경찰관서의 장에게 보고하여야 한다. 〈신설 1988.12.31, 1996.8.8〉

⑥ 제5항의 보고를 받은 소속 경찰서장 또는 지방해양경찰관서의 장은 대통령령이 정하는 바에 의하여 피구호자를 인계한 사실을 지체없이 당해 공중보건의료기관·공공구호기관의 장 및 그 감독행정청에 통보하여야 한다. 〈신설 1988.12.31, 1996.8.8〉

⑦ 제1항의 규정에 의한 경찰관서에서의 보호는 24시간을, 제3항의 임시영치는 10일을 초과할 수 없다.

3) 위험발생의 방지(제5조)

<table>
<tr><td>의의</td><td colspan="2">① 경찰관이 임명 또는 신체에 危害를 미치거나 재산에 중대한 損害를 끼칠 우려가 있는 위험한 사태가 발생할 때에 이를 방지하기 위해 취하는 특정조치
② 경찰비책임자에 대한 경찰권의 발동을 예정하고 있다.</td></tr>
<tr><td>성격</td><td colspan="2">대인적 강제 + 대물적 강제 + (대가택 강제)</td></tr>
<tr><td rowspan="4">내용
(수단)</td><td>경고</td><td>경고를 받은 상대방은 수인의무를 부담</td></tr>
<tr><td>억류·피난조치</td><td>예 화재나 건물붕괴 현장에서 사람들을 대피</td></tr>
<tr><td>위해 방지조치</td><td>예 광견 등의 사살을 명하거나 경찰관이 직접 사살하는 경우</td></tr>
<tr><td>접근·통행의 제한·금지</td><td>대간첩작전수행 또는 소요사태의 진압시 대간첩작전지역 또는 국가중요시설에 대한 접근 또는 통행을 제한하거나 금지하는 조치</td></tr>
</table>

제5조(위험발생의 방지) ① 경찰관은 인명 또는 신체에 위해를 미치거나 재산에 중대한 손해를 끼칠 우려가 있는 천재, 사변, 공작물의 손괴, 교통사고, 위험물의 폭발, 광견 · 분마류등의 출현, 극단한 혼잡 기타 위험한 사태가 있을 때에는 다음의 조치를 할 수 있다.

1. 그 장소에 집합한 자, 사물의 관리자 기타 관계인에게 필요한 경고를 발하는 것

2. 특히 긴급을 요할 때에는 위해를 받을 우려가 있는 자를 필요한 한도 내에서 억류하거나 피난시키는 것
3. 그 장소에 있는 자, 사물의 관리자 기타 관계인에게 위해방지상 필요하다고 인정되는 조치를 하게 하거나 스스로 그 조치를 하는 것

②경찰관서의 장은 대간첩작전수행 또는 소요사태의 진압을 위하여 필요하다고 인정되는 상당한 이유가 있을 때에는 대간첩작전지역 또는 경찰관서·무기고등 국가중요시설에 대한 접근 또는 통행을 제한하거나 금지할 수 있다.

③ 경찰관이 제1항의 조치를 한 때에는 지체없이 이를 소속경찰관서의 장에게 보고하여야 한다.

④ 제2항의 조치를 하거나 제3항의 보고를 받은 경찰관서의 장은 관계기관의 협조를 구하는 등 적당한 조치를 하여야 한다.

4) 범죄의 예방과 제지(제6조)

의의	경찰관이 범죄행위가 목전에 행하여지려고 하고 있다고 인정될 때에 이를 예방하기 위하여 관계인에게 필요한 경고를 발하고, 그 행위로 인하여 인명·신체에 위해를 미치거나 재산에 중대한 손해를 끼칠 우려가 있어 긴급을 요하는 경우에는 그 행위를 제지하는 조치
범죄행위	모든 형벌법령에 저촉되는 일체의 행위를 의미

제6조(범죄의 예방과 제지) ① 경찰관은 범죄행위가 목전에 행하여지려고 하고 있다고 인정될 때에는 이를 예방하기 위하여 관계인에게 필요한 경고를 발하고, 그 행위로 인하여 인명·신체에 위해를 미치거나 재산에 중대한 손해를 끼칠 우려가 있어 긴급을 요하는 경우에는 그 행위를 제지할 수 있다.

5) 경찰장비의 사용(제10조)

의 의	무기, 경찰장구, 최루제 및 그 발사장치, 감지기구, 해안감시기구, 통신 기기, 차량·선박·항공기 등 경찰의 직무수행을 위하여 필요한 장치와 기구
한 계	경찰장비를 임의로 개조하거나 임의의 장비를 부착하여 동상의 용법과 달리 사용함으로써 타인의 생명·신체에 위해를 주어서는 아니된다.

종류	경찰장구	수갑 · 포승 · 호송용 포승, 경찰봉 · 호신용 경봉, 전자충격기 · 방패 · 전자방패
	무기	권총 · 소총 · 기관총(기관단총 포함) · 산탄총 · 유탄발사기 · 박격포 · 3인치포 · 함포 · 크레모아 · 수류탄 · 폭약류 · 도검
	분사기 등	근접분사기 · 가스분사기 · 가스발사총(고무탄 발사겸용 포함) · 최루탄(발사장치 포함)
	기타	가스차 · 살수차 · 특수진압차 · 물포 · 석궁 · 다목적발사기 · 도주차량차단장비

제10조(경찰장비의 사용등) ① 경찰관은 직무수행중 경찰장비를 사용할 수 있다. 다만, 인명 또는 신체에 위해를 가할 수 있는 경찰장비에 대하여는 필요한 안전교육과 안전검사를 실시하여야 한다.

② 제1항의 "경찰장비"라 함은 무기, 경찰장구, 최루제 및 그 발사장치, 감식기구, 해안감시기구, 통신기기, 차량·선박·항공기등 경찰의 직무수행을 위하여 필요한 장치와 기구를 말한다.

③ 경찰장비를 임의로 개조하거나 임의의 장비를 부착하여 통상의 용법과 달리 사용함으로써 타인의 생명·신체에 위해를 주어서는 아니된다.

④ 제1항 단서의 경찰장비의 종류 및 그 사용기준, 안전교육·안전검사의 기준등에 대하여는 대통령령으로 정한다. [본조신설 1999.5.24]

6) 경찰장구의 사용(제10조의2)

<table>
<tr><td>의의</td><td colspan="2">경찰관이 경찰활동을 위하여 휴대하는 일체의 물건으로서 인명 · 신체에 실력을 가하는데 사용되는 장구로서 수갑 · 포승 · 경찰봉 · 방패 등을 의미</td></tr>
<tr><td>요건</td><td colspan="2">① 현행범인인 경우와 사형 · 무기 또는 장기 3年이상의 징역이나 금고에 해당하는 죄를 범한 범인의 체포 · 도주의 방지
② 자기 또는 타인의 생명 · 신체에 대한 방호
③ 공무집행에 대한 항거의 억제를 위하여 필요한 경우</td></tr>
<tr><td>종류</td><td>수갑·포승
호송용 포승</td><td>① 체포 · 구속된 자, 자유형선고를 받은 자를 호송 또는 수용하는 경우
② 범인 · 주취자 또는 정신착란자의 자살 · 자해기도를 방지하기 위한 경우. 단 이 경우에는 소속 경찰관서장에게 사용 사실을 보고해야 한다.</td></tr>
</table>

종류	경찰봉 호신용 경봉	불법 집회 · 시위의 경우 사용가능
	전자충격기 전자방패	14세 미만의 자 또는 임산부에 대해서는 사용금지

제10조의2(경찰장구의 사용) ① 경찰관은 현행범인인 경우와 사형·무기 또는 장기 3년 이상의 징역이나 금고에 해당하는 죄를 범한 범인의 체포·도주의 방지, 자기 또는 타인의 생명·신체에 대한 방호, 공무집행에 대한 항거의 억제를 위하여 필요하다고 인정되는 상당한 이유가 있을 때에는 그 사태를 합리적으로 판단하여 필요한 한도내에서 경찰장구를 사용할 수 있다. 〈개정 1991.3.8, 1999.5.24〉

② 제1항의 "경찰장구"라 함은 경찰관이 휴대하여 범인검거와 범죄진압등 직무수행에 사용하는 수갑 · 포승 · 경찰봉 · 방패등을 말한다.

7) 분사기 등의 사용(제10조의3)

요건	① 범인의 체포 · 도주의 방지 ② 불법집회 · 시위로 인하여 자기 또는 타인의 생명 · 신체와 재산 및 공공시설안전에 대한 현저한 위해의 발생을 억제	
한계	① 부득이한 경우 ② 현장책임자의 판단 ③ 필요한 최소한의 범위 내	
종류	가스발사총	1미터 이내의 거리에서 상대방의 얼굴을 향하여 발사해서는 안 된다.
	최루탄	① 최루탄발사기 : 30도 이상의 발사각 유지 ② 가스차 · 살수차 · 특수진압차의 최루탄발사대 : 15도 이상의 발사각 유지

제10조의3(분사기등의 사용) ① 경찰관은 범인의 체포·도주의 방지 또는 불법집회·시위로 인하여 자기 또는 타인의 생명·신체와 재산 및 공공시설안전에 대한 현저한 위해의 발생을 억제하기 위하여 부득이한 경우 현장책임자의 판단으로 필요한 최소한의 범위안에서 분사기(총포·도검·화약류등 단속법의 규정에 의한 분사기와 최루등의 작용제) 또는 최루탄을 사용할 수 있다.

8) 무기의 사용(제10조의4)

<table>
<tr><td>무기</td><td colspan="2">인명 또는 신체에 위해를 가할 수 있도록 제작된 권총·소총·도검 등</td></tr>
<tr><td rowspan="2">요건</td><td>위해
수반
불가</td><td>① 범인의 체포·도주의 방지
② 자기 또는 타인의 생명·신체에 대한 방호
③ 공무집행에 대한 항거의 억제</td></tr>
<tr><td>위해
수반
가능</td><td>① 형법상의 정당방위와 긴급피난에 해당되는 경우
② 사형·무기 또는 장기 3年이상의 징역이나 금고에 해당하는 죄
③ 체로·구속영장과 압수·수색영장을 집행할 때
④ 무기·흉기 등 위험한 물건을 소지한 범인 또는 소요행위자가 3회 이상의 투기명령 또는 투항명령을 받고도 이에 불응시
⑤ 대간첩작전수행시</td></tr>
</table>

제10조의4(무기의 사용) ① 경찰관은 범인의 체포·도주의 방지, 자기 또는 타인의 생명·신체에 대한 방호, 공무집행에 대한 항거의 억제를 위하여 필요하다고 인정되는 상당한 이유가 있을 때에는 그 사태를 합리적으로 판단하여 필요한 한도 내에서 무기를 사용할 수 있다. 다만, 형법에 규정한 정당방위와 긴급피난에 해당하는 때 또는 다음 각호의 1에 해당하는 때를 제외하고는 사람에게 위해를 주어서는 아니 된다. 〈개정 1988.12.31, 1999.5.24〉

1. 사형·무기 또는 장기 3년 이상의 징역이나 금고에 해당하는 죄를 범하거나 범하였다고 의심할 만한 충분한 이유가 있는 자가 경찰관의 직무집행에 대하여 항거하거나 도주하려고 할 때 또는 제삼자가 그를 도주시키려고 경찰관에게 항거할 때에 이를 방지 또는 체포하기 위하여 무기를 사용하지 아니하고는 다른 수단이 없다고 인정되는 상당한 이유가 있을 때
2. 체포·구속영장과 압수·수색영장을 집행할 때에 본인이 경찰관의 직무집행에 대하여 항거하거나 도주하려고 할 때 또는 제삼자가 그를 도주시키려고 경찰관에게 항거할 때 이를 방지 또는 체포하기 위하여 무기를 사용하지 아니하고는 다른 수단이 없다고 인정되는 상당한 이유가 있을 때
3. 범인 또는 소요행위자가 무기·흉기등 위험한 물건을 소지하고 경찰관으로부터 3회 이상의 투기명령 또는 투항명령을 받고도 이에 불응하면서 계속 항거하여 이를 방지 또는 체포하기 위하여 무기를 사용하지 아니하고는 다른 수단이 없다고 인정되는 상당한 이유가 있을 때

4. 대간첩작전수행에 있어 무장간첩이 경찰관의 투항명령을 받고도 이에 불응하는 경우

② 제1항의 "무기"라 함은 인명 또는 신체에 위해를 가할 수 있도록 제작된 권총·소총·도검등을 말한다. 〈신설 1999.5.24〉

③ 대간첩·대테러작전등 국가안전에 관련되는 작전을 수행할 때에는 개인화기외에 공용화기를 사용할 수 있다.

9) 대가택적 즉시강제 수단 : 위험방지를 위한 출입(제7조)

<table>
<tr><td>의의</td><td colspan="2">① 경찰관이 인명·신체·재산에 대한 위해가 절박한 때에 또는 범죄·위해의 예방을 위해 또는 대간첩작전수행에 필요할 때에 그 위해·손해의 발생장소에 출입할 수 있는 권한
② 위험방지를 위한 출입시에는 관계인의 정당한 업무를 방해하여서는 아니된다.</td></tr>
<tr><td rowspan="3">방법
(유형)</td><td>긴급출입</td><td>① 긴급출입의 장소는 타인의 토지·건물·선박과 차량 등이며, 시간은 주·야를 불문한다. → 상대방의 동의는 불요 (상대방은 수인의무를 부담)
② 위해방지가 목적이므로 범죄수사를 위해서는 이용될 수 있다.</td></tr>
<tr><td>예방출입</td><td>① 공개된 장소에 대하여 영업 또는 공개시간 내에 한정된다.
② 관리자 등에게 출입에 대한 승인을 얻어야 가능</td></tr>
<tr><td>작전지역에서의 검색</td><td>① 대간첩작전수행에 필요한 대에는 작전지역 안에 있어서의 공개된 장소 안을 검색하는 것(긴급검색)
② 법관의 영장 없이 주·야간을 가리지 않고 가능</td></tr>
</table>

제7조(위험방지를 위한 출입) ① 경찰관은 제5조제1항·제2항 및 제6조제1항에 규정한 위험한 사태가 발생하여 인명·신체 또는 재산에 대한 위해가 절박한 때에 그 위해를 방지하거나 피해자를 구조하기 위하여 부득이 하다고 인정할 때에는 합리적으로 판단하여 필요한 한도 내에서 타인의 토지·건물 또는 선차 내에 출입할 수 있다.

② 흥행장·여관·음식점·역 기타 다수인이 출입하는 장소의 관리자 또는 이에 준하는 관계인은 그 영업 또는 공개시간 내에 경찰관이 범죄의 예방 또는 인명·신체와 재산에 대한 위해예방을 목적으로 그 장소에 출입할 것을 요구한 때에는

정당한 이유없이 이를 거절할 수 없다.

③ 경찰관은 대간첩작전수행에 필요한 때에는 작전지역안에 있어서의 제2항에 규정된 장소안을 검색할 수 있다.

④ 제1항 내지 제3항의 규정에 의하여 경찰관이 필요한 장소에 출입할 때에는 그 신분을 표시하는 증표를 제시하여야 하며, 함부로 관계인의 정당한 업무를 방해하여서는 아니 된다.

10) 직무수행을 위한 임의적 사실행위 : 사실의 확인 등(제8조)

의의	① 경찰관서의 장이 직무수행에 필요한 경우 국가기관 또는 공사단체 등에 대하여 사실을 조회하거나, 경찰관이 사실의 확인을 위해 관계인에게 출석을 요구하는 행위 ② 사실의 조회 · 확인 및 출석요구는 비권력적(임의적) 사실행위에 해당
출석요구 사유	① 미아를 인수할 보호자의 여부 ② 유실물을 인수할 권리자의 여부 ③ 사고로 인한 사상자를 확인 ④ 행정처분을 위한 교통사고 조사상의 사실을 확인

제8조(사실의 확인등) ① 경찰관서의 장은 직무수행에 필요하다고 인정되는 상당한 이유가 있을 때에는 국가기관 또는 공사단체등에 대하여 직무수행에 관련된 사실을 조회할 수 있다. 다만, 긴급을 요할 때에는 소속경찰관으로 하여금 현장에 출장하여 당해 기관 또는 단체의 장의 협조를 얻어 그 사실을 확인하게 할 수 있다.

② 경찰관은 미아를 인수할 보호자의 여부, 유실물을 인수할 권리자의 여부 또는 사고로 인한 사상자를 확인하기 위하거나 행정처분을 위한 교통사고조사상의 사실을 확인하기 위하여 필요한 때에는 관계인에게 출석을 요하는 사유·일시 및 장소를 명확히 한 출석요구서에 의하여 경찰관서에 출석할 것을 요구할 수 있다.

11) 유치장(제9조) – 경찰서 유치장 설치근거

제9조(유치장) 경찰서 및 지방해양경찰관서에 법률이 정한 절차에 따라 체포·구속되거나 신체의 자유를 제한하는 판결 또는 처분을 받은 자를 수용하기 위하여 유치장을 둔다.

12) 사용기록의 보관 및 손실보상(제11조)

분사기나 최루탄 또는 무기 사용의 경우 그 책임자는 사용일시 · 사용장소 · 사용대상 · 현장책임자 · 종류 · 수량 등을 기록하여 **3년** 간 보관하여야 한다.

제11조(사용등록의 보관) 제10조의3의 규정에 의한 분사기나 최루탄 또는 제10조의4의 규정에 의한 무기를 사용하는 경우 그 책임자는 사용일시·사용장소·사용대상·현장책임자·종류·수량등을 기록하여 보관하여야 한다.

제11조의2(손실보상) ① 국가는 경찰관의 적법한 직무집행으로 인하여 다음 각 호의 어느 하나에 해당하는 손실을 입은 자에 대하여 정당한 보상을 하여야 한다.

1. 손실발생의 원인에 대하여 책임이 없는 자가 재산상의 손실을 입은 경우(손실발생의 원인에 대하여 책임이 없는 자가 경찰관의 직무집행에 자발적으로 협조하거나 물건을 제공하여 재산상의 손실을 입은 경우를 포함한다)
2. 손실발생의 원인에 대하여 책임이 있는 자가 자신의 책임에 상응하는 정도를 초과하는 재산상의 손실을 입은 경우

② 제1항에 따른 보상을 청구할 수 있는 권리는 손실이 있음을 안 날부터 3년, 손실이 발생한 날부터 5년간 행사하지 아니하면 시효의 완성으로 소멸한다.

③ 제1항에 따른 손실보상신청 사건을 심의하기 위하여 손실보상심의위원회를 둔다.

④ 제1항에 따른 손실보상의 기준, 보상금액, 지급절차 및 방법, 손실보상심의위원회의 구성 및 운영, 그 밖에 필요한 사항은 대통령령으로 정한다.

[본조신설 2013.4.5]

[시행일 : 2014.4.6] 제11조의2]

13) 벌칙(경찰관직무집행법 제12조)

제12조(벌칙) 이 법에 규정된 경찰관의 의무에 위반하거나 직권을 남용하여 다른 사람에게 해를 끼친 자는 1년 이하의 징역이나 금고에 처한다.

제 5 장 경찰구제법

1. 사전구제제도

① 사전구제제도란 위법·부당한 경찰작용 등으로 인한 구체적인 권익침해가 발생하기 이전에 그와 같은 침해를 예방하기 위한 구제수단을 인정하는 경찰구제제도를 말한다.

② 사전구제제도로는 **직권에 의한 취소, 정지, 정당방위, 행정절차, 청원, 국민권익위원회 등**

(1) 행정절차법(행정절차법의 규율대상)

행정절차법상의 규율대상 – ㉠ 처분 ㉡ 신고 ㉢ 입법예고 ㉣ 행정예고 ㉤ 행정지도

〈주의〉 확약 ×, 행정계획 ×, 공법상 계약 ×, 행정상 강제집행 ×, 행정상 즉시강제 ×, 행정조사 ×, 절차상 하자있는 행정행위의 효력 ×, 하자의 치유와 전환 ×, 제3자효 행정행위에서 제3자에 대한 사전통지 및 의견청취 ×

(2) 의견제출 · 청문 · 공청회의 비교

구분	의견제출	청문	공청회
성격	의견청취절차의 일반적 절차	자기에게 유리한 의견이나 증거를 제출하게 하는 절차	의견을 널리 수렴하는 절차
주체	당사자 등	당사자등	당사자등 전문가 및 기타 일반인
통지시기	처분 전까지	청문일 10일 전까지	공청회 14일 전까지
실시사유	불이익처분을 할 경우(청문 · 공청회 개최하지 않을 경우 실시)	법령 등에서 규정 행정청이 필요하다고 인정	법령등에서 규정 행정청이 필요하다고 인정

의견표현방식	구술 · 서면 · 정보통신망	구술 · 서면	구술(발표 및 질의 · 답변)
문서열람청구	명문규정 없음	명문규정 있음	명문규정 없음
주재자	처분청	소속직원 또는 선정한 자	지명 · 위촉한 자
절차진행방식	특별한 진행방식 없음	엄격한 진행방식	비교적 완화된 진행방식

2. 사후구제제도

① 사후구제제도란 경찰작용으로 인하여 권익을 침해당한 자가 경찰기관이나 법원에 대하여 원상회복, 손해전보 또는 당해 경찰작용의 시정을 구할 수 있게 하는 사후적 경찰구제를 인정하는 제도를 말한다.

② 사후구제제도로는 **행정상 손해전보, 행정쟁송, 형사책임(공무원에 대한 고소 · 고발), 공무원의 징계 · 처벌, 헌법소원 등**

- 행정상 사후구제 제도
  - 손해전보 제도
    - 손해배상
      - 공무원의 직무상 불법행위로 인한 손해배상(국배법§2)
      - 공공시설물등의 설치·관리의 하자로 이한 손해배상(국배법§5)
    - 손실보상
  - 행정쟁송 제도
    - 행정심판(항고심판)
      - 취소심판
      - 무효등 확인심판
      - 의무이행 심판
    - 행정소송
      - 주관적 소송
        - 항고소송
          - 취소소송
          - 무효등확인소송
          - 부작위위법확인소송
        - 당사자소송
      - 객관적 소송
        - 민중소송
        - 기관소송

제1절 손해배상

1. 의의

행정상 손해배상제도란 공무원의 위법한 직무집행행위로 인하여 개인에게 손해를 가한 경우에 국가나 공공단체가 그 손해를 배상하여 주는 제도를 말한다.

<table>
<tr><td rowspan="3">손해
배상</td><td>의의</td><td colspan="2">공무원이 위법한 직무집행행위(§2) 또는 공공영조물의 설치 · 관리상의 하자(§5)로 인하여 개인에게 재산상의 손해를 가한 경우에 국가나 공공단체가 그 손해를 배상하는 제도</td></tr>
<tr><td rowspan="2">배상
청구
요건</td><td>제2조</td><td>① 공무원의 직무집행
② 고의 또는 과실
③ 법령에 위반한 가해행위
④ 손해의 발생(인과관계)</td></tr>
<tr><td>제5조</td><td>① 공공시설 등 (공공의 영조물)
② 손해의 발생
③ 설치 · 관리상의 흠(하자) → 무과실책임(고의 · 과실은 물론)</td></tr>
</table>

2. 공무원의 직무상 불법행위로 인한 손해배상의 요건

(1) 공무원

국가공무원법 또는 지방공무원법상의 공무원 뿐만 아니라, 널리 공무를 위탁 받아 그에 종사하는 모든 자를 말한다.

(2) 직무를 집행함에 당하여

직무행위의 범위에는 협의설(권력작용에만 국한하는 견해), 광의설(다수설), 최광의설(공법적 작용뿐만 아니라 사경제작용을 포함한 모든 작용이라는 견해)의 대립이 있다. 이 가운데 광의설은 본조의 직무에는 권력작용외에 관리작용도 포함되는 것으로 보며, 국가가 사인과 동일한 지위에서 행하는 사경제작용은 민법의 적용대상이 되어야 한다는것을 논거로 한다.

관련판례

"국가배상청구의 요건인 '공무원의 직무'에는 권력적 작용만이 아니라 비권력적 작용도 포함되며 단지 행정주체가 사경제주체로서 하는 활동만 제외된다."(대판 2001.1.5. 98다39060)

직무의 범위는 직무행위 자체, 객관적으로 직무범위에 속한다고 판단되는 행위, 직무행위와 밀접한 관련이 있는 행위를 포함한다. 또한 직무행위인지의 판단은 공무원에게 직무집행의 의사가 있는 지 여부와 관계없이 객관적으로 직무행위의 외관을 갖추고 있는지의 여부를 기준으로 판단한다. (외형설 – 외관주의)

(3) 고의, 과실

고의·과실은 당해 공무원을 기준으로 판단하여야 하며 국가 등의 선임·감독상의 그것은 문제되지 않는 바, 이 점에서 민법상의 사용자책임과는 구별된다.

(4) 법령의 위반(위법성)

법령위반에서 법령에는 법률, 법규명령, 행정법상 일반법원칙 등 불문법원리를 포함하며, 행위가 객관적으로 부정당함을 의미한다는 것이 통설·판례의 입장이다.

(5) 타인에 대한 손해의 발생

타인은 가해자인 공무원과 기타 가해행위에 관여한 자를 제외한 모든 사람을 의미하며, 공무원 역시 다른 공무원의 가해행위로 인하여 손해를 받게 되면 여기서의 타인에 해당 한다. 또한 손해란 적극적 손해·소극적 손해, 재산적 손해·비재산적 손해를 불문하고 피해자가 입은 모든 불이익을 말하며, 반사적 이익의 침해는 이에 포함되지 않는다.

3. 국가배상법 §2의 공무원(판례)

공무원에 해당하는 자	공무원이 아닌 자
① 소집중인 향토예비군 ② 시청 청소차운전수 ③ 미군부대 카츄사 ④ 집행관 ⑤ 철도 건널목의 간수 ⑥ 교통할아버지	① 의용(義勇)소방대원 ② 시영버스 운전자 ③ 공공조합의 임직원(농협의 임직원) ④ 영조물법인의임직원(한국은행총재 및 그 임직원, 서울대학교병원의사 · 간호사 및 그 임직원) ⑤ 공무집행에 자진 협력하는 사인(우체국에서 아르바이트하는 학생)

4. 직무행위와의 관련성(판례)

(1) 판례가 인정한 외형상 직무행위

감방 내에서의 사형(私刑), 상관의 명(命)에 의한 상관의 이삿짐 운반, 훈계권 행사로서의기합, 시위진압중인 전경의 조경수 훼손, ROTC소속차량의 그 학교교수의 장례식에 참가하기 위해 운행한 경우, 군의 후생사업, 수사도중의 고문행위, 훈련도중인 군인의 휴식중 꿩사격 (※ 휴식중 비둘기 사냥×)

(2) 직무행위와 관련성이 없는 행위

가솔린 불법처분 중 방화, 군의관의 포경수술, 압류도중의 절도행위, 결혼식 참석을 위한군용차운행, 군인의 휴식중 비둘기 사냥, 불법휴대한 카빈총으로 보리밭의 꿩사격 등

5. 국가배상법 제5조의 배상책임

(1) 요건

1) 영조물

국가배상법상의 영조물은 강학상 공물, 즉 행정주체가 직접 행정목적에 제공한 유체물을 의미. 따라서 여기서의 영조물에는 개개의 물건뿐만 아니라 물건의 집합체인 공공시설도 포함. 즉 인공공물 · 자연공물, 타유(他有)공물·자유(自有)공물을 불문하며 동산, 동물도 당연히 포함. 다만 국유재산 중 국유일반재산은 제외.

2) 설치 · 관리의 하자

여기서의 하자는 영조물이 사회통념상 일반적으로 갖추어야 할 안전성을 갖추지 못한 상태로 파악하는 객관설이 통설·판례의 입장.

3) 손해의 발생

영조물의 설치 · 관리의 하자로 인하여 타인에게 손해를 발생하여야 하는 바, 손해는 재산적 · 정신적 손해, 적극적 · 소극적 손해를 불문한다. 또한 영조물의 설치 · 관리의 하자와 손해 발생 간에는 상당인과관계가 있어야 하는 바, 양자간에 상당인과관계가 있음은 원고가 입증하여야 한다.

(2) 면책사유

1) 불가항력 : 예측가능성·결과회피가능성이 없는 천재지변과 같은 불가항력적 사유로 인하여 손해가 발생한 경우는 배상책임이 부인된다.

2) 재정적 제약 : 일반적으로 재정적 제약은 면책사유가 되지 않는다고 본다. 판례도 재정사항은 안전성을 요구하는데 대한 정도문제로서의 참작사유에는 해당될지언정, 안전성을 결정지을 절대적 요건은 되지 못한다(대판 1967. 2. 21. 66다1723)고 한 바 있다.

관련판례

☑ 집중호우가 불가항력이 아니라고 한 판례

"약 308.5mm 집중호우로 국도변 산비탈이 무너져 차량의 통행을 방해함으로써 일어난 교통사고에 대하여, 매년 비가 많이 오는 장마철을 겪고 있는 우리나라와 같은 기후의 여건하에서 위와 같은 집중호우가 내렸다고 하여 전혀 예측할 수 없는 천재지변이라고 보기는 어렵다."(대판 1993.6.8. 93다11678 ; 동지(同旨) 대판 2000.5.26. 99다53247)

☑ 제 3자의 행위 및 자연력이 서로 경합한 경우는 경합된 범위 안에서 손해배상 책임이 있다는 판례

"다른 자연적 사실이나 제 3자의 행위 또는 피해자의 행위와 경합하여 손해가 발생한 경우도 설치·관리의 하자가 인정된다."(대판 1994. 11. 22. 94다32924)

6. 국가배상책임자 · 구상(求償)권

(1) 설치 · 관리자와 비용부담자가 다른 경우(§6)

국가 또는 지방자치단체가 손해의 배상책임을 지는데, 이 경우에 영조물의 설치·관리를맡은 자와 그 비용부담자가 동일하지 않을 때(예 국영공비사업)에는 피해자는 양자에게 선택적으로 청구할 수 있다. 그러나 내부적으로, 궁극적 배상책임자는 설치·관리자이기 때문에 비용부담자가 배상한 경우는 설치·관리자에게 구상할 수 있다.

(2) 손해원인에 대한 책임자에 대한 구상

손해의 원인에 대하여 책임을 질 자가 따로 있을 때 국가·지방자치단체는 그 자에 대하여 구상할 수 있다.

제2절 손실보상

행정상 손실보상이란 공공필요에 의한 적법한 공권력행사로 인하여 개인에게 가하여진 특별한 희생에 대하여 사유재산권의 보장과 전체적인 공평부담의 견지에서 행정주체가 행하는 재산적 전보를 말한다.

손실보상	의의	공공필요에 의한 적법한 공권력의 행사에 의하여 개인에게 가하여진 특별한 희생에 대하여 행정주체가 행하는 조정 적인 재산적 보상
	요건	① 재산권에 대한 공권적 침해 ② 공공의 필요에 의한 적법한 행위 ③ 보상규정의 존재 ④ 재산권에 가하여진 특별한 희생

1. 손실보상의 개념요소와 대상

(1) 개념요소

1) 적법행위

행정권의 적법한 행위로 인해 발생한 손실을 전보하는 점에서 행정권의 위법한 행위(불법행위)로 발생한 손해를 전보하는 손해배상과 다르다.

2) 공권력의 행사

손실보상은 행정권이 강제력을 동원한 권력적 수단으로 사인의 재산권을 침해하는 과정에서 발생한 손해를 전보하는 제도이므로, 공익사업을위한토지등의취득및보상에 관한 법률상의 협의에 의한 취득과 같이 기업자(起業者)와 사인간의 자유로운 계약의 형식등의 비권력적수단인 행정작용으로 발생한 손실을 전보하는 것과 다르다.

3) 재산상의 손실

재산상의 손실만을 전보하며 손해배상과는 달리 생명·신체에 대한 보상은 하지 않는다.

4) 특별한 희생

손실보상은 특별한 희생에 대한 보상이며, 사회적 제약에 머무르는 손실은 보상하지 않는다.

(2) 대상의 변천

1) 대인적(對人的) 보상

피침해자가 재산권에 대해 갖는 주관적 이용가치(主觀的 利用價值)를 보상하는 것

2) 대물적(對物的) 보상

침해된 재산권의 객관적 시장가치(客觀的 市場價值)를 보상하는 것

3) 생활보상

침해된 재산권의 객관적 시장가치뿐 아니라 피침해자의 생활기반의 재건까지 보상해 주어야 한다는 것

◉ 행정상 손해전보

◐ 손해배상과 손실보상의 비교 ◑

구분	손해배상	손실보상
기초원리	개인주의. 도의적 책임주의	단체주의. 사회적 공평부담 원리
본질	위법한 행정작용에 대한 구제	적법한 행정작용에 대한 구제

본질	위법한 행정작용에 대한 구제	적법한 행정작용에 대한 구제
이론적 근거	행위자의 도덕적 책임	피해자의 특별한 희생
청구권의 성질	공권설(多), 사권설(判)	공권설(多), 사권설(判)
제도의 기초	민법상 불법행위책임 공법적으로 수정	공법상 법률관계에 특유한 제도
법적 근거	헌법제29조, 국가배상법(일반법)	헌법제23조제3항, 일반법 없고 개별법에 근거함

가해행위	위법행위	적법행위
배상(보상)의 대상	재산적 · 비재산적 손해	재산적 손실
책임의 성질	과실책임주의	무과실 책임주의
양도· 압류	생명 · 신체의 침해로 인한 국가배상을 받을 권리는 양도 및 압류금지 (단, 재산상의 손해배상청구권은 양도가능)	양도 및 압류 가능
발생원인	공무원의 직무상 불법행위(과실책임) 영조물의 설치 · 관리의 하자(무과실책임)	공권력이 사유재산에 대한 특별한 희생을 가한 경우
전보기준	가해행위 또는 영조물의 설치 · 관리의 하자와 상당인과관계 있는 모든 손해	정당보상의 원칙
전보내용	재산적 · 비재산적 손해	재산적 손해
청구절차	임의적 결정전치주의	개별법의 규정
책임자	국가 또는 지방자치단체	사업시행자(국가 · 공공단체 · 사인)

소멸시효	3년(판례), 5년(多)	좌동
외국인	상호주의 적용	상호주의 적용(완전주의 견해 있음)
공통점	양자는 사후적 구제제도. 실체적 구제제도, 금전적 구제제도, 실질적 법치주의의 이념에 봉사하는 제도인 점 등에서 같다. 오늘날 양자의 중간영역에 해당하는 과실의 객관화, 위험책임이론, 수용유사적 침해이론 등이 등장함에 따라 이념면에서 대립이 점차 해소되어 가고 있으며, 양 제도를 통합시켜 단일의 국가보상제도로 만들려는 노력이 행해지고 있다.	

▶ **헌법과 국가배상법의 규정 비교**

헌 법	국가배상법
국가 또는 공공단체	국가 또는 지방자치단체
공무원의 직무상 불법행위	공무원의 직무상 불법행위 + 영조물의 설치·관리상의 하자
공무원의 책임은 면제되지 않는다는 규정만 둠	공무원의 고의 또는 중과실이 있으면 구상 가능하다는 규정 있음
군인·군무원·경찰공무원·기타 법률이 정하는 자	군인·군무원·경찰공무원·향토예비군대원

▶ **공무원의 범위** – 광의의 공무원(신분상 공무원+공무위탁 받은 자, 사실상 공무원 포함)

공무원 개념에 포함	공무원 개념에서 제외
검사, 통장, 집행관, 공탁공무원 소방공무원 시청소차운전수 소집 중인 향토예비군, 카투사 지자체가 수당을 지급하는 교통할아버지 국가 또는 지자체의 청원경찰	의용소방대원(학설은 비판적) 시영버스 운전사 공무에 자진하여 협력하는 사인

▸ **직무행위의 범위 –** 광의설(권력작용+관리작용까지 포함), but 단순한 사경제 작용 ×
법률행위· 사실행위의 행사· 불행사도 모두 포함
입법작용과 사법작용도 공권력행사로서 국가배상의 직무 행위에 포함

▸ **이중배상금지원칙 –** 군인, 군무원, 경찰공무원, 향토예비군대원
전투경찰순경 ○, 공익근무요원 ×, 경비교도 ×, 경찰서 숙직실 ×

영조물의 설치 · 관리의 하자

1. 공공의 영조물은 공물을 의미한다. 민법 제758조의 공작물책임보다 적용범위가 넓다.

   다만 잡종재산으로 인한 손해는 영조물책임이 아니라 민법상 공작물책임이 적용된다.

2. [판례] '**공공의 영조물**'이란 국가 또는 지방자치단체에 의하여 **특정 공공의 목적에 공여된 유체물 내지 물적 설비를 지칭**하며, 국가 또는 지방자치단체가 **소유권, 임차권 그 밖의 권한에 기하여 관리**하고 있는 경우뿐만 아니라 **사실상의 관리를 하고 있는 경우도 포함**한다(대판 1995.1.24, 94다45302).

3. [판례] **예산부족은 면책사유가 되지 않는다.** 즉 재정사정은 안정성을 요구하는데 참작사유는 되지만 안전성을 결정지을 절대적 요건은 되지 못한다.

4. [판례] 여의도광장의 관리청이 **본래 서울특별시장**이라 하더라도 그 관리사무의 일부가 **영등포구청장에게 위임**되었다면, 그 위임된 관리사무에 관한 한 여의도광장의 관리청은 영등포구청장이 된다. **여의도광장의 관리비용부담자**는 그 위임된 관리사무에 관한 한 관리를 위임받은 **영등포구청장이 속한 영등포구**가 되므로, 영등포구는 여의도광장에서 차량진입으로 일어난 인신사고에 관하여 국가배상법 제6조 소정의 **비용부담자로서의 손해배상책임**이 있다(대판 1995.2.24, 94다57671).

제3절 행정쟁송

1. 행정심판

(1) 개괄주의(概括主義) : 행정심판을 제기할 수 있는 사항을 포괄적으로 규정

(2) 대상 : 행정청의 처분, 부작위

(3) 종류

① 위법 · 부당한 처분 - 취소심판
② 무효 또는 부존재인 처분 - 무효등확인심판
③ 위법 · 부당한 거부처분이나 부작위 - 의무이행심판

- 처 분
  - 행정청의 공권력 행사작용
    - 행정청의 처분적 행위(학문상 행정행위)
    - 권력적 사실행위(계속적 성질을 갖는 경우)
  - 거부처분(소극적 행정행위)
  - 기타 이에 준하는 행정작용(공권력 행사나 그 거부)
- 부작위(不作爲) - 요 건
  - ① 당사자의 적법한 신청이 있을 것
  - ② 상당한 기간내
  - ③ 처분을 해야 할 법률상 의무가 존재할 것
  - ④ 처분의 부존재

(※예외: 대통령의 처분 또는 부작위와 행정심판의 재결에 대해서는 심판을 제기할 수 없다.)

행정심판법

[시행 2010. 7.26] [법률 제9968호, 2010. 1.25, 전부개정]

◇ 행정심판법 개정이유

행정심판청구사건이 매년 큰 폭으로 증가하고 있고, 행정심판의 준사법절차화에 따른 당사자의 행정심판절차에의 참여 요구가 증가함에 따라, 임시처분, 이의신청, 전자정보처리조직을 통한 행정심판제도 등 당사자의 절차적 권리를 강화하기 위한 제도를 도입하는 한편, 국무총리행정심판위원회의 명칭을 중앙행정심판위원회로 변경하고, 상임위원의 수를 법률에서 4명으로 늘리며, 자동차운전면허 관련 사건은 소위원회가 심리·의결할 수 있도록 하는 등 현행 제도의 운영상 나타난 일부 미비점을 개선·보완하려는 것임

◇ 주요내용

가. 행정심판위원회에 재결권 부여(법 제5조 등)

(1) 현재는 처분청, 의결기관인 행정심판위원회, 행정심판위원회의 의결에 따라 재결하는 재결청 등 행정심판과 관련된 기관의 구조가 복잡해서 국민의 혼선이 발생하며, 처분청의 답변서가 행정심판위원회에 접수되기 전에 반드시 재결청을 경유하여야 하고 행정심판위원회에서 의결결과를 청구인에게 직접 통보하지 못함에 따라 행정심판사건의 처리기간만 늘어나 신속한 권리구제라는 행정심판제도의 취지에 부합하지 못하는 문제가 있음.

(2) 재결청의 개념을 없애고 처분청에서 답변서를 행정심판위원회에 바로 송부하도록 하고, 행정심판위원회에서 행정심판사건의 심리를 마치면 직접 재결을 하도록 함.

(3) 행정심판 관련 기관에 대한 국민의 혼선을 해소하고, 행정심판사건의 처리기간을 단축하여 신속한 권리구제에 기여할 것으로 기대됨.

나. 국무총리행정심판위원회의 명칭을 "국무총리행정심판위원회"에서 "중앙행정심판위원회"로 변경함(법 제4조제3항 등).

다. 특별행정심판 신설 등을 위한 협의 의무화(법 제4조)

(1) 특별한 사유 없이 개별법령에 행정심판에 대한 특별한 절차를 규정하는 사례가 늘어나고 있음.
(2) 특별행정심판의 남설(濫設)을 방지하기 위하여 관계 행정기관의 장이 개별법에 특별행정심판을 신설하거나 국민 에게 불리한 내용으로 변경하고자 하는 경우 미리 중앙행정심판위원회와 협의하도록 함.
(3) 행정심판제도의 통일적 운영이 가능해지고 개별법에 의한 특별행정심판절차의 남설이 억제될 것으로 기대됨.

제3조 **【행정심판의 대상】** ①행정청의 처분 또는 부작위에 대하여 다른 법률에 특별한 규정이 있는 경우를 제외하고는 이 법에 의하여 행정심판을 제기할 수 있다.
② 대통령의 처분 또는 부작위에 대하여는 다른 법률에 특별한 규정이 있는 경우를 제외하고는 행정심판을 제기할 수 없다.

제30조 **【집행정지】** ① 심판청구는 처분의 효력이나 그 집행 또는 절차의 속행(續行)에 영향을 주지 아니한다.
② 위원회는 처분, 처분의 집행 또는 절차의 속행 때문에 중대한 손해가 생기는 것을 예방할 필요성이 긴급하다고 인정할 때에는 직권으로 또는 당사자의 신청에 의하여 처분의 효력, 처분의 집행 또는 절차의 속행의 전부 또는 일부의 정지(이하 "집행정지"라 한다)를 결정할 수 있다. 다만, 처분의 효력정지는 처분의 집행 또는 절차의 속행을 정지함으로써 그 목적을 달성할 수 있을 때에는 허용되지 아니한다.
③ 집행정지는 공공복리에 중대한 영향을 미칠 우려가 있을 때에는 허용되지 아니한다.
④ 위원회는 집행정지를 결정한 후에 집행정지가 공공복리에 중대한 영향을 미치거나 그 정지사유가 없어진 경우에는 직권으로 또는 당사자의 신청에 의하여 집행정지 결정을 취소할 수 있다.
⑤ 집행정지 신청은 심판청구와 동시에 또는 심판청구에 대한 제7조제6항 또는 제8조제7항에 따른 위원회나 소위원회의 의결이 있기 전까지, 집행정지 결정의 취소신청은 심판청구에 대한 제7조제6항 또는 제8조제7항에 따른 위원회나 소위원회의 의결이 있기 전까지 신청의 취지와 원인을 적은 서면을 위원회에 제출하여야 한다. 다만, 심판청구서를 피청구인에게 제출한 경우로서 심판청구와 동시에 집행정지 신청을 할 때에는 심판청구서 사본과 접수증명서를 함께 제출하여야 한다.
⑥ 제2항과 제4항에도 불구하고 위원회의 심리·결정을 기다릴 경우 중대한 손해가

생길 우려가 있다고 인정되면 위원장은 직권으로 위원회의 심리·결정을 갈음하는 결정을 할 수 있다. 이 경우 위원장은 지체 없이 위원회에 그 사실을 보고하고 추인(追認)을 받아야 하며, 위원회의 추인을 받지 못하면 위원장은 집행정지 또는 집행정지 취소에 관한 결정을 취소하여야 한다.

제44조(사정재결) ① 위원회는 심판청구가 이유가 있다고 인정하는 경우에도 이를 인용(認容)하는 것이 공공복리에 크게 위배된다고 인정하면 그 심판청구를 기각하는 재결을 할 수 있다. 이 경우 위원회는 재결의 주문(主文)에서 그 처분 또는 부작위가 위법하거나 부당하다는 것을 구체적으로 밝혀야 한다.

② 위원회는 제1항에 따른 재결을 할 때에는 청구인에 대하여 상당한 구제방법을 취하거나 상당한 구제방법을 취할 것을 피청구인에게 명할 수 있다.

③ 제1항과 제2항은 무효등확인심판에는 적용하지 아니한다.

제45조 【재결기간】 ① 재결은 제23조에 따라 피청구인 또는 위원회가 심판청구서를 받은 날부터 60일 이내에 하여야 한다. 다만, 부득이한 사정이 있는 경우에는 위원장이 직권으로 30일을 연장할 수 있다.

제47조 【재결의 범위】 ① 위원회는 심판청구의 대상이 되는 처분 또는 부작위 외의 사항에 대하여는 재결하지 못한다.

② 위원회는 심판청구의 대상이 되는 처분보다 청구인에게 불이익한 재결을 하지 못한다. 〈개정 2008.2.29〉

제51조(행정심판 재청구의 금지) 심판청구에 대한 재결이 있으면 그 재결 및 같은 처분 또는 부작위에 대하여 다시 행정심판을 청구할 수 없다.

⑦ 위원회는 집행정지 또는 집행정지의 취소에 관하여 심리·결정하면 지체 없이 당사자에게 결정서 정본을 송달하여야 한다.

2. 행정소송

<table>
<tr><td rowspan="4">항고
소송</td><td colspan="2">행정청의 처분 등이나 부작위에 대하여 제기하는 소송</td></tr>
<tr><td>취소소송</td><td>행정청의 위법한 처분 등을 취소 또는 변경하는 소송</td></tr>
<tr><td>무효 등
확인소송</td><td>행정청의 처분이나 재결의 효력유무 또는 존재여부의 확인을 구하는 소송</td></tr>
<tr><td>부작위위법
확인소송</td><td>행정청의 부작위가 위법하다는 것을 확인하는 소송
재처분의무와 간접강제로서 실효성을 확보하고 있다.</td></tr>
<tr><td>당사자
소송</td><td colspan="2">① 행정청은 처분 등을 원인으로 하는 법률관계에 관한 소송 그밖에 공법상의 법률관계에 관한 소송으로서 그 법률관계의 한쪽 당사자를 피고로 하는 소송
② 공법상 법률단계에 기한 민사소송적 성격을 가진다.
예 공무원의 지위확인소송, 공무원의 봉급지급청구소송 등</td></tr>
</table>

(1) 행정소송(항고소송)의 과정

소의 제기 →	심리 →	판결
1. 당사자 등 1) 원고(原告適格) : "법률상 이익 있는 자" 2) 피고: 처분등을 행한 행정청 3) 소송관계인: 참가인, 대리인 2. 제기요건 1) 형식적 요건 ① 소장 ② 관할법원 ③ 피고 ④ 전치여부 ⑤ 제소기간內 2) 실질적 요건 ① 처분등 ② 원고적격 ③ (협의의)소익 - 권리보호의 필요	1. 요건심리: 소송요건을 갖추었는가 2. 본안심리 : 위법성여부 ① 원고의 청구가 이유 있음 ② 원고의 청구가 이유 없음	〈 판결의 종류 〉 ① 각하 ② 인용 : 원고승소 ③ 기각 : 원고패소 ④ 사정판결

(2) 실질적 소송요건

1) 처분등 -> 위법한 행정청의 처분(부작위)과 재결

처분성 긍정	처분성 부정
① 지방의회의장의 불신임의결 · 지방의회의원에 대한 징계의결 · 지방의회의 의장선거 ② 개별공시지가, 표준공시지가결정 인정 ③ 소속장관의 변상명령 ④ 단수처분 ⑤ 행정규칙에 의한 불문경고조치 (대판 2002.7.26. 2001두3532) ⑥ 사립학교 교원에 대한 징계처분에 대하여 교원징계심사위원회에 재심청구를 하고 이에 불복하여 행정소송을 제기하는 경우, 쟁송의 대상이 되는 행정처분은 학교법인의 징계처분이 아니라 재심위원회의 결정이다. (대판 1994.12.9, 94누6666)	① 교육공무원법상 총 · 학장의 임용제청 ② 공무원에 대한 소속장관의 경고, 공무원의 당연퇴 직 발령 ③ 성업공사의 공매결정, 횡단보도의 설치 · 존폐에 관한 결정 ④ 공정거래위원회의 고발조치 ⑤ 조세환급결정 또는 환급거부처분 ⑥ 도로교통법상의 벌점부과/신체등위판정 ⑦ 수도공급거부의 요청행위 ⑧ 내신성적산정기준에 관한 시행지침

2) 원고적격

원고적격(법률상 이익)을 인정한 예	원고적격(법률상 이익)을 부정한 예
① 경업자소송 : 자동차운송사업의 노선연장인가처분, 선박운송사업면허, 광업권자의 광구증구처분취소소송, 약종상허가처분 ② 인인소송 : 연탄공장건축허가취소소송, 공설화장장설치결정처분, LPG충전소 설치허가처분 ③ 기타 : 환경영향평가대상지역 내의 주민, 도로의 용도폐지처분에 직접적인 이해관계를 가지는 사람	① 경업자소송 : 공중목욕장허가에 대한 기존업자의 이익, 숙박업구조변경에 대한 기존숙박업자의 이익, 석유판매업(주유소 영업)허가에서 기존업자, 양곡가공업허가의 취소소송, 유기장영업허가취소를 청구한 기존유기장영업자의 이익 ② 인인소송 : 상수원보호구역변경처분에 있어서의 지역주민의 이익, 문화재매장가능 지역의 주택건설사업계획승인에 대한 인근주민의 이익 ③ 기타 : 서울시립대교수임용사건에서 전공이 다른 교수임용에 대한 학생들의 이익

3. 행정소송의 한계

(1) 司法의 본질상 한계: ① 사건이 구체적 분쟁이어야 하고, ② 법적 해결에 적합해야 한다.

1) 구체적 사건성

사법권의 발동대상이 되기 위해서는 당사자간의 구체적이고 현실적인 권리·의무에 관한 분쟁이 있어야 한다. 따라서 추상적 법규의 효력·해석에 관한 분쟁, 반사적 이익에 관한 분쟁은 행정소송의 대상이 되지 않는다. 또 자신의 구체적인 권리·이익을 위한 것이 아닌 공공의 이익을 위한 소송(객관적 소송 : 기관소송, 민중소송)은 법률에 특별히 인정하는 경우에만 허용된다.

2) **법적 해결성:** 통치행위, 재량행위는 불가(단, 재량의 일탈·남용의 경우는 가능)

(2) 권력분립상의 한계: 의무이행소송의 인정여부에 관해 학설이 대립하고 있으나 (적극설·소극설) 법정 (法定)항고소송으로는 인정되지 않는다.

4. 집행정지결정

(1) 의의

취소소송이 제기된 경우에 처분 등이나 그 집행 또는 절차의 속행으로 인하여 생길 회복하기 어려운 손해를 예방하기 위하여 긴급한 필요가 있다고 인정될 때에는 본안이 계속되고 있는 법원은 직권 또는 당사자의 신청에 의하여 처분의 집행정지결정을 할 수 있으며, 이는 무효등확인소송에도 준용된다. 승소의 실효성을 확보하기 위해 인정되는 제도이다.

(2) 요건

1) 적극적 요건

① 정지대상인 처분 등의 존재

② 본안소송의 계

③ 회복하기 어려운 손해발생의 우려
- 회복하기 어려운 손해는 특별한 사정이 없는 한 사회통념상 금전보상이나 원상회복이 불가능하다고 인정되는 손해를 의미

2) 소극적 요건
① 공공복리에 중대한 영향을 미칠 우려가 없을 것
② 본안에서 이유없음이 명백하지 않을 것(판례·다수설)

◐ 행정심판과 행정소송의 비교 ◑

	대상	재판기관
행정심판	위법 + 부당한 처분	행정부소속의 행정심판위원회
행정소송	위법한 처분	법원 (→ 권력분립에 의한 제한을 받는다.)
	① 행정쟁송의 대상 → 처분(거부처분) · 부작위 등 ② 행정심판전치주의 → 행정소송의 제기에 앞서 전심절차(前審節次)로서 행정심판을 제기하여야 한다는 원칙으로서 종래 필수적 전치주의에서 현재 임의적 전치주의로 전환한다. 그러나 법률에 특별한 규정이 있는 경우에는 종전과 같이 필수적 전치주의를 채택한다. 예 공무원의 신분상 처분에 대한 불복(소청심사), 도로교통법상의 처분에 대한 불복	

◐ 행정심판과 행정소송의 비교 ◑

구분		행정심판	행정소송
차이점	성질	행정작용, 약식쟁송	사법작용, 정식쟁송
	종류	현행 행정심판법은 항고쟁송만을 인정 (취소심판,무효등확인심판,의무이행심판)	주관적 소송 ┌ 항고 소송 └ 당사자 소송 객관적 소송 ┌ 민중 소송 └ 기관 소송
	쟁송사항	위법·부당한 처분	위법한 처분
	제소기간	처분이 있음을 안날로부터 90일 이내, 처분이 있은 날로부터 180일 이내	처분이 있음을 안 날로부터 90일 이내 (심판을 거친경우는 재결서 송달받은 날부터 기산) 처분이 있은 날로부터 1년이내 (심판 거친 경우는 재결 있은날로부터 기산)
	심리절차	구술·서면심리(口述·書面審理), 비공개원칙	구두변론(口頭辯論), 공개의 원칙
	심판기관	행정부소속의 행정심판위원회	법원
공통점		① 쟁송사항에 관하여 개괄주의 채택 ② 직권증거조사 ③ 집행부정지의 원칙 ④ 불고불리의 원칙과 불이익변경금지의 원칙 ⑤ 사정재(판)결	

제 5 편

경찰행정학

제 1 장 서론

고위관리자의 역할	중간관리자의 역할
① 비전(vision)의 제시 → 계획의 수립 ② 환경에 대한 적응성의 확보 : 지지와 협력을 획득 → 관리자의 기획능력이 요구된다. ③ 조정과 통합 : 갈등의 최소화와 관할권 분쟁을 해결 ④ 직원의 지도 육성 ⑤ 직원의 사기관리 ⑥ 직원의 생활지도	① 상사의 보좌(補佐), 자신감 · 책임감이 요구 ② 커뮤니케이션 ③ 지도감독 : 계획의 실시 및 평가단계 ④ 정책형성의 보조 · 조언 ⑤ 행정의 안정성 확보

최고관리층의 일반적 기능 : POSDCoRB(L. Gulick)

① 기획(Planning), ② 조직(Organizing), ③ 인사(Staffing), ④ 지시(Directing), ⑤ 조정(Coordinating), ⑥ 보고(Reporting), ⑦ 예산(Budgeting) → 이들의 앞 글자를 따서 POSDCoRB라고 함
→ 주의할 것 – Co는 조정(Coordinating)을 의미, 협동(Cooperation) X

제 2 장 경찰조직관리

1. 관료제의 특성

(1) 관료의 권한과 직무범위는 법률에 규정되어 있어 전통이나 개인적인 카리스마에 의해 지배되는 것이 아니다.
(2) 직무조직은 계층적으로 되어 있다. 이는 막스 베버의 관료제의 특성 중에서 가장 큰 특성이다.
(3) 직무의 수행은 서류에 의해서 이루어지고 그 기록은 장시간 보관된다.
(4) 업무의 수행은 개인적인 감정을 억제하고 오직 법규에 의하여 수행한다.
(5) 모든 직무는 전문지식과 기술을 지닌 관료가 담당하고 이들은 시험 또는 자격에 의해 공개적으로 채용된다. 그리고 관료들은 지속적인 교육훈련을 통해서 전문화되고 구성원은 직업인으로 자리잡는다.
(6) 관료는 직무의 대가로 보수를 받고, 승진 및 퇴직금 등의 직업적 보상을 받는다. 겸직은 금지된다.
(7) 관료제에서 구성원은 신분의 계급에 의한 관계가 아니라 계약관계이다.

특징(막스 베버)	역기능(병리현상)
① 법규위주의 행정 → 명확한 관청직 권한 ② 계층제적 조직구조 ③ 문서주의 ④ 公·私의 구분 → 몰정의성(沒情誼性)(impersonalism) 개인적 감정을 배제한 법규에 의한 직무집행 ⑤ 전문지식·기술을 지닌 관료에 의한 직무수행 ⑥ 전임직 ⑦ 고용관계의 자유계약성	① 동조과잉 → 수단의 목표화 ② 형식주의(red tape) → 서면주의 ③ 전문가적 무능 ④ 할거주의 → 조정·협조의 곤란 ⑤ 변화에 대한 저항과 보수주의→복지부동 ⑥ 인격·인간성의 상실 ⑦ 무사안일주의 → 상급자의 권위에 의존

2. 조직편성의 원리

(1) 분업의 원리(전문화의 원리)

주요원칙	주요내용
분업(전문화)의원리	• 업무의 세분화를 강조 : 업무를 세분화할수록 능률적·경제적 성과를 얻을 수 있다는 원리 • 지나친 전문화는 비인간화와 할거주의, 훈련된 무능 등의 역기능을 초래 함.
부성화(업무집단화)의원리	• 동질성의 강조 : 일정한 기준에 따라 서로 연관된 업무를 묶어 조직단위를 구성해야 한다는 원리
참모조직의 원리	• 참모조직과 계선과의 구별강조 : 계선조직의 보완을 위해 참모조직의 필요성은 인정하지만, 명령계통의 혼란을 방지하기 위해 참모조직을 명령계통으로부터 분리해야 한다는 원리
기능명시의 원리	• 분화된 모든 기능 또는 업무는 명문으로 규정하여야 한다는 원리

(2) 조정(통합)의 원리

주요원칙	주요내용
조정의 원리	• 공통의 목표달성을 위해 행동의 통일을 기할 수 있도록 집단적 노력의 순서 있는 배열을 요구하는 원리 • 조정의 저해요인으로는 지나친 전문화와 분권화, 조직의 대규모화, 관리자의 조정능력부족, 횡적 의사소통의 미흡 등이 있음
계층제의 원리	• 조직 내 권한체제의 계층화를 요구하는 원리 예 청장–차장–국장–과장 • 수평적으로 발생한 갈등을 권위를 통해 수직적으로 조정하고 해결하는 기능을 수행함. • 높은 수직적 계층제는 구성원의 소속감과 참여감의 저하를 초래할 수 있음

명령통일의 원리	• 조직 구성원들이 각자 한사람의 상관으로부터만 명령을 받고 보고한다는 원리 • 명령을 발하는 사람의 입장이 아니라 명령을 받는 사람의 입장에 관한 원리
명령계통의 원리	• 명령의 전달이나 기타 수직적 의사전달은 반드시 각 계층을 포함하는 공식적 통로를 거쳐 이루어져야 한다는 원리 • 각 계층 감독자들의 부하들에 대한 통제력 및 조정능력 강화 기능
통솔범위의 원리	• 상관의 능률적인 감독을 위해서는 통제하는 대상인원의 범위를 적정하게 제한해야 한다는 원리 • 피라미드형 조직구조(계층제)형성에 결정적 작용⇨계층의수와 통솔범위는 역관계가 성립함 (통솔범위 축소 ⇨ 계층 수 증가, 통솔범위 확대 ⇨ 계층 수 감소)

1) 분업(전문화)

의의	업무를 종류와 성질별로 구분하여 조직구성원에게 한 가지의 주된 업무를 분담시킴으로써 조직관리상의 능률을 향상시키려는 것 (전문화의 원리 · 기능의 원리)	
유형	수평적 분업	POSDCoRB (Gulick)
	수직적 분업	계층제 → 상급기관과 하급기관간에 의사결정의 전문화에 기여
한계	① 구성원의 부품화(→ 소외감) ② 전문가적 무능현상을 야기 ③ 업무에 대한 흥미를 상실 ④ 업무관계의 예측가능성을 저하 ⑤ 조정의 곤란	
	전문가 경계의 원칙: 전문행정가는 안목이 좁아 행정책임자가 될 수 없고, 보조적 기능만 수행하는 것이 불가피하다는 원칙	

2) 계층제

의 의	① 권한 · 의무와 책임의 정도에 따라 상 · 하로 등급화 시키고 등급간에 명령복종과 지휘감독체계를 확립하는 조직의 원리 ② Catholic의 교권조직에서 유래, 관료제 조직을 구조적으로 형성시키는 모체적 역할

순기능	① 질서유지 및 조직의 통일성·일체화의 수단 ② 권한위임 및 상하간 권한배분·공식적 의사전달의 기준 및 경로 ③ 승진의 경로 ④ 명령·지시 등 공식적 권위의 행사수단 ⑤ 내부통제 수단 (갈등 및 대립의 조정수단)
역기능	① 계층제의 심화시 경직성(보수성)을 초래 → 의사소통의 왜곡, 환경변동에의 부적응(신지식·신기술의 도입이 용이치 못한다.) ② 구성원의 인격상실 등 비민주적 관리 ③ 비민주적·독단적 결정 → 집단적 의사결정이 어려움 ④ 지나친 수직적 서열주의의 강조 → 할거주의나 배타주의, 조직의 보수화를 초래

3) 통솔범위

<table>
<tr><td>의의</td><td colspan="2">① 한 명의 장관 또는 감독자가 직접 효과적으로 통솔할 수 있는 부하의 수에 관한 원리
② 인간의 주의력에는 생리적·심리학적인 한계가 있다는 입장을 전제</td></tr>
<tr><td rowspan="5">고려 요인</td><td>시간적·공간적 요인</td><td>신설조직 < 기존조직, 지리적 분산 < 근접한 부서</td></tr>
<tr><td>조직 및 직무의 성질</td><td>전문적·창의적 업무 < 동질적·단순한 업무</td></tr>
<tr><td>관리자 및 부하의 능력</td><td>유능하고 훈련이 잘 된 경우 통솔범위가 확대</td></tr>
<tr><td>관리자 및 부하집단의 특징</td><td>신임도나 사기·인간관계가 양호할수록 통솔범위가 확대</td></tr>
<tr><td>참모기관과 정보관리체계</td><td>참모기관과 정보관리체계가 발달할수록 통솔범위가 확대</td></tr>
<tr><td></td><td colspan="2">① 통솔범위와 계층제 → 상충적 관계이므로 계층수의 결정시에 고려되어야 함
통솔범위의 확대 ⇨ 계층의 수 단축, 의사소통이 용이, 사기가 아양
통솔범위의 축소 ⇨ 계층의 수 증가, 의사소통의 장애 및 왜곡</td></tr>
</table>

4) 명령통일

의의	조직체의 구성원은 오직 한 사람의 상관으로부터 명령을 받고 보고를 해야 한다는 원리 → 업무수행의 혼선으로 인한 비능률을 방지하기 위한 것
한계	① 행정기능이 전문화될수록 타당성이 희박해진다. (예 계선과 막료) ② 명령통일의 원리를 너무 철저히 관철하면 업무의 공백과 혼란을 초래할 수 있기 때문에 조직은 관리기능의 대행체제를 갖추어야 한다. → 적절한 권한의 위임과 대리의 활용이 필요

5) 조정

조정이란 조직의 공통된 목적을 달성하기 위하여 제기능을 조화 있게 조절하는 집단적 노력이라고 정의할 수 있다. <u>Mooney는 조정의 원리를 제1원리</u>라고 강조

3. 인간관리전략으로서 동기부여이론

(1) 내용이론

① 인간의 동기요인에 대하여 체계적•객관적으로 연구한다.

② 인간의 동기를 자극하는 요인을 체계적으로 연구한다.

③ 모든 인간은 경제적 보상이나 물질만 제공하면 동기부여가 가능하다고 보는 입장이다.

④ 대부분의 학자가 여기에 해당한다.

예 맥그리그의 X이론과 Y이론매슬로우의 욕구5단계설
하즈버그의 욕구충족이원론(동기, 위생요인)아지리스의 성숙•미성숙이론
맥클랜드의 성취동기이론등

구 분	Maslow	Alderfer	Herzberg	Ramos
X이론	생리적 욕구	생존의 욕구(E)	위생(불만)요인	작전인
	안전욕구			
Y이론	애정, 사회적 욕구	관계의 욕구(R)	동기(만족)요인	반응인
	존경욕구, 자아실현욕구	성장의 욕구(G)		
Z이론				괄호인

구 분	Schein	Argyris	Likert	이론적 배경	동기부여	리더쉽
X이론	경제적·합리적 인간관	미성숙	체제 Ⅰ	인간불신	물질적 욕구	권위형
			체제 Ⅱ	과학적 관리	저개발국형	
Y이론	사회인간	성숙인	체제 Ⅲ	상호존재	정신적 욕구	민주형
	자아실현인관		체제 Ⅳ	인간관계론	선진국형	
Z이론	복잡인관					방임형

(2) 기대이론(과정론)

① 인간의 동기요인에 대하여 주관적•심리적으로 연구한다.

② 인간의 동기란 어떠한 기대심리나 보상에 의하여 나타난다고 본다.

③ 인간의 동기나 기대는 각기 다르며 주관적인 요인에 의한다고 본다.

예 브룸의 기대이론, 포터와 로울러의 업적 · 만족이론 아담스의 공정성(형평성)이론 조지오플러스의 통로목표이론 강화이론(학습이론 · 순치이론) 등

◐ Maslow 5단계의 기본욕구 ◑

구 분	내 용	동기부여제도
생리적 욕구	가장 기본적이며 선행되어야 할 욕구로서 의식주 및 건강 등에 대한 충족이며, 이 욕구충족 이전에는 어떤 욕구도 일어나지 않으며, 모든 욕구가 충족되지 못할 때 가장 강렬하게 추구하는 욕구단계이다.	보수체계의 적정화 휴양 · 휴가제도
안전욕구	자기의 생명과 소유물을 안전하게 보호하고 싶어하는 욕구이며, 질서 있고 안정된 생활유지를 위해 공포나 불확실 · 위협으로부터 벗어나고 싶어하는 욕구이다. 공무원의 현재 및 장래의 신분이나 생활에 대한 불안을 해소, 낮은 보수에도 불구하고 공무원을 선호하는 이유는 안전욕구 때문이다.	신분보장 연금제도 작업환경의 안전성
애정욕구 (사회적 욕구)	조직 내외적 환경변수에 대한 적응욕구이며, 이웃과의 따뜻한 정, 사상, 소속감을 유지하고자 하는 소속이나 친밀의 욕구이다. 동료 · 상사 · 조직 전체에 대한 친근감, 귀속감을 충족	인간관계개선 (개인간의 갈등제거) 고충처리상담

존경 욕구	존경받거나 존경하고 싶어하는 욕구로서 자존심·명예·위신·안정감 등이다. 타인의 인정·존중·신망을 받으려는 욕구	제안제도, 포상제도, 참여확대, 권한위임, 교육훈련 등
자아실현 욕구	자기가 진실로 바라고 원하는 일을 자긍심을 가지고 자율적으로 수행함으로써 자기를 구현하고자 하는 욕구이다. 가장 고차적이며 최종적인 욕구단계이다. Maslow는 이를 인간이 될 수 있는 가능한 모든 것이 되어 보려는 욕망이라고 하였다. 자신의 잠재능력이나 소질개발을 중시하고, 조직목표와 가장 많은 갈등을 야기한다. 장래에의 자기발전·자기완성의 욕구 및 성취감 충족	공정하고 합리적인 승진 공무원단체 활용 사명감 고취 공직의 사회적 평가의 제고

McGregor의 X·Y이론

구분	X이론	Y이론
의의	인간은 좋은 말로 해서는 안되고, 물리적인 제재와 강압이 수반되어야 소기의 목적을 달성할 수 있다는 견해 → 性惡說的입장·「당근과 채찍」	인간은 스스로 통제와 발전이 가능하기 때문에 민주적·인간적인 동기유발 전략이 필요하다는 견해 → 性善說的입장
인간관	① 본성적으로 일을 싫어하며 되도록 일을 회피하려고 한다. ② 일을 시키려면 강제·명령·위협·벌칙등을 요한다. ③ 명령받기를 좋아하며 책임지기를 싫어하며, 야심없이 안정된 생활을 추구하는 수동적·피동적 인간이다.	① 일을 반드시 싫어하는 것은 아니며 대체로 좋아한다. ② 조직의 목표달성을 위한 활동은 자발적·능동적 활동이다. ③ 자발적이고 의욕적인 참가를 통해 보람을 느끼고, 책임의식과 자기존경욕구를 갖고 적극적으로 일한다.
관리 전략	규율과 물질에 의한 관리 ① 경제적 보상체계의 강화 ② 권위주의적 리더십 ③ 상부책임제도의 강화 ④ 조직구조의 계층성 ⑤ 공식적 조직의 의존 ⑥ 집권제와 참여의 제한 ⑦ 엄격한 감독과 통제체제	심리적 성공감(목표성취 등) ① 경제적·인간적 보상체계의 혼용 ② 민주적 리더십 ③ 분권화와 권한의 위임 ④ 조직구조의 평면성 ⑤ 비공식조직의 활용 ⑥ MBO(목표에 의한 관리) ⑦ 목표관리 및 자기평가제도의 강화

하즈버그의 욕구충족이원론

(1) F.Herzberg의 이론은 동기요인과 위생요인으로 이원화되어 있으며, 조직생활에서 만족을 주는 요소와 불만을 주는 요소는 서로 다르다고 한다. 불만요인의 제거는 단순히 불만족을 제거하는 소극적 단기적인 효과만 있으며, 동기를 유발시켜 사기를 높이기 위해서는 만족요인의 개선이 필요하다고 본다.

(2) 만족의 반대는 불만족이 아니라 만족이 없는 상태이며, 불만족의 반대는 만족이 아니라 불만족이 없는 상태로 규정한다.

(3) 위생요인은 그것이 충족되지 않을 경우 조직구성원에게 불만족을 주지만, 그것이 충족되더라도 조직구성원의 직무수행동기를 유발시키는 것은 아니다.

위생요인(불만요인)		동기요인(만족요인)	
〈작업환경〉		〈직무자체〉	
정책이나	목표보수	성취감	인정감
작업조건	대인관계	보람있는 일	책임의 증대나 승진

제 3 장 경찰인사관리

1. 직업공무원제도와 실적주의 제도

구분	직업공무원제	실적제도
차이점	① 영국 · 독일 · 프랑스 · 일본 · 한국 ② 농업사회(미분화사회, 혼합직) ③ 인간 - 경력 ④ 근무 연한 중시→폐쇄형 ⑤ 생활급 · 승급제(호봉) ⑥ generalist(장기적 시야) ⑦ 인간화(사기 · 사회적 능률성 등) ⑧ 횡적 협조 ⑨ 계급제(배치의 신속성)	① 미국 · 캐나다 · 호주 ② 산업사회(분화사회, 분리직) ③ 직무-업적 ④ 능력중시→개방형 ⑤ 직무급 · 근속호봉제 없다. ⑥ specialist(단기적 시야) ⑦ 합리화(명확화, 능률화, 전문화) ⑧ 직위분류제(비신축성)
공통점	① 정치적 중립성 ② 능력 · 업적에 따른 공개경쟁시험에 의한 임용 ③ 신분보장(직업공무원제〉실적주의) ④ 기회균등(직업공무원제〈실적주의)	

2. 계급제와 직위분류제

구 분	계급제	직 위 분 류 제
의 의	• 직위에 보임하고 있는 공무원의 자격 및 신분을 중심으로 계급을 만드는 제도 • 관료제 전통이 강한 독일, 프랑스, 일본 등이 채택	• 행정기관을 구성하는 개개의 직위에 내포되어 있는 직무의 종류와 책임도 및 곤란도에 따라 여러 직종과 등급 및 직급으로 분류하는 제도 • 1909년 미국의 시카고시에서 처음 시작
분류방법	사람중심	직무중심
인사 배치의 신축성	신축적	비융통적
충원방식	폐쇄형의 충원방식 채택(외부로부터의 충원이 어려움)	개방형의 충원방식 채택
장 점	• 널리 일반적 교양·능력을 가진 사람을 채용하여 신분보장과 함께 장기간에 걸쳐 능력이 키워지므로 공무원이 보다 종합적·신축적인 능력을 가질 수 있고, 이해력이 넓어져 기관간의 협조가 용이하다. • 인사배치에 신축적 • 기관간 횡적인 협조가능	• 시험 · 채용 · 전직의 합리적 기준을 제공하여 인사행정의 합리화를 기함 • 동일직무에 대한 동일보수의 원칙을 확립함으로써 보수제도의 합리적 기준을 제시 • 전직이 제한되고 동일한 직무를 장기간 담당하게 되어 행정의 전문화에 기여하고, 권한과 책임의 한계를 명확히 한다.
단 점	보통 계급의 수가 적지만 계급간의 차별이 심하다.	유능한 일반행정가의 확보 곤란, 인사배치의 비융통성, 신분보장의 미흡
양자의 관계	상호배타적인 관계가 아닌 서로의 결함을 시정하는 상호보완적인 관계	
우리나라	계급제 위주에 직위분류제적 요소를 가미	

경찰공무원법 제9조 【채용후보자명부등】 ① 경찰청장 또는 해양경찰청장(제6조제3항의 규정에 의하여 임용권의 위임을 받은 자를 포함한다)은 신규채용시험에 합격한 자(경찰대학을 졸업한 자 및 경찰간부후보생을 포함한다)를 대통령령이 정하는 바에 의하여 성적순위에 따라 채용후보자명부에 등재하여야 한다.

② 경찰공무원의 신규채용은 제1항의 규정에 의한 채용후보자명부의 등재순위에 의한다. 다만, 채용후보자가 경찰교육기관에서 신임교육을 받은 때에는 그 교육성적순위에 의한다.

③ 제1항의 규정에 의한 채용후보자명부의 유효기간은 2년의 범위 안에서 대통령령으로 정한다. 다만, 경찰청장 또는 해양경찰청장은 필요에 따라 1년의 범위 안에서 그 기간을 연장할 수 있다.

④ 경찰청장 또는 해양경찰청장은 채용후보자명부의 유효기간을 연장하기로 결정한 때에는 이를 공고하여야 한다.

경찰공무원임용령 제19조 【채용후보자의 자격상실】 채용후보자가 다음 각 호의 1에 해당하는 경우에는 채용후보자로서의 자격을 상실한다.

1. 채용후보자가 임용 또는 임용제청에 불응한 때
2. 채용후보자로서 받아야 할 교육훈련에 불응한 때
3. 채용후보자로서 받은 교육훈련성적이 수료점수에 미달되거나 교육 훈련 중 질병·병역복무 기타 교육훈련을 계속할 수 없는 불가피한 사정외의 사유로 퇴학처분을 받은 때

3. 경찰근무성적평정

의의	① 공무원의 근무실적·근무수행태도·직무수행능력 등을 일정한 기준에 따라 체계적·정기적으로 감독자가 평가하는 제도 → 공무원의 능력발전과 평가가 목적 ② 근무평정에 있어서는 객관성·신뢰성·타당성 등이 보장되어야 함
효용	① 인사관리(상벌)의 목적 ② 시험의 타당도 측정기준 ③ 교육훈련수요의 파악 ④ 적재적소의 인사배치 기준
대상	총경 이하의 경찰공무원 (경무관 이상 → 「인사평정제도」를 실시)
특징	① 4등급의 평정등급 및 2:4:3:1(수,우,양,가)의 강제배분 비율을 채택 ② 평가결과의 비공개주의를 채택하고 있다.(평정결과는 소청심사 대상 아님)

4. 다면평가제

구분	내용
의의	전통적인 감독자 평정에서 벗어나, 상급자·동료·하급자·민원인 등 다수의 평가자의 다방면에 걸친 인사평정방식 (집단평정법·복수평정법·360도 평정법)
특징	① 민간기업에서 발전하여 공기업·공공부문에 도입되는 경향 ② 중·하위직보다는 지도력과 관리능력이 요구되는 고위직 평가에 유용 ③ 조직원의 업무행태 변화와 능력향상을 위한 발전적 목적과 실적평가라는 판단적 목적 두 가지 목적의 동시 추구 → 발전적 목적을 더 중시해야 평가의 정확성과 신뢰성 향상
장점	① 다양한 의견 수렴을 통한 조직원의 능력향상과 행정발전 ② 다양한 평가자의 참여로 공정하고 객관적인 평가 가능 ③ 권위적·관료적 행태의 병폐 시정 → 국민·고객중심적 행태로의 변화 가능 ④ 조직 구성원 상하간의 의사소통 통한 조직활성화 및 행정 분권화, 조직 관리자의 민주적 리더십 향상에 기여 ⑤ 공정한 평가·환류로 구성원들의 자기발전 촉진
단점	① 상호평가로 인한 조직 내 갈등이나 불신 유발 ② 하급자에 의한 평가라는 점에서 하향식 행정문화와의 마찰 발생 (→ 평가자료의 익명성 유지 필요) ③ 평정단 선정의 객관성 확보 곤란, 구성원의 유동시 평정의 신뢰성 저하, 평정절차 복잡 ④ 인사부서의 업무량 증가로 인사부서의 비대화 및 형식적 평가의 위험성 내재 (→ 외부기관에의 위탁으로 인사부서의 업무량 감소 및 평가의 객관성과 신뢰도의 향상 유지 가능)

5. 사기관리

구분		내용
의의		① 조직의 구성원들이 소속된 조직 내에서 조직목표를 인식하고 그 목표를 달성하려는 자발적인 의욕을 가지는 것 ② 사기와 생산성의 관계 → 사기는 생산성에 영향을 미치는 여러 변수중의 하나
효과		① 충성심과 동질감의 강화 ② 직업에 대한 자부심 제고 ③ 생산성 · 창의성 향상
성격	개인적 · 자발적 성격	사기의 직무에 대한 애착심 · 보람 · 책임감 · 적응성을 의미
	집단적 · 조직적 성격	사기는 조직의 목표달성에 기여해야, 협동심 · 단결성을 전제
	사회적 성격	사기는 사회적 가치 또는 발전에 공헌하는 것이어야
결정요인	경제적 · 물질적 요인	보수제도
	사회적 · 심리적 요인	인정감, 성취감, 성공감, 안정감 등

제 4 장 경찰예산관리

1. 일반회계와 특별회계

일반회계	일반회계란 국가 활동에 관한 세입·세출에 관한 회계를 말하고, 중앙정부의 예산의 중심회계로서 치안·사법·국토방위 등 국가의 안녕과 질서유지를 위한 기본적인 기능은 거의 모두 일반회계를 통하여 이루어진다.
특별회계	특별회계란 일반회계와 구분하여 특정한 세입으로 특정한 세출을 충당하는 회계로서, 점차 증가하는 추세에 있다. 특별회계는 원칙적으로 기획재정부의 직접적 통제를 받지 않고 설치 소관 부서가 관리한다. 예 경찰특별회계로는 교통시설 특별회계와 책임운영기관특별회계가 있다.

2. 성립과정에 따른 분류

본예산	최초로 편성되어 국회의 의결을 얻어 확정된 당초의 예산
수정예산	정부가 예산안을 편성하여 국회에 제출한 이후 성립·확정되기 전에 국제정세나 국내외 사회·경제적 여건의 변동으로 예산의 일부 내용을 변경하여 국회에 제출하는 것. 예산의 수정은 예산금액의 합계를 증가시키지 못한다.
추가경정예산	예산이 국회를 통과하여 성립한 후에 생긴 사유로 인하여 이미 성립한 예산에 변경을 가할 필요가 있을 때 편성하는 예산으로서 금액을 추가하는 추가예산과 비목간 조정을 하는 경정예산이 합쳐진 것이다. 추가경정예산은 예산이 성립한 후에 그 내용을 변경하는 점에서, 예산이 국회에서 성립·확정되기 전에 그 내용을 변경하는 수정예산과 다르다.
준예산	① 회계연도 개시 전까지 예산의 불성립 시에 전년도에 준해서 지출하는 예산제도로서 예산집행의 신축성을 부여하고 예산불성립으로 인한 행정의 중단을 방지한다. ② 지출용도는 ㉠ 헌법이나 법률에 의해 설치된 기관 또는 시설의 유지·운영비, ㉡ 공무원의 보수와 사무 처리에 관한 기본경비, 법률상 지출의무의 이행 ㉢ 이미 예산으로 승인된 사업의 계속비 등이다.

◉ 대한민국헌법

제54조 ① 국회는 국가의 예산안을 심의·확정한다.

② 정부는 회계연도마다 예산안을 편성하여 회계연도 개시 90일전까지 국회에 제출하고, 국회는 회계연도 개시 30일전까지 이를 의결하여야 한다.

③ 새로운 회계연도가 개시될 때까지 예산안이 의결되지 못한 때에는 정부는 국회에서 예산안이 의결될 때까지 다음의 목적을 위한 경비는 전년도 예산에 준하여 집행할 수 있다.

1. 헌법이나 법률에 의하여 설치된 기관 또는 시설의 유지·운영
2. 법률상 지출의무의 이행
3. 이미 예산으로 승인된 사업의 계속

3. 예산제도의 종류

품목별 예산 (LIBS)	의의	① 세출예산의 대상과 성질에 따라 편성한 예산→재정통제에 초점 ② 현재 우리의 예산제도
	장점	① 회계책임의 명확화 ② 재정통제가 용이
	단점	① 예산의 신축성 저해 ② 성과측정이 곤란 ③ 지출목적 불분명
성과주의 예산 (PBS)	의의	예산과목을 사업계획 · 활동별로 분류한 다음 각 세부사업별로 [단위원가 × 업무량 = 예산액]으로 표시하여 편성하는 예산 → 예산의 관리기능에 초점
	장점	① 국민이 사업과 목적을 이해하는 데 적합 ② 자원배분의 합리성 유지
	단점	총괄예산계정에는 부적합 → 일부 부국(部局)의 수준, 계량적 업무가 협소
계획예산 (PPBS)	의의	장기적인 계획과 단기적인 예산편성을 구체적인 실시계획을 통하여 유기적으로 연결하여 예산배분에 관한 의사결정을 합리적으로 일관성 있게 행하려는 예산
	장점	① 예산과 기획의 통합이 가능 ② 자원배분의 합리화
	단점	① 예산편성의 집권화(의회의 통제기능이 약화) ② 계량화 곤란

영기준 예산 (ZBB)	의의	조직체의 모든 사업·활동에 대하여 영기준을 적용해서 각각의 효율성·효과성 및 중요성 등을 체계적으로 분석하고 사업의 존속·축소·확대 여부를 원점에서 새로 분석·검토하여 우선순위별로 실행예산을 결정하는 예산. 합리적 배분을 할 수 있다. → 자원난 시대의 예산제도
	장점	① 예산의 팽창 방지 ② 조세부담증가의 방지 ③ 국가자원의 절약
	단점	① 시간·노력이 과다하게 소모 ② 사업축소나 폐지의 곤란성

일 몰 법	특정의 행정기관이나 사업이 일정기간(3~7년)이 지나면 의무적·자동적으로 폐지되게 하는 법률 → 정책의 자동적 종결과 주기적 재심에 초점
자본예산 (CBS)	정부예산을 경상지출과 자본지출로 구분하고 경상지출은 경상수입으로 충당시켜 균형을 이루도록 하지만, 자본지출은 적자재정과 공채발행으로 그 수입에 충당케 함으로써 불균형예산을 편성하는 제도

◉ PPBS 와 ZBB의 비교

P P B S	Z B B
① 정책적인 면 강조와 장기적 발전계획 중시 ② 중앙집권적(하향적)결정, 최고관리층의 관리도구 ③ 프로그램 중심, 조직간 장벽 타파 ④ 개방체제 ⑤ 5년(장기) ⑥ 신프로그램과 구프로그램간의 예산변동액에 관심 ⑦ 점증형과 합리형의 중간형(양면성)	① 사업지향적이며 관리적 측면, 평가·환류 중시 ② 분권적(상향적) 결정, 중간관리층의 관리도구 ③ 기존의 조직구조를 토대로한 모든 활동 ④ 폐쇄체제 ⑤ 1년(단기) ⑥ 기존 프로그램의 계속적인 재평가에 관심 ⑦ 완전한 합리적·포괄적 접근법

4. 예산과정

예산 편성	중기사업계획서의 제출, (1월31일까지)	경찰청 →기획재정부
	예산안편성지침통보 (3월30일까지)	기획재정부→경찰청
	예산요구서 제출(5월30일까지) 사업계획서에서 제시된 예산과 실제 예산요구 사이에는 상당한 차이가 있다.	경찰청→기획재정부
	국무회의 심의→대통령 재가(회계 연도 개시 120일 전까지)	정부안의 확정 및 국회제출
예산 심의	대통령(예산안 제안 설명→기획재정부장관)	시정연설
	상임위원회의 예비심사→예산결산특별위의 종합심사)	예결위의 계수조정
	회계연도 개시 30일 전까지→「예산확정」	본회의 의결
예산 집행	기획재정부장관→경찰청장	예산배정
	경찰청장→산하기관	예산의 재배정
예산 결산	결산 보고서를 기준으로 총결산서 작성→대통령의 승인	기획재정부장관(4월 10일까지 감사원에 제출)
	5/20까지 기획재정부장관에게 송부	감사원(회계검사)
	예비심사(상임위)→종합검사(예결위)→본회의보고	차기국회에 제출 (5월30일까지)

5. 예산의 집행

집행	국회에서 의결·확정된 예산에 따라 재원을 조달하고 경비를 지출하는 재정활동
배정	① 기획재정부장관이 각 중앙관서의 장에게 일정기간 동안 집행할 수 있는 금액과 책임소재를 명확히 하는 절차 (자금할당) → 예산집행은 예산의 배정으로 시작된다. ② 예산이 확정되었더라도 해당 예산이 배정되지 않으면 지출원인행위를 할 수 없다.
재배정	중앙 관서의 장이 산하 각 기관에 대하여 분기별로 예산을 다시 배정해 주는 제도

<table>
<tr><td colspan="2"></td><td>① 지출원인행위는 국가의 지출의 원인이 되는 계약 또는 기타의 행위를 의미하며, 지출원인 행위는 배정된 예산의 범위 내에서 수행되어야 한다.</td></tr>
<tr><td colspan="2">예산의 이용</td><td>입법과목(장 · 관 · 항)간의 상호융통을 의미 → 국회의 승인을 요한다.</td></tr>
<tr><td colspan="2">예산의 전용</td><td>행정과목(세항 · 목)간의 상호융통을 의미 → 기획재정부장관의 승인을 요한다.</td></tr>
<tr><td colspan="2">예산의 이체</td><td>정부조직의 변동에 따른 예산의 책임소관 변경을 의미한다.</td></tr>
<tr><td rowspan="2">이월</td><td>명시 이월</td><td>세출예산 중 경비의 성질상 연도 내에 그 지출을 끝내지 못할 것이 예측될 때에 미리 국회의 승인을 얻어 예산을 다음 연도에 넘겨서 사용하는 것</td></tr>
<tr><td>사고 이월</td><td>연도 내에 지출원인행위를 하고 불가피한 사유로 인하여 연도 내에 지출하지 못한 경비와 지출원인행위를 하지 아니한 그 부대경비의 금액을 다음연도에 넘겨서 사용하는 것(사고이월은 1회에 한한다.)</td></tr>
</table>

제 5 장 장비관리와 보안관리

1. 장비관리

<table>
<tr><td>의의</td><td colspan="2">경찰업무를 수행하는데 필요한 물품을 취득하여 효율적으로 보관 · 사용하고, 사용 후에 합리적으로 처분하는 과정
경찰 장비관리의 목표 ⇒ 능률성, 효과성, 경제성
민주성은 포함되지 아니 한다.</td></tr>
<tr><td rowspan="3">주요 경찰 장비 관리</td><td>무기 및 탄약관리</td><td>「무기탄약관리규칙」(경찰청훈령)
책임간부 입회시의 입 · 출고 조치</td></tr>
<tr><td>진압장비 관리</td><td>(1) 다중범죄 진압의 경우 중요성 부각⇒경찰관직무집행법
(2) 특히 최루탄의 경우 파급효과가 커서 피해의 최소화에 주의하여야 한다.</td></tr>
<tr><td>차량관리</td><td>단위기관별 집중관리를 원칙 ⇒ 항상 긴급출동태세를 유지해야 한다.</td></tr>
</table>

2. 무기탄약의 회수 및 보관

즉시 회수·보관해야 하는 경우	① 직무상 비위로 인하여 징계대상이 된 자 ② 형사사건으로 인하여 조사대상이 된 자 ③ 사의를 표명한 자
회수 또는 보관할 수 있는 경우	① 평소불평이 심하고 염세비관한 자 ② 주벽이 심한 자 ③ 변태성벽이 있는 자 ④ 가정환경에 불화가 있는 자 ⑤ 경찰관서의 장이 부적합하다고 판단한 자

대여 무기탄약을 보관하여야 하는 경우 (무기고 보관 사유) - 일시적	① 술자리 또는 연회장소에 출입할 경우 ② 상사의 사무실을 출입할 경우 ③ 정황을 판단하여 필요하다고 인정되는 경우

탄약고는 무기고와 분리되어야 하되, 될 수 있는 한 본 청사와 격리된 독립 건물로 하여야 한다.

3. 보안관리

보안의 개념	소극적 보안	국가가 필요로 하는 비밀 · 인원 · 문서 · 자재 · 시설 및 지역 등을 보호
	적극적 보안	간첩이나 불순분자에 대한 탐지 · 조사 · 체포 등의 활동
보안책임	보안관계 공무원이 부담하는 행정책임(징계책임)과 형사책임(보안규정§3)	

인원보안	인원보안업무의 취급	각급 경찰기관의 인사업무 부서에서 분장
	인원보안의 대상	공무원→경찰공무원 및 국가 · 지방공무원
	인원보안의 수단	① 신원조사 ② 보안교육 ③ 보안조치
문서보안	(1) 비밀의 구분 → 비밀을 작성하거나 생산하는 자가 그 비밀내용의 중요성과 가치에 따라 Ⅰ급, Ⅱ급, Ⅲ급 비밀로 분류한다. (2) 비록 Ⅰ · Ⅱ · Ⅲ급의 비밀구분이 되어 있지 않은 문서라도 국가기밀에 해당하는 문서는 모두 보안의 대상이 된다.	
시설보안	보안책임자(각급 기관의 장과 중요시설의 장)는 보호구역의 설정이 가능	

4. 보안업무원칙

알 사람만 알아야 하는 원칙	보안대상이 되는 사실은 전파할 때 전파가 꼭 필요한가 또는 피전파자가 반드시 전달받아야 하며 필요한 것인가를 검토하여야 한다는 원칙으로서, 보안에 있어서 가장 기본이며 중요한 원칙이다.
부분화의 원칙	알 사람만 알게 하고 한 번에 다량의 비밀이나 정보가 유출되지 않도록 하는 원칙. 부분화의 방법으로는 조직에 있어서는 종적·횡적 분화의 방법이 있고, 문서에 있어서는 내용과 가치의 정도에 따라서 다른 비밀과 관련되지 않게 독립시키거나 부분적으로 있게 한다.
보안과 효율의 조화	지나친 비밀주의는 꼭 알 필요가 있는 사람이 알지 못하게 하는 단점이 있어 보안과 업무효율은 반비례관계에 있으므로 양자의 적절한 조화를 유지해야 한다는 원칙.

5. 비밀의 구분

구분	개 념	비밀 취급자
1급 비밀	누설되는 경우 대한민국과 외교관계가 단절되고 전쟁을 유발하며, 국가의 방위계획·정보활동 및 국가방위상 필요불가결한 과학과 기술의 개발을 위태롭게 하는 등의 우려가 있는 비밀	
2급 비밀	누설되는 경우 국가안전보장에 막대한 지장을 초래할 우려가 있는 비밀	① 통신·항공경과 소지자 (운전경과는 3급 비밀 취급권자이다.) ② 경비·경호·작전 담당 부서 ③ 정보·보안·외사 부서 ④ 상황실
3급 비밀	누설되는 경우 국가안전보장에 손해를 끼칠 우려가 있는 비밀	경찰공무원은 임명과 동시에 3급 비밀 취급권을 갖는다.
대외비	직무상 특별히 보호를 요하는 사항으로 비밀에 보호기간을 명시하고 비밀에 준하여 취급 및 관리하는 것.	

Notice

※ 비밀의 구분은 비밀을 작성하거나 생산하는 자가 그 비밀내용의 중요성과 가치의 정도에 따라 분류한다.

6. 문서 비밀분류의 원칙(보안업무규정 §10)

과도분류 또는 과소분류 금지	비밀은 적절히 보호할 수 있는 최저 등급으로 분류하여야 하며, 과도 또는 과소하게 분류하여서는 안 된다는 원칙
독립분류	비밀은 그 자체의 내용과 가치의 정도에 따라 분류하여야 하며 다른 비밀과 관련하서는 안 된다는 원칙. 예컨대 상급 부서가 지시문서가 2급이라고 해서 하급 부서에게 획일적으로 보고문서(응신 문서)에 대해 2급으로 비밀등급을 지시하는 것은 독립분류의 원칙에 반한다.
외국비밀존중	외국 또는 국제기구로부터 접수한 비밀은 그 발행기관이 필요로 하는 정도 또는 그 이상으로 보호할 수 있도록 분류하여야 한다는 원칙

7. 시설보안

제한지역	비밀 또는 정부재산의 보호를 위하여 울타리 또는 경호원에 의하여 일반인의 출입감시가 요구되는 지역	경찰관서 전역
제한구역	비밀 또는 주요시설 및 자재에 대한 비인가자의 접근방지를 위하여 출입에 안내가 요구되는 구역	가. 전자교환기(통합장비)실, 정보통신실 나. 발간실 다. 송신 및 중계소, 정보통신관제센터 라. 경찰청 및 지방경찰청 항공대 마. 작전 · 경호 · 정보 · 보안업무 담당부서 전역 바. 과학수사센터

통제 구역	비인가자의 출입이 금지된 보안상 극히 중요한 구역	가. 암호취급소 나. 정보보안기록실 다. 무기창 · 무기고 및 탄약고 라. 종합상황실 · 치안상황실 마. 암호장비관리실 바. 정보상황실 사. 비밀발간실 아. 종합조회처리실

8. 비밀취급인가권자(보안업무규정)

I 급	대통령, 총리,감사원장,각부 · 처의장 및 정무장관,국정원장,국가안전보장회의 사무국장,대통령실장,경호처장,검찰총장,합동참모의장,각군참모총장 및 육군의1,2,3군 사령관 국방부장관이 지정하는 각군 부대장
II 급	I급비밀취급인가권자, 중앙행정관서인 청의 장, 서울시장, 광역시장, 특별자치시장, 도지사, 특별자치도지사, 서울시 · 광역시 및 도 교육위원회의 교육감, 이상 규정된 자가 지정한 기관의 장

⑨ II급 및 III급 비밀 취급인가권자

1. I급 비밀 취급인가권자
2. 중앙행정관서의 청의 장(경찰청장)
3. 서울특별시장, 광역시장, 도지사 등
4. 경찰 대학장, 경찰종합학교장,중앙경찰학교장,경찰병원장
5. 지방경찰청장
6. 경찰서장, 기동대장

*지방경찰청장은 경찰서장과 기동대장에게 II급 및 III급 비밀 취급인가권을 위임할 수 있다.

*경정이상의 경찰공무원을 장으로 하는 단위 경찰기관의 장에게도 위임할 수 있다.

*위임받은 서장이나 단위기관장 등은 이를 다시 위임할 수 없다.

*위임받은 기동대장은 이를 다시 위임할 수 없다.

제 6 장 경찰홍보

1. 경찰홍보

구분		내 용
홍보의 의의	협의	경찰의 활동이나 업무와 관련된 사항을 널리 알려서 경찰목적 달성에 유리한 환경을 조성하는 행위
	광의	지역주민의 경찰활동에 대한 참여를 확대하고 각종 기관·단체 및 언론 등과의 상호 협조체제를 강화하여 이를 경찰이 수행하는 모든 업무에 연계시키는 것까지를 포함

협의	협의의 홍보 (Public Relations : PR)	유인물, 팜플렛 등 각종 매체를 통해 개인이나 단체의 좋은 점을 일방적으로 알리는 활동. 불특정 다수인 대상으로 대중매스컴을 통한 간접적 수단이다.
광의	지역공동체 관계 (Community Relations : CR)	지역사회내의 각종기관, 단체, 주민 등과 유기적인 관계를 유지하고, 협조체제를 구축하는 것 등을 통해 지역사회 각계각층의 요구에 부응하는 경찰활동을 하는 동시에, 경찰활동의 긍정적인 면을 지역사회에 널리 알리는 종합적인 지역사회 홍보체계. 특정 다수인 대상으로 주민과 대화를 통한 직접적 수단이다.
	언론관계 (Press Relations)	신문이나 잡지·TV·Radio 등의 보도나 뉴스에 대응하여 사건·사고에 대한 기자들의 질의에 답하는 대응적이고 소극적인 홍보활동
	대중매체 관계	언론관계의 대상과 범위가 확대되고 발전한 종합적인 홍보활동으로 신문이나 TV·Radio 등의 영상물 등 각종의 대중매체 제작자와 긴밀한 협조관계를 구축·유지하여 대중매체의 필요를 충족시켜주는 한편, 경찰의 긍정적이 측면을 널리 알리는 활동.

광의	기업 이미지식 경찰홍보	경찰서비스개념의 도입으로 적극적인 광고홍보를 전개하는 소비자관점의 광고활동 소비자주권시대를 맞아 경찰업무의 서비스 개념, 즉 주민을 소비자로 보는 관점에서 발달한 개념. 친근한 상징물을 이용하는 등 조직이미지를 고양하여 높아진 주민 지지도를 바탕으로 예산획득, 형사사법 환경 하의 협력확보 등의 목적을 달성하는 종합적이고 계획적인 홍보활동. 독점치안기구 의식 탈피. 캐릭터를 이용한 활동이 여기에 해당

2. 경찰홍보와 대중매체와의 관계

경찰홍보의 목적 및 중요성	경찰에 유리한 여론을 형성하고 경찰정책결정자들의 관심을 확보하기 위한 주요 수단
Sir Robert Mark	① '단란하고 행복스럽지는 않더라도, 오래 지속되는 결혼생활'에 비유 ② 1970대 영국경찰개혁의 주도자이자, 적극적인 대언론정책을 수행
G. Crandon	경찰과 대중매체는 共生關係(공생관계)가 발달→ 서로 필요하기 때문
R. Ericson	경찰과 대중매체는 서로 얽혀서 범죄와 正義, 사회질서를 해석·규정하는 역할을 수행하는 **엘리트 집단**

***보도관련 용어**

① 엠바고(embargo) : 어느 시한까지 보도하지 않을 것을 전제로 자료 제공이 이루어지는 관행
② Off the record : 보도하지 않을 것을 조건으로 하는 자료나 정보의 제공
③ lead : 기사내용을 요약해서 1 - 2줄 정도로 간략하게 쓴 글
④ issue : 일정시정에서 중요시되어 토론·논쟁이나 갈등의 요인이 되는 사회·문화·경제·정치적 관심이나 사고
⑤d eadline : 취재된 기사를 편집부에 넘겨야 하는 기사 마감시간
⑥ 가십(Gossip) : 원래 험담이나 루머 등 확인되지 않은 뉴스를 말하나, 언론에서는 스트레이트로 처리하기 힘든 흥밋거리, 뒷이야기, 스케치 등을 함축성 있게 처리한 기사로 사용
⑦ 크레디트(Credit) : 외신 기사머리에 발신·통신사명 등을 밝히는 것으로 기사의 신뢰성과 계약관계를 명시한다.

제 6 편

경찰통제와 과제

제1장 경찰통제
제2장 경찰의 과제

제6편 경찰통제와 과제

제 1 장 경찰통제

1. 의의

구분		내용
의의		① 경찰의 조직과 활동을 체크하고 감시함으로써 경찰조직과 경찰활동의 적정을 도모하기 위한 제도적 장치 또는 활동의 총칭 ② 행정책임은 행정통제를 통하여 보장되며 행정통제는 행정의 책임성을 확보하는 수단 → 행정책임과 행정통제는 서로 표리의 관계
필요성		① 경찰의 민주적 운영 ② 경찰의 정치적 중립성의 확보 ③ 법치주의의 실현 ④ 국민의 인권보호 ⑤ 조직의 부패방지
기본 요소	권한의 분산	① 자치경찰제 운영 → 중앙과 지방의 권한분산 ② 단기적으로 행정적 분산 → 상위계급과 하위계급간의 권한 분산
	정보공개	① 정보의 공개 없으면 → 참여가 불가 → 통제가 불가 ⇨ 공개는 경찰통제의 근본이며 전제요소 주의 ② 알권리와 투명성을 확보 → 「공공기관의 정보공개에 관한 법률」
	절차적 참여보장	① 절차적 참여의 보장→「행정절차법」 → 공정성·투명성·신뢰성 확보 ② 참여의 확보방안→경찰위원회의 구성, 자치경찰제의 도입
	책임	① 경찰은 법적·도의적 책임을 부담 ② 책임추궁은 발전을 위한 과정으로 이해해야
	환류	통제는 환류를 위한 과정 → 순환적 발전을 유도해야

2. 민주통제와 사법통제

민주 통제 (영미법계)	① 영미법계 국가에서 발달, 절차적 통제 · 사전통제에 중점을 둠 예 경찰위원회, 자치경찰제도, 경찰책임자의 선거 ② 민주성 확보를 위한 제도적 장치 마련 → 『적정절차의 원칙』 ③ 우리의 경우 경찰위원회를 채택 (→민주적 통제 장치가 미약)
사법 통제 (대륙법계)	① 대륙법계 국가에서 발달, 실체적 · 사후통제에 중점을 둔다. (列記主義→개괄주의) 예 행정소송제도, 국가배상제도 ② 사법심사 제도의 발달 (행정소송 · 국가배상)→ 「실제적 권리보장」 ③ 우리의 경우 행정소송 (재량통제의 강화) 및 국가배상제도를 채택

구분	민 주 통 제	사 법 통 제
통제 방법	경찰위원회나 경찰책임자의 선거, 자치경찰제도 등을 통해서 시민이 직접 대표기관을 구성하거나 선출된 대표기관을 통해 간접적으로 감시	행정소송(개괄주의) · 국가배상제도 등의 사법심사제도
채택 국가	영미법계 국가	대륙법계 국가
우리 나라	경찰위원회제도 채택, 자치경찰제도 도입, 선거제도 불채택	행정소송과 국가배상 모두 인정

3. 내부통제와 외부통제

<table>
<tr><td rowspan="3">내부
통제</td><td>감사관
제도</td><td>① 경찰청의 「감사관」,지방경찰청의 「청문감사담당관」 → 감사기능을 수행
② 경찰서의 「청문감사관」 제도
→ 감사+민원상담+경찰서 내 인권보호 상황을 확인</td></tr>
<tr><td>훈령권 등</td><td>상급관청이나 상관이 훈령이나 직무명령을 발할 수 있는 권한</td></tr>
<tr><td colspan="2">내부적 통제가 가장 바람직하나 현실적 여건상 외부적 통제의 필요성이 증대하고 있다.</td></tr>
<tr><td>외부
통제</td><td>입법통제
(국회)</td><td>예산권, 국정감사 · 조사권, 입법권 → 가장 강력한 경찰통제기관</td></tr>
</table>

외부통제	사법통제(법원)	사후통제에 그치지만 가장 실효성이 큰 경찰통제기관	
	행정통제(행정부)	대통령	임명권, 정책결정권
		감사원	회계검사 및 직무감찰권
		안전행정부장관	임명제청권
		소청심사위원회	행정부 소속으로서 소청의 심사권을 가진다.
		국민권익위원회	① 국민의 고충사항의 처리 → 시정권고권을 가진다. ② 수사 및 경찰인사의 사항은 제외한다.
		경찰위원회	
		행정심판 재결권	경찰관청의 처분등에 대해서는 국민권익위원회소속 중앙행정심판위원회에서 심리·재결한다.
		기타	국정원·국방부·검찰의 지휘조정과 통제
	민중통제	여론, 이익집단, 언론기관(제4의 정부), 정당, NGO(비정부기구) 등	

4. 사전통제와 사후통제

사전통제	① 행정절차법(사전통제의 기본법)의 시행(청문·이유부기, 처분·신고·행정상 입법예고·행정예고 및 행정지도의 절차에는 적용되지만, 형사·행형 및 보안처분 관계법령에 의하여 행하는 사항과 공무원 인사 관계법령에 의한 징계 기타 처분에 대해서는 적용되지 않는다. 행정계획절차 없다.) ② 국회의 입법권·예산심의권을 통한 통제 ③ 참다운 능률은 민주적 절차를 통할 때 가장 능률적이라는 것이 사전통제의 의의가 있다.
사후통제	① 사법부에 의한 사법심사 ② 행정부내의 징계책임, 감독권, 행정심판 ③ 국회의 예산결산권, 국정감사·조사권, 입법부의 행정감독권

◐ NGO(비정부기구 ◑

1. **의의 :** 비정부기구란 개인이나 민간단체가 연합하여 국제적인 기구를 조직하는 것으로 국제연합헌장에 따라 국제연합경제이사회의 자문기관으로 인정받고 있다.
2. **요건 :** 지속성(활동내용이 일회성 캠페인에 그치지 않아야 함), 비영리성(이윤을 추구하지 않아야 함), 독립성(정보 내지 정치적 영향으로부터 독립적으로 운영되어야 함), 자율성(의사결정의 자율성이 보장되어야 함)
3. **경찰과 NGO와의 관계**
   (1) 경찰은 NGO와의 협력을 강화하여 사회 각계 계층의 경찰지원세력을 확보할 수 있음.
   (2) 상호관심사를 치안정책에 반영함으로써 경찰행정의 공정성과 신뢰성을 높일 수 있음.
   (3) 법집행 사각지대를 메워 줄 수 있는 분야의 활동을 유도하여 경찰력을 보완할 수 있음. 그러나 민간단체인 NGO에게 경찰의 법집행 과정에 개입 할 수 있는 법적 권한을 부여할 수는 없다.

제 2 장 경찰의 과제

1. 행정개혁의 추진전략

개혁의 폭과 속도에 따른 전략	급진적·전면적 전략	근본적 변화를 일시에 달성하려는 광범위하고 빠른 속도의 추진전략(개발도상국에서 사용) 유능한 지도세력의 존재시 신속한 변화의 도입이 가능
	점진적·부분적 전략	개혁의 영향, 수용태세, 동원자원을 감안하여 완만하게 추진하는 전략(소극적 개혁)
개혁의 추진방향에 따른 전략	명령적·하향적 전략	대내외의 참여없이 상층부에서 일방적으로 추진하는 전략(저항유발, 지속화 곤란)
	참여적·상향적 전략	참여를 통해 구성원의 아이디어를 수집하고 그들의 의견을 반영하여 추진하는 전략(저항최소화, 신속한 변화곤란)

구분	내 용
목표	① 국민만족의 경찰서비스 제공 - 치안 만족도 향상, 치안지수(불안요소) 파악
환경의 변화	① 산업사회(Industrial Society)에서 정보사회(Information Society)에로의 변화 ㉠ 가상공간, IT 기술, Network화 ㉡ 정보의 자원화와 공유 ㉢ 사이버범죄 · 테러의 등장 ㉣ 집권형 구조 → 다극화 구조 ㉤ 폐쇄형 사회 → 공개 · 투명사회 ② 그에 따른 국민의식의 변화 ㉠ 인터넷의 무기화 ㉡ 참여와 정보공개 등 행정통제 강화 ③ 고객지향의 경찰서비스 요구 획일적 서비스가 아닌 다양한 맞춤형 서비스 요구

내부적 개혁	① E-Policing의 구현 ㉠ 전자정부에 걸맞은 지식정보기반 구축 ㉡ 사이버경찰청 창설(2000.10.21) ② 잘못된 의식 · 제도 · 관행의 타파 ③ 자율 · 창의 · 책임의 개혁이념 내면화 ④ 사기 진작 및 자긍심고취 ⑤ 경찰서비스의 생산성 · 경쟁력 개념 도입 ⑥ Community Policing의 생활안전분야 적용
외부적 개혁	① 수사권 독립 ② 자치경찰제의 도입 검토

*** 치안지수**

1. 의의

국민들이 평가한 각종 범죄 및 교통위험에 대한 불안수준, 범죄간의 상대적 중요도 등을 기초로 산출한 지표를 치안지수라고 한다. 즉, 국민들이 피부로 느끼는 치안수준을 수치로 나타낸 것이다. 이를 지역별, 범죄별로 예보까지 할 수 있는 체감치안지수도 만들어 졌다.

2. 치안지수

(1) 체감치안지수 : 국민을 대상으로 설문조사를 실시해 개별 범죄별로 불안수준을 도출한 뒤 범죄유형별 가중치를 부여해 산출하는 주관적 평가지수로, 개별 범죄에 대해 매우 불안(1점), 불안한 편(2점), 보통(3점), 안전한 편(4점), 매우안전(5점) 중에서 선택한 것을 평균한 값으로, 점수가 높을수록 체감치안 상황이 개선된 것을 의미한다.

(2) 치안지수 : 치안지수는 체감치안지수를 범죄발생건수에 적용해 계산한 객관적 지수로서 범죄간의 상대적 중요도를 실제 범죄발생건수에 적용하여 계산한 것으로 '치안지수'가 100이 넘으면 기준시점보다 치안상황이 악화된 것으로, 100 이하면 개선된 것으로 해석이 가능하다.

3. 활용

(1) 어떤 범죄가 국민을 불안하게 하는지를 파악하여 치안정책의 중점사항을 선택할 수 있고, 정기적으로 조사하여 국민들의 치안만족도 변화를 파악할 수 있다.

(2) 지역별로 치안지수를 산출하여 지역특성에 맞는 치안정책을 수립할 수 도 있다.

(3) 그러나, 치안지수로서 범죄발생원인을 분석할 수 있는 것은 아니다.

2. 저항의 극복방안 (A.Etzioni)

규범적·사회적 (협조적)전략	적절한 상징의 조작과 사회 심리적 협조에 의해 개혁에 대한 저항을 완화·해소시키는 방법으로, 개혁에 대한 저항을 극복하는 가장 근본적 방법이다.	① 개혁추진세력의 신념·카리스마·솔선수범 ② 참여의 확대와 집단토론 및 교육훈련, 의사 소통 ③ 긴장감의 완화와 가치갈등의 해소
공리적·기술적 전략	개혁으로 인한 이익침해를 방지하고 침해된 이익을 보상해 주며 개혁과정의 기술적(시기·범위·전략)조정을 통한 저항방지 전략	① 점진적 전략추구, 수정기회 부여 ② 개혁의 시기·절차·범위의 적절한 선택 ③ 개혁안의 명확화·공공성과 손실보상안의 명확화
강제적 전략	제재를 가하거나 일방적으로 권한을 행사하여 저항을 해결하는 방법	① 권한에 의한 명령 ② 물리적 제재나 신분상의 불이익처분 ③ 의식적인 긴장구조 ④ 권력구조의 개편

3. 외국경찰과 수사권

국가	수 사 기 관	검사와 경찰의 관계
영국	1. 잉글랜드, 웨일즈 - 경찰-수사권/검사-공소권 2. 스코틀랜드,북아일랜드 - 경찰-수사보조자 검사-공소권과 수사주재자	1. 잉글랜드, 웨일즈는 경찰이 독자적 수사권보유, 검사와는 형식적·실질적 상호협력관계이다. 2. 스코틀랜드,북아일랜드는 상명하복관계
미국	1. 경찰-수사권보유 ① 연방경찰 - 연방법 위반죄나 기타 법률에 의하여 지정된 범죄수사 ② 주 경찰 - 주법에 규정된 범죄수사 ③ 지방경찰 - 이외의 범죄수사 2. 검사-범죄소추권	1. 검사는 법률조언 및 협력관계 2. 수사권은 경찰이 독자적 수사권보유

독 일	1. 사법경찰-수사의 보조자(경찰의 독자적 초동수사권 인정) 2. 검사-수사의 주재자	1. 검사와는 상명하복관계 2. 검사는 경제사범, 테러범, 정치범, 강력범의 경우에만 수사에 관여하고. 기타 사건은 경찰에 독자적인 수사권을 인정한다.
프랑스	1. 사법경찰-수사의 보조자 2. 검사-수사의 주재자 (예비판사도 수사의 주재자) 3. 사법경찰(법무부) 행정경찰(내무부) 분리	1. 검사와는 상명하복관계 2. 수사의 경우 ① 검사는 10년 이상의 중죄, 복잡한 범죄에 대해서는 예비판사에게 청구하여 사법경찰관이 예비판사의 지시에 따라 수사한다. ② 일반적인 사건은 검사의 지휘하에 경찰에서 수사한다.
일 본	1. 사법경찰-일반사건의 1차적 수사권 2. 검사-수사권과 소추권	1. 검사와는 상호협력관계 2. 사법경찰이 독자적인 수사권을 가지고 있으나 고도의 법률지식을 요하거나 정치성을 띠는 사건은 검사가 직접 수사한다.

4. 한국경찰과 수사권독립

찬 성 론	① 검사의 수사독점권으로 인한 국민의 편익저해(검사는 소송당사자로서 사전예단의 위험성, 이중조서로 인한 중복수사, 변사자 검시·사체인도의 지연 등 유족에게 불편) ② 현실과 법규범과의 괴리 (수수의 실제는 대부분 사법경찰관이 시행) ③ 행정조직원리의 위배 (명령통일의 원리에 위배, 경찰관청에 대한 지휘권 행사는 부적절) ④ 권한과 책임의 불일치(방법은 경찰, 수사는 검찰이 행사하여 상호조화가 어려움) ⑤ 경찰업무의 과중화 (검찰의 과도한 업무개입, 인력동원) ⑥ 수사요원의 사기저하 (교체임용요구권) ⑦ 권력의 집중현상 (공소권·수사권의 검찰독점→검찰에 대한 효과적 견제장치가 미비)

구분	내용
찬성론	⑧ 분권화 ⑨ 경찰이 검찰총장의 단일지휘하에 있는 검사의 구체적인 수사지휘를 받지 않으므로 정치로부터 완전히 독립할 수 있다. ⑩ 범죄의 예방업무와 진압(수사)업무가 법적 뒷받침아래 단일기관에 의해 관장·운영되므로 치안확보에 혁신적인 발전을 이룰 수 있다. ⑪ 법률상 책임소재가 명확해짐으로써 민주주의 원칙에도 부합되고 책임과 권한 균형의 조직원리에도 부합한다. ⑫ 범죄수사에 대한 지휘체계가 확립되어 강력하고 철저한 감독을 행할 수 있다. 따라서 인권을 옹호할 수 있다. ⑬ 외부의 지휘 없이 독자적인 수사를 전개함으로써 경찰의 사기와 능률이 극대화되어 경찰수사에 우수한 인력의 유치가 가능하다. ⑭ 수사의 능률성을 향상하고 공소권의 순수성을 보장할 수 있어 형사소송법의 이념에 더욱 충실 할 수 있다.
반대론	① 범죄수사는 공소제기 여부에 대한 준비행위로서 소추권자인 검사가 수사주체 ② 경찰이 수사의 합목적성만을 추구하여 적정절차를 무시할 가능성 ③ 비법률전문가인 사법경찰관의 인권침해 방지 ④ 경찰에의 권력집중 현상 (막강한 조직력과 정보력을 가진 경찰에 수사권 부여되면) ⑤ 행정·사법경찰의 분리가 전제되어야 ⑥ 검사가 범죄수사에 대하여 사법경찰의 수사를 지휘·감독하고 있으나, 사실상 형사 정책적 차원이나 법률적 차원이지 사법경찰은 현재도 수사개시 및 진행을 그들의 고유권한으로 행한다. ⑦ 사법경찰이 검찰의 수사지휘·감독에서 벗어나 수사가 독립되기 위해서는 경찰의 조직이 행정경찰과 사법경찰로 분리되어야 한다. ⑧ 범죄의 수사는 소추를 전제로 하고 있으므로 소추권자가 수사의 전과정을 통제하여야 한다. ⑨ 형사소송법에서 사법경찰이 작성한 수사조서의 증거능력을 배척한 것은 경찰의 수사자질을 신뢰할 수 없다는 것이다. ⑩ 경찰의 막대한 정보기능과 수사기능이 결합하여 경찰국가화하여 견제가 어려워지고 국민의 인권보장에 중대한 위험을 초래할 수 있다. ⑪ 검사와 경찰간에 수사의 충돌과 경쟁이 야기되어 인권침해의 소지와 부작용이 우려된다. ⑫ 경찰의 수사권독립은 선진국의 입법례의 추세에 어긋난다. ⑬ 검사제도는 원래 수사에 있어서 인권침해를 방지하고 수사에 대한 법적 근거를 제공하기 위하여 탄생된 제도이므로 검사의 수사지휘권의 부정은 검사제도 자체를 무의미하게 만들 수 있다.

제 7 편

경찰학 각론

제 1 장 생활안전경찰

1. 생활안전경찰의 특징

의의	범죄 예방정책의 수립과 집행, 기타 이에 관련된 활동을 통하여 국민의 생명과 재산을 보호하고 공공의 안녕과 질서를 유지하는 목적을 달성하기 위한 경찰	
특성	대상의 복잡성·다양성	전담경찰의 분야를 제외한 경찰업무 전반이 생활안전경찰의 대상임
	대상의 유동성	당시의 국민의식의 변화에 즉응한 지도·단속이 요구
	관계법령의 다양성·전문성	법령에 대한 부단한 연구가 요구
	주민과의 접촉성	대민 서비스 분야가 다양하게 확대된다.
	업무의 비긴박성·비즉효성	예방이 기본 업무이므로 긴박성과 즉효성이 없다.
	다른 경찰작용에 대한 지원성	특히 사법경찰 작용과 불가분의 관계에 있다.
성질	생활안전경찰은 경찰의 구분상 行政경찰·保安경찰·豫防경찰에 해당	

2. 범죄통제 방법

범죄통제의 방법	주 장 자	범죄발생시점에 의한 분류
응보와 복수	근세이전	사후 통제(대응)
형벌과 제재	고전주의자	
교정과 치료	실증주의자	
범죄 예방	20C 이후 범죄사회 학자	사전 통제(대응)

3. 범죄예방에 대한 제 견해

제프리(C.R. Jeffry)

범죄억제 모델	형벌을 통한 「범죄억제」	
사회복귀 모델	범죄자의 재사회화(치료)와 갱생을 통한 「사회복귀」	
범죄예방 모델	사회환경 개선을 통한 「범죄예방」 (→ 환경공학적 접근)	
	특징	① 범죄발생 이전의 활동 ② 범죄에 대한 직접적 통제 ③ 환경과의 상호작용에 초점 ④ 다양한 학문에 기초한 접근

◐ 비교 ◑	
C. Jeffery	범죄가 발생하기 전에 이루어지는 직접적인 활동으로 주로 범죄환경에 초점이 두어지는 활동
美 범죄예방연구소	범죄예방은 범죄욕구나 범죄기술에 대한 예방이 아니라 범죄기회를 감소시키려는 사전활동이며, 범죄에 관련된 환경적 기회를 제거하려는 직접적 통제활동
S. Lab	실제의 범죄발생과 범죄에 대한 공중의 두려움을 줄이는 사전활동 → 심리적 측면까지 고려

브란팅햄(P.J. Brantingham)과 파우스트(F.L. Faust)

범죄예방의 대상은 1차적 예방은 일반시민이 되는 반면, 2차적 예방은 우범자나 우범집단, 3차적 예방은 범죄자가 된다. 그리고 범죄예방을 담당하는 주체는 크게 경찰을 비롯한 정부와 민간분야들로 구분하여 볼 수 있다.

◐ 공중보건모델적인 접근 → 범죄를 질병으로 비유 ◑		
예방유형	내 용	예방대상
1차적 범죄예방	① 물리적·사회적 환경 중 범죄원인이 되는 조건의 개선에 중점. 범죄행위를 야기할 가능성을 가진 문제들을 방지하는 것을 목적 ② 환경설계·이웃감시·민간경비강화·생활안전교육·형사사법기관의 활동, 조명·CCTV 설치 등을 강조	일반대중
2차적 범죄예방	① 잠재적 범죄자를 초기에 발견하고 비합법적 행위가 발생하기 이전에 범죄의 기회를 차단, 예방하고자 우범지역에 초점. 이미 존재하는 요인들과 일탈행위를 조장하는 요인들에 더 초점 ② 우범지역을 중심으로 우범환경이나 우범자와 많이 접하는 지역사회지도자, 교육자, 부모 등에 의한 활동 강조	우범자·우범집단
3차적 범죄예방	① 실제 범죄자를 대상으로 더 이상 범죄를 범하지 않도록 하는 활동. 범죄자를 격리, 재범 예방 ② 체포·기소·교도소구금·치료·사회복귀, 갱생치료 등의 활동이 이에 해당하므로 대부분 형사사법기관이 담당하지만, 민간단체나 지역사회의 교정프로그램도 이에 해당한다.	범죄자

◉ 범죄이론

(1) 범죄의 개념

1) 학문적 개념

① 법률적 개념

범죄학 분야에서 가장 일반적으로 규정하는 범죄의 개념이고, 어떤 행위든지 법률에 위반하는 것을 범죄로 규정한다. 이에 대한 가장 핵심적인 비판은 법률에는 규정되지 않았으나 실질적으로 사회의 구성원이나 사회질서에 악영향을 미치는 행위들에 대한 통제의 불안정성이 존재하게 된다는 것이다.

② **비법률적 개념**

㉠ 낙인이론

특별한 행위 없이도 그 자체만으로 범죄가 되는 것이다. Howard Becker에 의하면, 일탈자란 일탈이라는 낙인이 성공적으로 부착된 사람이며, 일탈행위는 사람들이 그렇게 낙인찍은 행위라는 것이다. 즉 문화집단의 구성원으로서 다른 사람들이 일탈적인 것으로 반응하지 않는 한 어떤 행위는 일탈적인 것이 되지 않는다는 것이다. 그러나, David Bordua는 이러한 낙인적 정의가 범죄와 일탈을 일탈적인 자극이 아니라 모든 사회적 반응으로만 만들고 있다고 비판하고 있다. 즉, 낙인적 접근은 특성적으로 반응에 있어서 거의 또는 전혀 역할을 못하는 수동적인 주체를 가정하고 있으나 대부분의 경우는 그렇지 않다고 비판하고 있다.

㉡ 해악기준 개념

법률적 개념과 낙인이론의 비판점을 보완하기 위한 관점에서 범죄의 가치 측면을 강조하여 그 범주를 확장하여 다양한 각도에서 해석을 시도하였다는 점은 범죄를 보다 폭넓게 이해하는데 도움을 준다. 하지만 이런 해악기준의 개념은 지나치게 가치의 측면에 치중하여 범죄의 개념이 구체화되지 못하고 범위가 모호하며 실제의 범죄원인이나 행태와는 다르다는 비판도 있다.

ⓐ **Sutherland(1945)**

기존의 범죄가 사회 하층민의 행위에 초점을 두고 있는 점에 대해 그 범위를 넓혀 다양한 반사회적 행위까지 확대하여 고찰할 필요가 있다고 주장한다. 특히 상위계층의 경제범죄에 관심을 두고, 화이트칼라 범죄가 실제 기존에 다루어지는 범죄보다 실질적인 해악이 더욱 크면서도 이에 대한 처벌은 약하거나 민사사건화 되고 있어 이에 대한 대처 방안이 필요하다고 주장 하면서 화이트칼라범죄에 대한 해악과 사회적 심각성에 대한 연구를 하였다. 이것을 사회-법률적 접근이라고도 한다.

ⓑ **Herman & Schwendinger(1975)**

인간의 기초적 인권을 침해하는 해악적 행위를 범죄로 규정하고 인간의 기초적 인권에 대한 두 가지 구성요소를 제시하였다. 즉, 생존의 욕구와 자존의 욕구를 침해하는 범죄행위에 대한 심각한 고려가 요구된다고 주장 하였다.

ⓒ Raymond Michalowski(1985)

범죄와 사회질서 간의 관계를 설명하면서 네 가지 가정을 제시 하였다.

첫째, 사회질서는 법과 범죄의 개념을 구체화하고, 둘째. 경제조직은 기초적인 방식으로 사회생활의 다른 요소들을 구체화하고 상호작용하며, 셋째, 범죄연구는 법에 의해 범죄로 규정 되어진 행동에 한정되어서는 안 되고 범죄로 인식되지 않았던 사회적으로 해악한 행동들과 공식적인 범죄들과의 분석과 비교를 포함해야 하고, 넷째, 범죄행동과 다른 사회적인 해악한 행동은 개인이 의미 있는 삶을 창조하려는 시도에서 가장 많이 나타난다. 라고 하면서 이는 결과적으로 범죄의 범주에 불법행위 뿐만 아니라, 불법과 유사하지만 법적으로 용인된 사회적인 해악한 행위도 포함시켜야 한다는 것이다. 이를 '사회적 침해와 유사한 형태'로 표현하고 있다.

2) 법제정 및 집행상의 개념

① **법제정과정상의 개념**

이 개념은 법률적 개념을 기본으로 하여 범죄를 규정하는 법률이 형성되는 과정에서 범죄를 규정하는 것이다. 법은 사회구성원들의 합의에 의해 만들어진 규범의 기준으로 시대상황을 잘 반영하고 있는 것으로써, 당초 범죄로 간주되지 않던 행위들이 시민들이나 여론에 의해 범죄로 규정되어질 것이 요청되어 법의 제정을 통해 범죄가 되거나 또는 범죄가 되지 않는 경우들을 많이 발견할 수 있다. 이 개념은 한 사회에서 범죄의 정도를 이해하는 데 도움을 준다.

② **법집행과정상의 개념**

범죄의 개념을 현실에 활성화하는 기능을 담당하게 되고 범죄행위에 대한 인식이 국가나 사회의 치안정책이나 법 집행기관의 방침에 영향을 많이 받게 된다는 점이다. 대표적인 사례로 '바다 이야기' 라는 사행성 오락에 대해 오락행위자에 대해서도 형법상 '도박죄'를 적용하였다. 주로 사법기관이 범죄에 대해 정의를 내린다.

3) 기타 개념

G.M.Sykes : 범죄는 사회규범에 대한 위반행위로서 역사적, 문화적 환경에 따라 다르다.

Notice

최근범죄의 특징은 강력범,소년범,여성범죄의 증가와 저연령화 현상과 범죄의 기동화·흉포화·집단화 경향을 띠며 이유 없는 범죄와 완전범죄를 기도하는 경향이 두드러지게 나타난다.

(2) 범죄원인론 개관

종래의 범죄원인에 대한 접근법은 인간의 소질이나 환경 중 어느 한쪽에 치중한 정태적 연구 이었는데, 이에 대한 반성으로 1930년대 와서 소질과 환경의 상호작용에 의해 변화하는 인간을 동태적으로 파악하는 다원적 연구 중심에서 범죄와 범죄자를 유형화하여 개별적 연구 방법이 등장하였다.

1) 범죄유발의 4요소

Joseph F. Sheley는 **범행의 동기, 사회적 제재로 부터의 자유, 범행의 기술, 범행의 기회**를 범죄유발의 4요소로 보고, 이 네가지 요소가 모두 충족되어야 범죄가 가능하다고 말한다.

2) 소질과 환경

① 범인성 소질

범인성 소질은 선천적 원시요소(유전물질), 후천적 발전요소(체질, 성격이상, 연령, 지능, 성장과정의 외부요소의 작용) 등에 의해 형성된다.

② 범인성 환경

환경이란 인간의 행동에 직·간접으로 영향을 미치는 물질과 심리적 구조, 과정 등의 외부적 사정과 경험 등을 포함하는 개념이다. 범인성 환경이란 범인성 행위 환경과 인격 환경(행위자 환경)으로 구성되어 진다. 알콜중독, 가정해체, 교육부재 등과 같은 개인적 환경과 사회구조, 경제변동, 전쟁과 같은 사회적 환경 등이 있다.

③ 소질과 환경과의 관계

범죄는 소질과 환경에 모두 영향을 받게 된다. 소질과 환경의 비중에 따라 내인성 범죄와 외인 성범죄로 구분하며 내인성 범죄는 주로 소질에 의해 나타나는 범죄이고, 외인성 범죄는 환경적 요인에 의해 나타나는 범죄를 말한다.

(3) 범죄원인에 관한 제 학설

1) 고전주의

C.Beccaria는, J.bentham(공리주의)과 사회계약론에 입각해서 '범죄와 형벌을 저술하였고, 범죄와 형벌 사이의 균형을 강조하고, 사형 및 고문폐지를 주장하였다. 고전주의 범죄학에서는 인간은 본인의 행동을 스스로 결정할 수 있는 자유의사를 가지고 있다고 봄으로써 범죄의 동기에 대해서는 불문하고 결과만을 가지고 판단 한다. 형벌의 엄격·신속성, 형벌의 위력을 통해서 효과적인 예방이 가능하다고 본다.

고전주의 범죄학의 특징은 일반예방, 의사비결정론, 객관주의 등이 있다.

2) 실증주의

인간의 행위가 생물적, 심리학적, 사회적 성질에 의해 결정된다고 보는 이론으로써 범죄인에 대한 개별적인 원인 탐구와 대책을 중심으로 인간의 행위가 복합적인 요인에 의해서 야기되는 자연적 현상이라고 보았고, 자유의지가 아닌 결정론적 인간관, 인간행동의 외부적 통제, 과학적 검증을 통한 범죄예방이 효과적이라고 본다.

이탈리아 실증학파	C.Lombroso : '범죄인', 격세유전, 생래적 범죄인설 주장 E. Ferri : '범죄사회학', 생래적 범죄인 · 기회범 · 격정범 · 정신병적 범죄인등의 네가지 유형으로 분류 범죄포화법칙(범죄원인이 존재 하는 사회는 이에 상응하는 일정한 양의 범죄가 반드시 발생) R.Garofalo : '범죄학', 자연범과 법정범
생물학적 범죄학	Goddard : 칼리카크 家 연구 E.kretschmer : '신체구조와 성격', 체형이론, 조울증형과 정신분열형 W.H.Sheldon : 체격결정요소 - 내배엽,중배엽,외배엽형으로 구분
심리학적 범죄학	H.Maudsley : 정신이상과 범죄의 관련성, 범죄유발 요인 유전 C.Gorring : '영국의 수형자', 범죄와 낮은 지능의 관련성 G. Tarde : 모방학습이론, 현대 사회학습이론과 유사

3) 사회학적 범죄학

고전주의, 실증주의 범죄학이 주로 범죄의 원인을 범죄자 개인의 자질이나 특성에서 찾고자 했다면 사회학적 범죄학은 범죄원인에 보다 다양한 요소들이 포함되어 있을 것이라는 관점의 확장을 통해 범죄자의 사회적 환경에 주목하고 있다.

<table>
<tr><td>아노미이론
(anomei)</td><td>아노미란 급격한 사회변화로 인해 규범이 붕괴되고 작동치 않는 상태 모든 사람이 사회적 성공을 달성하기 위한 목표를 가지고 있지만 목표를 달성하기 위한 능력은 사회적 계층에 따라 다르다고 본다. 성공하기 위해 행할 수 있는 수단이 없을 때 이를 성취하기 위해 일탈이라는 수단에 호소하게 되는데 이를 긴장이론이라 한다.

E.Durhkeim(1951) : 자살론, 범죄의 불가피성
: 아노미 상황은 경제공황, 전쟁 등과 같은 재난으로부터 발생하지만 갑작스런 행운으로 규범에 대한 관념을 혼란시키는 상황에서도 일어날 수 있다고 주장.
범죄는 정상적인 것이며 불가피한 사회적 행위라는 새로운 시각을 제시.

R.Merton의 긴장이론(1964) : 목표성취가 어려운 하위계층에게 분노와 좌절이라는 긴장이 유발되고 비합법적인 수단이나 일탈행위에 호소하게 된다</td></tr>
<tr><td rowspan="2">생태학적
연구 및
문화갈등
이론</td><td>생태학적 연구
1920년대 시카고학파, 인간사회도 동물계나 식물계와 같이 지배·침입·승계 과정에서 각 지역은 문화갈등속에서 범죄나 비행이 발생함. 즉 하류계층에 있는 사람들이 그들의 문화와 가치를 따르다 보면 관습적인 사회법규와 마찰을 일으키게 되며 이것이 곧 법을 위한다는 위치에 서게 됨.</td></tr>
<tr><td>문화갈등이론
T.Sellin(1938) , 행위규범갈등 →심리적 갈등→범죄
1차적 갈등은 행위를 지배하는 서로 다른 문화 가 있을때 한 문화가 다른 문화 속으로 유입되는 경우에 느끼는 갈등이고, 2차적 갈등은 범위가 큰 문화 속에서 그보다 작은 하위문화가 일으키는 갈등으로 이때 발생하는 문화적 갈등은 심리적인 갈등의 원인이 되고 나아가 범죄의 원인이 됨.</td></tr>
<tr><td>사회해체론</td><td>Ernest Burgess(1967)와 Robert Park(1936)등의 시카고학파는 시카고 지역이 동심원 형태로 성장하고 특정지역에 범죄가 집중되는 것에 주목.
빈민지역에서 비행이 일반화되는 이유는 산업화, 도시화과정에서 그 지역의 사회조직이 극도로 해체되지 때문이며 이러한 빈민지역은 소득이 낮고 임대입주자가 많은 특징이 있는데 이러한 지역사회는 구성원이 바뀌더라도 비행발생률은 변하지 않는다고 본다.
C.R.Shaw&H.D.Macay (1969) 의 원원이 다른 문화적 배경을 가진 인구의 유입에 따른 것이 아닌 지역 사회의 내부에 있음을 확인, 사회해체의 조건들이 존재하는 지역사회에서 범죄율이 높다는 사실을 주장함.</td></tr>
</table>

하위문화 이론	Cohen(1955)은 하류계층의 청소년들이 목표와 수단의 괴리를 통해 중류계층에 대한 저항으로 비행을 저지르며 목표달성의 어려움을 극복하기 위해 자신들만의 하위문화를 만들게 되며 범죄는 이러한 하위문화에 의해 저질러지는 것이다. Miller(1970)는 범죄는 하위문화의 가치와 규범이 정상적으로 반영된 것이다.
분화적 접촉이론 (사회적 학습이론, 차별적 접촉이론)	E.H.Sutherland(1978)범죄의 원인을 물리적 환경(범행의 기회)으로 본다. 예컨대, 유흥업소 밀집지역은 범죄가 많이 일어날 수 있다. 분화된 사회조직 속에서 분화적으로 범죄문화에 접촉, 참가, 동조함에 의하여 범죄행동이 학습되는 것으로 본다.(내 자식은 착실한데 친구를 잘못 만나서...) E.H.Sutherland와 D.R.Cressey, '범죄학의 원리', 차별적 접촉, 사회적 학습, 사회조직의 분화
분화적 동일화이론	글래저(Glaser)는 차별적 접촉이론을 발전시켜 분화적 동일화이론을 주장했다. 범죄학습과정에서 서덜랜드가 중시한 친밀한 집단중심에서 벗어나, TV나 영화의 주인공과 같이 멀리있는 사람이라도 주관적으로 애착을 느끼고 동일화하는 의식이 있으면 범죄학습이 가능하다고 주장하였다. 따라서 범죄학습은 직접 범죄인이나 범죄환경과 접하지 않더라도 가능한 것이다. 서덜랜드의 접촉(association)은 너무 좁은 개념이고, 동일화라는 개념이 범죄의 전파성을 더 잘 표현한다. 이 이론은 학습에 의하지 않은 범죄들, 격정범이나 정신이상에 의한 성도착증 등을 설명할 수 없는 한계가 있다.
낙인이론	범죄와 일탈을 바라보는 시각이 범죄와 일탈을 가진 자의 시점(사회적으로 힘 있는 자들)에서 파악된 것이라 전제하고, 범죄자 또는 비행자를 만드는 것도 행위의 질적인 면이 아니라 사회인이 가지고 있는 그 행위에 대한 인식이로고 본다. 범죄의 원인보다는 형성과정에 관심 낙인찍히면 일탈자가 되고 스스로 자신을 일탈자라고 인식하게 되고 일탈행위를 지속하게 되는데, 이러한 과정을 Tannenbaum(1938)은 악의 극화(dramatization of evil) 라고 표현 하였다. Lemrt(1967)는 최초의 일탈로 낙인된 행위를 '일차적 일탈' 이라 하고, 이로 인해 일탈자들의 부정적인 결과들이 지속되면서 ' 이차적 일탈을 야기한다고 주장

문화전파 이론	범죄를 부추기는 가치관으로서의 사화화 나 범죄에 대한 구조적, 문화적인 유인에 대한 자기통제의 상실을 범죄의 원인으로 본다. '범죄를 부추기는 가치관으로서의 사회화'란 소위 성장과정에서 정상적인 사회화과정을 거치지 않고 비행성 등의 범죄를 일어 킬 수 있는 성향을 띄는 것을 말한다.
중화기술 이론	D.Matza와 G.M.Sykes(1957)는 인간(청소년 포함)에게 내면화되어 있는 합법적 규범이나 가치관을 중화(마비)시킴으로써 범죄에 이르게 된다고 본다. 중화의 기술의 다섯가지 유형 ⓐ 책임의 회피 - 자신의 해위가 의도적인 것이 아님을 주장 ⓑ 피해발생의 부정 - 누구도 손해를 입지 않았다고 주장 ⓒ 피해자의 부정 - 피해자자는 응징의 대가를 받아야 한다고 주장 ⓓ 비난자에 대한 비난 - 자신을 비난하는 사람들이 더 나쁜사람이라고 주장 ⓔ 보다 높은 충성심에의 호소 - 자신의 행동이 옳지는 않지만 주변 사람을 위해서 어쩔 수 없었다고 주장
차별적 강화이론	Burgess & Akers의 차별적 접촉 · 강화이론은 차별적 접촉이론에 행동주의 심리학자 Skinner의 강화이론을 결합하여 접촉의 지속에 관한 이론으로 <u>사람이란 보상받은 행위는 계속하며 처벌받은 행위는 더 이상하지 않기 때문에 범죄행위에 대한 처벌이 올바른 학습을 강화</u>시킨다는 이론이다. 차별적 접촉 · 강화이론이 행동주의적 입장에서 접근한 이론으로 행동주위적 입장은 인간의 행동은 이익이 있어야만 한다는 공리적인 인간을 전제로 하므로 고전주의의 영향을 받았다고 볼 수 있고, 나아가 범죄행위에 대한 처벌은 비행을 저지하고 규범적 행위의 학습을 강화한다고 주장함으로써 사회통제이론 출현의 직접적 계기가 되었다.
통제이론 (사회적 유대이론)	T.Hirshi(1969)는 '비행원인', 사회적 유대이론, 범죄원인은 통제 이완 사람은 사회규범을 일탈할 잠재적인 가능성을 가지고 있고 이것을 통제하는 시스템에 장애가 생기면 통제가 이완되어 범죄가 발생한다고 봄 사회적 유대요소 ⓐ 애착 - 부모나 학교, 동료와 같이 자신에게는 매우 중요하고 민감한 사람들에 대한 청소년의 감정적 결속 ⓑ 전념 - 관습적인 생활방식과 활동에 투자하는 시간과 정열 ⓒ 참여 - 전념의 결과로 관습적인 일들에 동참하는 것 ⓓ 신념 - 선생님, 경찰, 법률과 같은 공적인 권위의 정당성과 같은 관습적 도덕 가치를 믿는 것

막스 (마르크스) 주의 범죄학	구조적으로 야기된 문제나 신분, 지위의 문제를 범죄 원인으로 봄 (유전무죄, 무전유죄) 범죄발생원인은 자본주의 경제제도 하에서 계층의 분화와 계급투쟁의 산물
견제이론	Reckless는 자기관념이론을 발전시켜 강력한 내면적 통제와 이를 보강하는 외부적 통제가 사회적·법적 행위규범의 위반에 대한 하나의 절연체를 구성한다고 하였다. 내적통제는 사람들이 내면화한 사회적 규칙 혹은 규범에 관한 것(좋은 자기관념, 목표지향성과 현실적 목표, 좌절감의 인내, 합법성에 대한 일체감)을 말하고, 외적 통제는 규범위반자로 인정됨으로써 받게 되는 사회적 처벌 때문에 발생하는 기대되었던 사회적 보상의 상실(가족과 지역사회의 기대감, 소속감 등)을 의미한다.
동조성 전념이론	Briar & Piliavin의 동조성 전념이론이란 일정한 원인으로 발생하는 관습적 목표를 지향하려는 노력이 이러한 목표수행에 인간의 행위를 전념시킴으로써 인간의 범행 잠재력을 통제하게 되어 상황적 일탈을 감소시킨다는 이론이다. 관습적 목표에 대한 동조성은 부모 · 선생님 · 동료 등 중요한 사람과의 대인관계에서 긍정적인 승인을 얻고 유지함으로써 발생하며 동조성의 전념은 부모의 사랑 · 선생님의 관심 · 관습적인 친구들의 접촉 등으로 생기는 것이 특징이다. 동조성 전념이 강한 사람은 범죄동기를 유발하는 동일한 상황에서도 동조성 전념이 약한 사람보다 범죄행위 가담 가능성이 낮으나, 이러한 동조성의 전념은 상대적인 것으로 강한 전념의 보유자도 범죄의 유혹이 강하고 성공 가능성이 높다면 범죄의 유혹에 넘어갈 수도 있다.

(4) 범죄의 통제

1) 고전학파의 억제 이론

범죄 이론	범죄 예방이론	내용	비판
고전학파	억제 이론	① 자유의사를 가진 개인 ② 범죄에 대한 책임은 전적으로 개인에게 있음 ③ 비결정론적 인간관에 입각한 일반예방효과에 중점(응보주의) ④ 범죄에 대한 국가의 강력하고 확실한 처벌 ⑤ 범죄자보다는 범죄행위 그 자체(또는 범죄행위에 대한 처벌)에 관심 ⑥ 처벌의 확실성 : 일반예방효과 ⑦ 처벌의 엄격성 : 특별예방효과	폭력과 같은 충동적 범죄에는 적용에 한계가 있음

2) 실증주의의 갱생이론

범죄 이론	범죄 예방이론	내용	비판
실증주의	치료 및 갱생 이론	① 범죄행위보다 범죄자의 치료와 갱생에 초점을 둔 생물학적·심리학적 범죄이론 ② 범죄에 대한 책임은 개인이 아닌 사회에 있음 ③ 결정론적 인간관에 입각한 특별예방효과에 중점	비용이 많이 들고 범죄자를 대상으로 하므로 일반예방효과에 한계가 있다.

3) 현대의 범죄예방이론

범죄 이론	범죄 예방이론	내용	비판
사회학적 이론	사회 발전 이론	① 범죄자의 사회적 환경이 범죄자의 내재적 성향보다 더 중요한 범죄원인으로 봄 ② 범죄의 동기나 범죄자의 환경에 관심 ③ 사회발전(공동체의 유대강화나 범죄를 유발할 수 있는 사회 환경의 개선 등)을 통한 범죄의 근본적 원인의 제거	범죄의 원인이 되는 사회적 환경을 개선할 능력이 있는가의 여부가 문제시됨

<table>
<tr>
<td rowspan="4">생태학적 관점</td>
<td>환경범죄이론</td>
<td colspan="2">Jeffery(1971)는 범죄인의 교화보다는 범죄발생을 용이하게 하는 환경을 파악하여 주택 및 도시설계를 통하여 이를 개선함으로써 범죄발생을 줄이려는 이론(CCTV 설치, 가로등 설치, 등 환경설계)
즉, 환경 설계를 통한 범죄 예방 : CPTED (Crime Prevention Through Environment Design)을 주장
Newman(1972)은 재프리의 이론, 특히 영역성에 대한 개념을 발전시켜 방어공간이론 을 주장</td>
<td>잠재적 범죄인이 환경변화에 비교적 쉽게 적응한다는 점을 간과. 물리적 환경변화만으로는 범죄예방이 불가능하며 지역주민의 참여가 필수적인데 이점을 간과</td>
</tr>
<tr>
<td rowspan="3">상황이론

상황이론</td>
<td colspan="3">① 범죄행위에 대한 위험을 높여 범죄기회를 제거한고 범죄행위의 이익을 감소시킴으로서 범죄를 억제하려 함
② 비판
㉠ 전이효과 - 범죄기회를 줄여도 실제범죄는 감소하지 않고 다른 곳으로 이동하여 전체범죄건수는 감소하지 않음
㉡ 국가통제의 사회 - 범죄기회를 감소하기 위해 국가에 의한 사회통제의 정도가 강화됨으로서, 시민의 기본권이 침해될 수 있음</td>
</tr>
<tr>
<td>일상활동이론</td>
<td colspan="2">① 범죄발생원인을 범죄욕구, 범죄능력, 범죄기회로 구분하고, 범죄가 발생하는 상황적 요인, 특히 범죄기회를 통제하여 범죄를 예방
② 범죄기회가 주어지면 누구든지 범죄를 할 수 있다. 모든 사람을 잠재적 범죄자로 본다.(범죄자의 속성을 범죄의 결정적 요소로 보지 않음)
③ 범죄발생의 3요소 : 범죄자, 범행대상, 보호자의 부재
④ 범죄자 입장에서 범행을 결정하는 4가지 고려요인 :
- VIVA 모델 -
대상의 가치(Value),
이동의 용이성(Inertia)
가시성(Visibility)
접근성(Access)
⑤ 범죄의 동기, 범죄조건, 범죄기회, 범죄의 결과 등의 범죄에 대한 구체적인 분석을 통하여 범죄예방에 대한 대안을 연구함(거시적 분석보다는 미시적 범죄분석에 중점을 두고 있음)</td>
</tr>
<tr>
<td>합리적 선택이론</td>
<td colspan="2">인간의 자유의지를 전제로 한 비결정론적 인간관
경제적 이기적 합리적 인간관(비용과 편익을 계산)
효과적인 범죄예방은 '체포의 위험성' '처벌의 확실성'의 제고</td>
</tr>
</table>

생태학적 관점	집합효율성 이론	지역주민 상화간의 신뢰, 연대감과 범죄 등 사회문제에 대한 적극적 개입, 즉 비공식적 사회통제의 결합을 의미하며 강한 집한효율성은 지역사회의 불리한 사회경제적 여건이 범죄에 미치는 영향을 상쇄시키는 효과를 가지고 있다고 봄.	공식적 사회통제 즉 경찰 등 법집행기관의 중요성을 간과하고 있다는 점
	깨진 유리창 이론	WILson & Kelling(1982) : ① 무질서와 심각한 범죄를 이론적으로 연결시킨 최초의 시도 ② 무질서한 행위(구걸,매춘,음주 후 소란 등)와 환경(쓰레기,낙서,빈집,버려진 자 동차 등)이 그대로 방치되면 주민들이 공공장소를 회피하고 범죄두려움이 증가되고 잠재적 범죄자들과 청소년들의 일탈욕구를 증대시켜 무질서가 더욱 심각해지고 비공식적 사회통제가 약화된다고 한다. ③ 이 이론이 처음 제안된 시기의 보수적 성향을 고려했을 때 무질서에 대한 공 격적인 통제 목적이 이론의 전반에 깔려 있음을 알 수 있다. ④ 시대적 상황의 변화와 함께 이 이론도 점차 수정·발전하고 있는데 , 최근 이 이론과 정책의 핵심은 무질서에 대한 적극적인 통제가 아니라 비공식적 사회통제 또는 집합효율성의 강화에 있다.	

깨진 유리창 이론(Broken – Window Theory)

① 깨진 유리창 이론은 James Q. Wilson 과 george L. kelling이 1982년에 공동작으로 발표 했다. 이 연구 는 경찰과 주민이 동반자적 관계로 주민참여의 다양한 전략을 수립하려는 대표적 이론으로서의 기초가 되었다.

② 깨진 유리창 이론은 지역사회 내에서의 범죄에 대한 두려움을 관리하고 무질서를 지속적으로 단속하여 범죄 심리 유발을 차단하는데 목적이 있다.

③ 지역사회경찰활동의 범죄예방활동은 먼저, 지역사회 주민의 참여를 통해 주민의 책임의식과 주민에 의한 자발적 범죄통제가 증가하고 참여와 교육을 통한 상황적 인식을 기반으로 범죄에 대한 태도와 행동상의 변화를 가져오게 된다.

④ 구체적으로 이러한 변화로 인해 가정의 안전과 주거환경의 청결 등 사회적 무질서 요인이 제거되고 지역사회의 각 부분들이 상호 협력하고 협조하는 상호작용이 증대하게 된다.

⑤ 깨진 유리창 이론을 주장한 Wilson의 의도는 '지역사회 공동체의 관심'을 고조하기 위함이다. 이는 지역주민의 관심과 참여를 바탕으로 하는 능동적인 경찰활동을 의미하는 것이다.

4) 범죄피해자학

전통적인 범죄학이 범죄자를 연구대상으로 범죄의 원인과 통제방안에 집중하였으나 범죄의 피해자에 대한 연구가 충분하지 못했다. 초기단계에서는 피해자의 범죄 기여에 대한 분석에 중점을 두었다가 현대의 피해자학 이론에서는 피해자의 보호에 더 많은 관심을 두는 등 범죄발생의 요인을 피해자의 특성에서 찾으려는 노력이 전개되고 있다.

① Mendelshon 의 범죄피해자 유형론

피해자의 유형	내 용
완전히 책임 없는 피해자	영아살해에 있어서의 영아
책임이 조금 있는 피해자	무지에 의한 낙태여성
가해자와 같은 정도의 책임이 있는 피해자	촉탁살인에 의한 피살자
개하자보다 더 책임이 있는 피해자	자신의 부주의로 인한 피해자
가장 책임이 높은 피해자	공격을 가한 자신이 피해자가 되는 가해적 피해자

② 현대 피해자학 이론의 중심개념

중심개념	내 용
범죄와의 근접성	피해자와 범죄자와의 물리적 근접성으로 범죄가 많은 지역에 가까울수록 피해의 가능성은 증가하게 된다는 것으로 범죄가 많은 지역일수록 범죄자와의 접촉가능성이 높아지기 때문에 범죄피해의 가능성이 높다.
범죄에의 노출	외지거나 인적이 드문 지역의 건물이나 주택은 침입절도에 그만큼 노출되고, 위험한 시간에 위험한 지역에서는 강도나 폭행의 위험에 노출되는 것처럼 개인의 주요 일상활동 · 여가활동 등의 생활양식에 의해 범죄의 피해가능성은 결정된다는 것이다.
범죄대상의 매력성	비싸거나 이동이 용이한 재화, 고급승용차를 타고 다니는 주부 등이 될 것이며 일상활동이론의 범죄유발요소 가운데 '적절한 피해자나 물건'의 개념과 거의 유사하다.

보호능력	피해의 대상이 될 수 있는 사람이나 물건의 범죄발생방지 능력을 말하는 것으로 경찰, 보안업체직원, 교사와 같은 보호자는 물론이고 부모, 친구 등도 해당하며 가로등이나 CCTV 등 기계적인 보호장치도 해당된다.

◉ 지역사회 경찰활동(Community Policing)

1. 지역사회 경찰활동의 제도화를 위한 조직개편

의의	① 지역사회 공동체의 모든 분야와 협력하여 범죄 발생을 예방하고, 범죄로부터의 피해를 줄이는 것을 목표로 하는 활동 → 이를 제도화하는 「조직의 개편」이 요구된다. ② 다양한 용어(표현)→지역공동체 경찰활동, 민경협력경찰활동, 문제지향경찰활동, 시민지향경찰활동, 경찰활동실험구역, 지역사회 도보순찰 등
방안	① 경찰 정책결정과정에서의 분권화 및 권한의 하부위임이 요구된다. → 경찰조직의 개혁이 필수적 (지휘·감독·통제권한의 대폭적 축소가 요구) ② 각 경찰서의 신축적 운영과 지역의 특성에 맞는 정책개발이 요구 → 규정보다는 현장(실정) 위주의 행정이 요구 ③ 차량순찰에서 도보순찰로 전환, 경찰방문 및 방범진단, 민·경의 동반자 관계 등

2. 효과

단 기 효 과	① 주민의 책임의식과 주민에 의한 범죄통제 증가 ② 주민들의 범죄에 대한 태도와 행동의 변화 ③ 경찰과 지역사회간 협력 및 상호작용 증가
장 기 효 과	① 범죄의 감소 ② 범죄에 대한 두려움 감소 ③ 주거지역 생활환경 향상 ④ 지역사회의 통합 ⑤ 비공식적 사회통제의 증대

3. 전통적 경찰활동과 지역사회경찰활동의 비교

	전통적 경찰활동	지역사회경찰활동
개념	경찰만이 유일한 법집행 책임을 지는 기관	경찰과 시민 모두에게 범죄방지 의무 존재
역할	범죄해결	포괄적인 문제해결
업무평가방식	범인검거율	범죄와 무질서의 부존재
업무의 우선순위	범죄와 폭력의 퇴치	범죄와 폭력퇴치+ 지역사회질서 문란요인의 해결
효율성	범죄신고에 대한 반응시간	주민의 경찰업무에의 협조정도
대상	범죄사건	시민의 문제와 걱정거리
강조	집중화된 조직구조, 법과 규범에 의한 규제, 준법정신 강조	지역사회의 요구에 부응하는 분권화된 경찰관 개개인의 능력 강조
타 기관과의 관계	갈등	원활한 협조

Notice

※ 지역사회경찰활동의 4가지 기본요소 (J. Skolnick)

① 지역사회 범죄예방활동,

② 주민에 대한 일반서비스 제공을 위한 순찰활동으로의 방향전환,

③ 주민에 대한 책임성 중시,

④ 정책결정과정에서의 주민참여를 포함한 권한의 분산화

<외국의 지역사회 경찰활동 사례>

(1) 미국

- 도보순찰 강화하면서 지역 주민과의 대면접촉과 대화, 소규모 경찰관서의 설치
- 범죄예방을 위한 각종모임 및 프로그램의 진행
- 지역사회의 각종 모임과 회의 참석을 통한 애로사항 청취 및 경찰활동 홍보와 타 행정기관과의 조정
- 간이파출소(substation이나 command station)의 개설을 통한 대민서비스의 증대
- 지역사회 경찰관에게 재량권 부여 및 장기간 근무토록 함

① Crime Stopper Program : (범죄해결사)은 범죄에 관한 정보를 가지고 있는 주민이 신고 할 수 있도록 동기부여를 하기 위해 현금보상을 실시하는 범죄정보 보상프로그램이다.

② Diversion Program : 비행을 저지른 소년이 주변의 낙인의 영향으로 심각한 범죄자로 발 전하는 것을 방지하기위하여 형사 사법적 제재를 가하지 않고 지역사회의 보호 및 관찰로 대처하여 범죄를 예방 하려는 제도이다.

③ Take A Bite Out Crime : (범죄분쇄방안)범죄예방 프로그램 중의 하나로 범죄 예방연합 회가 운영하는 대중홍보 캠페인

④ PATHE Program : 긍정적인 행동을 위한 학교프로그램

⑤ Head Start Program : 미국의 빈곤층의 아동들을 적절한 사회화과정을 거치게 함으로써 장차 범죄를 저지를 수는 잠재성을 감소시키려는 교육 프로그램이다.

⑥ National Alliance Businessmen's JOBS Program : 미국 정부와 민간단체에서 청소년을 대상으로 직업훈련, 재정지원, 교육, 취업알선을 하는 프로그램이다.

⑦ Neighborhood Watch Program : NWP 이웃지켜주기 프로그램

⑧ Guardian Angels : 시민순찰운동

(2) 영국

① Safer City Program : 지역사회 발전프로그램을 통한 사회환경개선으로 범죄원인을 제거하고자 하는 영국의 안전도시운동

② 범죄와 무질서 감축협의회 운영 : 경찰과 지방정부를 지역안전협력체의 책임기관으로 하고 범죄와 무질서 관련 기관을 협력단체로 구성

③ 특별경찰 : 주당 최소 4시간 자원봉사 가능한 시민, 특별경찰에게는 경찰관과 동일한 권한 부여

④ 지역치안지원관 :정규경찰보조제도, 유급직

(3) 일본

① 방범협회

② 약물예방협회

③ 교통안전협회

④ 직장방범활동

⑤ 소규모 경찰관서 교번

⑥ 순회연락제도

◉ 문제지향 경찰활동

경찰활동에 대한 접근방법을 경찰의 의사결정 과정에 있어 단순히 개별사건 하나하나를 해결하기보다는 지역사회의 기본 문제해결을 강조하는 것

① Eck과 Spelman의 사건위주의 경찰활동

- 사후 대응적인 전통적인 경찰활동
- 주로 범죄 피해자 목격자 용의자로부터 정보수집
- 경찰활동의 주요수단은 형사처벌의 위하효과를 발동하여 법을 집행하는 것
- 순찰경찰관이 접수 처리한 신고사건들은 많은 시간 투자에 비하여 큰 성과를 내지 못한다.

② Eck과 Spelman에 의한 문제지향적 경찰활동

- 핵심개념은 SARA 모델이다.(O)
- 탐색(Scanning), 분석(Analysis), 대응(Response),평가(Assessment)
- Eck과 Spelman에 의한 문제지향적 경찰활동의 장애요인
  - 경찰기능을 응급처치적 기능으로 인식
  - 경찰이 취급하는 문제는 해결불가능 하다는 경찰관들의 고정관념
  - 경찰권 발동은 최소한에 그쳐야 한다는 전통적 경찰활동의 원칙
  - 경찰의 역할과 임무의 추상적인 규정

◉ 범죄다발지역 경찰활동(Hot Spot Policing)

'범죄다발지역 경찰활동'은 범죄가 지리적 위치와 밀접한 관계가 있다는 사실에서 출발한다. 이를 '우범지역 경찰활동'이라고도 한다. 범죄다발지역에 경찰력을 집중할 경우 매우 효과적이라는 결과가 있었고, 이것은 기존에 특정지역에 대한 경찰력의 집중은 범죄가 다른 평온한 지역으로 이동 할 것이라는 '범죄전이효과'에 대한 우려 때문에 실행되지 못했다. 그러나 이러한 '범죄전이효과'는 Clark, Eck 등 여러 학자들에 의해 실질적으로 일어나지 않는다는 것이 입증 되었다.

◉ 무관용 경찰활동(Zero Tolerance Policing)

1. 개념

깨진 유리창이론에 근거한 무관용 정책의 핵심은 우선 지역적 특성을 이해하고, 지

역 주민과 함께 특별히 문제가 되는 무질서에 대하여 규정한 다음, 단속의 범위를 결정하고, 주민들과 함께 그들의 호응 속에서 무질서에 대한 경찰활동을 수행하는 것이다. 그래서 무질서에 대한 엄격한 법 집행 측면만을 지나치게 강조하여 완전한 무관용 정책으로만 이해해서는 안 된다.

2. 주요 내용

(1) 1990년 4월 뉴욕 교통경찰대장으로 부임한 윌리엄 브래튼의 무질서에 대한 정책

① 1980년대까지만 해도 홈리스, 걸인, 불량 청소년들의 무질서한 행위는 직접적인 피해자가 없는 행위로서 법 집행 대상에서 제외 되었으나, 실정법에 어긋나는 명확한 불법해위로서 단속의 대상임을 강조
② 적극적이고 효과적인 단속을 위해 경찰관들에 대한 교육훈련을 강화
③ 엄격한 사전 교육훈련에도 불구하고 발생할 수밖에 없는 단속 과정에서의 문제들에 대한 교통경찰대 조직의 적극적인 대응

(2) 1994년 브래튼 뉴욕 경찰청장의 리더십의 핵심

① 법 집행권과 책임을 각 지역에 대폭 이양, 지역별 범죄통계를 정확히 분석하여 효과적인 대응을 모색
② 지역사회의 모든 구성원들의 합의를 통해 만들어지고 집행 되어야 함
③ 지역별 리더십 강조

결과적으로 그의 방법은 성공하여 강력범죄는 급감 하였고, 우려했던 인권침해나 그로 인한 시민불만의 증가는 거의 없었다.

◉ 정보에 의한 경찰활동(Intelleigence - Led Policing)

1. 개념

ILP는 범죄자의 활동이나 조직범죄, 중범죄자에 대한 관리와 예방에 중점을 두고 범죄를 감소시키기 위해서는 범죄의 정보와 분석기법을 통합한 법 집행 위주의 경찰활동을 의미한다. 이는 기존의 지역사회 경찰활동이나 문제지향적 경찰활동이 지역사회 문제와 연결해 범죄의 해결 보다는 근본적인 지역의 문제에 더욱 집중하기는 것이 경찰활동을 비효율적으로 만드는 것이라는 비판에서 출발 한다.

범죄의 감소와 발견에 있어 보다 효과적인 향상을 위해서는 상당한 경찰의 노력이

범죄에 집중되어야 하며 정보의 확보와 이용은 성과를 높여 줄 것이고, 이는 경찰의 효과성 향상의 전략이 필요하다는 판단에서 채택된 것이다.

2. 주요내용

① ILP의 방식은 지역사회 정보와 감시, 범죄분석 등을 통해 정보에 의한 범죄다발지역에 대한 강력한 순찰, 법 집행, 범죄예방활동을 전행하는 것이다.

② 미국에서도 1990년데 캔자스에서 범죄정보센타를 시 경찰국에 설치하여 ‘ 위치지향순찰’과 ‘가해자 지향 순찰’ 이라는 사전 예방적 전략을 채택, 강도와 절도범의 현장검거를 위한 감시와 정보원을 활용했고, 워싱턴 D.C에서는 강력범죄를 반복적으로 범하는 범죄자를 검거하기 위한 ‘반복 범죄자 프로그램’을 운영하면서 정보에 의한 대책을 운영 하였다.

③ 일부학자들은 ILP의 활용에 대해 주민에 대한 국가의 감시 강화와 국가경찰의 지방화를 촉진하는 역할에 불과하다는 비판도 있다.

3. 발전방안

ILP가 지향하는 것은 지역사회경찰활동이나 문제지향적 경찰활동 등이 추구하는 목표와 크게 다르지 않다. ‘범죄다발지역 경찰활동’에서 제기했던 내용과 유사하다.

① ILP에서 정의하는 경찰의 정보를 어떤 것으로 보아야 하는지를 명확히 규정할 필요가 있다.

② 경찰정보에 대한 범위의 불명확성으로 인해 수집되는 범죄정보나 첩보의 수집에 대한 체계적 시스템의 마련이 시급하다.

③ 범죄정보의 활용단계에서 ‘범죄정보관리시스템’과 연계를 통한 자료입력방식의 개선과 전자지도 활용을 통한 범죄예방활동과의 기술적 연계가 필요하다.

◉ **지역경찰활동의 내용**(지역경찰조직 및 운영에 관한 규칙 경찰청훈령 제581호)(2009. 12. 30)

제1장 총칙

제1조(목적) 이 규칙은 효율적인 지역 치안활동 수행을 위해 지역경찰의 조직 및 운영 등에 관하여 필요한 사항을 규정함을 목적으로 한다.

제2조(정의) 이 규칙에서 사용하는 용어의 정의는 다음과 같다.

1. "지역경찰관서"란 「경찰법」 제17조 및 「경찰청과 그 소속기관 직제」 제44조에 규정된 지구대 및 파출소를 말한다.
2. "지역경찰"이란 지역경찰관서 소속 경찰공무원 및 전투경찰순경을 말한다.
3. "지역경찰업무 담당부서"란 지역경찰관서 및 지역경찰과 관련된 사무를 처리하는 경찰청, 지방경찰청, 경찰서 소속의 모든 부서를 말한다.
4. "일근근무"란 「국가공무원 복무규정」 제9조제1항에 규정된 근무형태를 말한다.
5. "상시·교대근무"란 「경찰기관 상시근무 공무원의 근무시간 등에 관한 규칙」 제2조에 규정된 "상시근무"와 "교대근무"를 포괄하는 형태의 근무를 말한다.

제3조(적용범위) 이 규칙은 지역경찰관서와 지역경찰 및 지역경찰업무 담당부서에 적용한다.

제2장 조직 및 구성

제1절 지역경찰관서

제4조(설치 및 폐지) ① 지방경찰청장은 인구, 면적, 행정구역, 교통·지리적 여건, 각종 사건사고 발생 등을 고려하여 경찰서의 관할구역을 나누어 지역경찰관서를 설치한다.

② 지역경찰관서의 명칭은 "○○경찰서 ○○지구대(파출소)"로 한다.

제5조(지역경찰관서장) ① 지역경찰관서의 사무를 통할하고 소속 지역경찰을 지휘·감독하기 위해 지역경찰관서에 지구대장 및 파출소장(이하 "지역경찰관서장"이라 한다.)을 둔다.

② 지구대장은 경정 또는 경감, 파출소장은 경감 또는 경위로 보한다.

③ 지역경찰관서장은 다음 각 호의 직무를 수행한다.

1. 관내 치안상황의 분석 및 대책 수립
2. 지역경찰관서의 시설·예산·장비의 관리

3. 소속 지역경찰의 근무와 관련된 제반사항에 대한 지휘 및 감독
4. 경찰 중요 시책의 홍보 및 협력치안 활동

제6조(하부조직) ① 지역경찰관서에는 관리팀과 상시·교대근무로 운영하는 복수의 순찰팀을 둔다.

② 순찰팀의 수는 지역 치안수요 및 인력여건 등을 고려하여 지방경찰청장이 결정한다.

③ 관리팀 및 순찰팀의 인원은 지역 치안수요 및 인력여건 등을 고려하여 경찰서장이 결정한다.

제7조(관리팀) 관리팀은 문서의 접수 및 처리, 시설 및 장비의 관리, 예산의 집행 등 지역경찰관서의 행정업무를 담당한다.

제8조(순찰팀) ① 순찰팀은 범죄예방 순찰, 각종 사건사고에 대한 초동조치 등 현장 치안활동을 담당하며, 팀장은 경감 또는 경위로 보한다.

② 순찰팀장은 다음 각호의 직무를 수행한다.

1. 근무교대시 주요 취급사항 및 장비 등의 인수인계 확인
2. 관리팀원 및 순찰팀원에 대한 일일근무 지정 및 지휘·감독
3. 관내 중요 사건 발생시 현장 지휘
4. 지역경찰관서장 부재시 업무 대행

③ 순찰팀장을 보좌하고 순찰팀장 부재시 업무를 대행하기 위해 순찰팀별로 부팀장을 둘 수 있다.

제9조(지휘 및 감독) 지역경찰관서에 대한 지휘 및 감독은 다음 각호에 따른다.

1. 경찰서장 : 지역경찰관서의 운영에 관하여 총괄 지휘·감독
2. 경찰서 각 과장 : 각 과의 소관업무와 관련된 지역경찰의 업무에 관하여 지휘·감독
3. 지역경찰관서장 : 지역경찰관서의 시설·장비·예산 및 소속 지역경찰의 근무에 관한 제반사항을 지휘·감독
3. 순찰팀장 : 근무시간 중 소속 지역경찰을 지휘·감독

제2절 치안센터

제10조(설치 및 폐지) ① 지방경찰청장은 지역치안을 효율적으로 수행하기 위하여 지역경찰관서장 소속하에 치안센터를 설치할 수 있다.

② 치안센터의 명칭은 "○○지구대(파출소) ○○치안센터"로 한다.

제11조(소속 및 관할) ① 치안센터는 지역경찰관서장의 소속 하에 두며, 치안센터

의 인원, 장비, 예산 등은 지역경찰관서에서 통합 관리한다.
② 치안센터의 관할구역은 소속 지역경찰관서 관할구역의 일부로 한다.
③ 치안센터 관할구역의 크기는 설치목적, 배치 인원 및 장비, 교통·지리적 요건 등을 고려하여 경찰서장이 정한다.

제12조(운영시간) ① 치안센터는 24시간 상시 운영을 원칙으로 한다.
② 경찰서장은 지역 치안여건 및 인원여건을 고려, 운영시간을 탄력적으로 조정할 수 있다.

제13조(근무자의 배치) ① 치안센터 운영시간에는 치안센터 관할구역에 근무자를 배치함을 원칙으로 한다.
② 경찰서장은 치안센터의 종류 및 지리적 여건 등을 고려하여 필요한 경우 치안센터에 전담근무자를 배치할 수 있다.

제14조(치안센터장) ① 경찰서장은 치안센터에 전담근무자를 배치하는 경우 전담근무자 중 1명을 치안센터장으로 지정할 수 있으며, 치안센터장의 임무는 다음 각 호와 같다.
1. 경찰 민원 접수 및 처리
2. 관할지역 내 주민 여론 수렴 및 보고
3. 타기관 협조 등 협력방범활동
4. 기타 치안센터 운영과 관련된 문제점 및 개선대책 수립 및 보고

제15조(치안센터의 종류) ① 치안센터는 설치목적에 따라 검문소형과 출장소형으로 구분한다.
② 출장소형 치안센터는 지리적 여건·치안수요 등을 고려하여 필요한 경우 직주일체형으로 운영할 수 있다.

제16조(검문소형 치안센터) ① 검문소형 치안센터는 적의 침투 예상로 또는 주요 간선도로의 취약요소 등에 교통통제 요소 등을 고려하여 설치한다. 다만, 지방경찰청 및 경찰서 관할의 경계에는 인접 관서장과 협의하여 단일 치안센터를 설치하는 것을 원칙으로 한다.
② 검문소형 치안센터 근무자의 임무는 다음 각호와 같다.
1. 거점 형성에 의한 지역 경계
2. 불순분자 색출 및 제 경찰사범의 단속 및 검거
3. 관할내 각종 사건·사고 발생시 초동조치

제17조(출장소형 치안센터) ① 출장소형 치안센터는 지역 치안활동의 효율성 및 주민 편의 등을 고려하여 필요한 지역에 설치한다.

② 출장소형 치안센터 근무자의 임무는 다음 각호와 같다.
1. 범죄예방 순찰 및 위험발생 방지
2. 방문 민원 접수 및 처리
3. 관할내 각종 사건사고 발생시 초동조치
4. 관할 내 주민여론 청취 등 지역사회 경찰활동

③ 경찰서장은 도서, 접적지역 등 지리적 여건상 필요한 경우에는 출장소형 치안센터에 검문소형 치안센터의 임무를 병행토록 할 수 있다.

제18조(직주일체형 치안센터) ① 직주일체형 치안센터는 출장소형 치안센터 중 근무자가 치안센터 내에서 거주하면서 근무하는 형태의 치안센터를 말한다.
② 직주일체형 치안센터에는 배우자와 함께 거주함을 원칙으로 하며, 배우자는 근무자 부재시 방문 민원 접수·처리 등 보조 역할을 수행한다.
③ 직주일체형 치안센터에 배치된 근무자는 근무 종료 후에도 관할구역 내에 위치하며 지역경찰관서와 연락체계를 유지하여야 한다. 다만, 휴무일은 제외한다.
④ 지방경찰청장은 직주일체형 치안센터에 배우자가 함께 거주하지 않는 경우에는 전투경찰순경을 상주배치하여야 하며, 배치 기준은 별표와 같다.

제19조(직주일체형 치안센터 근무자의 특례) ① 경찰서장은 직주일체형 치안센터에서 거주하는 근무자의 배우자에게 조력사례금을 지급하여야 하며, 지급 기준 및 금액은 경찰청장이 정한다.
② 직주일체형 치안센터 근무자의 근무기간은 1년 이상으로 하며, 임기를 마친 경찰관은 희망부서로 배치하고, 차기 경비부서의 차출순서에서 1회 면제한다.

제3장 근무

제20조(복장 및 휴대장비) ① 지역경찰은 근무 중 「경찰복제에 관한 규칙」 제15조제1항에 규정된 근무장을 착용하는 것을 원칙으로 한다.
② 지역경찰은 근무 중 근무수행에 필요한 경찰봉, 수갑 등 경찰장구, 무기 및 무전기 등을 휴대하여야 한다.
③ 지역경찰관서장 및 순찰팀장(이하 "지역경찰관리자"라 한다.)은 필요한 경우 지역경찰의 복장 및 휴대장비를 조정할 수 있다.

제21조(근무형태 및 시간) ① 지역경찰관서장은 일근근무를 원칙으로 한다. 다만, 경찰서장은 필요하다고 인정되는 경우에는 지역경찰관서장의 근무시간을 조정하거나, 시간외·휴일 근무 등을 명할 수 있다.
② 관리팀은 일근근무를 원칙으로 한다. 다만, 지역경찰관서장은 필요하다고 인정

되는 경우에는 근무시간을 조정하거나, 시간외·휴일 근무 등을 명할 수 있다.

③ 순찰팀장 및 순찰팀원은 상시·교대근무를 원칙으로 하며, 근무교대 시간 및 휴게시간, 휴무횟수 등 구체적인 사항은 「국가공무원 복무규정」 및 「경찰기관 상시근무 공무원의 근무시간 등에 관한 규칙」이 규정한 범위 안에서 지방경찰청장이 정한다.

④ 치안센터 전담근무자의 근무형태 및 근무시간은 치안센터의 종류 및 운영시간 등을 고려하여 제1항부터 제3항까지의 규정을 준용하여 경찰서장이 정한다.

⑤ 전투경찰순경의 근무형태 및 시간은 지역 치안여건 등을 고려하여 「전투경찰순경 등 관리규칙」에 규정한 범위 내에서 지역경찰관서장이 정한다.

제22조(근무의 종류) 지역경찰의 근무는 행정근무, 상황근무, 순찰근무, 경계근무, 대기근무, 기타근무로 구분한다.

제23조(행정근무) 행정근무를 지정받은 지역경찰은 지역경찰관서 내에서 다음 각 호의 업무를 수행한다.

1. 문서의 접수 및 처리
2. 시설·장비의 관리 및 예산의 집행
3. 각종 현황, 통계, 자료, 부책 관리
4. 기타 행정업무 및 지역경찰관서장이 지시한 업무

제24조(상황 근무) ①상황근무를 지정받은 지역경찰은 지역경찰관서 및 치안센터 내에서 다음 각 호의 업무를 수행한다.

1. 시설 및 장비의 작동여부 확인
2. 방문민원 및 각종 신고사건의 접수 및 처리
3. 요보호자 또는 피의자에 대한 보호·감시
4. 중요 사건·사고 발생시 보고 및 전파
5. 기타 필요한 문서의 작성

제25조(순찰근무) ① 순찰근무는 그 수단에 따라 112 순찰, 방범오토바이 순찰, 자전거 순찰 및 도보 순찰 등으로 구분한다.

② 112 순찰근무 및 야간 순찰근무는 반드시 2인 이상 합동으로 지정하여야 한다.

③ 순찰근무를 지정받은 지역경찰은 지정된 근무구역에서 다음 각 호의 업무를 수행한다.

1. 주민여론 및 범죄첩보 수집
2. 각종 사건사고 발생시 초동조치 및 보고, 전파
3. 범죄 예방 및 위험발생 방지 활동

4. 경찰사범의 단속 및 검거
5. 경찰방문 및 방범진단
6. 통행인 및 차량에 대한 검문검색 등

④ 순찰근무를 할 때에는 다음 각호의 사항에 유의하여야 한다.
1. 문제의식을 가지고 면밀하게 관찰
2. 주민에 대한 정중하고 친절한 예우
3. 돌발 상황에 대한 대비 및 경계 철저
4. 지속적인 치안상황 확인 및 신속 대응

제26조(경계근무) ① 경계근무는 반드시 2인 이상 합동으로 지정하여야 한다.

② 경계근무를 지정받은 지역경찰은 지정된 장소에서 다음 각 호의 업무를 수행한다.
1. 불순분자 및 범법자 등 색출을 위한 통행인 및 차량, 선박 등에 대한 검문검색 및 후속조치
2. 비상 및 작전사태 등 발생시 차량, 선박 등의 통행 통제

제27조(대기근무) ① 대기 근무는 「경찰기관 상시근무 공무원의 근무시간 등에 관한 규칙」 제2조제6호의 "대기"를 뜻한다.

② 대기근무의 장소는 지역경찰관서 및 치안센터 내로 한다. 단, 식사시간을 대기근무로 지정한 경우에는 식사 장소를 대기 근무 장소로 지정할 수 있다.

③ 대기근무를 지정받은 지역경찰은 지정된 장소에서 휴식을 취하되, 무전기를 청취하며 10분 이내 출동이 가능한 상태를 유지하여야 한다.

제28조(기타근무) ① 기타근무는 치안상황에 효과적으로 대응하기 위하여 지역경찰 관리자가 지정하는 근무로써 제23조부터 제27조까지 규정한 근무에 해당하지 않는 형태의 근무를 말한다.

② 기타근무의 근무내용 및 방법 등은 지역경찰관리자가 정한다.

제29조(일일근무 지정) ① 지역경찰관서장은 지역경찰관서 및 치안센터의 설치목적, 근무인원, 치안수요, 기타 업무량 등을 고려하여 근무의 종류 및 실시 기준을 정한다.

② 순찰팀장은 제1항에 따라 지역경찰관서장이 정한 기준을 준수하여 당해 근무시간 내 관리팀원 및 순찰팀원의 개인별 근무 종류, 근무 장소, 중점 근무사항 등을 별지 제1호서식의 근무일지(갑지)에 구체적으로 지정하여야 한다.

③ 순찰팀장은 관리팀원에게 행정근무를 지정하고, 순찰팀원에게 상황 또는 순찰근무 지정하는 것을 원칙으로 하되, 필요한 경우에는 다른 근무를 지정하거나 병행하여 수행하도록 지정할 수 있다.

④ 순찰근무의 근무종류 및 근무구역은 지역 치안이 효율적으로 수행될 수 있도록 다음 각 호의 사항을 고려하여 지정하여야 한다.

1. 시간대별·장소별 치안수요
2. 각종 사건사고 발생
3. 순찰 인원 및 가용 장비
4. 관할 면적 및 교통·지리적 여건

⑤ 치안센터 전담근무자는 제1항에 따라 지역경찰관서장이 정한 기준을 준수하여 별지 제2호서식의 근무일지에 자율적으로 근무지정을 하고 근무를 수행한다.

⑥ 지역경찰관리자는 신고출동태세 유지 등을 위해 필요한 경우에는 휴게 및 식사 시간도 대기 근무로 지정할 수 있다.

제30조(근무내용의 변경) 관리팀원 및 순찰팀원이 물품구입, 등서 등 기타 사유로 지정된 근무종류 및 근무구역 등을 변경하고자 할 때에는 순찰팀장에게 보고하여야 한다.

제31조(지역경찰의 동원) ① 지방경찰청장 또는 경찰서장은 다음 각호에 정한 사유에 해당하는 경우로서 특히 필요하다고 인정되는 때에 한하여 지역경찰의 기본근무에 지장을 초래하지 않는 범위 내에서 지역경찰을 다른 근무에 동원할 수 있다.

1. 다중범죄 진압, 대간첩작전 기타의 비상사태
2. 경호경비 또는 각종 집회 및 행사의 경비
3. 중요범인의 체포를 위한 긴급배치
4. 화재, 폭발물, 풍수설해 등 중요사고의 발생
5. 기타 다수 경찰관의 동원을 필요로 하는 행사 또는 업무

② 지역경찰 동원은 근무자 동원을 원칙으로 하되, 불가피한 경우에 한하여 휴무자를 동원할 수 있다.

③ 지방경찰청장 또는 경찰서장은 휴무자를 동원한 때에는 「경찰기관 상시근무 공무원의 근무시간 등에 관한 규칙」 제5조가 정하는 바에 따라 초과근무수당을 지급하거나 추가 휴무를 부여하여야 한다.

제4장 시설 및 장비

제32조(관서 표지) 지역경찰관서 및 치안센터에 게시하는 모든 표지는 「경찰기 및 관서 제표지 규칙」이 정하는 바에 따른다.

제33조(시설 관리) ① 경찰서장은 근무자가 신고출동 등으로 지역경찰관서 또는

치안센터를 비울 경우에 대비하여, 출입구 근처에 근무자와 통신할 수 있는 통신장치를 설치하여야 한다.

② 경찰서장은 필요한 경우에는 지역경찰관서 또는 치안센터에 자체 방호시설을 설치할 수 있다.

③ 지역경찰관서장은 지역경찰의 근무 및 주민 편의를 위해 청사 및 시설을 수시로 점검, 보완하여야 한다.

제34조(112 순찰차) ① 112 순찰 근무자는 차량의 적정관리를 위해 운행사항 등을 별지 제3호서식의 112 순찰일지에 매일 기록하여야 한다.

② 112 순찰차에는 신속한 현장조치 등을 위해 필요한 장비를 탑재해야 하며 탑재장비의 종류 및 수량 등은 경찰청장이 따로 정한다.

제35조(통신망의 구축 및 점검) ① 경찰서장은 경찰서, 지역경찰관서, 치안센터 간 상호 원활한 유·무선 통신망을 구축해야 한다.

② 경찰서장은 제1항에 따라 구축된 통신장비를 수시로 점검하여 통신두절을 방지하여야 한다.

제36조(타 규칙의 준용) 기타 지역경찰이 사용하는 장비의 운영, 관리, 점검 등에 관한 사항은 「경찰 장비관리 규칙」에서 정하는 바에 따른다.

제5장 인사관리

제37조(정원관리) ① 경찰서장은 지역경찰관서의 관할면적, 치안수요 등을 고려하여 지역경찰관서에 적정한 인원을 배치하여야 한다.

② 경찰서장은 지역경찰의 정원을 다른 부서에 우선하여 충원하여야 한다.

③ 지방경찰청장은 소속 지방경찰청의 지역경찰 정원 충원 현황을 연 2회 이상 점검하고 현원이 정원에 미달할 경우, 지역경찰 정원충원 대책을 수립, 시행하여야 한다.

제38조(부적격자의 배제) ① 경찰서장은 최일선 대민접점부서인 지역경찰관서의 업무 특성을 고려하여 다음 각호에 해당하는 자를 지역경찰관서에 배치하여서는 아니된다.

1. 금품수수, 직무태만, 음주운전 등의 비위로 감봉 이상의 징계처분을 받은 날로부터 3년이 경과되지 아니한 자
2. 형사사건으로 기소된 자
3. 과도한 채무부담 등 경제적 빈곤상태가 현저하거나, 도박·사행행위·불건전한 이성관계 등으로 성실한 업무 수행을 기대하기 곤란한 자

② 경찰서장은 지역경찰 중 다음 각호에 해당하는 사유가 발생한 자는 지체 없이 교체하여야 한다.

1. 제1항 각호에 해당하는 자
2. 6월 이상의 휴직·파견근무를 명받은 자

제6장 교육 및 평가

제39조(교육) ① 지방경찰청장 및 경찰서장은 지역경찰의 올바른 직무수행 및 자질 향상을 위해 필요한 교육을 실시하여야 한다.

② 교육시간, 방법, 내용 등 지역경찰 교육과 관련된 세부적인 기준은 경찰청장이 따로 정한다.

제40조(지도방문) 지방경찰청장 및 경찰서장은 소속 지역경찰의 업무 지도 및 현장 의견 수렴, 사기관리 등을 위해 지도방문 계획을 수립·시행하여야 한다.

제41조(실적평가와 포상) 경찰청장, 지방경찰청장 및 경찰서장은 지역경찰의 사기진작 및 지역경찰활동의 활성화를 위하여 근무실적에 대한 공정한 평가를 실시하고 우수 경찰공무원을 포상하여야 한다.

제7장 문서 관리

제42조(근무일지의 기록·보관) ① 지역경찰관리자와 상황근무자는 근무 중 주요사항을 별지 제4호서식의 근무일지(을지)에 기재하여야 한다.

② 순찰근무자는 근무 중 주요사항을 근무수첩에 기록하고 업무에 활용하여야 한다.

③ 근무일지와 사용 종료한 근무수첩은 3년간 보관한다.

제43조(정기보고 기간) ① 지역경찰 업무담당부서에서 지역경찰관서장에게 각종 현황 및 통계 등을 정기적으로 보고하도록 지시한 경우 지시의 효력은 최초 보고받은 날로부터 1년이 경과하면 자동으로 소멸한다.

② 지역경찰 업무담당부서에서는 지시의 효력을 연장할 필요가 있는 경우 소속 관서의 생활안전과장과 협의하여 1년 단위로 연장할 수 있다.

제44조(문서부책) ① 지구대와 파출소 등에는 업무수행에 필요한 최소한의 부책만을 비치하여야 한다.

② 제1항의 비치 문서와 부책은 지방경찰청장이 정한다.

제 2 장 생활질서경찰

1. 풍속사범의 단속대상행위

<table>
<tr><th colspan="3">◐ 풍속사범의 단속 대상행위 ◑</th></tr>
<tr><td>의의</td><td colspan="2">① 사회 공공의 질서와 선량한 풍속인 '공서양속(公序良俗)'을 유지하기 위하여 사회일반의 풍속 및 건전한 생활습관에 영향을 주는 행위를 금지하는 활동
② 풍속은 공공질서와 관련된 개념으로서 시대와 장소에 따라 변화하기 때문에, '전래의 풍속을 고수함'과 같은 목적은 풍속사범 단속의 대상이 아님.
③ 풍속영업에 관련된 허가권은 사행행위 이외에는 모두 시·군·구청장에게 위탁됨
④ 행위별 단속 근거법을 숙지하되, 경찰관직무집행법은 단속근거가 될 수 없음에 유의할 것</td></tr>
<tr><td rowspan="2">대상</td><td>성매매</td><td>① 개념 → ㉠ 불특정인을 상대로 ㉡ 금품 기타 재산상 이익을 받거나 받을 것을 약속하고 ㉢ 성행위를 하는것 ≪남녀 모두 주체가 될 수 있음≫
② 단속근거 → '성매매알선등행위의 처벌에관한법률', '풍속영업의 규제에관한법률', '식품위생법', '아동복지법', '공중위생관리법' 아동·청소년 성보호에 관한 법률
③ 성매매 행위에 대한 국가별 규제형태 → 금지주의·규제주의·폐지주의</td></tr>
<tr><td>음란행위</td><td>① 음란행위 → 성욕의 흥분 또는 만족을 목적으로 하는 행위로서 선량한 풍속에 반하여 정상인에게 성적 수치감·혐오감을 주는 행위를 의미함
② 음란행위의 판단 → 평균인의 사회감정을 기준으로 사안에 따라 객관적·구체적·개별적으로 판단해야 함 (추상적이고 일률적인 기준은 적합하지 않음)
③ 단속근거 → '형법', '경범죄처벌법', '풍속영업의규제에관한법률' '청소년 보호법'</td></tr>
</table>

대상	사행행위	① 의의 → 우연의 사실에 따라 재물의 득실을 걸어 재산상의 이익을 취하는 행위 ② 특성 → 반사회성(단속의 필요성)·요행성·다양성 ③ 단속근거 → "사행행위등규제및처벌특례법"

Notice

* **풍속영업 아닌 것 :** 카페, 다방, 당구장, 만화대여업, 소극장, 미용업, 안마시술소(의료법) 등

◐ 풍속영업의 적용범위 ◑

규정법률	관련법률	대상업종	내용
풍속영업의 규제에 관한 법률 제2조	식품위생법 (접대부는 부녀자로 한정)	유흥주점업	단란주점업형태+유흥종사자와 유흥시설 허용
		단란주점업	주로 주류 등을 조리·판매하는 영업으로 손님의 가창(노래)행위 허용
	공중위생관리법	숙박업 (민박업제외)	「공중위생관리법」 제2조제1항제2호부터 제4호까지의 규정에 따른 숙박업, 목욕장업(沐浴場業), 이용업(理容業) 중 대통령령으로 정하는 것 다만, 이용업은 시행령에 없으므로 제외 함
		목욕장업	
	음악산업진흥에 관한법률	노래연습장업	① 법22조 준수사항 위반 시 법34조에 따른 형사 처분과 제27조에 의한 행정처분(통보)실시 ㉠ 접대부의 범위(남녀불문)신설 ㉡ 접대부에대한처벌규정신설(법제22조2항)

<table>
<tr><td rowspan="7">풍속 영업의 규제에 관한 법률 제2조</td><td rowspan="3">게임산업진흥에 관한법률 (풍속영업의 규제에 관한법률 에서는 게임제공업과 복합유통 게임제공업만 규정하고 있음)</td><td rowspan="2">게임 제공 업</td><td>청소년 게임제공업 (등록)</td><td rowspan="3">① 사행성 게임물의 유통, 이용제공하거나 이를 목적으로 진열, 보관 금지
② 게임의위변조 금지
③ 경품의 지급금지(시행령에 의한 청소년게임제공업의 경품 제외)
④ 환전업 금지
※ 게임제공업의 예외
㉠ 관광진흥법상의 카지노
㉡ 사행행위 등 규제 및 처벌에 관한 법률에 의한 사행기구를 갖춘 사행행위(사행기구제조, 판매업, 사행행위업으로서 복표발행업,현상업,추첨업,경품업 등)</td></tr>
<tr><td>일반 게임제공업 (허가)</td></tr>
<tr><td colspan="2">복합유통 게임제공업(등록)</td></tr>
<tr><td>영화및비디오물의 진흥에관한법률</td><td colspan="2">비디오감상실업 (비디오물소극장업의 경우 청소년출입시간대에 출입허용)</td><td>법 제62조의 영업자 준수사항
① 청소년의 연령확인 출입금지
② 접대부(남녀불문)고용알선 금지
③ 성매매 알선 제공 금지 등</td></tr>
<tr><td>청소년보호법</td><td colspan="2">청소년보호법 제2조 제5호가목(청소년유해업소)</td><td>청소년유해매체물 및 청소년유해약물등을 제작·생산·유통하는 영업 등 청소년의 출입과 고용이 청소년에게 유해하다고 인정되는 영업으로서 대통령령으로 정하는 기준에 따라 청소년보호위원회가 결정하고 여성가족부장관이 고시한 것 예 키스방·인형체험방 등 신·변종 영업의 규제 근거 마련 됨</td></tr>
<tr><td rowspan="2">체육시설의 설치·이용에관한법률</td><td colspan="2">무도학원업</td><td>수강료를 받고 국제표준무도 과정을 교습하는 영업</td></tr>
<tr><td colspan="2">무도장업</td><td>입장료를 받고 무도를 할 수 있는 장소를 제공하는 영업</td></tr>
</table>

Notice

* 업소의 구분은 그 업소가 영업을 함에 있어서 다른 법령에 의하여 요구되는 허가·인가·등록·신고 등의 여부에 불구하고 실제로 이루어지고 있는 영업행위를 기준으로 한다.(영업자 준수사항도 마찬가지)

〈풍속영업의 규제에 관한 법률〉

[시행 2010.7.23]

제1조(목적) 이 법은 풍속영업(風俗營業)을 하는 장소에서 선량한 풍속을 해치거나 청소년의 건전한 성장을 저해하는 행위 등을 규제하여 미풍양속을 보존하고 청소년을 유해한 환경으로부터 보호함을 목적으로 한다.

제3조(준수 사항) 풍속영업을 하는 자(허가나 인가를 받지 아니하거나 등록이나 신고를 하지 아니하고 풍속영업을 하는 자를 포함한다. 이하 "풍속영업자"라 한다) 및 대통령령으로 정하는 종사자는 풍속영업을 하는 장소(이하 "풍속영업소"라 한다)에서 다음 각 호의 행위를 하여서는 아니 된다.

1. 「성매매알선 등 행위의 처벌에 관한 법률」 제2조제1항제2호에 따른 성매매알선등행위
2. 음란행위를 하게 하거나 이를 알선 또는 제공하는 행위
3. 음란한 문서 · 도화(圖畵) · 영화 · 음반 · 비디오물, 그 밖의 음란한 물건에 대한 다음 각 목의 행위
   가. 반포(頒布) · 판매 · 대여하거나 이를 하게 하는 행위
   나. 관람·열람하게 하는 행위
   다. 반포 · 판매 · 대여 · 관람 · 열람의 목적으로 진열하거나 보관하는 행위
4. 도박이나 그 밖의 사행(射倖)행위를 하게 하는 행위

> **시행령 제3조(풍속영업종사자의 범위)** 법 제3조 각 호 외의 부분, 제6조제1항 및 제9조제1항에서 "대통령령으로 정하는 종사자"란 명칭에 관계없이 영업자를 대리하거나 영업자의 지시를 받아 상시 또는 일시적으로 영업행위를 하는 대리인, 사용인, 그 밖의 종업원(무도학원업의 경우 강사·강사보조원을 포함한다)을 말한다.

제4조(풍속영업의 통보) ① 다른 법률에 따라 풍속영업의 허가를 한 자(인가를 하거나 등록·신고를 접수한 자를 포함한다. 이하 "허가관청"이라 한다)는 풍속영업소의 소재지를 관할하는 경찰서장(이하 "경찰서장"이라 한다)에게 다음 각 호의 사항을 알려야 한다.

1. 풍속영업자의 성명 및 주소(법인인 경우에는 대표자의 성명과 주소를 포함한다)
2. 풍속영업소의 명칭 및 주소
3. 풍속영업의 종류

② 허가관청은 풍속영업자가 휴업·폐업하거나 그 영업내용이 변경된 경우와 그 밖에 대통령령으로 정하는 사유가 발생한 경우에는 경찰서장에게 그 사실을 알려야 한다.

제9조(출입) ① 경찰서장은 특별히 필요한 경우 국가경찰공무원에게 풍속영업소에 출입하여 풍속영업자와 대통령령으로 정하는 종사자가 제3조의 준수 사항을 지키고 있는지를 검사하게 할 수 있다.
② 제1항에 따라 풍속영업소에 출입하여 검사하는 국가경찰공무원은 그 권한을 표시하는 증표를 지니고 이를 관계인에게 내보여야 한다.

◉ 성매매

◐ 성매매 행위에 대한 국가별 규제형태 ◑	
금지주의	성매매 자체를 불법행위로 간주, 성구매행위에 대한 처벌 강화 예스웨덴, 일본, 대만, 필리핀 한국, 중국, 태국, 헝가리, 쿠바, 미국 대부분의 주 등
규제주의	성매매 행위자체를 금지하지는 않지만, 합법적으로 인정하는 것도 아님, 성구매자에 대한 억제정책 예 대부분의 유럽국가 영국, 프랑스, 노르웨이, 덴마크, 스페인, 폴란드, 핀란드, 이탈리아, 아일랜드, 브라질, 호주 등
합법주의	일정형태의 성매매를 법적으로 허용, 성판매자의 국가적 보호 강화 예 네덜란드, 미국(네바다주), 호주(빅토리아주), 독일, 스위스, 헝가리, 캐나다, 오스트리아, 터기 등

성매매알선 등 행위의 처벌에 관한 법률
[시행 2012.9.16] [법률 제11048호, 2011.9.15, 타법개정]

제2조 【정의】 ① 이 법에서 사용하는 용어의 정의는 다음과 같다.
1. "성매매"라 함은 불특정인을 상대로 금품 그 밖의 재산상의 이익을 수수·약속하고 다음 각목의 어느 하나에 해당하는 행위를 하거나 그 상대방이 되는 것을 말한다.
   가. 성교행위
   나. 구강·항문 등 신체의 일부 또는 도구를 이용한 유사성교행위
2. "성매매알선등행위"라 함은 다음 각목의 어느 하나에 해당하는 행위를 하는 것을 말한다.
   가. 성매매를 알선·권유·유인 또는 강요하는 행위
   나. 성매매의 장소를 제공하는 행위
   다. 성매매에 제공되는 사실을 알면서 자금·토지 또는 건물을 제공하는 행위

3. "성매매 목적의 인신매매"라 함은 다음 각목의 어느 하나에 해당하는 행위를 하는 것을 말한다.
   가. 성을 파는 행위 또는 형법 제245조의 규정에 의한 음란행위를 하게 하거나, 성교행위 등 음란한 내용을 표현하는 사진·영상물 등의 촬영대상으로 삼을 목적으로 위계·위력 그 밖에 이에 준하는 방법으로 대상자를 지배·관리하면서 제3자에게 인계하는 행위
   나. 가목과 같은 목적으로 청소년보호법 제2조제1호의 규정에 의한 청소년(이하 "청소년"이라 한다), 사물을 변별하거나 의사를 결정할 능력이 없거나 미약한 자 또는 대통령령이 정하는 중대한 장애가 있는 자나 그를 보호·감독하는 자에게 선불금 등 금품 그 밖의 재산상의 이익을 제공·약속하고 대상자를 지배·관리하면서 제3자에게 인계하는 행위
   다. 가목 및 나목의 행위가 행하여지는 것을 알면서 가목과 같은 목적이나 전매를 위하여 대상자를 인계받는 행위
   라. 가목 내지 다목의 행위를 위하여 대상자를 모집·이동·은닉하는 행위
4. "성매매피해자"라 함은 다음 각목의 어느 하나에 해당하는 자를 말한다.
   가. 위계·위력 그 밖에 이에 준하는 방법으로 성매매를 강요당한 자
   나. 업무·고용 그 밖의 관계로 인하여 보호 또는 감독하는 자에 의하여 마약류관리에관한법률 제2조의 규정에 의한 마약·향정신성의약품 또는 대마(이하 "마약등"이라 한다)에 중독되어 성매매를 한 자
   다. 청소년, 사물을 변별하거나 의사를 결정할 능력이 없거나 미약한 자 또는 대통령령이 정하는 중대한 장애가 있는 자로서 성매매를 하도록 알선·유인된 자
   라. 성매매 목적의 인신매매를 당한 자

제4조 【금지행위】 누구든지 다음 각호의 어느 하나에 해당하는 행위를 하여서는 아니된다.
1. 성매매
2. 성매매알선등행위
3. 성매매 목적의 인신매매
4. 성을 파는 행위를 하게 할 목적으로 타인을 고용·모집하거나 성매매가 행하여 진다는 사실을 알고 직업을 소개·알선하는 행위
5. 제1호·제2호 및 제4호의 행위 및 그 행위가 행하여지는 업소에 대한 광고행위

제5조【다른 법률과의 관계】이 법에서 규정한 사항에 관하여 청소년의성보호에 관한법률에 특별한 규정이 있는 경우에는 그 법이 정하는 바에 따른다.

제6조【성매매피해자에 대한 처벌특례와 보호】① 성매매피해자의 성매매는 처벌하지 아니한다.

* 일반 성매매여성은 종전과 같이 1년 이하의 징역이나 300만원 이하의 벌금·구류 또는 과료에 처한다.

제8조【신뢰관계에 있는 자의 동석】① 법원은 신고자등을 증인으로 신문하는 때에는 직권 또는 본인·법정대리인이나 검사의 신청에 의하여 신뢰관계에 있는 자를 동석하게 할 수 있다.

② 수사기관은 신고자등을 조사하는 때에는 직권 또는 본인·법정대리인의 신청에 의하여 신뢰관계에 있는 자를 동석하게 할 수 있다.

③ 청소년, 사물을 변별하거나 의사를 결정할 능력이 없거나 미약한 자 또는 대통령령이 정하는 중대한 장애가 있는 자에 대하여 제1항 및 제2항의 규정에 따른 신청이 있는 경우에는 재판 또는 수사에 지장을 초래할 우려가 있는 등 특별한 사유가 없는 한 신뢰관계에 있는 자를 동석하게 하여야 한다.

④ 제1항 내지 제3항의 규정에 따라 신문이나 조사에 동석하는 사람은 진술을 대리하거나 유도하는 등으로 수사나 재판에 부당한 영향을 끼쳐서는 아니된다.

제9조【심리의 비공개】① 법원은 신고자등의 사생활 또는 신변보호를 위하여 필요한 때에는 결정으로 심리를 공개하지 아니할 수 있다.

제10조【불법원인으로 인한 채권무효】① 성매매알선등행위를 한 자, 성을 파는 행위를 할 자를 고용·모집하거나 그 직업을 소개·알선한 자 또는 성매매 목적의 인신매매를 한 자가 그 행위와 관련하여 성을 파는 행위를 하였거나 할 자에게 가지는 채권은 그 계약의 형식이나 명목에 관계없이 이를 무효로 한다. 그 채권을 양도하거나 그 채무를 인수한 경우에도 또한 같다.

제11조【외국인여성에 대한 특례】① 외국인여성이 이 법에 규정된 범죄를 신고하거나 외국인여성을 성매매피해자로 수사하는 때에는 당해 사건을 불기소처분하거나 공소를 제기할 때까지 출입국관리법 제46조의 규정에 의한 강제퇴거명령 또는 같은 법 제51조의 규정에 의한 보호의 집행을 하여서는 아니된다. 이 경우 수사기관은 출입국관리사무소에 당해 외국인여성의 인적사항과 주거를 통보하는 등 출입국 관리에 필요한 조치를 취하여야 한다.

제21조 【벌칙】 ① 성매매를 한 자는 1년 이하의 징역이나 300만원 이하의 벌금·구류 또는 과료에 처한다.
② 제7조제3항의 규정을 위반한 자는 500만원 이하의 벌금에 처한다.

제22조 【범죄단체의 가중처벌】 제18조 또는 제19조에 규정된 범죄를 목적으로 단체 또는 집단을 구성하거나 그러한 단체 또는 집단에 가입한 자는 폭력행위등처벌에관한법률 제4조의 예에 의하여 처벌한다.

제23조 【미수범】 제18조 내지 제20조의 미수범은 처벌한다.

제24조 【징역과 벌금의 병과】 제18조제1항·제19조·제20조 및 제23조(제18조제2항 내지 제4항의 미수범을 제외한다)의 경우에는 징역과 벌금을 병과할 수 있다.

제25조 【몰수·추징】 제18조 내지 제20조에 규정된 죄를 범한 자가 그 범죄로 인하여 얻은 금품 그 밖의 재산은 몰수하고, 이를 몰수할 수 없는 때에는 그 가액을 추징한다.

제26조 【형의 감면】 이 법에 규정된 죄를 범한 자가 수사기관에 신고하거나 자수한 때에는 형을 감경하거나 면제할 수 있다.

제27조 【양벌규정】 법인의 대표자나 법인 또는 개인의 대리인·사용인 그 밖의 종업원이 그 법인 또는 개인의 업무에 관하여 제18조 내지 제23조의 죄를 범한 때에는 행위자를 벌하는 외에 당해 법인 또는 개인에 대하여도 각 해당 조의 벌금형을 과하고, 벌금형이 규정되어 있지 않은 경우에는 1억원 이하의 벌금에 처한다.

아동 · 청소년의 성보호에 관한 법률

[시행 2012.9.16] [법률 제11048호, 2011.9.15., 타법개정]

제2조(정의) 이 법에서 사용하는 용어의 뜻은 다음과 같다. 〈개정 2010.4.15, 2011.8.4, 2011.9.15, 2012.2.1〉

1. "아동·청소년"은 19세 미만의 자를 말한다. 다만, 19세에 도달하는 해의 1월 1일을 맞이한 자는 제외한다.
2. "아동 · 청소년대상 성범죄"는 다음 각 목의 어느 하나에 해당하는 죄를 말한다.

가. 제7조부터 제15조까지의 죄

> 제7조(아동·청소년에 대한 강간·강제추행 등)
> 제8조(장애인인 아동·청소년에 대한 간음 등)
> 제9조(강간 등 상해·치상)
> 제10조(강간 등 살인·치사)
> 제11조(아동·청소년이용음란물의 제작·배포 등)
> 제12조(아동·청소년 매매행위)
> 제13조(아동·청소년의 성을 사는 행위 등)
> 제14조(아동·청소년에 대한 강요행위 등)
> 제15조(알선영업행위 등)

나. 아동·청소년에 대한 「성폭력범죄의 처벌 등에 관한 특례법」 제3조부터 제15조까지의 죄

> 제3조(특수강도강간 등)
> 제4조(특수강간 등)
> 제5조(친족관계에 의한 강간 등)
> 제6조(장애인에 대한 강간·강제추행 등)
> 제7조(13세 미만의 미성년자에 대한 강간, 강제추행 등)
> 제8조(강간 등 상해·치상)
> 제9조(강간 등 살인·치사)
> 제10조(업무상 위력 등에 의한 추행)
> 제11조(공중 밀집 장소에서의 추행)
> 제12조(성적 목적을 위한 공공장소 침입행위)
> 제13조(통신매체를 이용한 음란행위)
> 제14조(카메라 등을 이용한 촬영)
> 제15조(미수범) 제3조부터 제9조까지 및 제14조의 미수범은 처벌한다.

다. 아동·청소년에 대한 「형법」 제297조, 제297조의2 및 제298조부터 제301조까지, 제301조의2, 제302조, 제303조, 제305조 및 제339조의 죄

> 제297조(강간)
> 제297조의2(유사강간)
> 제298조(강제추행)
> 제299조(준강간, 준강제추행)
> 제300조(미수범) 전3조의 미수범은 처벌한다.
> 제301조(강간 등 상해·치상)
> 제301조의2(강간등 살인·치사)
> 제302조(미성년자 등에 대한 간음)
> 제303조(업무상위력 등에 의한 간음)
> 제305조(미성년자에 대한 간음, 추행)
> 제339조(강도강간)

라. 아동·청소년에 대한 「아동복지법」 제17조제2호 및 제4호의 죄

> **제17조(금지행위)** 누구든지 다음 각 호의 어느 하나에 해당하는 행위를 하여서는 아니된다.
> 1. 아동을 매매하는 행위
> 2. 아동에게 음행을 시키거나 음행을 매개하는 행위
> 3. 아동의 신체에 손상을 주는 학대행위
> 4. 아동에게 성적 수치심을 주는 성희롱·성폭력 등의 학대행위
> 5. 아동의 정신건강 및 발달에 해를 끼치는 정서적 학대행위
> 6. 자신의 보호·감독을 받는 아동을 유기하거나 의식주를 포함한 기본적 보호·양육·치료 및 교육을 소홀히 하는 방임행위
> 7. 장애를 가진 아동을 공중에 관람시키는 행위
> 8. 아동에게 구걸을 시키거나 아동을 이용하여 구걸하는 행위
> 9. 공중의 오락 또는 흥행을 목적으로 아동의 건강 또는 안전에 유해한 곡예를 시키는 행위
> 10. 정당한 권한을 가진 알선기관 외의 자가 아동의 양육을 알선하고 금품을 취득하거나 금품을 요구 또는 약속하는 행위
> 11. 아동을 위하여 증여 또는 급여된 금품을 그 목적 외의 용도로 사용하는 행위

3. "아동 · 청소년대상 성폭력범죄"란 아동 · 청소년대상 성범죄에서 제11조부터 제15조까지의 죄를 제외한 죄를 말한다.
4. "아동 · 청소년의 성을 사는 행위"는 아동 · 청소년, 아동 · 청소년의 성(性)을 사는 행위를 알선한 자 또는 아동 · 청소년을 실질적으로 보호 · 감독하는 자 등에게 금품이나 그 밖의 재산상 이익, 직무 · 편의제공 등 대가를 제공하거나 약속하고 다음 각 목의 어느 하나에 해당하는 행위를 아동·청소년을 대상으로 하거나 아동 · 청소년으로 하여금 하게 하는 것을 말한다.
   가. 성교 행위
   나. 구강 · 항문 등 신체의 일부나 도구를 이용한 유사 성교 행위
   다. 신체의 전부 또는 일부를 접촉·노출하는 행위로서 일반인의 성적 수치심이나 혐오감을 일으키는 행위
   라. 자위 행위
5. "아동 · 청소년이용음란물"은 아동 · 청소년 또는 아동 · 청소년으로 인식될 수 있는 사람이나 표현물이 등장하여 제4호의 어느 하나에 해당하는 행위를 하거나 그 밖의 성적 행위를 하는 내용을 표현하는 것으로서 필름·비디오물·게임물 또는 컴퓨터나 그 밖의 통신매체를 통한 화상·영상 등의 형태로 된 것을 말한다.
6. "피해아동 · 청소년"이란 제2호나목부터 라목까지, 제7조부터 제14조(제13조제1항의 죄는 제외한다)까지의 죄의 피해자가 된 아동 · 청소년을 말한다.
7. "대상아동 · 청소년"이란 제13조제1항의 죄의 상대방이 된 아동 · 청소년을 말한다.
8. "온라인서비스제공자"란 다른 사람들이 정보통신망(「정보통신망 이용촉진 및 정보보호 등에 관한 법률」 제2조제1항제1호의 정보통신망을 말한다. 이하 같다)을 통하여 온라인 자료를 이용할 수 있도록 서비스를 제공하는 자로서 대통령령으로 정하는 자를 말한다.

미수범처벌규정 있음	미수범처벌규정없음
• 아동 · 청소년에 대한 강간 · 강제추행, 준강간 · 준강제추행, 위계 · 위력에 의한 간음 · 강제추행 • 아동 · 청소년이용 음란물 제작 · 수입 · 수출 • 아동 · 청소년 매매행위 • 아동 · 청소년에 대한 강요행위 등	• 아동 · 청소년이용 음란물 판매 · 배포 · 대여 · 소지 · 운반 · 전시 · 상영 • 아동 · 청소년의 성을 사는 행위 • 아동 · 청소년의 성을 사는 행위의 알선 · 영업행위 등

◉ **청소년을 이용한 성적 접대행위는 청소년보호법에서 규제하고 있음**
- 퇴폐적 안마, 목욕보조,알몸접대 등

제23조(친권상실청구 등) ① 아동·청소년대상 성범죄 사건을 수사하는 검사는 그 사건의 가해자가 피해아동·청소년의 친권자나 후견인인 경우에 법원에 「민법」 제924조의 친권상실선고 또는 같은 법 제940조의 후견인 변경 결정을 청구하여야 한다. 다만, 친권상실선고 또는 후견인 변경 결정을 하여서는 아니될 특별한 사정이 있는 경우에는 그러하지 아니하다

제49조(등록정보의 공개)

③ 제1항에 따라 공개하도록 제공되는 등록정보(이하 "공개정보"라 한다)는 다음 각 호와 같다.

1. 성명
2. 나이
3. 주소 및 실제거주지
(「도로명주소법」 제2조제5호의 도로명 및 같은 조 제7호의 건물번호까지로 한다)
4. 신체정보(키와 몸무게)
5. 사진
6. 등록대상 성범죄 요지(판결일자, 죄명, 선고형량을 포함한다)
7. 성폭력범죄 전과사실(죄명 및 횟수)
8. 「특정 범죄자에 대한 보호관찰 및 전자장치 부착 등에 관한 법률」에 따른 전자장치 부착 여부

④ 공개정보의 구체적인 형태와 내용에 관하여는 대통령령으로 정한다.

⑤ 공개정보를 정보통신망을 이용하여 열람하고자 하는 자는 실명인증 절차를 거쳐야 한다.

⑥ 실명인증, 공개정보 유출 방지를 위한 기술 및 관리에 관한 구체적인 방법과 절차는 대통령령으로 정한다.

*** 직업, 직장소재지(X)**

◐ 성매매와 청소년성매매의 비교 ◑		
	성매매	아동·청소년성매매(원조교제)
법적근거	성매매 알선 행위등의 처벌에관한 법률	아동 · 청소년의 성보호에 관한 법률
대상	불특정인	특정인이라도 관계없음
행위	성교행위 및 성교유사행위를 포함	성교행위 및 성교유사행위를 포함
연령	제한 없음	만 19세 미만의 남여

◉ 음란행위

음란의 개념에 대하여 우리나라 학설과 판례는 일반적으로 성욕을 자극하거나 흥분 또는 만족하게 하는 내용으로써 일반인의 정상적인 성적 수치심을 해치고 건전한 성적 도덕관념에 반하는 것으로 규정한다. 이러한 음란개념은 추상적인 기준일 뿐이어서 어떤 행위가 음란한 행위인가에 대한 판단은 구체적 행위를 개별적으로 판단하는 수밖에 없다.

청소년 보호법

[시행 2012.9.16] [법률 제11179호, 2012.1.17., 일부개정]

제2조(정의) 이 법에서 사용하는 용어의 뜻은 다음과 같다.

1. "청소년"이란 만 19세 미만인 사람을 말한다. 다만, 만 19세가 되는 해의 1월 1일을 맞이한 사람은 제외한다.
2. "매체물"이란 다음 각 목의 어느 하나에 해당하는 것을 말한다.
   가. 「영화 및 비디오물의 진흥에 관한 법률」에 따른 영화 및 비디오물
   나. 「게임산업진흥에 관한 법률」에 따른 게임물
   다. 「음악산업진흥에 관한 법률」에 따른 음반, 음악파일, 음악영상물 및 음악영상파일
   라. 「공연법」에 따른 공연(국악공연은 제외한다)
   마. 「전기통신사업법」에 따른 전기통신을 통한 부호·문언·음향 또는 영상정보
   바. 「방송법」에 따른 방송프로그램(보도 방송프로그램은 제외한다)

사. 「신문 등의 진흥에 관한 법률」에 따른 일반일간신문(주로 정치 · 경제 · 사회에 관한 보도 · 논평 및 여론을 전파하는 신문은 제외한다), 특수일간신문(경제 · 산업 · 과학 · 종교 분야는 제외한다), 일반주간신문(정치 · 경제 분야는 제외한다), 특수주간신문(경제 · 산업 · 과학 · 시사 · 종교 분야는 제외한다), 인터넷신문(주로 정치 · 경제 · 사회에 관한 보도 · 논평 및 여론을 전파하는 신문은 제외한다) 및 인터넷뉴스서비스

아. 「잡지 등 정기간행물의 진흥에 관한 법률」에 따른 잡지(정치 · 경제 · 사회 · 시사 · 산업 · 과학 · 종교 분야는 제외한다), 정보간행물, 전자간행물 및 그 밖의 간행물

자. 「출판문화산업 진흥법」에 따른 간행물, 전자출판물 및 외국간행물(사목 및 아목에 해당하는 매체물은 제외한다)

차. 「옥외광고물 등 관리법」에 따른 옥외광고물과 가목부터 자목까지의 매체물에 수록 · 게재 · 전시되거나 그 밖의 방법으로 포함된 상업적 광고선전물

카. 그 밖에 청소년의 정신적·신체적 건강을 해칠 우려가 있어 대통령령으로 정하는 매체물

4. "청소년유해약물등"이란 청소년에게 유해한 것으로 인정되는 다음 가목의 약물(이하 "청소년유해약물"이라 한다)과 청소년에게 유해한 것으로 인정되는 다음 나목의 물건(이하 "청소년유해물건"이라 한다)을 말한다.

가. 청소년유해약물

1) 「주세법」에 따른 주류
2) 「담배사업법」에 따른 담배
3) 「마약류 관리에 관한 법률」에 따른 마약류
4) 「유해화학물질 관리법」에 따른 환각물질
5) 그 밖에 중추신경에 작용하여 습관성, 중독성, 내성 등을 유발하여 인체에 유해하게 작용할 수 있는 약물 등 청소년의 사용을 제한하지 아니하면 청소년의 심신을 심각하게 손상시킬 우려가 있는 약물로서 대통령령으로 정하는 기준에 따라 관계 기관의 의견을 들어 제36조에 따른 청소년보호위원회(이하 "청소년보호위원회"라 한다)가 결정하고 여성가족부장관이 고시한 것

나. 청소년유해물건

1) 청소년에게 음란한 행위를 조장하는 성기구 등 청소년의 사용을 제한하지 아니하면 청소년의 심신을 심각하게 손상시킬 우려가 있는 성 관련 물건으로서 대통령령으로 정하는 기준에 따라 청소년보호위원회가 결정하고 여성가족부장관이 고시한 것

2) 청소년에게 음란성·포악성·잔인성·사행성 등을 조장하는 완구류 등 청소년의 사용을 제한하지 아니하면 청소년의 심신을 심각하게 손상시킬 우려가 있는 물건으로서 대통령령으로 정하는 기준에 따라 청소년보호위원회가 결정하고 여성가족부장관이 고시한 것

5. "청소년유해업소"란 청소년의 출입과 고용이 청소년에게 유해한 것으로 인정되는 다음 가목의 업소(이하 "청소년 출입·고용금지업소"라 한다)와 청소년의 출입은 가능하나 고용이 청소년에게 유해한 것으로 인정되는 다음 나목의 업소(이하 "청소년고용금지업소"라 한다)를 말한다. 이 경우 업소의 구분은 그 업소가 영업을 할 때 다른 법령에 따라 요구되는 허가·인가·등록·신고 등의 여부와 관계없이 실제로 이루어지고 있는 영업행위를 기준으로 한다.

가. 청소년 출입·고용금지업소

1) 「게임산업진흥에 관한 법률」에 따른 일반게임제공업 및 복합유통게임제공업 중 대통령령으로 정하는 것

2) 「사행행위 등 규제 및 처벌 특례법」에 따른 사행행위영업

3) 「식품위생법」에 따른 식품접객업 중 대통령령으로 정하는 것

4) 「영화 및 비디오물의 진흥에 관한 법률」에 따른 비디오물감상실업 및 제한관람가비디오물소극장업

5) 「음악산업진흥에 관한 법률」에 따른 노래연습장업 중 대통령령으로 정하는 것

6) 「체육시설의 설치·이용에 관한 법률」에 따른 무도학원업 및 무도장업

7) 전기통신설비를 갖추고 불특정한 사람들 사이의 음성대화 또는 화상대화를 매개하는 것을 주된 목적으로 하는 영업. 다만, 「전기통신사업법」 등 다른 법률에 따라 통신을 매개하는 영업은 제외한다.

8) 불특정한 사람 사이의 신체적인 접촉 또는 은밀한 부분의 노출 등 성적 행위가 이루어지거나 이와 유사한 행위가 이루어질 우려가 있는 서비스를 제공하는 영업으로서 청소년보호위원회가 결정하고 여성가족부장관이 고시한 것

9) 청소년유해매체물 및 청소년유해약물등을 제작·생산·유통하는 영업 등 청 소년의 출입과 고용이 청소년에게 유해하다고 인정되는 영업으로서 대통령령으로 정하는 기준에 따라 청소년보호위원회가 결정하고 여성가족부장관이 고시한 것

나. 청소년고용금지업소

1) 「게임산업진흥에 관한 법률」에 따른 청소년게임제공업 및 인터넷컴퓨터 게임시설제공업
2) 「공중위생관리법」에 따른 숙박업, 목욕장업, 이용업 중 대통령령으로 정하는 것
3) 「식품위생법」에 따른 식품접객업 중 대통령령으로 정하는 것
4) 「영화 및 비디오물의 진흥에 관한 법률」에 따른 비디오물소극장업
5) 「유해화학물질 관리법」에 따른 유독물영업. 다만, 유독물 사용과 직접 관련이 없는 영업으로서 대통령령으로 정하는 영업은 제외한다.
6) 회비 등을 받거나 유료로 만화를 빌려 주는 만화대여업
7) 청소년유해매체물 및 청소년유해약물등을 제작·생산·유통하는 영업 등 청소년의 고용이 청소년에게 유해하다고 인정되는 영업으로서 대통령령으로 정하는 기준에 따라 청소년보호위원회가 결정하고 여성가족부장관이 고시한 것

6. "유통"이란 매체물 또는 약물 등을 판매 · 대여 · 배포 · 방송 · 공연 · 상영 · 전시 · 진열 · 광고하거나 시청 또는 이용하도록 제공하는 행위와 이러한 목적으로 매체물 또는 약물 등을 인쇄 · 복제 또는 수입하는 행위를 말한다.
7. "청소년폭력 · 학대"란 폭력이나 학대를 통하여 청소년에게 신체적 · 정신적 피해를 발생하게 하는 행위를 말한다.
8. "청소년유해환경"이란 청소년유해매체물, 청소년유해약물등, 청소년유해업소 및 청소년폭력 · 학대를 말한다.

제30조(청소년유해행위의 금지) 누구든지 청소년에게 다음 각 호의 어느 하나에 해당하는 행위를 하여서는 아니 된다.

1. 영리를 목적으로 청소년으로 하여금 신체적인 접촉 또는 은밀한 부분의 노출 등 성적 접대행위를 하게 하거나 이러한 행위를 알선·매개하는 행위
2. 영리를 목적으로 청소년으로 하여금 손님과 함께 술을 마시거나 노래 또는 춤 등으로 손님의 유흥을 돋우는 접객행위를 하게 하거나 이러한 행위를 알선·매개하는 행위

3. 영리나 흥행을 목적으로 청소년에게 음란한 행위를 하게 하는 행위
4. 영리나 흥행을 목적으로 청소년의 장애나 기형 등의 모습을 일반인들에게 관람시키는 행위
5. 청소년에게 구걸을 시키거나 청소년을 이용하여 구걸하는 행위
6. 청소년을 학대하는 행위
7. 영리를 목적으로 청소년으로 하여금 거리에서 손님을 유인하는 행위를 하게 하는 행위
8. 청소년을 남녀 혼숙하게 하는 등 풍기를 문란하게 하는 영업행위를 하거나 이를 목적으로 장소를 제공하는 행위
9. 주로 차 종류를 조리·판매하는 업소에서 청소년으로 하여금 영업장을 벗어나 차 종류를 배달하는 행위를 하게 하거나 이를 조장하거나 묵인하는 행위

第36조(청소년보호위원회의 설치) 다음 각 호의 사항에 관하여 심의·결정하기 위하여 여성가족부장관 소속으로 청소년보호위원회(이하 이 장에서 "위원회"라 한다)를 둔다.
1. 청소년유해매체물, 청소년유해약물등, 청소년유해업소 등의 심의·결정 등에 관한 사항
2. 제54조제1항에 따른 과징금 부과에 관한 사항
3. 여성가족부장관이 청소년보호를 위하여 필요하다고 인정하여 심의를 요청한 사항
4. 그 밖에 다른 법률에서 위원회가 심의·결정하도록 정한 사항

第37조(위원회의 구성) ① 위원회는 위원장 1명을 포함한 11명 이내의 위원으로 구성하되, 고위공무원단에 속하는 공무원 중 여성가족부장관이 지명하는 청소년 업무 담당 공무원 1명을 당연직 위원으로 한다.
② 위원회의 위원장은 청소년 관련 경험과 식견이 풍부한 사람 중에서 여성가족부장관의 제청으로 대통령이 임명하고, 그 밖의 위원은 다음 각 호의 어느 하나에 해당하는 사람 중에서 위원장의 추천을 받아 여성가족부장관의 제청으로 대통령이 임명하거나 위촉한다.
1. 판사, 검사 또는 변호사로 5년 이상 재직한 사람
2. 대학이나 공인된 연구기관에서 부교수 이상 또는 이에 상당하는 직에 있거나 있었던 사람으로서 청소년 관련 분야를 전공한 사람

3. 3급 또는 3급 상당 이상의 공무원이나 고위공무원단에 속하는 공무원과 공공기관에서 이에 상당하는 직에 있거나 있었던 사람으로서 청소년 관련 업무에 실무 경험이 있는 사람
4. 청소년 시설·단체 및 각급 교육기관 등에서 청소년 관련 업무를 10년 이상 담당한 사람

제39조(위원의 임기) ① 위원의 임기는 2년으로 하며, 연임할 수 있다.
② 당연직 위원이 아닌 위원에 결원이 생겼을 때에는 결원된 날부터 30일 이내에 보궐위원을 임명하거나 위촉하여야 하며, 보궐위원의 임기는 전임자 임기의 남은 기간으로 한다.

◐ 청소년보호법상 '청소년 유해업소'의 유형 ◑

청소년 출입·고용금지업소(출입·고용×)	청소년 고용금지업소(출입○, 고용×)
① 유흥주점·단란주점 ② 비디오감상실·노래연습장(청소년실은 출입가능, 고용만 금지) ③ 무도학원·무도장 ④ 사행행위영업장 ⑤ 전기통신설비를 갖추고 불특정한 사람 상호간의 전화통화를 매개하는 것을 주된 목적으로 하는 영업 ⑥ 청소년유해매체물, 청소년유해약물 및 청소년유해물건을 제작·생산·유통하는 영업등 청소년의 출입과 고용이 청소년에게 유해하다고 인정되는 영업으로서 청소년보호위원회가 결정하여 고시한 것(성기구판매업소) ⑦ 불특정한 사람 사이의 신체적인 접촉 또는 은밀한 부분의 노출 등 성적 행위가 이루어지거나 이와 유사한 행위가 이루어질 우려가 있는 서비스를 제공하는 영업으로서 청소년보호위원회가 결정하고 여성가족부장관이 고시한 것(신 · 변종 성매매업소)	① 티켓다방,소주방,호프,카페 ② 숙박업, 이용업(남자청소년 고용은 제외), 목욕장업중 안마실을 설치하거나 객실로 구획하여 하는 영업 ③ 음반 등 판매업, 비디오물 대여업과 비디오물 소극장업, 일반게임장업 또는 복합유통·제공업 중 청소년유해업이 포함된 경우, 청소년게임제공업 및 인터넷컴퓨터게임시설제공업 ④ 담배소매업(삭제) ⑤ 유독물제조업·판매업 및 취급업 ⑥ 회비 등을 받거나 유료인 만화대여업 ⑦ 청소년유해매체물,청소년유해약물 및 청소년유해물건을 제작·생산·유통하는 영업 등 청소년의 고용이 청소년에게 유해하다고 인정되는 영업으로서 청소년보호위원회가 결정하여 고시한 것

☑ **청소년 연령**

청소년기본법상의 청소년의 정의에 관한 규정 및 입법취지와 청소년보호법과의 관계, 아동복지법상의 아동의 정의에 관한 규정 및 입법 취지와 청소년보호법과의 관계, 사회통념 등을 종합적으로 고려하면 청소년보호법의 청소년에는 19세미만의 모든 사람이 포함되는 것으로 새길 것이 아니라 적어도 청소년기본법이 정의하는 연령의 하한인 9세 이상으로 새기는 것이 타당하다. 나이나 외모, 심부름 온 거리 등 모든 사정에 비추어 다른 청소년은 물론 심부름 온 만 6 세의아동 자신이 술을 마실 위험성이나 개연성이 전혀 없음이 명백하여 청소년보호법상 과징금 부과대상이 되는 '청소년을 대상으로 하여 술을 판매한 행위'에 해당하지 아니한다. (서울행정 2001.12.20, 2001.구33822)

◉ 사행행위

사행행위 등 규제 및 처벌 특례법

[시행 2012.9.16] [법률 제11048호, 2011.9.15., 타법개정]

제1조(목적) 이 법은 건전한 국민생활을 해치는 지나친 사행심(射倖心)의 유발을 방지하고 선량한 풍속을 유지하기 위하여 사행행위 관련 영업에 대한 지도와 규제에 관한 사항, 사행행위 관련 영업 외에 투전기(投錢機)나 사행성(射倖性) 유기기구(遊技機具)로 사행행위를 하는 자 등에 대한 처벌의 특례에 관한 사항을 규정함을 목적으로 한다.

제4조(허가 등) ① 사행행위영업을 하려는 자는 제3조에 따른 시설 등을 갖추어 행정안전부령으로 정하는 바에 따라 지방경찰청장의 허가를 받아야 한다. 다만, 그 영업의 대상 범위가 둘 이상의 특별시·광역시·도 또는 특별자치도에 걸치는 경우에는 경찰청장의 허가를 받아야 한다.

② 제1항에 따른 허가를 받은 자가 대통령령으로 정하는 중요 사항을 변경하려면 행정안전부령으로 정하는 바에 따라 경찰청장이나 지방경찰청장의 허가를 받아야 한다.

③ 국가기관이나 지방자치단체가 사행행위영업을 하려면 경찰청장의 승인을 받아야 한다.

제5조(허가의 요건) ① 경찰청장이나 지방경찰청장은 제4조제1항에 따른 사행행위영업의 허가신청을 받으면 다음 각 호의 어느 하나에 해당하는 경우에만 그 영업을 허가할 수 있다.

1. 공공복리의 증진을 위하여 특별히 필요하다고 인정되는 경우
2. 상품을 판매·선전하기 위하여 특별히 필요하다고 인정되는 경우
3. 관광 진흥과 관광객 유치를 위하여 특별히 필요하다고 인정되는 경우

② 제1항 각 호의 "특별히 필요하다고 인정되는 경우"에 관하여는 대통령령으로 정한다.

제7조(허가의 유효기간) ① 허가의 유효기간은 영업의 종류별로 대통령령으로 정하되, 3년을 초과할 수 없다.

시행령 제4조(허가의 유효기간) 복표발행업·현상업 및 기타 사행행위업 : 90일

② 제1항의 규정에 의한 허가의 유효기간이 지난 후 계속하여 영업을 하고자 하는 자는 행정안전부령이 정하는 바에 의하여 다시 허가를 받아야 한다.

제8조(조건부 영업허가) ① 경찰청장이나 지방경찰청장은 영업허가를 할 때 대통령령으로 정하는 기간에 제3조에 따른 시설 및 사행기구를 갖출 것을 조건으로 허가할 수 있다.

② 경찰청장이나 지방경찰청장은 제1항에 따라 허가를 받은 자가 정당한 사유 없이 정하여진 기간에 시설 및 사행기구를 갖추지 아니하면 그 허가를 취소하여야 한다.

<table>
<tr><th colspan="4">◐ 사행행위 등 규제 및 처벌특례법 ◑</th></tr>
<tr><td>의의</td><td colspan="3">① 사행행위영업의 유형 ➡ 복권발행업, 현상업, 기타 사행행위업(회전판돌리기업, 추첨업, 경품업)
② 카지노업(슬롯머신) ➡ 관광진흥법의 적용을 받으므로 이 법에 해당하는 사행행위영업이 아님</td></tr>
<tr><td rowspan="5">유형</td><td>복권발행법</td><td colspan="2">특정한 표찰(컴퓨터프로그램 등 정보처리능력을 가진 장치에 의한 전자적 형태를 포함한다)을 이용하여 다수인으로부터 재물등을 모아 추첨 등의 방법에 의하여 당첨자에게 재산상의 이익을 주고 다른 참가자에게 손실을 주는 행위를 하는 영업</td></tr>
<tr><td>현상업</td><td colspan="2">특정한 설문 또는 예측에 대하여 그 해답의 제시 또는 적중을 조건으로 응모자로부터 재물등을 모아 그 설문에 대한 정답자나 적중자의 전부 또는 일부에 대하여 재산상의 이익을 주고 다른 참가자에게 손실을 주는 행위를 하는 영업</td></tr>
<tr><td rowspan="3">기타 사행행위업</td><td>회전판돌리기업</td><td>참가자에게 금품을 걸게한 후 그림이나 숫자등의 기호가 표시된 회전판이 돌고 있는 상태에서 화살등을 쏘거나 던지게 하여 회전판이 정지되었을 때 그 화살등이 명중시킨 기호에 따라 당첨금을 교부하는 행위를 하는 영업</td></tr>
<tr><td>추첨업</td><td>참가자에게 번호를 기입한 증표를 제공하고 지정일시에 추첨등으로 당첨자를 선정하여 일정한 지급기준에 따라 당첨금을 교부하는 행위를 하는 영업</td></tr>
<tr><td>경품업</td><td>참가자에게 등수를 기입한 증표를 제공하여 당해 증표에 표시된 등수 및 당첨금의 지급기준에 따라 당첨금을 교부하는 행위를 하는 영업</td></tr>
<tr><td colspan="3">사행기구제조업</td><td>사행행위에 이용되는 기계, 기판, 용구 또는 컴퓨터 프로그램을 제작,개조 또는 수리하는 영업</td></tr>
<tr><td colspan="3">사행기구판매업</td><td>사행기구를 판매 또는 수입하는 영업</td></tr>
<tr><td colspan="3">투전기</td><td>주화, 지폐 또는 대용품을 투입하여 우연의 결과에 따라 재물 등이 배출되어 이용자 에게 재산상 이익 또는 손실을 주는 기기
*이를 이용하여 사행행위를 업으로 하는 경우 5년이나 징역이나 5천만원이하의 벌금</td></tr>
<tr><td colspan="3">사행성 유사기구</td><td>위 투전기외에 기계식구슬치기기구, 사행성전자식유기기구 등 사행심을 유발할 우려가 있는 기계, 기구 등
*이를 이용하여 사행행위를 업으로 하는 경우 5년이나 징역이나 5천만원이하의 벌금</td></tr>
</table>

〈게임산업진흥에 관한 법률 〉

◉ 주요 내용

1. 게임산업진흥에관한법률상 '사행성 게임물' 종류 : 경마, 경륜, 경정, 카지노와 이를 모사한 게임물
2. 게임물을 이용한 도박행위를 하도록 내버려두어서는 안됨.
3. 일반게임제공업을 영위하는 자는 청소년을 출입시켜서는 안됨.(18세 미만)
4. 게임물 및 컴퓨터 설비 등에 음란물타단 프로그램을 설치해야 함
5. 게임믈 관련업자는 경품 등을 제공하여 사행성을 조장해서는 안 됨. 단, 청소년게임제공업의 전체이용가 게임물에 대하여 대통령령으로 정하는 경품의 종류(완구류 및 문구류 등. 다만 현금, 상품권 및 유가증권은 제외)

〈음악산업진흥에관한법률〉

제22조 【노래연습장업자의 준수사항 등】 ① 노래연습장업자는 다음 각 호의 사항을 지켜야 한다.

1. 영업소 안에 화재 또는 안전사고 예방을 위한 조치를 할 것
2. 당해 영업장소에 대통령령이 정하는 출입시간외에 청소년이 출입하지 아니하도록 할 것. 다만, 부모 등 보호자를 동반하거나 그의 출입동의서를 받은 경우 그 밖에 대통령령이 정하는 경우에는 그러하지 아니하다.
3. 주류를 판매·제공하지 아니할 것
4. 접대부(남녀를 불문한다)를 고용·알선하거나 호객행위를 하지 아니할 것
5. 「성매매알선 등 행위의 처벌에 관한 법률」 제2조제1항의 규정에 따른 성매매 등의 행위를 하게 하거나 이를 알선·제공하는 행위를 하지 아니할 것
6. 건전한 영업질서의 유지 등에 관하여 대통령령이 정하는 사항을 준수할 것

② 누구든지 영리를 목적으로 노래연습장에서 손님과 함께 술을 마시거나 노래 또는 춤으로 손님의 유흥을 돋구는 접객행위를 하거나 타인에게 그 행위를 알선하여서는 아니 된다.

※ 단속에 적발 돼 형사입건 된 도우미 고용 업주는 음악산업진흥에 관한 법률에 따라 3년 이하의 징역 또는 3천만원 이하의 벌금형에, 도우미는 1년이하의 징역 또는 300만원 이하의 벌금형으로 각각 처벌된다.

2. 기초질서 위반사범의 단속

의의	① 사람들이 일상생활에서 흔히 범하기 쉬운 경미한 법익의 침해로서, 경범죄처벌법과 도로교통법 등에 행위유형이 규정되어, 제재수단이 「범칙금 부과」로 되어 있는 행위 ② 「깨진 유리창 이론」→ 경미한 범죄의 단속이 중범죄의 감소에 효과가 있음을 입증	
대상	경범죄 처벌법	광의의 형법으로서 형법의 보충법, 일반법
	도로 교통법	예 보행자 무단횡단 등

◉경범죄 처벌법

◐ 경범죄 처벌법 ◑	
의의	1. 광의의 형법, 형법의 보충법이며 일반법(형법의 특별법이 아님) 2. 형사실체법에 속함(통고처분 절차규정이 있으므로 일부 절차법적 성격도 가지고 있음) 3. 대상범죄의 성격이 주로 추상적 위험범임(미수범 처벌규정이 없음) 4. 처벌대상 : 10만원이하의 벌금,구류,또는 과료에 처함
특색	1. 처벌시 형을 면제하거나 또는 구류와과료를 함께 병과할 수 있음 2. 벌금 이하의 형으로만 규정되어 있어서 집행유예는 불가능하나, 벌금형의 선고시 선고유예는 가능함 3. 법인에 대해서도 벌금형 처벌이 가능 4. 교사자 및 방조자는 정범에 준하여 처벌함(종범의 형을 감경하지 않고, 종범을 정범으로 처벌함 5. 본법의 죄를 범한 범인을 은닉 · 도피하게 한 경우 범인은닉죄가 성립함 6. 주의 · 감독책임자에 대한 처벌 : 법규위반에 해당하는 행위를 하지 않고 단순히 주의의무 또는 감독의무를 위반한 자도 처벌함 7. 법인에 대한 벌칙 : 법인에 대해서도 금전벌에 한하여 처벌할 수 있다.

경범죄 처벌법

[시행 2013.5.22.] [법률 제11778호, 2013.5.22., 일부개정]

제1장 총칙

제1조(목적) 이 법은 경범죄의 종류 및 처벌에 필요한 사항을 정함으로써 국민의 자유와 권리를 보호하고 사회공공의 질서유지에 이바지함을 목적으로 한다.

제2조(남용금지) 이 법을 적용할 때에는 국민의 권리를 부당하게 침해하지 아니하도록 세심한 주의를 기울여야 하며, 본래의 목적에서 벗어나 다른 목적을 위하여 이 법을 적용하여서는 아니 된다.

제2장 경범죄의 종류와 처벌

제3조(경범죄의 종류) ① 다음 각 호의 어느 하나에 해당하는 사람은 10만원 이하의 벌금, 구류 또는 과료(科料)의 형으로 처벌한다.

1. (빈집 등에의 침입) 다른 사람이 살지 아니하고 관리하지 아니하는 집 또는 그 울타리·건조물(建造物)·배·자동차 안에 정당한 이유 없이 들어간 사람
2. (흉기의 은닉휴대) 칼·쇠몽둥이·쇠톱 등 사람의 생명 또는 신체에 중대한 위해를 끼치거나 집이나 그 밖의 건조물에 침입하는 데에 사용될 수 있는 연장이나 기구를 정당한 이유 없이 숨겨서 지니고 다니는 사람
3. (폭행 등 예비) 다른 사람의 신체에 위해를 끼칠 것을 공모(共謀)하여 예비행위를 한 사람이 있는 경우 그 공모를 한 사람
4. 삭제 〈2013.5.22〉
5. (시체 현장변경 등) 사산아(死産兒)를 감추거나 정당한 이유 없이 변사체 또는 사산아가 있는 현장을 바꾸어 놓은 사람
6. (도움이 필요한 사람 등의 신고불이행) 자기가 관리하고 있는 곳에 도움을 받아야 할 노인, 어린이, 장애인, 다친 사람 또는 병든 사람이 있거나 시체 또는 사산아가 있는 것을 알면서 이를 관계 공무원에게 지체 없이 신고하지 아니한 사람
7. (관명사칭 등) 국내외의 공직(公職), 계급, 훈장, 학위 또는 그 밖에 법령에 따라 정하여진 명칭이나 칭호 등을 거짓으로 꾸며 대거나 자격이 없으면서 법령에 따라 정하여진 제복, 훈장, 기장 또는 기념장(記念章), 그 밖의 표장(標章) 또는 이와 비슷한 것을 사용한 사람
8. (물품강매 · 호객행위) 요청하지 아니한 물품을 억지로 사라고 한 사람, 요청하지 아니한 일을 해주거나 재주 등을 부리고 그 대가로 돈을 달라고 한 사

람 또는 여러 사람이 모이거나 다니는 곳에서 영업을 목적으로 떠들썩하게 손님을 부른 사람

9. (광고물 무단부착 등) 다른 사람 또는 단체의 집이나 그 밖의 인공구조물과 자동차 등에 함부로 광고물 등을 붙이거나 내걸거나 끼우거나 글씨 또는 그림을 쓰거나 그리거나 새기는 행위 등을 한 사람 또는 다른 사람이나 단체의 간판, 그 밖의 표시물 또는 인공구조물을 함부로 옮기거나 더럽히거나 훼손한 사람 또는 공공장소에서 광고물 등을 함부로 뿌린 사람
10. (마시는 물 사용방해) 사람이 마시는 물을 더럽히거나 사용하는 것을 방해한 사람
11. (쓰레기 등 투기) 담배꽁초, 껌, 휴지, 쓰레기, 죽은 짐승, 그 밖의 더러운 물건이나 못쓰게 된 물건을 함부로 아무 곳에나 버린 사람
12. (노상방뇨 등) 길, 공원, 그 밖에 여러 사람이 모이거나 다니는 곳에서 함부로 침을 뱉거나 대소변을 보거나 또는 그렇게 하도록 시키거나 개 등 짐승을 끌고 와서 대변을 보게 하고 이를 치우지 아니한 사람
13. (의식방해) 공공기관이나 그 밖의 단체 또는 개인이 하는 행사나 의식을 못된 장난 등으로 방해하거나 행사나 의식을 하는 자 또는 그 밖에 관계 있는 사람이 말려도 듣지 아니하고 행사나 의식을 방해할 우려가 뚜렷한 물건을 가지고 행사장 등에 들어간 사람
14. (단체가입 강요) 싫다고 하는데도 되풀이하여 단체 가입을 억지로 강요한 사람
15. (자연훼손) 공원·명승지·유원지나 그 밖의 녹지구역 등에서 풀·꽃·나무·돌 등을 함부로 꺾거나 캔 사람 또는 바위·나무 등에 글씨를 새기거나 하여 자연을 훼손한 사람
16. (타인의 가축·기계 등 무단조작) 다른 사람 또는 단체의 소나 말, 그 밖의 짐승 또는 매어 놓은 배·뗏목 등을 함부로 풀어 놓거나 자동차 등의 기계를 조작한 사람
17. (물길의 흐름 방해) 개천·도랑이나 그 밖의 물길의 흐름에 방해될 행위를 한 사람
18. (구걸행위 등) 다른 사람에게 구걸하도록 시켜 올바르지 아니한 이익을 얻은 사람 또는 공공장소에서 구걸을 하여 다른 사람의 통행을 방해하거나 귀찮게 한 사람
19. (불안감조성) 정당한 이유 없이 길을 막거나 시비를 걸거나 주위에 모여들거나 뒤따르거나 몹시 거칠게 겁을 주는 말이나 행동으로 다른 사람을 불안하게 하거나 귀찮고 불쾌하게 한 사람 또는 여러 사람이 이용하거나 다니는 도로·공원 등 공공장소에서 고의로 험악한 문신(文身)을 드러내어 다른 사람에게 혐오감을 준 사람

20. (음주소란 등) 공회당 · 극장 · 음식점 등 여러 사람이 모이거나 다니는 곳 또는 여러 사람이 타는 기차 · 자동차 · 배 등에서 몹시 거친 말이나 행동으로 주위를 시끄럽게 하거나 술에 취하여 이유 없이 다른 사람에게 주정한 사람
21. (인근소란 등) 악기 · 라디오 · 텔레비전 · 전축 · 종 · 확성기 · 전동기(電動機) 등의 소리를 지나치게 크게 내거나 큰소리로 떠들거나 노래를 불러 이웃을 시끄럽게 한 사람
22. (위험한 불씨 사용) 충분한 주의를 하지 아니하고 건조물, 수풀, 그 밖에 불붙기 쉬운 물건 가까이에서 불을 피우거나 휘발유 또는 그 밖에 불이 옮아붙기 쉬운 물건 가까이에서 불씨를 사용한 사람
23. (물건 던지기 등 위험행위) 다른 사람의 신체나 다른 사람 또는 단체의 물건에 해를 끼칠 우려가 있는 곳에 충분한 주의를 하지 아니하고 물건을 던지거나 붓거나 또는 쏜 사람
24. (인공구조물 등의 관리소홀) 무너지거나 넘어지거나 떨어질 우려가 있는 인공구조물이나 그 밖의 물건에 대하여 관계 공무원으로부터 고칠 것을 요구받고도 필요한 조치를 게을리하여 여러 사람을 위험에 빠트릴 우려가 있게 한 사람
25. (위험한 동물의 관리 소홀) 사람이나 가축에 해를 끼치는 버릇이 있는 개나 그 밖의 동물을 함부로 풀어놓거나 제대로 살피지 아니하여 나다니게 한 사람
26. (동물 등에 의한 행패 등) 소나 말을 놀라게 하여 달아나게 하거나 개나 그 밖의 동물을 시켜 사람이나 가축에게 달려들게 한 사람
27. (무단소등) 여러 사람이 다니거나 모이는 곳에 켜 놓은 등불이나 다른 사람 또는 단체가 표시를 하기 위하여 켜 놓은 등불을 함부로 끈 사람
28. (공중통로 안전관리소홀) 여러 사람이 다니는 곳에서 위험한 사고가 발생하는 것을 막을 의무가 있으면서도 등불을 켜 놓지 아니하거나 그 밖의 예방조치를 게을리한 사람
29. (공무원 원조불응) 눈 · 비 · 바람 · 해일 · 지진 등으로 인한 재해, 화재 · 교통사고 · 범죄, 그 밖의 급작스러운 사고가 발생하였을 때에 현장에 있으면서도 정당한 이유 없이 관계 공무원 또는 이를 돕는 사람의 현장출입에 관한 지시에 따르지 아니하거나 공무원이 도움을 요청하여도 도움을 주지 아니한 사람
30. (거짓 인적사항 사용) 성명, 주민등록번호, 등록기준지, 주소, 직업 등을 거짓으로 꾸며대고 배나 비행기를 타거나 인적사항을 물을 권한이 있는 공무원이 적법한 절차를 거쳐 묻는 경우 정당한 이유 없이 다른 사람의 인적사항을 자기의 것으로 거짓으로 꾸며댄 사람

31. (미신요법) 근거 없이 신기하고 용한 약방문인 것처럼 내세우거나 그 밖의 미신적인 방법으로 병을 진찰·치료·예방한다고 하여 사람들의 마음을 홀리게 한 사람
32. (야간통행제한 위반) 전시·사변·천재지변, 그 밖에 사회에 위험이 생길 우려가 있을 경우에 경찰청장이나 해양경찰청장이 정하는 야간통행제한을 위반한 사람
33. (과다노출) 여러 사람의 눈에 뜨이는 곳에서 공공연하게 알몸을 지나치게 내놓거나 가려야 할 곳을 내놓아 다른 사람에게 부끄러운 느낌이나 불쾌감을 준 사람
34. (지문채취 불응) 범죄 피의자로 입건된 사람의 신원을 지문조사 외의 다른 방법으로는 확인할 수 없어 경찰공무원이나 검사가 지문을 채취하려고 할 때에 정당한 이유 없이 이를 거부한 사람
35. (자릿세 징수 등) 여러 사람이 모이거나 쓸 수 있도록 개방된 시설 또는 장소에서 좌석이나 주차할 자리를 잡아 주기로 하거나 잡아주면서, 돈을 받거나 요구하거나 돈을 받으려고 다른 사람을 귀찮게 따라다니는 사람
36. (행렬방해) 공공장소에서 승차·승선, 입장·매표 등을 위한 행렬에 끼어들거나 떠밀거나 하여 그 행렬의 질서를 어지럽힌 사람
37. (무단 출입) 출입이 금지된 구역이나 시설 또는 장소에 정당한 이유 없이 들어간 사람
38. (총포 등 조작장난) 여러 사람이 모이거나 다니는 곳에서 충분한 주의를 하지 아니하고 총포, 화약류, 그 밖에 폭발의 우려가 있는 물건을 다루거나 이를 가지고 장난한 사람
39. (무임승차 및 무전취식) 영업용 차 또는 배 등을 타거나 다른 사람이 파는 음식을 먹고 정당한 이유 없이 제 값을 치르지 아니한 사람
40. (장난전화 등) 정당한 이유 없이 다른 사람에게 전화·문자메시지·편지·전자우편·전자문서 등을 여러 차례 되풀이하여 괴롭힌 사람
41. (지속적 괴롭힘) 상대방의 명시적 의사에 반하여 지속적으로 접근을 시도하여 면회 또는 교제를 요구하거나 지켜보기, 따라다니기, 잠복하여 기다리기 등의 행위를 반복하여 하는 사람

② 다음 각 호의 어느 하나에 해당하는 사람은 20만원 이하의 벌금, 구류 또는 과료의 형으로 처벌한다.

1. (출판물의 부당게재 등) 올바르지 아니한 이익을 얻을 목적으로 다른 사람 또는 단체의 사업이나 사사로운 일에 관하여 신문, 잡지, 그 밖의 출판물에 어떤 사항을 싣거나 싣지 아니할 것을 약속하고 돈이나 물건을 받은 사람

2. (거짓 광고) 여러 사람에게 물품을 팔거나 나누어 주거나 일을 해주면서 다른 사람을 속이거나 잘못 알게 할 만한 사실을 들어 광고한 사람
3. (업무방해) 못된 장난 등으로 다른 사람, 단체 또는 공무수행 중인 자의 업무를 방해한 사람
4. (암표매매) 흥행장, 경기장, 역, 나루터, 정류장, 그 밖에 정하여진 요금을 받고 입장시키거나 승차 또는 승선시키는 곳에서 웃돈을 받고 입장권·승차권 또는 승선권을 다른 사람에게 되판 사람

③ 다음 각 호의 어느 하나에 해당하는 사람은 60만원 이하의 벌금, 구류 또는 과료의 형으로 처벌한다. 〈개정 2013.5.22〉
1. (관공서에서의 주취소란) 술에 취한 채로 관공서에서 몹시 거친 말과 행동으로 주정하거나 시끄럽게 한 사람
2. (거짓신고) 있지 아니한 범죄나 재해 사실을 공무원에게 거짓으로 신고한 사람

제4조(교사 · 방조) 제3조의 죄를 짓도록 시키거나 도와준 사람은 죄를 지은 사람에 준하여 벌한다.

제5조(형의 면제와 병과) 제3조에 따라 사람을 벌할 때에는 그 사정과 형편을 헤아려서 그 형을 면제하거나 구류와 과료를 함께 과(科)할 수 있다.

제3장 경범죄 처벌의 특례

제6조(정의) ① 이 장에서 "범칙행위"란 제3조제1항 각 호 및 제2항 각 호의 어느 하나에 해당하는 위반행위를 말하며, 그 구체적인 범위는 대통령령으로 정한다.

② 이 장에서 "범칙자"란 범칙행위를 한 사람으로서 다음 각 호의 어느 하나에 해당하지 아니하는 사람을 말한다.
1. 범칙행위를 상습적으로 하는 사람
2. 죄를 지은 동기나 수단 및 결과를 헤아려볼 때 구류처분을 하는 것이 적절하다고 인정되는 사람
3. 피해자가 있는 행위를 한 사람
4. 18세 미만인 사람

③ 이 장에서 "범칙금"이란 범칙자가 제7조에 따른 통고처분에 따라 국고 또는 제주특별자치도의 금고에 납부하여야 할 금전을 말한다.

제7조(통고처분) ① 경찰서장, 해양경찰서장, 제주특별자치도지사 또는 철도특별사법경찰대장은 범칙자로 인정되는 사람에 대하여 그 이유를 명백히 나타낸 서면으로 범칙금을 부과하고 이를 납부할 것을 통고할 수 있다. 다만, 다음 각 호의 어느 하나에 해당하는 사람에게는 통고하지 아니한다.

1. 통고처분서 받기를 거부한 사람
2. 주거 또는 신원이 확실하지 아니한 사람
3. 그 밖에 통고처분을 하기가 매우 어려운 사람

② 제1항에 따라 통고할 범칙금의 액수는 범칙행위의 종류에 따라 대통령령으로 정한다.

③ 제주특별자치도지사, 철도특별사법경찰대장은 제1항에 따라 통고처분을 한 경우에는 관할 경찰서장에게 그 사실을 통보하여야 한다.

제8조(범칙금의 납부) ① 제7조에 따라 통고처분서를 받은 사람은 통고처분서를 받은 날부터 10일 이내에 경찰청장·해양경찰청장 또는 철도특별사법경찰대장이 지정한 은행, 그 지점이나 대리점, 우체국 또는 제주특별자치도지사가 지정하는 금융기관이나 그 지점에 범칙금을 납부하여야 한다. 다만, 천재지변이나 그 밖의 부득이한 사유로 말미암아 그 기간 내에 범칙금을 납부할 수 없을 때에는 그 부득이한 사유가 없어지게 된 날부터 5일 이내에 납부하여야 한다.

② 제1항에 따른 납부기간에 범칙금을 납부하지 아니한 사람은 납부기간의 마지막 날의 다음 날부터 20일 이내에 통고받은 범칙금에 그 금액의 100분의 20을 더한 금액을 납부하여야 한다.

③ 제1항 또는 제2항에 따라 범칙금을 납부한 사람은 그 범칙행위에 대하여 다시 처벌받지 아니한다.

제9조(통고처분 불이행자 등의 처리) ① 경찰서장 또는 해양경찰서장은 다음 각 호의 어느 하나에 해당하는 사람에 대하여는 지체 없이 즉결심판을 청구하여야 한다. 다만, 즉결심판이 청구되기 전까지 통고받은 범칙금에 그 금액의 100분의 50을 더한 금액을 납부한 사람에 대하여는 그러하지 아니하다.
1. 제7조제1항 각 호의 어느 하나에 해당하는 사람
2. 제8조제2항에 따른 납부기간에 범칙금을 납부하지 아니한 사람

② 제1항제2호에 따라 즉결심판이 청구된 피고인이 통고받은 범칙금에 그 금액의 100분의 50을 더한 금액을 납부하고 그 증명서류를 즉결심판 선고 전까지 제출하였을 때에는 경찰서장 또는 해양경찰서장은 그 피고인에 대한 즉결심판 청구를 취소하여야 한다.

③ 제1항 단서 또는 제2항에 따라 범칙금을 납부한 사람은 그 범칙행위에 대하여 다시 처벌받지 아니한다.

④ 제주특별자치도지사 또는 철도특별사법경찰대장은 제1항 각 호의 어느 하나에 해당하는 사람이 있는 경우에는 즉시 관할 경찰서장 또는 해양경찰서장에게 그 사실을 통보하고 관련 서류를 넘겨야 한다. 이 경우 통보를 받은 경찰서장 또는 해양경찰서장은 제1항부터 제3항까지의 규정에 따라 이를 처리하여야 한다.

Notice

* 미신요법죄는 재산상의 이득까지 취할 것을 요건으로 하지 않음.
* 무단출입죄에서 출입이 금지된 구역·시설·장소한 법률뿐만 아니라 사회통념상 개념상 개념으로 출입금지의 표시가 있거나 철조망 방책이 있는 구역, 문화재 보호구역, 출입금지된 범죄현장에 출입하는 행위 등이 해당함.
* 과다노출의 판단은 장소, 행위자의 성별, 나이 등에 따라 구체적 · 상대적으로 판단하여야 함.

3. 총 · 포 · 도검 · 화약류 단속

◉ 총 · 포 · 도검 · 화약류 허가권가

<table>
<tr><td>내용</td><td colspan="4">규제 강화. → 신고제에서 허가제로(각 제조소, 판매소마다), 권총 · 소송 · 엽총 · 5.5mm 단탄 공기총(산탄공기총은 영치하지 않음) 중요부품 경찰관서 보관 , 수렵 기타 법정 용도로 사용시 보관해제</td></tr>
<tr><td rowspan="10">허가
권자</td><td rowspan="2">제조업</td><td>경찰청장</td><td colspan="2">총(권총 · 소총 · 기관총) · 포, 화약류(화약 · 폭약)</td></tr>
<tr><td>지방청장</td><td colspan="2">경찰청장 허가사항 외의 총포, 화공품 · 도검 · 분사기 · 전자충격기 · 석궁</td></tr>
<tr><td>판매업</td><td colspan="3">지방청장</td></tr>
<tr><td rowspan="2">수출입</td><td>경찰청장</td><td colspan="2">총(권총 · 소총 · 기관총)포, 화약류(화약 · 폭약)</td></tr>
<tr><td>지방청장</td><td colspan="2">경찰청장허가사항 외의 총포 · 화공품 · 도검 · 분사기 · 전자충격기 · 석궁</td></tr>
<tr><td rowspan="2">소지</td><td>지방청장</td><td colspan="2">총포(권총 · 소총 · 기관총 · 어획총)</td></tr>
<tr><td>경찰서장</td><td colspan="2">지방청장 허가사항외의 총포(엽총 · 가스발사총 · 공기총 · 마취총 · 도살총 · 산업용총 · 구난구명용총), 도검 · 화약류 · 분사기 · 전자충격기 · 석궁</td></tr>
<tr><td rowspan="3">화약류</td><td>사용(발파), 양수허가</td><td colspan="2">사용지 경찰서장(화약류 관리책임자가 취급 해야 함)</td></tr>
<tr><td rowspan="2">화약류 저장소 설치</td><td>지방청장</td><td>1급 · 2급 · 도화선 · 수중 · 실탄 · 꽃불류 · 장남감용꽃불류저장소</td></tr>
<tr><td>경찰서장</td><td>3급 · 간이저장소</td></tr>
</table>

허가권자	▶ 사격장 관리 ① 근거법령 : 사격및사격장 안전관리에관한법률 ② 설치허가 : 공기총 · 석궁사격장(경찰서장)외에는 지방청장 허가 ③ 종류 : 권총 · 공기총 · 석궁 · 라이플 · 클레이 · 종합사격장 ④ 감독 : 허가관청의 연1회 정기점검 및 필요시 수기 점검

Notice

* 모의총포 : 수출 목적 외 제조, 판매, 소지금지
* 제조나 판매의 경우 제조소나 판매소마다 경찰청장 또는 지방청장의 허가를 받아야 한다.
* 국제경기에 참가하기 위해 입국하는 외국인에 대한 허가권자는 지방청장이다.
* 단체소지 허가의 경우, 법인, 법인의 아닌 단체에 대해서도 허가를 낼 수 있다.(×) → 단체소지 허가의 경우 법인만이 가능하다.

◐ 도검(총포·도검·화약류등단속법 제2조, 동법시행령 제4조 ◑

이법에서 '도검'이라 함은 칼날의 길이가 15cm이상 되는 칼, 검, 창, 치도, 비수 등으로서 성질상 흉기로 쓰여질 수 있는 것과 칼날의 길이가 15cm미만이라 할지라도 흉기로 사용될 위험성이 뚜렷이 있는 것 중에서 대통령령으로 정하는 것을 말한다.

① 월도 ② 장도 ③ 단도 ④ 검 ⑤ 창 ⑥ 치도 ⑦ 비수

⑧ 재크나이프(칼날의 길이가 6cm이상의 것에 한한다)

⑨ 비출나이프(칼날의길이가 5.5cm이상이고 45도이상 자동으로 펴지는 장치가 있는 것에 한한다)

⑩ 그 밖의 6cm이상의 칼날이 있는 것으로서 흉기로 사용될 위험성이 뚜렷이 있는 도검

* 칼끝이 둥글고 날이 서있지 아니하여 흉기로 사용될 위험성이 없는 도검은 도검으로 보지 아니함.

◐ 화약류저장소 및 화약류 저장량(동법시행령 제45조, 별표12참조) ◑

구 분	내 용
1급 저장소	화약 80톤, 폭약 40톤
2급 저장소	화약 20톤, 폭약 10톤
3급 저장소	화약 50kg, 폭약 25kg
간이저장소	화약 30kg, 폭약 15kg

예 연중 40톤 이상의 폭약을 저장할 경우 1급 화약류관리보안책임자를 선임하여야 한다.

총포 등의 취급금지 연령은 18세 미만 이고, **소지금지연령은 20세 미만**이고, 허가의 갱신은 허가 받은 날로부터 5년마다 갱신 하여하며, 이를 갱신하지 아니한 때는 허가를 취소한다.

소년의 종류 (소년경찰직무규칙)

구분		내용
비행소년	범죄소년	14세 ~ 19세 미만의 자로서 죄를 범한 자
	촉법소년	10세 ~ 14세 미만의 자로서 형벌법령에 저촉된 행위를 한 자
	우범소년	우범소년 10세 ~ 19세 미만의 자로서 다음 각 목에 해당하는 사유가 있고 그의 성격이나 환경에 비추어 앞으로 형벌 법령에 저촉되는 행위를 할 우려가 있는 자 가. 집단적으로 몰려다니며 주위 사람들에게 불안감을 조성하는 성벽(성벽)이 있는 것 나. 정당한 이유 없이 가출하는 것 다. 술을 마시고 소란을 피우거나 유해환경에 접하는 성벽이 있는 것
불량소년		비행소년은 아니나 음주·흡연·싸움 기타 자기 또는 타인의 덕성을 해하는 행위를 하는 소년
요보호소년		① 비행소년은 아니나 학대·혹사·방임된 소년 또는 보호자로부터 유기 또는 이탈되었거나, 그 보호자가 양육할 수 없는 경우, 기타 경찰관직무집행법 4 또는 아동복지법에 의하여 보호요하는 자로서 사회적으로 보호를 받아야 하는 자 예 미아·기아·가출아, 혹사소년 등 ② 경찰관은 요보호소년에 대하여 아동상담소·복지시설 기타 관계기관 단체에 통고하거나 또는 보호자에 대한 주의조언을 하는 등 소년의 보호를 위한 필요한 조치를 하여야 함

◐ 가정폭력범죄의 특징 ◑

1. 순환성을 가지며 시간이 갈수록 심각해지는 경향이 있음
2. 피해자들이 주로 아내나 자녀 등 사회경제적 약자의 지위에 있음
3. 가해자·피해자가 범죄행위라는 점에 대한 인식이 부족함
4. 가정의 특수성으로 인하여 신고율이 저조함

◐ 출동경찰관의 조치요령 ◑

1. 피해자 보호를 위해 최대한 피해자의 상태 및 가택내부의 상태를 확인함
2. 돌발적인 위험에 대처할 수 있도록 자기보호를 위한 대비에 만전을 기함
3. 출동경찰관의 소속·계급·성명 및 가정폭력범죄 수사활동개시를 고지함
4. 긴급한 내부확인 필요시 문을 열어지지 않는 경우 즉시강제 가능함(형소법:제216조제3항 - 영장에 의하지 아니한 강제처분, 경직법제6조제1항 - 범죄의 예방과 제지, 제7조제1항 위험방지를 위한 출입)

실종아동등의 보호 및 지원에 관한 법률

[시행 2013.6.4.] [법률 제11857호, 2013.6.4., 일부개정]

◇ 개정이유 및 주요내용

실종아동 등의 발생을 예방하고 조속한 발견과 복귀를 목적으로 하는 이 법은 적용대상이 되는 '아동등'의 범위를 실종 당시 14세 미만의 아동과 지적장애인 등으로 한정함에 따라 14세 이상의 청소년이 가출 등으로 실종신고 되는 경우에는 이 법에 따른 수색 및 수사, 개인위치정보 이용 등이 제한되어 청소년 실종자 찾기가 미흡한 실정이므로 이 법에 따른 아동 등의 범위를 실종 당시 18세 미만인 아동으로 확대하고, 치매환자는 이 법의 보호대상인 지적장애인과 같이 지남력(指南力), 언어능력 등의 저하로 길을 잃는 경우에는 실종자가 되기 쉬우므로 연령 구분 없이 이 법의 보호대상으로 하여 이 법에 따른 보호와 지원을 받을 수 있도록 하려는 것임.

제2조(정의) 이 법에서 사용하는 용어의 정의는 다음과 같다. 〈개정 2011.8.4, 2013.6.4〉

1. "아동등"이란 다음 각 목의 어느 하나에 해당하는 사람을 말한다.
   가. 실종 당시 18세 미만인 아동
   나. 「장애인복지법」 제2조의 장애인 중 지적장애인, 자폐성장애인 또는 정신장애인
   다. 「치매관리법」 제2조제2호의 치매환자
   [시행일 : 2013.12.5] 제2조제1호다목
2. "실종아동등"이란 약취(略取)·유인(誘引) 또는 유기(遺棄)되거나 사고를 당하거나 가출하거나 길을 잃는 등의 사유로 인하여 보호자로부터 이탈(離脫)된 아동등을 말한다.

3. "보호자"란 친권자, 후견인이나 그 밖에 다른 법률에 따라 아동등을 보호하거나 부양할 의무가 있는 사람을 말한다. 다만, 제4호의 보호시설의 장 또는 종사자는 제외한다.
4. "보호시설"이란 「사회복지사업법」 제2조제4호에 따른 사회복지시설 및 인가·신고 등이 없이 아동등을 보호하는 시설로서 사회복지시설에 준하는 시설을 말한다.
5. "유전자검사"란 개인 식별(識別)을 목적으로 혈액·머리카락·침 등의 검사대상물로부터 유전자를 분석하는 행위를 말한다.
6. "유전정보"란 유전자검사의 결과로 얻어진 정보를 말한다.
7. "신상정보"란 이름·나이·사진 등 특정인(特定人)임을 식별하기 위한 정보를 말한다.

◐ 실종아동등·가출인 업무처리규칙 ◑

실종아동등 및 가출인 업무처리 규칙

[시행 2012.2.5] [경찰청예규 제450호, 2012.2.27, 전부개정]

제2조(정의) 이 규칙에서 사용하는 용어의 뜻은 다음과 같다.

1. "찾는실종아동등"이란 「실종아동등의 보호 및 지원에 관한 법률」(이하 "법"이라 한다) 제2조제2호에 따른 실종아동등 중 보호자가 찾고 있는 아동등을 말한다.
2. "보호실종아동등"이란 법 제2조제2호에 따른 실종아동등 중 보호자가 확인되지 않아 경찰관이 보호하고 있는 아동등을 말한다.
3. "장기실종아동등"이란 보호자로부터 신고를 접수한 지 48시간이 경과한 후에도 발견되지 않은 찾는실종아동등을 말한다.
4. "가출인"이란 신고 당시 보호자로부터 이탈된 만 14세 이상의 사람을 말하며, 이 중 「청소년보호법」제2조제1호에 따른 청소년을 "가출청소년"이라 하고, 그 외는 "가출성인"이라 한다.
5. "치매환자"란「치매관리법」 제2조제2호의 사람을 말한다.
6. "발생지"란 실종아동등 및 가출인이 실종·가출 전 최종적으로 목격되었거나 목격되었을 것으로 추정하여 신고자 등이 진술한 장소를 말하며, 신고자 등이 최종 목격 장소를 진술하지 못하거나, 목격되었을 것으로 추정되는 장소가 대중교통시설 등일 경우 또는 실종·가출 발생 후 1개월이 경과한 때에는 실종아동등 및 가출인의 실종 전 최종 주거지를 말한다.

7. "발견지"란 실종아동등 또는 가출인을 발견하여 보호 중인 장소를 말하며, 발견한 장소와 보호 중인 장소가 서로 다른 경우에는 보호 중인 장소를 말한다.

제3조(치매환자에 관한 특례) 치매환자는 연령에 관계없이 실종아동등에 준하여 처리한다.

제4조(실종아동찾기센터) ① 실종아동등의 조속한 발견 등 관련 업무를 효율적으로 수행하기 위해 경찰청에 실종아동찾기센터를 설치한다.

제5조(실종아동추적반) ① 장기실종아동등에 대한 지역별 전담 추적··조사를 위해 지방경찰청 또는 경찰서에 실종아동추적반을 설치할 수 있다.

제6조(정보시스템의 운영) ① 경찰청장은 법 제8조의2제1항에 따른 정보시스템으로 실종아동등 프로파일링시스템 및 실종아동찾기센터 홈페이지를 운영한다.

② 실종아동등 프로파일링시스템은 경찰관서 내에서만 사용할 수 있도록 제한하고, 실종아동찾기센터 홈페이지는 누구든 사용할 수 있도록 공개 하는 등 분리하여 운영한다. 다만, 자료의 전송 등을 위해 필요한 경우 상호 연계할 수 있다.

③ 경찰관서의 장은 실종아동등 프로파일링시스템에 업무담당자 등 필요하다고 인정되는 사람만 접근할 수 있도록 권한을 부여하는 등의 방법으로 통제·관리하여야 한다.

④ 실종아동찾기센터 홈페이지에는 실종아동등의 신고 또는 예방·홍보 등과 관련된 정보를 제공한다.

제7조(정보시스템 입력 대상 및 정보 관리) ① 실종아동등 프로파일링시스템에 입력하는 대상은 다음 각 호와 같다.

1. 실종아동등
2. 가출인
3. 보호시설 입소자 중 보호자가 확인되지 않는 사람(이하 "보호시설 무연고자"라 한다)
4. 변사자·교통사고 사상자 중 신원불상자(이하 "신원불상자"라 한다)

② 경찰관서의 장은 실종아동등 또는 가출인에 대한 신고를 접수한 후 신고대상자가 다음 각 호의 어느 하나에 해당하는 경우에는 신고 내용을 실종아동등 프로파일링시스템에 입력하지 않을 수 있다.

1. 민사 문제 해결 목적으로 신고된 사람
2. 범죄혐의를 받고 형사관련 수배된 사람
3. 허위로 신고된 사람
4. 보호자가 가출 시 동행한 실종아동등
5. 그 밖에 신고 내용을 종합하였을 때 명백히 제1항에 따른 입력 대상이 아니라고 판단되는 사람

③ 실종아동등 프로파일링시스템에서 데이터베이스로 관리하는 자료의 보존기간은 다음 각 호와 같다. 다만, 대상자가 사망하거나 보호자가 삭제를 요구한 경우는 즉시 삭제하여야 한다.

1. 발견된 14세 미만 아동 및 가출인 : 수배 해제 후로부터 5년간 보관
2. 발견된 지적·자폐성·정신장애인 등 및 치매환자 : 수배 해제 후로부터 10년간 보관
3. 미발견자 : 소재 발견 시까지 보관
4. 보호시설 무연고자, 신원불상자 : 본인 요청 시 및 신원 확인 시 즉시 삭제

④ 경찰관서의 장은 본인 또는 보호자의 동의를 받아 실종아동등 프로파일링시스템에서 데이터베이스로 관리하는 실종아동등 및 보호시설 무연고자 자료를 실종아동찾기센터 홈페이지에 공개할 수 있다.

⑤ 경찰관서의 장은 다음 각 호의 어느 하나에 해당하는 때에는 지체 없이 실종아동찾기센터 홈페이지에 공개된 자료를 삭제하여야 한다.

1. 찾는실종아동등을 발견한 때
2. 보호실종아동등 또는 보호시설 무연고자의 보호자를 확인한 때
3. 본인 또는 보호자가 공개된 자료의 삭제를 요청하는 때

제8조(실종아동등 프로파일링시스템 수배) ① 경찰관서의 장은 제7조제1항 각 호의 대상에 대하여 별지 제2호서식의 실종아동등 프로파일링시스템 입력자료를 작성하여 실종아동등 프로파일링시스템에 입력하는 방법으로 수배 조치한다.

② 대상별 수배기간은 다음 각 호와 같다.

1. 찾는실종아동등 및 가출인 : 소재(所在)를 발견하는 때까지 수배
2. 보호실종아동등 및 보호시설 무연고자 : 대상자의 신원을 확인하거나 보호자를 확인하는 때까지 수배
3. 신원불상자 : 대상자의 신원을 확인하는 때까지 수배

③ 경찰관서의 장은 다음 각 호의 어느 하나에 해당하는 경우에는 별지 제3호서식에 따른 수정·해제자료를 작성하여 실종아동등 프로파일링시스템에 수배된 자료를 해제하여야 한다. 다만, 제3호에 해당하는 경우에는 수배해제 사유의 진위(眞僞) 여부를 확인한 후 해제한다.

1. 제2항 각 호에 따라 수배기간 종료 사유에 해당하는 경우
2. 허위 또는 오인신고인 경우
3. 수배 대상 또는 보호자가 해제를 요청한 경우

④ 실종아동등에 대한 수배 또는 수배 해제는 실종아동찾기센터에서 하며, 지방경찰청장 및 경찰서장이 수배 또는 수배 해제하려면 실종아동찾기센터로 요청하여야 한다.

제2장 실종아동등

제10조(신고 접수) ① 실종아동등 신고는 관할에 관계 없이 실종아동찾기센터, 각 지방경찰청 및 경찰서에서 전화, 서면, 구술 등의 방법으로 접수하며, 신고를 접수한 경찰관은 범죄와의 관련 여부 등을 확인해야 한다. 이 경우 지방경찰청 및 경찰서에서 신고를 접수한 때에는 즉시 신고 내용을 경찰청장(실종아동찾기센터)에게 보고하여야 한다.

제11조(신고에 대한 조치 등) ① 경찰관서의 장은 찾는실종아동등에 대한 신고를 접수한 때에는 정보시스템의 자료를 조회하는 등의 방법으로 실종아동등을 찾기 위한 조치를 취하고, 실종아동등을 발견한 경우에는 즉시 보호자에게 인계하는 등 필요한 조치를 하여야 한다.

② 경찰관서의 장은 보호실종아동등에 대한 신고를 접수한 때에는 제1항의 절차에 따라 보호자를 찾기 위한 조치를 취하고, 보호자가 확인된 경우에는 즉시 보호자에게 인계하는 등 필요한 조치를 하여야 한다.

③ 경찰관서의 장은 제2항에 따른 조치에도 불구하고 보호자를 발견하지 못한 경우에는 관할 지방자치단체의 장에게 보호실종아동등을 인계한다.

④ 경찰관서의 장은 정보시스템 검색, 다른 자료와의 대조, 주변인물과의 연락 등 실종아동등의 조속한 발견을 위하여 지속적인 추적을 하여야 한다.

⑤ 경찰관서의 장은 실종아동등에 대하여 제18조의 현장 탐문 및 수색 후 그 결과를 즉시 보호자에게 통보하여야 한다. 이후에는 실종아동등 프로파일링시스템에 수배한 날로부터 1개월까지는 15일에 1회, 1개월이 경과한 후부터는 분기별 1회 보호자에게 추적 진행사항을 통보한다.

제12조(출생 신고 지연 아동의 확인) 경찰관서의 장은 법 제6조제4항에 따라 지방자치단체의 장으로부터 출생 후 6개월이 경과한 아동의 신상카드 사본을 제출받은 경우에는 지체 없이 정보시스템에서 관리하는 자료와의 비교·검색 등을 통해 해당 아동이 실종아동인지를 확인하여 그 결과를 지방자치단체의 장에게 통보하여야 한다.

제13조(아동등 지문등정보의 사전등록 및 관리) ① 경찰관서의 장은 법 제7조의2에 따라 보호자가 사전등록을 신청하는 때에는 신청서를 제출받아 10년간 보관하여야 한다.

② 경찰관서의 장은 가족관계 기록사항에 관한 증명서, 장애인등록증 등 필요한 서류를 확인하는 등의 방법으로 아동등이 사전등록 대상에 해당하는지를 확인하여야 한다.

③ 경찰관서의 장은 보호자의 신청을 받아 아동등의 지문·얼굴사진정보를 수집 및 인적사항 등 신청서상 기재된 개인정보를 확인하여 사전등록시스템에 입력할 수 있다. 다만, 보호자가 지문 또는 얼굴사진 정보의 수집을 거부하는 때에는 그 의사에 반하여 정보를 수집할 수 없다.
④ 경찰관서의 장은 보호실종아동등을 발견한 때에는 해당 아동등의 지문·얼굴사진정보를 수집 및 신체특징을 확인한 후 사전등록시스템의 데이터베이스와 비교 검색하는 등의 방법으로 신원을 확인하기 위한 조치를 하여야 한다. 다만, 해당 아동등이 지문 또는 얼굴사진 정보의 수집을 진정한 의사에 의해 명시적으로 거부할 때에는 그 의사에 반하여 정보를 수집할 수 없다.
⑤ 경찰관서의 장은 제4항의 조치에도 불구하고 보호실종아동등의 신원을 확인하지 못한 때에는 제11조의 규정에 따른 조치를 하여야 한다.
⑥ 경찰관서의 장은 영 제4조의3제2항에 따라 사전등록된 데이터베이스를 폐기하는 때에는 어떠한 방법으로도 복구할 수 없도록 기술적 조치를 하여야 한다.
⑦ 경찰관서의 장은 영 제4조의3제2항제2호에 따라 보호자가 사전등록된 데이터베이스의 폐기를 요청하는 때에는 즉시 해당 데이터베이스를 폐기하고, 제출받은 요청서는 10년간 보관하여야 한다.

제14조(실종아동등의 위치정보를 요청하는 방법 및 절차) ① 찾는실종아동등의 신고를 접수하여 현장에 출동한 경찰관은 보호자 · 목격자의 진술, 실종 당시의 정황 등을 종합하여 실종아동등의 조속한 발견을 위해 법 제9조에 따른 위치정보 제공 요청의 필요 여부를 판단하여야 한다.
② 현장 출동 경찰관은 신고자로부터 가족관계 등록사항에 관한 증명서, 장애인등록증 등 필요한 서류를 확인하는 등의 방법으로 신고대상자가 실종아동등에 해당하는지와 신고자가 실종아동등의 보호자가 맞는지 확인하여야 한다. 다만, 현장에서 관련 서류를 확인하기 어려운 때에는 신고자의 진술로 이를 확인할 수 있다.
③ 경찰관이 법 제9조에 따른 위치정보 제공을 요청하는 때에는 다음 각 호에 따른 결재권자의 결재를 받아 요청하여야 한다. 다만, 야간 또는 공석 등의 이유로 즉시 결재를 받기 어려운 때에는 사후에 보고하도록 해야 한다.
1. 지구대·파출소 지역경찰관 : 지구대장 또는 파출소장
2. 경찰서 여성청소년부서 또는 형사부서 담당 경찰관 : 해당 주무과장
3. 지방청 여성청소년부서 또는 형사부서 담당 경찰관 : 해당 주무계장

④ 담당 경찰관은 찾는실종아동등의 위치정보를 제공받아 수색하는 과정에서 해당 실종아동등이 범죄 피해로 인해 실종되었다고 확인되는 때에는 즉시 해당 위치정보를 폐기하여야 한다.
⑤ 경찰관서의 장은 위치정보가 실종아동등 찾기 이외의 목적으로 오·남용되지 않도록 관리하여야 한다.

제3장 가출인

제15조(신고 접수) ① 가출인 신고는 관할에 관계없이 접수하여야 하며, 신고를 접수한 경찰관은 범죄와 관련 여부를 확인하여야 한다.
② 경찰서장은 가출인에 대한 신고를 접수한 때에는 정보시스템의 자료 조회, 신고자의 진술을 청취하는 방법 등으로 가출인을 발견하기 위한 조치를 하여야 하며, 가출인을 발견하지 못한 경우에는 즉시 실종아동등 프로파일링시스템에 가출인에 대한 사항을 입력, 수배한다.
③ 경찰서장은 접수한 가출인 신고가 다른 관할인 경우 제2항의 조치 후 지체 없이 가출인의 발생지를 관할하는 경찰서장에게 이첩하여야 한다.

제16조(신고에 대한 조치 등) ① 가출인 사건을 관할하는 경찰서장은 정보시스템 자료의 조회, 다른 자료와의 대조, 주변인물과의 연락 등 가출인을 발견하기 위해 지속적으로 추적하고, 수배일로부터 반기별 1회 보호자에게 귀가 여부를 확인한다.
② 경찰서장은 가출인을 발견한 때에는 수배를 해제하고, 해당 가출인을 발견한 경찰서와 관할하는 경찰서가 다른 경우에는 발견 사실을 관할 경찰서장에게 지체 없이 알려야 한다.
③ 경찰서장은 가출청소년을 발견한 경우에는 가출신고가 되어 있음을 고지하고, 즉시 보호자에게 통보 또는 인계한다. 다만, 보호자가 인수를 거부하거나 인계함이 부적당하다고 판단될 경우에는 청소년보호 관련기관에 보호를 의뢰하는 등 필요한 조치를 취할 수 있다.
④ 경찰서장은 가출성인을 발견한 경우에는 가출신고가 되어 있음을 고지하고, 보호자에게 통보한다. 다만, 가출인이 거부하는 때에는 보호자에게 가출인의 소재(所在)를 알 수 있는 사항을 통보하여서는 아니 된다.

제4장 보호시설 무연고자 및 신원불상자

제17조(보호시설 무연고자에 대한 조치 및 신원불상자 수배) ① 경찰관서의 장은 관내 보호시설을 방문하였을 때에 보호시설 무연고자의 자료가 실종아동등 프로파일링시스템에 있는 지 확인한 후 없는 경우에는 별지 제5호서식의 보호시설 무연고자 실종아동등 프로파일링시스템 입력자료를 작성하여 실종아동등 프로파일링시스템에 입력 및 수배하고, 변경사항이 있거나, 보호자가 확인된 경우에는 별지 제6호서식의 보호시설 무연고자 실종아동등 프로파일링시스템 수정·해제자료를 작성하여 변경하거나 수배를 해제한다.

② 경찰서장은 관내에서 발생한 변사사건의 변사자 및 교통사고사건의 사상자 중 신원불상자에 대하여 발생 즉시 실종아동등 프로파일링시스템에 수배조치하고, 수배한 신원불상자가 신원이 확인된 경우, 즉시 수배를 해제한다.

제5장 초동조치 및 추적 · 수사

제18조(현장 탐문 및 수색) ① 찾는실종아동등 및 가출인발생신고를 접수 또는 이첩 받은 발생지 관할 경찰서장은 즉시 현장출동 경찰관을 지정하여 탐문·수색하도록 하여야 한다. 다만, 찾는실종아동등 또는 가출인이 발생한지 1개월이 경과한 후에 신고한 경우에는 탐문·수색을 생략할 수 있다.

제19조(합동심의위원회) ① 찾는실종아동등 및 가출인에 대한 발생지 관할 경찰서장은 범죄와의 관련여부를 판단하기 위하여 다음 각 호에 따른 합동심의위원회(이하 "위원회"라 한다)를 구성, 심의를 하여야 한다.

1. 위원회는 위원장을 형사과장 (부재시 또는 직제 미편성시 수사과장 또는 경찰서장이 지정하는 이와 상응하는 경찰관)으로, 위원은 실종사건전담수사팀장(부재시 또는 직제 미편성시 경찰서장이 지정하는 이와 상응하는 경찰관), 여성청소년계장(부재시 또는 직제 미편성시 경찰서장이 지정하는 이와 상응하는 경찰관), 현장출동 경찰관, 보호자로 구성하며, 위원장 판단 하에 참석자의 범위를 조정할 수 있다.
2. 보호자가 요청하는 경우에는 관련단체 관계자 등 보호자가 지정하는 자를 참여시킬 수 있다.

② 위원회는 찾는실종아동등 및 가출인 신고를 접수한 후 24시간 이내에 구성하여 심의하여야 한다.

제20조(추적 및 수사) ① 경찰관서의 장은 제19조에 따른 위원회 심의 결과 심의 대상자가 범죄와 관련이 없다고 의결된 경우에는 즉시 대상자를 발견하기 위한 추적에 착수한다.

③ 경찰관서의 장은 제19조에 따른 위원회 심의결과 심의대상자가 범죄 피해로 인하여 수사가 필요하다고 의결된 경우에는 즉시 수사에 착수하여야 한다.

제6장 유전자검사

제21조(실종아동등 여부 사전확인) ① 경찰관서의 장은 법 제11조제1항 각 호에 따른 대상자로부터 유전자검사대상물을 채취하려면 실종아동등 프로파일링시스템의 자료 검색 등을 통하여 검사 대상자와 인적사항 등이 유사한 자료가 있는지 미리 확인하여야 한다.

◐ 유실물법 ◑	
의의	(1) 유실물 처리의 근거법규 ➪ 유실물법 및 동시행령, 형법, 민법 (2) 유형별 적용법규 ➪ 유실물 · 습득물 · 매장물은 유실물법의 정용을 받았으나, 표류물 · 침몰물은 수난구호법의 적용을 받음 (3) 보상금 ➪ 물건의 반환을 받는 자는 물건가액의 100분의 5내지 100분의 20의 범위 내에서 보상금을 습득자에게 지급하여야 함 ① 다만, 국가 · 지방자치단체 · 기타 공공기관은 보상금을 청구할 수 없음 ② 관리자가 있는 선박 · 차량이나 건축물 기타 공중의 통행을 금지한 구내에서 타인의 물건을 습득한 자는 그 물건을 관리자에게 교부해야 하고, 이 경우 보상금은 점유자(관리자)와 실제로 물건을 습득한 자가 절반하여야 함 (4) 비용 · 보상금의 청구기한 ➪ 비용이나 보상금은 물건을 반환한 후 1월을 경과하면 이를 청구할 수 없음

주요 내용	(1) 습득물의 조치 ➪ 타인이 유실한 물건을 습득한 자는 이를 급속히 유실자 또는 소유자 기타 물건회복의 청구권을 가진 자에게 반환하거나 경찰서 등에 제출하여야 함 단, 법률에 의하여 소유 또는 소지가 금지된 물건은 그 반환을 요하지 아니함 (2) 습득물의 매각 ➪ 경찰서장은 보관한 물건이 '멸실되거나 훼손될 우려'가 있을 때 또는 '보관에 과다한 비용'이나 '불편'이 수반될 때에는 이를 매각할 수 있음〈01 경위〉 (3) 신고의무 ➪ 유실물을 습득한 자가 보상금을 받을 권리 및 습득물의 소유권을 취득할 권리를 취득하기위해서는 습득일로부터 7일 이내에 경찰관서에 신고하여야 함 ❖ 이 경우 물건을 반환을 받을 자의 성명이나 주거를 알 수 없을 때에는 제출받은 날로부터 14일간 공고하여야 함 (4) 소유권의 취득 ➪ 습득물을 공고하였음에도 유실물은 6개월 이내, 매장물은 1년 이내에 소유자가 권리를 주장하지 아니하면 습득자가 그 물건의 소유권을 취득함 (5) 물건 수취기간 ➪ 6개월 또는 1년간의 공고기간의 경과로 물건의 소유권을 취득한 자가 그 취득한 날로부터 3월 이내에 물건을 경찰서로부터 수취하지 아니할 때에는 그 소유권을 상실하게 됨 (6) 경찰서 또는 자치경찰단이 보관한 물건으로서 교부받을 자가 없는 경우에는 그 소유권은 국고 또는 제주특별자치도의 금고에 귀속한다.

◐ 유실물법상의 기간 등 정리 ◑
① 보상금 ➪ 물건가액의 100분의 5 내지 100분의 20의 범위 내
② 비용 · 보상금의 청구기한 ➪ 물건을 반환후 1월 이내

◉ 경비업법

◐ 공경비와 민간경비의 상호비교 ◑		
구분	공경비	민간경비
주체	국가(정부기관)	법인(영리기업)
기능	일반시민들을 대상으로 법집행	특정한 의뢰자를 위해 업무를 수행
목적	범인체포 같은 법집행적 측면을 중시	고객의 재산보호와 같은 예방적 측면 중시
권한	법집행에 대한 모든 권한	경찰에 비하여 권한이 제한적임
서비스의 질	모든 사람이 동등하게 소비에 참여할 수 있는 비경합적 서비스	대가의 유뮤나 다소에 따라 서비스의 내용이 달라지는 경합적 서비스

◐ 민간경비의 이론적 배경 ◑	
수익자부담 이론	개인적 편익을 위한 비용부담은 수익자 자신이 부담해야 한다는 것 은행이나 프로축구 경기장의 자체 경비원 확보
공동화 이론	급증하는 범죄에 대해 경찰력은 현실적인 제약으로 인하여 증가하는 치안수요에 따라가지 못하여 공동(空洞)이 발생하므로 이를 메우기 위해 민간 경비가 등장 : 경찰과 민간경비는 상호보완적 관계에 있게 됨
이익집단이론	민간경비는 이익집단으로서 자기이익의 증대를 위해 발전함
경제환원이론	실업자를 민간경비로 고용함으로써 경제적 부를 사회에 환원
민영화 이론	국가의 기능을 민간부문에 이전하고 공공부문의 관여를 줄이고자 한는, 1980년대 이후에 나타난 민영화의 흐름이 민간경비의 발달 요인으로 작용

경비업법

[시행 2009.4.1] [법률 제9579호, 2009.4.1, 일부개정]

제2조 (정의) 이 법에서 사용하는 용어의 정의는 다음과 같다. 〈개정 2005.5.31〉

1. "경비업"이라 함은 다음 각목의 1에 해당하는 업무(이하 "경비업무"라 한다)의 전부 또는 일부를 도급받아 행하는 영업을 말한다.

   가. 시설경비업무 : 경비를 필요로 하는 시설 및 장소(이하 "경비대상시설"이라 한다)에서의 도난·화재 그 밖의 혼잡 등으로 인한 위험발생을 방지하는 업무

   나. 호송경비업무 : 운반중에 있는 현금·유가증권·귀금속·상품 그 밖의 물건에 대하여 도난·화재 등 위험발생을 방지하는 업무

   다. 신변보호업무 : 사람의 생명이나 신체에 대한 위해의 발생을 방지하고 그 신변을 보호하는 업무

   라. 기계경비업무 : 경비대상시설에 설치한 기기에 의하여 감지·송신된 정보를 그 경비대상시설외의 장소에 설치한 관제시설의 기기로 수신하여 도난·화재 등 위험발생을 방지하는 업무

   마. 특수경비업무 : 공항(항공기를 포함한다) 등 대통령령이 정하는 국가중요시설(이하 "국가중요시설" 이라 한다)의 경비 및 도난·화재 그 밖의 위험발생을 방지하는 업무

◐ 경비업법 ◑	
경비업의 유형	시설경비·호송경비·행사장경비·신변보호·기계경비·특수경비업(공항 등 대통령령이 정하는 구가중요시설의 경비 및 도난, 화재 그밖의 위험 발생을 방지하는 업무를 담당한다). 선진국의 경우 시설경비·신변보호·개인정보조사·손실방지·보안지도·호송경비 등 다양한 업무를 수행하고 있음 ① 일반경비원 : 특수경비 이외의 업무를 담당하는 자로서 무기를 휴대할 수 없음 ② 특수경비원 : 특수경비업무를 담당하는 자로서 무기휴대가 가능함
경비업의 허가	① 허가권자 : 주된 사무소의 소재지를 관할하는 지방청장 ② 경비업은 법인이 아니면 이를 영위할 수 없음

일반 경비원의 결격사유	① 만 18세 미만인 자, 금치산자, 한정치산자 ② 파산선고를 받고 복권되지 아니한 자 ③ 금고이상의 실형의 선고를 받고 그 집행이 종료(집행이 종료된 것으로 보는 경우를 포함한다) 되거나 집행이 면제된 날부터 5년이 지니지 아니한 자 ④ 금고이상의 형의 집행유예선고를 받고 그 유예기간 중에 있는자
특수 경비원의 결격사유	① 만 18세 미만 또는 만 60세 이상인 자, 금치산자, 한정치산자 ② 파산선고를 받고 복권되지 아니한 자 ③ 금고이상의 실형의 선고를 받고 그 집행이 종료(집행이 종료된 것으로 보는 경우를 포함한다) 되거나 집행이 면제된 날부터 5년이 지니지 아니한 자 ④ 금고이상의 형의 집행유예선고를 받고 그 유예기간 중에 있는 자 ⑤ 금고 이상의 형의 선고유예를 받고 그 유예기간중에 있는 자 ⑥ 행정안전부령이 정하는 신체조건에 미달되는 자

◉ 경찰방문 및 방범진단규칙[시행 2012.8.8] [경찰청훈령 제676호, 2012.8.8, 폐지제정]

의의	경찰방문	"경찰방문"이라 함은 경찰관이 관할구역내의 각 가정, 상가 및 기타시설 등을 방문하여 청소년선도, 소년소녀가장 및 독거노인·장애인 등 사회적 약자 보호활동 및 안전사고방지 등의 지도·상담·홍보 등을 행하며 민원사항을 청취하고, 필요시 주민의 협조를 받아 방범진단을 하는 등 예방경찰활동을 말한다.
	방범진단	"방범진단"이라 함은 범죄예방 및 안전사고방지를 위하여 관내 주택, 고층빌딩, 금융기관 등 현금다액취급업소 및 상가·여성운영업소 등에 대하여 방범시설 및 안전설비의 설치상황, 자위방범역량 등을 점검하여 미비점을 보완하도록 지도하거나 경찰력 운용상의 문제점을 보완하는 활동을 말한다.
목적	이 규칙은 경찰관이 관할구역내의 각 가정 등을 방문하여 범죄예방, 청소년선도, 안전사고방지 등의 지도·상담·홍보 등을 행하고, 민원사항을 청취하며 주민의 협력을 얻어 예방경찰활동의 기초자료를 수집하는데 필요한 사항을 규정함을 목적으로 한다.	
근거	경찰방문 및 방범진단규칙, 지역경찰조직 및 운영에 관한 규칙	
성질	비권력적 사실행위	

방문구역	① 경찰서장은 지구대, 파출소(이하 "지구대"라 한다.)별로 경찰방문구역을 정하고 지역경찰관으로 하여금 그 구역내의 주택(아파트 포함)과 건조물(기업체 · 학교 · 금융기관 · 병원 · 선박 등)에 거주하는 내국인 및 외국인에 대하여 경찰방문을 행하게 할 수 있다. ② 외국대사관 · 공사관 및 영사관원과 그 관내 거주자, 주한미군 · 군속 등 치외법권자에 대하여는 경찰관의 방문을 특별히 서면으로 요청한 경우에만 제1항의 경찰방문을 할 수 있다.
방문대상	1. 경찰관의 방문을 요청하는 주민 2. 지구대장 또는 파출소장(이하 "지구대장"이라 한다.)이 범죄의 예방, 청소년선도, 안전사고방지상 지도 · 상담 · 홍보 등이 필요하다고 인정하는 가정, 기업체 등 3. 기타 경찰서장이 치안유지상 특히 필요하다고 인정하는 지역
절차	경찰방문은 방문요청이 있거나 경찰서장 또는 지구대장이 필요하다고 인정할 때 상대방의 동의를 얻어 실시한다.
시간	경찰방문은 일출 후부터 일몰시간 전에 함을 원칙으로 한다. 다만, 주민으로부터 야간방문 요청이 있거나 특별한 사유로 인해 경찰서장의 사전허가와 상대방의 동의를 얻은 때에는 야간에도 실시할 수 있다.
방범진단카드	3년방범진단카드는 담당구역별로 구분하여 방문순서대로 편철, 3년간 보관한다. 단, 중요업무용 방범진단카드는 중요행사 종료 즉시 파기하여야 한다.

◇ 주요내용

가. 경찰방문 및 방범진단시 개인정보에 관한 자료를 수집할 때 사전동의를 필수로 하고 그 사실을 카드에 기재하며 동의하지 않을시 진단카드에 기입하지 않고 공란으로 비워둘수 있도록 함(제9조제6호)

6. 「개인정보보호법」 제2조제1호의 개인정보수집시 사전동의절차를 반드시 지키고 그 사실을 진단카드에 기재하며 원하지 않을시 성명, 연락처 란은 빈칸으로 두어야 한다(주소만 기재)

나. 각 경찰서장은 방범진단통계표를 집계하여 해당 지방경찰청장에게 보고하고 각 지방경찰청장은 경찰청장에 보고하는 조항을 삭제하여 업무의 자율성과 효율성을 높게 함(제12조제3항을 삭제)

다. 방범진단카드 하단에 개인정보수집 동의 문구를 기입하여 사전동의후 서명을 받도록 함

◉ CPTED(Crime Prevention Through Environment Design) 환경설계를 통한 범죄예방

1) 개념

기존의 경찰력(인력 + 장비)에 의존해 왔던 범죄예방과 범죄진압이 한계에 이르러고 범죄는 더욱 다양화, 지능화, 무동기화, 흉포화됨에 따라 보다 근본적이고 효과적 범죄예방을 위한 방안으로 물리적 환경의 설계 또는 재설계를 통해 범죄기회를 차단하고자 하는 기법

2) 기본원리

① 자연적 감시 : 건축물이나 시설물의 설계 시 가시권을 최대 확보, 외부침입에 대한 감시기능을 확대함으로써 범죄위험을 증가시키고, 기회를 감소할 수 있는 원리

② 자연적 접근통제 :일정한 지역에 접근하는 사람들을 정해진 공간으로 유도하거나 외부인의 출입을 통제하도록 설계함으로써 접근에 대한 심리적 부담을 증대시켜 범죄를 예방

③ 영역성의 강화 : 사적공간에 대한 경계를 표시함으로써 주민들의 책임의식과 소유의식을 증대함으로써 사적공간에 대한 관리권과 권리를 강화시키고, 외부인들에게는 침입에 대한 불법사실을 인식시켜 범죄기회를 차단하는 원리

④ 활동성의 활성화(활용성의 증대) : 지역사회의 설계 시 주민들이 모여서 상호의견을 교환하고 유대감을 증대할 수 있는 공공장소를 설치하고 이용하도록 함으로써 '거리의 눈'을 활용한 지역적 감시와 접근통제의 기능을 확대하는 원리

⑤ 유지관리 : 처음 설계된 대로 혹은 개선한 의도대로 기능을 지속적으로 유지하도록 관리함으로써 범죄예방을 위한 환경설계의 장기적이고 지속적 효과를 유지하는 원리 'Broken Windows Theory'의 내용과 일치

Notice

* 공공기관의 CCTV 설치 운영에 대해 법제화 함.
개인정보 보호법[시행 2012.3.30] [법률 제10465호, 2011.3.29, 제정]

개인정보보호법

제25조(영상정보처리기기의 설치 · 운영 제한) ① 누구든지 다음 각 호의 경우를 제외하고는 공개된 장소에 영상정보처리기기를 설치 · 운영하여서는 아니 된다.

1. 법령에서 구체적으로 허용하고 있는 경우
2. 범죄의 예방 및 수사를 위하여 필요한 경우
3. 시설안전 및 화재 예방을 위하여 필요한 경우
4. 교통단속을 위하여 필요한 경우
5. 교통정보의 수집·분석 및 제공을 위하여 필요한 경우

② 누구든지 불특정 다수가 이용하는 목욕실, 화장실, 발한실(發汗室), 탈의실 등 개인의 사생활을 현저히 침해할 우려가 있는 장소의 내부를 볼 수 있도록 영상정보처리기기를 설치·운영하여서는 아니 된다. 다만, 교도소, 정신보건 시설 등 법령에 근거하여 사람을 구금하거나 보호하는 시설로서 대통령령으로 정하는 시설에 대하여는 그러하지 아니하다.

③ 제1항 각 호에 따라 영상정보처리기기를 설치·운영하려는 공공기관의 장과 제2항 단서에 따라 영상정보처리기기를 설치·운영하려는 자는 공청회·설명회의 개최 등 대통령령으로 정하는 절차를 거쳐 관계 전문가 및 이해관계인의 의견을 수렴하여야 한다.

④ 제1항 각 호에 따라 영상정보처리기기를 설치·운영하는 자(이하 "영상정보처리기기운영자"라 한다)는 정보주체가 쉽게 인식할 수 있도록 대통령령으로 정하는 바에 따라 안내판 설치 등 필요한 조치를 하여야 한다. 다만, 대통령령으로 정하는 시설에 대하여는 그러하지 아니하다.

⑤ 영상정보처리기기운영자는 영상정보처리기기의 설치 목적과 다른 목적으로 영상정보처리기기를 임의로 조작하거나 다른 곳을 비춰서는 아니 되며, 녹음기능은 사용할 수 없다.

◉ 순찰

의의	경찰관이 관내의 일정한 지역을 순회·시찰하면서 범죄예방 및 단속활동을 벌이는 외근활동 (외근경찰의 가장 핵심적·기본적 활동)
C.D.Hale	① 순찰의 기능으로 범죄예방·범인검거, 법집행, 질서유지, 대민 서비스제공, 교통지도단속을 제시 ② 「모든 경찰활동의 목적이 순찰을 통하여 달성된다」라고 하여 순찰의 중요성을 강조함
S.Walker	① 순찰의 기능으로 범죄의 억제, 공공 안전감의 증진, 대민 서비스 제공을 제시 ② 순찰은「경찰활동의 핵심」이라고 강조 ③ 주민에게 심리적 안전감을 주기 위한 가시적(可視的) 순찰의 필요성을 부각

◉ 순찰실험(순찰의 효과 연구, 미국경찰)

뉴욕경찰의 25구역 순찰실험 (1954)	뉴욕시 관할구역 중 범죄가 많이 발생하는 지역인 맨하턴 동부 25구역에 4개월간 경찰관을 두배로 증원·배치하여 순찰근무를 하게 하였다. 위의 실험 결과는 그 기간동안은 전년도 동일기간에 비하여 노상강도 90%정도, 자동차절도 66%가 감소한 것으로 나타났다. 이 통계는 경찰자체 조사에 기초한 것이고, 연구설계 과정에서 범행에 영향을 주어왔던 다른 변수가 통제되지 않았고, 주변지역으로 이동한 범죄가 어느 정도인지도 측정되지 않아 신뢰성에 문제점이 많았다.
캔자스시의 예방순찰실험 (1972-3)	차량순찰 수준을 증가해도 범죄는 감소하지 않았고, 일상적인 순찰을 생략해도 범죄는 증가하지 않음 : 순찰과 범죄예방과는 무관
플랜트 도보순찰실험 (1979)	실험기간 중 범죄발생건수가 증가 했음에도 불구하고, 도보순찰 결과 시민들은 더 안전하다고 느끼고 있음 : 도보순찰의 심리적 효과
뉴왁시 도보순찰실험 (1978-9)	도보순찰을 증가하여도 범죄발생은 감소되지 않으나, 주민들은 자신들의 구역 내에서 범죄가 줄어들고 있다고 생각함 : 도보순찰의 심리적 효과

4. 민경협력방범체제강화방안

① 지역사회 경찰활동의 도입

② 민간생활안전활동의 중요성에 대한 홍보 강화 : 홍보활동도 경찰이 직접 나서서 하는 것보다는 민 간단체가 전면에서 나서서 캠페인을 벌이고 경찰은 이들의 업무를 지원하는 방법이 더 효과적일 것이다.)

③ 자율방범단체의 조직 및 운영의 합리화 - 지속적 경찰개입 필요

자율생활안전단체는 비록 구성이 자율성을 가진다해도 그 업무가 公的성격을 지니고 있으므로 참여자의 구성이나 운영, 업무감독과 평가 등에서 경찰의 엄중한 개입이 요구된다. ⇒ 엄격한 관리체계가 전제
① 참여자 구성의 적정 ② 다른 자원봉사단체외의 연계강화 ③ 자원봉사자에 대한 자원 강화 ④ 재정의 확보(**일반시민의 자체적 재원확보가 바람직**) ⑤ 자율생활안전대원의 교육훈련(시민경찰학교의 운영) ⑥ 자율생활안전활동의 체계적 운영(계획화, 감독·평가, 사기관리)

④ 민간경비업의 육성 : 수익자부담의 원칙(대폭적인 보조금 지급 X).

◐ 미국에서 경찰의 역할에 대한 과학적인 분석에 의하여 밝혀진 사실 ◑
① 무작위순찰(Random Patrol) - 기동순찰은 현저하게 범죄를 감소시키지 않는다. ② 신속한 출동(Speed of Response) - 신속한 출동은 범인의 체포나 피해자 만족에 기여하지 않는다. 피해자의 사후신고로 효과는 미약하다. ③ 출동시간(Criticality of Calls) - 출동시간에 대한 시민의 만족은 실제출동시간이 아니라 피해자의 기대시간에 의존한다. 상황의 중대성에 따라 출동시간을 차별화해야 한다. ④ 범죄수사(Criminal Investigation) - 범죄의 대부분은 순찰경찰관에 의한 초동수사나 시민의 제보에 결정된다.

제 3 장 수사경찰

1. 사이버 범죄

(1) 특징

1) 비대면성 · 익명성 : 범죄의 발견과 특정 · 고의입증이 곤란함
2) 시간적 · 공간적 무제약성(비한정성) : 범죄지나 범죄시간이 특정되지 않음
3) 정보의 집약 및 정보전달의 신속성 : 빠른 전파성과 천문학적 재산피해를 가져올 수 있음
4) 전문성과 기술성 : 범죄의 지능화로 수사에 어려움이 많음
5) 실력과시를 위한 초범인 경우가 많고, 죄의식의 희박
6) 최근에는 현실 세계의 범죄가 사이버공간을 매개로 활용하여 발생하는 경우가 많음 : 온라인과 오프라인 범죄가 점차 접근하는 경향을 보이고 있음
7) 개개인의 피해가 경미하다는 이유로 발생건수에 비하여 신고하지 않는 경우가 많음

(2) 사이버 범죄의 수사단계

1) 수사첩보의 수집(신고) : 웹사이트를 드나들며 해킹 및 유행하는 범죄행위의 정보를 수집한다.
2) 피해증거확보 : 홈페이지, 이메일 등 피해 발생의 증거를 취득한다.
3) 피의자의 접속기록확보 : 정보통신업체(ISP)등과의 협력을 통해 피의자의 로그기록을 확인한다.
4) 접속자의 인적사항 확인후 피의자 신병과 증거물의 확보

(3) 컴퓨터 부정조작의 유형

투입조작	일부 은닉·변경된 자료나 허구의 자료 등을 컴퓨터에 입력시켜 잘못된 산출물을 초래케 하는 방법
프로그램 조작	기존의 프로그램을 변경하거나 기존의 프로그램과 전혀 다른 새로운 프로그램을 작성, 투입하는 방법
console 조작	console이란 컴퓨터 체계의 시동, 정지, 운영상태의 감시 그리고 정보처리 내용의 방법의 변경 및 수정에 사용되는 것을 말하며, 이러한 console을 부당하게 조작하여 프로그램의 지시나 처리될 기억정보를 변경시키는 방법
산출물 조작	정당하게 처리, 산출된 산출물의 내용을 변경시키는 방법

(4) FBI의 컴퓨터범죄 분류수법

자료 변조 (Data Diddling)	자료가 최종적으로 컴퓨터 체계에 입력되는 순간에 자료를 절취, 삭제, 변경, 추가하는 방법. 이는 가장 단순하고 안전하며 자료 준비원이나 운반원 등 접근 가능한 사람들이 주로 이용
트로이 목마 (Trojan Horse)	프로그램 목적을 실행하면서 일부에서 부정한 결과가 나오도록 프로그램 속에 범죄자만이 아는 명령문을 삽입시켜 이용하는 방법
쌀라미 기법 (Salami Techniques)	어떤 일을 정상적으로 수행하면서 관심 밖에 있는 조그마한 이익을 긁어모으는 수법으로서 금융기관의 컴퓨터 체계에 이자 계산시 단수 이하의 적은 금액을 특정계좌에 모이게 하는 방법 등
트랩 도어 (Trap Door)	프로그램 개발과정에서 프로그램 검증을 위해 프로그램을 수정할 수 있는 명령을 끼워 넣게 되는데 이것을 삭제하지 않고 범행에 이용 (갑이 경찰청에 프로그램을 납품하면서 관련자료를 따로 저장하는 장치를 해두고 유지보수를 핑계삼아 중간중간 이를 확인하는 경우)
슈퍼 재핑 (Super Zapping)	슈퍼잽이란 컴퓨터작동이 정지된 상태를 복구나 재작동 절차에 의하여 해결할 수 없을 때 사용하는 만능키와 같은 프로그램인데 이 프로그램의 강력한 힘을 이용하여 부정을 행하는 방법
부정명령은닉 (Logic Bomb)	프로그램에 어떤 조건을 넣어주고 그 조건이 충족될 때마다 자동으로 부정행위가 이루어지도록 하는 방법 (앙심품고 특정조건이 만족되면 시스템을 중지)

스카벤징 (Scavenging)	컴퓨터의 작업수행이 완료된 후에 그 주변에서 정보를 획득하는 방법. 일명 쓰레기 주워 모으기
전송시 은닉과 위장 (Piggybacking and impersonation)	정규의 절차를 거쳐서 사용되고 있는 단말기의 회선을 전환시켜 자격이 없는 단말기에 연결, 부정하게 컴퓨터를 사용하거나 사용허가를 받지 않는 자가 유자격자를 가장하여 컴퓨터를 부정사용 하는 방법. 이는 컴퓨터무단사용에 해당
부정접속 (Wire Tapping)	데이터 통신회사에 불법적으로 선로를 접속시켜 단말기 등을 연결, 조작하여 자료를 절취하거나 컴퓨터를 부정사용 하는 방법
시뮬레이션과 모델링 (Simulation & Modeling)	컴퓨터를 정상적인 시험이나 시뮬레이션을 하는 것처럼 하면서 실제로는 컴퓨터를 범행도구로 이용하여 부정행위를 자행하는 방법
비동기침범 (Asynchronous attacks)	컴퓨터 운영체계의 비동기성을 이용하여 범죄를 저지르는 방법

※ 스카벤징, 부정접속, 비동기침범은 컴퓨터스파이와 관련된 수법이고, 나머지는 프로그램 조작방법에 해당

(5) 일반사이버범죄

1) 현실세계의 범죄가 단지 컴퓨터시스템을 이용하여 가상공간에서 행해지는 범죄로서 통신사기, 사이버도박, 음란사이트 운영, 개인정보 침해, 명예훼손 및 모욕, 사이버 성폭력 등을 들 수 있다.
2) 실제 피해는 오프라인(현실세계)에서 발생했더라도 사이버 공간을 매개로 한 경우에는 사이버경찰의 관할이다. 예컨대 인터넷에 허위광고를 내고 구입대금을 선납했더니 싸이트를 폐쇄한다든가, 인터넷 화상채팅방에서 여성을 유혹하여 성폭력을 저지른 경우, 은행원이 입출금기록을 조작하여 고객의 돈을 빼돌린 경우 등이다.
3) 하지만, 사이버공간 자체가 범죄의 발생 공간이나 매개가 된것이 아니라, 물품구매등 과정에 불과하다면 사이버범죄라고 할 수 없다.
   예)인터넷 사이트를 통해 농약을 구입한 뒤 독살한 행위

2. 가정폭력범죄

가정폭력범죄의 처벌 등에 관한 특례법

[시행 2012.8.5] [법률 제11002호, 2011.8.4., 타법개정]

제2조(정의) 이 법에서 사용하는 용어의 뜻은 다음과 같다. 〈개정 2011.7.25, 2011.8.4, 2012.1.17〉

1. "가정폭력"이란 가정구성원 사이의 신체적, 정신적 또는 재산상 피해를 수반하는 행위를 말한다.
2. "가정구성원"이란 다음 각 목의 어느 하나에 해당하는 사람을 말한다.
   가. 배우자(사실상 혼인관계에 있는 사람을 포함한다. 이하 같다) 또는 배우자였던 사람
   나. 자기 또는 배우자와 직계존비속관계(사실상의 양친자관계를 포함한다. 이하 같다)에 있거나 있었던 사람
   다. 계부모와 자녀의 관계 또는 적모(嫡母)와 서자(庶子)의 관계에 있거나 있었던 사람
   라. 동거하는 친족
4. "가정폭력행위자"란 가정폭력범죄를 범한 사람 및 가정구성원인 공범을 말한다.
5. "피해자"란 가정폭력범죄로 인하여 직접적으로 피해를 입은 사람을 말한다.

제5조(가정폭력범죄에 대한 응급조치) 진행 중인 가정폭력범죄에 대하여 신고를 받은 사법경찰관리는 즉시 현장에 나가서 다음 각 호의 조치를 하여야 한다.

1. 폭력행위의 제지, 가정폭력행위자·피해자의 분리 및 범죄수사
2. 피해자를 가정폭력 관련 상담소 또는 보호시설로 인도(피해자가 동의한 경우만 해당한다)
3. 긴급치료가 필요한 피해자를 의료기관으로 인도
4. 폭력행위 재발 시 제8조에 따라 임시조치를 신청할 수 있음을 통보

제6조(고소에 관한 특례) ① 피해자 또는 그 법정대리인은 가정폭력행위자를 고소할 수 있다. 피해자의 법정대리인이 가정폭력행위자인 경우 또는 가정폭력행위자와 공동으로 가정폭력범죄를 범한 경우에는 피해자의 친족이 고소할 수 있다.

② 피해자는 「형사소송법」 제224조에도 불구하고 가정폭력행위자가 자기 또는 배우자의 직계존속인 경우에도 고소할 수 있다. 법정대리인이 고소하는 경우에도 또한 같다.

③ 피해자에게 고소할 법정대리인이나 친족이 없는 경우에 이해관계인이 신청하면 검사는 10일 이내에 고소할 수 있는 사람을 지정하여야 한다.

제29조(임시조치) ① 판사는 가정보호사건의 원활한 조사·심리 또는 피해자 보호를 위하여 필요하다고 인정하는 경우에는 결정으로 가정폭력행위자에게 다음 각 호의 어느 하나에 해당하는 임시조치를 할 수 있다.

1. 피해자 또는 가정구성원의 주거 또는 점유하는 방실(房室)로부터의 퇴거 등 격리
2. 피해자 또는 가정구성원의 주거, 직장 등에서 100미터 이내의 접근 금지
3. 피해자 또는 가정구성원에 대한 「전기통신기본법」 제2조제1호의 전기통신을 이용한 접근 금지
4. 의료기관이나 그 밖의 요양소에의 위탁
5. 국가경찰관서의 유치장 또는 구치소에의 유치

제7편 경찰학 각론

제 4 장 경비경찰

1. 경비경찰의 대상

대 상	종 류	내 용
개인적·단체적 불법행위	치안경비(다중범죄진압)	공안을 해하는 다중범죄 등 집단적인 범죄사태가 발생하거나 발생할 우려가 있는 경우 적절한 조치로 사태를 예방·경계·진압하기 위한 경비활동
	특수경비(대테러)	총포·도검·폭발물 등에 의한 인질난동·살상 등 사회이목을 집중시키는 중요사건을 예방·경계·진압하는 경비활동
	경호경비	피경호자의 신변을 보호하는 경비활동
	중요시설경비	국가적으로 중대한 영향을 미치는 국가산업시설·국가행정시설을 방호하기 위한 경비활동
인위적·자연적 재해	혼잡경비	기념행사·경기대회·경축제례 등에 수반하는 미조직 군중에 의하여 발생하는 자연적·인위적인 혼란상태를 경계·예방·진압하는 활동
	재해경비	천재지변·화재 등의 자연적·인위적 돌발사태로 인하여 인명 또는 재산상 피해가 야기될 경우 이를 예방·진압하는 활동

2. 경비경찰의 성격

복합 기능적 활동	(1) 경비사태가 발생한 후에 진압 뿐만 아니라 특정한 사태가 발생하기 전에 경계·예방의 역할을 수행한다는 점에서 복합기능적 활동이다. (2) 교통경찰이나 정보·수사·보안경찰과 밀접한 기능적 관련성을 가진다. ⇒ 타 기능의 유기적 협조가 없다면 경비경찰의 목적달성이 어려움
현상유지적 활동	새로운 변화와 발전을 보장하기 위한 기초를 다진다는 의미에서 정태적·소극적 질서유지가 아닌 동태적·적극적 의미의 유지작용으로 볼 수 있다.
즉응적 활동 (즉시적 활동)	즉응적 활동이라고도 하며 경비상황은 항상 긴급을 요하고 국가적으로나 사회적으로 중대한 영향을 미치므로 신속한 처리가 요구된다. 따라서 경비사태에 대하여 기한을 정하여 진압할 수 없으며 즉시 출동하여 신속하게 조기제압을 해야 한다. 또한 사태가 종료될 때 동시에 해당업무도 종료되는 특성이 있다.
조직적 부대활동	하향적 명령에 의해 수행되는 집단적·물리적인 대처를 특징으로 한다. ⇒ 체계적 부대편성 및 훈련·관리·운영이 경비기능의 생명
하향적 명령에 의한 활동	경비활동은 조직적인 부대활동으로 모든 활동은 주로 계선조직의 지휘관이 내리는 지시나 명령에 의하여 움직이므로 활동의 결과에 대해서도 지휘관이 지휘책임을 지는 것이 일반적이다.
직접적인 안녕 및 질서유지활동	경비경찰의 대상은 직접적으로 공공의 안녕과 질서를 파괴하는 범죄 ⇒「국가 목적적 치안의 수행」이라고도 한다.

3. 경비경찰의 조직 및 수단

(1) 경비경찰의 조직운영원칙

부대단위활동	경비경찰은 개인적 활동이 아닌 부대단위로 운영하여야 한다.
지휘단일성	지휘관이 한 명으로 통일된 지휘를 하여야 한다.
체계통일성	조직의 정점으로부터 말단에 이르는 계선을 통하여 상하계급간에 일정한 관계가 형성되어 책임과 임무의 분담이 명확히 이루어지고 명령과 복종의 체계가 통일되어야 한다.
치안협력성	업무수행과정에서 국민과 협력을 이루어야 효과적인 목적달성이 가능하다.

(2) 경비수단의 원칙

적시(시점)의 원칙	상대의 허약한 시점을 포착하여 적절한 실력행사를 한다.
균형의 원칙	균형 있는 경력운영으로 상황에 따라 주력부대와 예비대를 적절하게 활용, 한정된 경력으로 최대의 성과를 올린다.
위치의 원칙	실력행사시 유리한 지점과 위치를 확보한다.
안전의 원칙	사고 없이 안전한 진압을 한다.

(3) 경비수단의 종류

방 법	종류	내용 및 근거
간접적 실력행사	경 고	① 경비부대를 전면에 배치 또는 진출시켜 위력을 과시하거나 경고하여 범죄실행의 의사를 자발적으로 포기하도록 하는 방법 ② 경찰관직무집행법 제5조에 근거하며, 경비사태를 예방·경계·진압하기 위하여 발할 수 있는 조치
직접적 실력행사	제 지	① 경비사태를 예방·진압하기 위한 강제처분으로 세력분산·통제파괴·주동자 및 주모자의 격리 등을 실시하는 방법 ② 경찰관직무집행법 제6조에 근거하며, 즉시강제에 해당
	체 포	① 상대방의 신체를 구속하는 강제처분 ② 형사소송법에 근거

(4) 혼잡경비(행사안전)의 활동요령

① 사전에 적정(충분히 아니다 - 비례원칙)한 경력배치 및 예방경비
② 군중심리조성의 사전차단
③ 군중의 목지점 선정 및 통제
④ 활발한 공보활동
⑤ 행사주최측과 협조 및 수익자부담원칙의 적용
⑥ 질서유지를 위한 적정한 통제(통제의 완화 X)
⑦ 관중주시
⑧ 출연자와 관중의 통로 구분

4. 군중정리의 원칙

경쟁적 사태의 해소 (경쟁적 행동의 지양)	남보다 먼저 가려는 심리상태를 억제시켜, 질서 있게 행동하면 모든 일이 잘 될 수 있다고 납득시키는 것이다. 차분한 목소리로 안내방송을 하는 것도 한 방법이다.
이동의 일정화	군중은 자신의 위치와 갈 곳을 잘 몰라 불안감을 가지므로 이를 해소시키기 위하여 일정방향으로 이동시켜 주위상황을 파악할 수 있는 여건을 조성하는 것으로써 안정감을 갖도록 하는 것이다.
밀도의 희박화	제한된 면적에 많은 사람이 모이면 상호 충돌 및 혼잡이 야기되어 거리감과 방향감각을 잃고 혼란한 상태에 이르므로 가급적 많은 사람이 모이는 것을 방지하는 것으로써 대규모 군중이 모이는 장소는 사전에 블록화 한다.
지시의 철저	사태가 혼잡할 경우 계속적이고 자세한 안내방송으로 지시를 철저히 해서 혼잡상황을 회피하고 사고를 미연에 방지하는 것이다.

5. 재해의 종류(발생원인에 따라)

자연재해	자연현상에 기인한 재해로, 기상요인에 의한 기상재해와 지진·화산활동에 의한 지질적 재해가 있다.
인위재해	인류문명이 초래한 각종의 위해요소로 인한 대형건물의 붕괴, 도시가스폭발, 핵방사능의 유출 등이 있다.
혼합재해	인간에 의한 인위적인 생태계의 조작이나 자연환경 파괴행위가 자연재해로 나타나는 것, 또는 자연재난의 경우에 적절한 조치를 취하지 않음으로써 인위재난을 가져오는 경우(경미한 지진에 의한 대형건물 붕괴)를 말한다.

6. 현대사회 재해의 특성

익명성	피해는 특정계층과 상관없이 누구에게나 나타날 수 있다.
일상성	위험시기가 특별히 정해져 있는 것이 아니고 언제든지 생활주변에서 발생할 수 있다.
타율성	개인의 자유의지와 상관없이 나타난다.
불확실성	재해는 성격상 예측하기 어렵다.
재난불감증	재해를 풍요에 대한 대가나 어쩔 수 없는 운명으로 받아들이는 경향이 있다.

7. 재해발생시 경찰의 조치

사전조치사항	① 재해경비계획의 수립 - 지형, 주민상황, 위험장소, 대피 ② 계획은 융통성·탄력성을 가지고, 최악의 경우를 고려하여 수립하여야 함
현장조치사항	경고 및 초동조치, 경찰관의 비상소집과 부대편성, 피해조사와 보고, 피난조치 및 이재민의 구호, 교통소통을 위한 현장조치, 절도범 등 범죄의 단속. 채증활동은 포함 않는다.

8. 현장지휘본부 – 장기화(사태종료시 까지)

(1) 기능별 임무

기 능	임 무
공 보	• 관련정보 자료를 사실대로 관계인에게 제공 • 경찰활동 사항의 적극적 · 다각적 홍보 • 교통통제 등 국민협조 사항 홍보
경 비	• 현장지휘본부 설치 · 운영 • 경찰통제선(police line)설치 : 주민보호, 장비의 효과적 투입을 위해서 설치한다. 제1통제선은 소방서, 제2통제선은 경찰에서 운영하고, 통제구역으로 들어가는 출입구는 되도록 단일화한다. • 동원경력 · 장비의 확보 및 운용 • 비상소집 • 현장의 제반 작업장소에 대한 경비활동
교 통	• 비상출동로 사전지정 및 관리 • 현장주변에 대한 교통통제 • 외곽지역 교통혼잡 예상지역 교통관리
생활안전	• 현장주변 생활안전순찰 • 대피한 건물, 사상자 소지품의 약탈방지 • 유류품 접수 및 가족에게 인계
수 사	• 피해자의 신원확인(감정) • 사고원인 및 범죄관련여부수사 • 목격자 · 증거확보 및 수사상 필요한 업무
정 보	• 사태와 관련된 유용한 정보의 수집 · 보고 • 각종 유언비어의 차단 • 피해자 가족 등 동향 파악
통 신	• 현장지휘본부에 전화기 · 무전기 등 통신시설 설치 • 현장에 투입된 모든 임무 부서에 통신시설 제공

* 경찰통제선

1) 설치목적 : 2차 사고로부터 주민보호, 사고수습 활동공간의 확보, 구조활동의 방해요소 제거
2) 통제선의 제1선은 소방, 제2선은 경찰이 담당
3) 출입구는 입구 1개를 원칙으로 한다. 필요시 반대편에 1개 추가할 수 있음
4) 설치범위 : 구조 및 복구작업에 지장이 없도록 초기단계부터 충분히 넓게 설정하고 상황의 진전에 따라 축소·확대하도록 함.

* 경찰정보지원센타

1) 재난현장에 설치하여 관계인에게 피해상황 등의 정보를 제공하는 기능을 하며, 사고수습에 지장을 주지 않도록 경찰통제선 밖에 설치함
2) 인근 공공기관·교회 등을 활용하고 적절한 장소가 없을 경우 경찰버스 등을 활용함

9. 중요시설의 실질적 분류

〈통합방위법〉

제15조의2 【국가중요시설의 경비·보안 및 방호】 ① 국가중요시설의 소유자 또는 관리자(이하 "시설주"라 한다)는 경비·보안책임을 지며, 통합방위사태에 대비하여 자체방호계획을 수립하여야 한다. 이 경우 국가중요시설의 시설주는 자체방호계획의 수립에 관하여 필요한 경우에는 지방경찰청장 또는 지역군사령관에게 협조를 요청할 수 있다.

② 지방경찰청장 또는 지역군사령관은 통합방위사태에 대비하여 국가중요시설에 대한 방호지원계획을 수립·시행하여야 한다.

③ 국가중요시설의 평시 경비·보안활동에 대한 지도·감독은 관계행정기관의 장과 국가정보원장이 행한다.

④ 국가중요시설은 국방부장관이 관계행정기관의 장 및 국가정보원장과 협의하여 지정한다.

⑤ 국가중요시설의 자체방호·방호지원계획 및 그 밖에 필요한 사항은 대통령령으로 정한다.

가 급	① 적에 의해 점령되거나 기능 마비시 광범위한 지역의 통합방위작전수행이 요구되고 국민 생활에 결정적인 영향을 미칠 수 있는 시설 ② 청와대, 국회의사당, 대법원, 정부종합청사, 국방부, 국가정보원, 한국은행본점 등
나 급	① 적에 의해 파괴되거나 기능마비시 일부지역의 통합방위작전수행이 요구되고 국민생활에 중대한 영향을 미칠 수 있는 시설 ② 경찰청, 대검찰청, 국책은행 및 시중은행본점(삭제)
다 급	① 적에 의해 파괴되거나 기능마비시 제한된 지역에서 단기간 통합방위작전수행이 요구되고 국민생활에 상당한 영향을 미칠 수 있는 시설 ② 기타 중앙행정기관의 청

* 국가중요시설 방호업무의 지도감독 책임은 경찰책임지역 내의 군(軍) 지도감독 시설을 제외하고는 평시는 물론이고 전시에도 당해 시·도 지방경찰청장이다.

◐ 3지대 방호 개념 ◑	
제1지대 (경계지대)	불규칙적인 지역수색 · 매복활동으로 적 은거 및 탐지활동 시행
제2지대 (주방어지대)	① 시설내부 및 핵심시설로 침투하는 적을 결정적으로 거부하기 위한 주방어지대로서 시설 및 울타리를 연결하여 외곽의 소총 유효사거리를 고려하여 설정 ② 시설자체 경계요원, 주 · 야간 초소 및 순찰활동, CCTV 등 설치 · 운용
제3지대 (핵심방어 지대)	① 시설의 주기능에 결정적인 영향을 미치는 주요핵심시설 주방어지대의 중심을 보강하고 침투한 적을 최종적으로 격멸하는 핵심방어지대 ② 주 · 야간 경계요원에 대한 계속적인 감시 · 통제가 될수 있도록 경비인력운용 시설의 보강 (지하화, 방호벽, 방탄막 등)을 최우선 설치

10. 다중범죄의 특징

확신적 행동성	다중범죄의 참여자는 확신을 가지고 참여하므로 투신·분신 자살 등 과감하고 투쟁적인 행동을 하는 경우가 많다.
조직적 연계성	다중범죄는 특정 조직에 기반을 두는 경우가 대부분이므로 소속단체의 설치목적이나 활동방침을 분명하게 파악하는 것이 필수적이다.
부화뇌동적 파급성	다중범죄는 군중심리로 발생하는 경우가 많으므로 일단 발생하면 부화뇌동으로 인하여 갑자기 확대될 수 있다.
비이성적 단순성	시위군중은 이성적 판단능력을 상실하여 과격·단순·편협하여 타협과 설득이 어렵다.
편협성, 피암시성	반대의사 불허
충동적 발전성	

◐ 다중범죄의 정책적 치료법 ◑	
선수승화법 (사전에 해결)	특정한 불만집단에 대한 정보활동을 강화하여 사전에 불만 및 분쟁요인을 찾아내어 해소시켜 주는 방법 예 특정회사 노동조합의 시위가 예상되어 경찰서 정보과에서 노사간의 면담을 주선하여 대화에 의한 타협을 보는 경우
경쟁행위법 (반대되는 의견을 부각)	불만집단과 반대되는 대중의견을 부각시켜 불만집단이 위압되어 스스로 해산 또는 분산되도록 하는 방법 예 지하철 노조의 명분없는 파업에 대해 언론에 일반시민의 불만과 비난의 목소리가 커지자 지하철 노조가 스스로 파업을 철회하는 경우
전이법 (다른 이슈의 제기)	다중범죄의 발생 징후나 이슈가 있을 때 국민들의 관심을 집중시킬 수 있는 경이적인 사건을 폭로하거나 규모가 큰 행사를 개최하여 원래의 이슈가 상대적으로 약화되도록 하는 방법
지연정화법 (시간의 지연)	불만집단의 고조된 주장을 시간을 끌어 이성적으로 생각할 기회를 부여하고 정서적으로 감정을 둔화시켜서 흥분을 가라앉게 하는 방법

– 다중범죄는 정책적 해결법이 가장 바람직하지만, 실제 발생시에는 물리적 진압방법과 병행되어야 함.

11. 진압의 기본원칙

구분	내용
봉쇄·방어	군중이 중요시설이나 기관 등 보호대상물의 점거를 기도할 경우, 사전에 진압부대가 점령하거나 바리케이드 등으로 봉쇄하여 방어조치를 취하는 방법으로, 군중의 의도를 사전에 봉쇄하여 충돌 없이 효과적으로 무산시키는 방법
차단·배제	군중이 목적지에 집결하기 전에 중간에서 차단하여 집합을 못하게 하는 방법으로, 중요 목지점에 경력을 배치하고 검문검색을 실시하여 가담자를 사전색출·검거하거나 귀가조치하여 시위군중의 집합을 사전에 차단하는 방법
세력분산	시위대가 집단을 형성한 이후에 시위집단의 통제력을 차단시키며 수개의 소집단으로 분할시켜 그 세력을 분산시키는 방법
주동자격리	주모자를 사전에 검거하거나 군중과 격리시켜 군중의 집단적 결속력을 약화시켜 계속된 행동을 못하게 진압하는 방법

12. 차단을 위한 차벽전술

구분	내용
가로차벽	① 차량의 옆면으로 시위대를 막는 방법으로 넓은 지역을 방어 ② 경력의 진출입을 위한 적정한 차량간 공간, 일명 '숨구멍'을 설치 ③ 시위대가 차량을 밀거나 밧줄 등을 이용해 당길 경우 전복의 위험이 있음 ④ 차벽설치시 차량의 출입문 방향이 시위대 반대쪽으로 시위대의 차량 내부 진입 방지
세로차벽	① 시설점거 후 시위대 정문방면 진출차단에 유용 ② 시위대에 의한 전복위험은 적으며 유사시 이동이 용이 ③ 차량의 후면으로 시위대를 막는 방법으로 방어면적이 좁다.

13. 다중범죄 진압의 단계별 조치사항

사전조치	① 사전정보수집 및 상황판단 ③ 경비실시계획의 수립 ⑤ 장비 및 출동태세의 점검 ⑦ 응원·파견요청대상의 결정 ⑧ 현장답사 및 작전회의의 실시	② 경비방침의 수립 ④ 경비요원의 소집 ⑥ 경비부대 편성
현장조치	① 부대의 배치 ③ 현장정보 · 공보 · 선무활동	② 현장점검 및 채증활동 ④ 단계별 실력행사
사후조치	① 재집결 방지대책 마련 ③ 피검거자의 처리 및 피해조사활동	② 단계별 철수 ④평가

14. 진압활동시의 3대 원칙

신속한 해산	시위군중은 군중심리의 영향을 받기 쉬우므로 초기단계에서 신속 · 철저히 해산시켜야 한다.
주모자체포	시위군중은 주모자를 잃으면 무기력해지므로 주모자부터 체포한다. 전원체포 아니다.
재집결방지	시위군중은 일단 해산되었다가 다시 집결하기 쉬우므로, 재집결할 만한 곳에 경력을 배치하고 순찰과 검문검색을 강화한다.

◉ 군중심리(집합행동)

1. 군중의 종류

우연적 군중	사람들이 일시적으로 특정한 개인이나 사건에 대한 관심 때문에 모여 든 경우로서 교통사고 주위에 모여서 사고현장을 지켜보거나 길거리 약장수의 현란한 말솜씨를 구경하는 사람들이 여기에 속한다. 서로 공통된 목적이나 상호작용이 없기 때문에 관심이 사라지면 흩어짐
인습적 군중	동일한 목적지로 가기위해 탑승한 비행기의 승객이라든가, 음악회에 모인 청중, 운동경기시합을 구경하기 위하여 모인 관중들과 같이 특정한 목적을 위하여 한 자리에 모인 사람들을 인습적 군중이라고 한다. 인습적 군중의 행동은 임시적 군중의 행동보다 규칙화되어 있으며 행동체계가 보다 확립되어 있다.
능동적 군중	어떤 쟁점을 이루는 사건에 관심을 가지고 자발적으로 집합한 사람들이다. 이들은 감정적으로 매우 긴장되어 있으며 이들을 자발적으로 집합하게 만든 사건은 사람들로 하여금 분개, 노여움, 행동의 욕구를 일으키게 자극시키는 것이 대부분이다. 예측할 수 없는 행동이나 때에 따라서는 난폭한 행동을 하며, 재산의 피해나 인명의 피해를 초래하기 쉽고, 폭도로 변하기 쉬움 예 경기자의 관중이 심판의 판정에 불만을 품고 패싸움을 벌이는 경우

2. 군중심리의 특징

경신성 (피암시성)	군중은 유언비어 등을 쉽게 믿고 사물에 대한 정확한 판단이 어려워져, 타인의 암시에 따른 행위를 쉽게 하게 되는 경향이 있음
충동성 (변이성)	군중은 충동적으로 행동을 하고, 외계의 자극을 행동에 반영하게 됨
과장성 (단순성)	군중의 감정은 암시에 의해서 급속히 전파되어 상호간에 동일한 정서를 가지게 되므로 개성이 소멸하여 생각이 단순해지고, 감정이 강화·과장되어 나타남
편협성 (전횡성)	군중은 스스로 절대적인 힘을 가지고 있다고 생각하여 다른 사람의 반대의견을 허용하지 않음(대립 세력간 충돌의 가능성이 큼)

3. 군중심리이론

◉ 가치증가(부가가치)이론 (Value-Added Theory)- 스멜서(Neil J. Smelser)

집합행동이 발생한 장소와 시간 및 양식에 대하여 설명하려는 이론이다. 기본전제는 집합행동이 일어난 사회적 상황과 관련된 많은 발생요인들이 사건의 발생 이전에 나타난다는 것이다.

1) 구조적 유발성(조성)

① 모순이 내재되어 있는 사회구조

② 집합행동의 조건 - 집합행동은 어떤 구조적 문화적 선행요건이 전제되지 않으면 발생하기 어렵다. 예컨대, 미국에서의 인종폭동과 같은 집합행동은 흑백간의 인종적 차별이 전제되지 않았다면 발생하지 않았을 것이라는 것이다.

2) 구조적 긴장

① 사회구조의 부적절한 기능

② 집합행동의 구체적 환경 - 구조적 유발성이 사회성원들의 심성에 파악된 상태로서 사회적 환경 속에서의 여러 갈등이나 상대적 박탈감, 인종차별, 빈곤 등으로 구성원은 긴장상태에 들어가게 된다.

3) 신념화된 가치체계(일반화된 신념의 성숙과 파급)

① 적절한 신념을 가지고 상황을 재구성

② 대안 마련 - 사회성원들간에 구조적 긴장이 쌓이게 되면 이 긴장의 원인을 찾아 문제를 해결하려고 하는 일반적인 공감대, 신념화된 가치체계 가 형성된다고 한다. 예컨대, 빈곤으로 인한 긴장일 경우 부유층을 공격하면 될 것이라는 등의 신념체계가 구성원들 사이에 형성된다는 것이다.

4) 촉발요인(촉진적 요소, 유발요인)

① 집합행동의 직접적인 유발을 가져오는 요인

② 폭탄의 뇌관(우연한 사태가 원인이 될 수 있음) - 촉발요인은 앞의 신념화된 가치가 집합행동이 될 수 있도록 하는 요인을 말한다. 1965년 미국LA시 왓쯔지역의 흑인폭동의 경우 음주운전을 한 흑인청년을 백인경찰이 체포하면서 시작되었다. 이웃주민과 부모형제가 이를 항의하고 말리다가 폭동으로 번진 것이다.

5) 행동을 위한 참여자의 동원

① 집합을 이루기 위한 구성원의 결집

② 지도자의 리더십이 작용 - 사회적 조건이 모두 갖추어진다 해도 참여자가 없이는 폭동과 같은 집합행동이 이루어질 수 없다. 사람들을 동원하기 위해서는 커뮤니케이션과 리더십이 필요하다.

6) 사회통제기제로서 작용 – 기존의 사회가 작용하는 보수적 반응의 기능

사회통제기제란 지금까지의 집합행동의 요인을 억제 또는 저지하는 작용올 하는 사회적 작용으로서 주로 경찰, 법원, 입법 및 지역사회의 지도자에 의하여 수행되거나 조직적인 여론에 의하여 이루어진다. 사회통제기제의 작용이 효율적일 경우 집합행동은 억제되나 그렇지 못한 경우에는 집합적 행동을 더욱 촉진시킬 수도 있다.

◉ Game 이론 (Game Theory)-스펜서(Metta Spencer)

대다수 사람들은 부득이한 경우를 제외하고는 법과 도덕규범을 준수하는데 일반인이 부정당한 일에 참여할 때는 반드시 보수의 양을 생각하여 집단적인 행동이 더 큰 보수를 얻을 가능성이 높을 때 집단에 참여하기 때문에 군중행동이 발생한다는 이론으로 군중 속에서 집합행동에 참여하는 자는 통상 자기 자신의 결정에 의하여 참여하는 것으로 별도의 단체심리는 존재하지 않는다. 어떤 행동을 취한 후에 소득에서 대가를 제외하고 남은 순수한 이익이 많으면 활발한 참여를 하게 되지만 그 반대의 경우에는 그렇지 않다고 본다. 결국은 각 개인이 집합행동에 참여하는 사람의 많고 적음은 각 개인의 실제소득의 크기에 의하여 결정된다는 관점이다.

Notice

(1) 전염이론 (Contagion Theory)

① 르봉(Gustave Le Bon)의 「비이성적 폭력군중」(Irrational Mob)

② 프로이드(Sigmund Freud)의 「지도자의 역할」(The Role of Leader)

③ 블루머(Blumer, H.)의 「정서반응」(Emotional Reaction)

④ 브룸(Leonard Broom)과 셀즈니크(Philip Selznick)의 「정서전염」(Emotional Contagion)

(2) 집중이론 (Convergence Theory) – 알포트(Allport, F. H.)

(3) 긴급규범이론 (Emergent-Norm Theory) – 「신규범이론」 Lewin의소집단의 연구

(4) 가치증가이론 (Value-Added Theory) – 스멜서(Neil J. Smelser)

(5) Game 이론 (Game Theory) – 스펜서(Metta Spencer)

(6) 무규범이론 (Anomie Theory) – 듀르겡(E. Durkheim)

◉ 경호경비

1. 경호의 대상에 따른 구분

구 분		대 상 자	경호책임
국내 요인	갑호	대통령과 그 가족, 대통령으로 당선된 자와 그 가족, 퇴임 후 10년 이내의 전직대통령과 그 배우자 및 자녀	대통령경호실
	을호	퇴임 후 10년이 경과한 전직대통령, 대통령선거후보자, 국회의장, 대법원장, 국무총리, 헌법재판소장	경 찰
	병호	갑·을호 외에 경찰청장이 필요하다고 인정한 인사	
국외 요인	A, B, C, D 등급	대통령, 국왕, 행정수반, 행정수반이 아닌 총리, 부통령	대통령경호실
	E, F 등급	부총리, 왕족, 외빈 ABCD등급의 배우자 단독 방한, 전직대통령, 전칙총리, 국제기구·국제회의의 중요행사, 기타 장관급 이상으로 경찰청장이 경호가 필요하다고 인정한 사람	경 찰

2. 경호의 4대 원칙

자기 희생	어떠한 희생을 치르더라도 피경호자의 신변의 안전이 보호·유지되어야 한다는 것으로서, 피경호자가 위기에 처했을 때는 육탄방어의 정신으로 피경호자를 보호하여야 한다.
자기담당 구역책임	경호원은 각자 자기 담당구역 내에서 일어나는 모든 사태에 대하여 자기만이 책임을 지고 해결하여야 한다는 것으로서, 비록 인근지역에 특별한 상황이 발생되었다고 해서 자기 책임구역을 이탈해서는 안 된다. 자기 담당구역 외의 불시의 사태에는 관여해서는 안 된다.
하나의 통제된 지점을 통한 접근	피경호자와 접근할 수 있는 통로는 경호상 통제된 유일한 통로만이 필요하다는 것으로서, 여러 개의 통로와 출입문은 오히려 적에게 접근할 수 있는 기회를 주어 취약성을 증가시켜 주는 결과가 되고 하나의 통제된 출입문이나 통로를 통한 접근도 반드시 경호원에 의하여 확인된 후 허가절차를 밟아 이루어져야 한다.

목표물 보존	암살기도자 또는 위해를 가할 가능성 있는 불순분자로부터 피경호자(목적물)를 격리해야 한다. ① 행차코스, 행사예정 장소 등은 원칙적으로 비공개 되어야 한다. ② 동일한 장소에 수차 행차하였던 곳은 가급적 변경한다. ③ 대중에게 노출된 도보행차는 가급적 제한한다.

3. 대간첩작전

(1) 통합방위사태의 선포권자 : 갑종은 대통령, 을 · 병종은 시 · 도지사가 선포

(2) 을지연습 : 전시 또는 이에 준하는 비상사태에 대비한 능동적 적응훈련으로 통상적으로 충무계획에 의거한 도상연습을 실시함.

1) 통상적으로 매년 1회 실시
2) 민관군 합동훈련, 범국민적 방어목적 훈련
3) 을지연습의 총감은 국무총리 임

(3) 충무계획 : 실제적으로 전쟁의 위험이 고조되거나 전쟁이 임박한 경우에 대비하여 3단계로 대응하는 방안을 구체적으로 수립한 것으로서, 이에 따라 경찰은 단계별로 정해진 작전임무를 군과 합동으로 수행한다.

◉ 통합방위사태유형

대간첩작전은 통합방위법, 통합방위법시행령, 통합방위지침(대통령훈령 제28조)에 근거한다.

구분	개념	선포권자
갑종사태	적의 대규모 병력 침투 또는 보발로 인한 비상사태로서 통합방위본부장 또는 지역군사령관의 지휘·통제하에 통합방위작전을 수행하여야 할 사태	대통령
을종사태	일부 또는 수개 지역에서 적의 침투·도발로 인하여 단기간 내에 치안회복이 어려워 지역군사령관의 지휘·통제하에 통합방위작전을 수행하여야 할 사태	시·도지사

병종사태	① 적의 침투·도발위협이 예상되거나 소규모(5명이내)의 적이 침투한 때에 지방청장·지역군사령관 또는 함대사령관의 지휘·통제하에 통합방위작전을 수행하여 단기간 내에 치안이 회복될 수 있는 사태 ② 병종사태의 경우 경찰책임지역 내의 작전은 지방청장 책임하에 실시함 ③ 이때 지방청장은 시 · 도 경찰작전지휘관으로서 관할지역의 예비군관리대를 작전통제함 * 대통령훈령 28호(통합방위지침) : 병종사태시 경찰작전 수행의 근거규정	시·도지사

통합방위법

제12조(통합방위사태의 선포) ① 통합방위사태는 갑종사태, 을종사태 또는 병종사태로 구분하여 선포한다.

② 제1항의 사태에 해당하는 상황이 발생하면 다음 각 호의 구분에 따라 해당하는 사람은 즉시 국무총리를 거쳐 대통령에게 통합방위사태의 선포를 건의하여야 한다. 〈개정 2013.3.23, 2013.3.22〉

1. 갑종사태에 해당하는 상황이 발생하였을 때 또는 둘 이상의 특별시·광역시·특별자치시·도·특별자치도(이하 "시·도"라 한다)에 걸쳐 을종사태에 해당하는 상황이 발생하였을 때: 국방부장관
2. 둘 이상의 시·도에 걸쳐 병종사태에 해당하는 상황이 발생하였을 때: 안전행정부장관 또는 국방부장관

③ 대통령은 제2항에 따른 건의를 받았을 때에는 중앙협의회와 국무회의의 심의를 거쳐 통합방위사태를 선포할 수 있다.

④ 지방경찰청장, 지역군사령관 또는 함대사령관은 을종사태나 병종사태에 해당하는 상황이 발생한 때에는 즉시 시·도지사에게 통합방위사태의 선포를 건의하여야 한다. 〈개정 2013.3.22〉

⑤ 시·도지사는 제4항에 따른 건의를 받은 때에는 시·도 협의회의 심의를 거쳐 을종사태 또는 병종사태를 선포할 수 있다.

⑥ 시·도지사는 제5항에 따라 을종사태 또는 병종사태를 선포한 때에는 지체 없이 안전행정부장관 및 국방부장관과 국무총리를 거쳐 대통령에게 그 사실을 보고하여야 한다. 〈개정 2013.3.23〉

⑦ 제3항이나 제5항에 따라 통합방위사태를 선포할 때에는 그 이유, 종류, 선포일시, 구역 및 작전지휘관에 관한 사항을 공고하여야 한다.

⑧ 시·도지사가 통합방위사태를 선포한 지역에 대하여 대통령이 통합방위사태를 선포한 때에는 그 때부터 시·도지사가 선포한 통합방위사태는 효력을 상실한다.
⑨ 제1항부터 제8항까지에서 규정한 사항 외에 통합방위사태의 구체적인 선포 요건·절차 및 공고 방법 등에 관하여 필요한 사항은 대통령령으로 정한다. [전문개정 2009.5.21]

4. 각국의 대테러조직

미국	미국의 대테러부대는 규모면에서 가장 크고 다양한 형태로 운영되고 있는데, 1972년 독일뮌헨 올림픽 선수촌 테러사건을 계기로 닉슨대통령에 의해 '테러억제 각료위원회'가 구성되면서 본격적인 대테러대응체계를 갖추기 시작했다. 경찰특수부대인 SWAT(Special Weapons Assault Team)는 미국 각 주립경찰서 내에 조직된 특공대로서로 아래와 같이 각각 명칭을 달리하고 있으나 테러진압이라는 목표는 모두 같다. ① 뉴욕 : 기동타격대(Emergency Service Square) ② 비밍행 : 전술작전단(tactual Operation Unit) ③ 로스엔젤레스 : 특별무기전술기동대 ※ 군부대 : 미육군Delta Force, Ranger, 해군 SEAL 9.11 테러 이후 대테러 전문기관으로 2002년 11월 '국토안보부 : DHS'를 설치하여 대테러 업무를 총괄토록 하고 있음
영국	영국은 1942년 세계 최초로 테러진압 특공대인 'SAS' 를 창설 ① SAS(Special Air Service)는 특수공군부대의 일부로서 1972년 검은 9월단 사건을 계기로 창설되어 인질·유괴·선박항공납치·암살을 포함한 모든 형태의 테러사태 처리를 임무로 하고 있음(일명 현장조치팀) ② 1980년 이란대사관 점거사건 때 작전개시 11분 만에 대사관을 점거한 6명의 테러리스트를 무력화시키고 인질 22명을 모두 구출해 냄
프랑스	① GIPN(경찰특공대) : 1972년 검은9월단사건 이후 창설된 도시경찰국 소속의 부대 ② GIGN(군인경찰특공대) : 1973년 프랑스 주재 사우디대사관 점거사건을 계기로 창설한 군경찰로 구성된 보안국 소속의 대테러 부대
독일	① GSG-9 창설 : 1972년 뮌헨올림픽에서 검은 9월단에 의한 이스라엘 축구선서 테러사건에 대응하여 연방국경경비대 산하에 설립됨. GSG-9는 연방내무성장관의 명령에 의하여 주경찰이나 그 예하단위 경찰이 해결할 수 없는 중대한 테러사건을 담당함. 소말리아 모가디슈작전 수행

독일	② SEK : 각 주와 주요도시에 편성된 특수작전 부대로서 GSG-9이 투입되기 어려운 상황이라고 판단되면 즉시 인질 구출작전 등을 수행함(미국의 SWAT와 유사)
이스라엘	① Sayret Matkal(사렛트 매트칼) 은 정보국 산하에 두고 자국 비행기에 대한 납치예방, 아랍국의 대이스라엘 테러리즘 공격에 대한 보복작전에 투입 등의 임무를 수행 ② 1976년의 소말리아 엔테베 작전도 인질구조팀이 제35공수여단과 골라니 코만도 대원들의 합동으로 구성된 것으로 알려져 있지만, 핵심적인 역할을 담당했던 것은 사렛트 매트칼이다.

◉ 한국 KNP868(K- SWAT) - 설치근거 : 국가대테러활동지침(대통령훈령 47호)

86아시안 게임과 88올림픽을 대비하기 위하여 1983년에 경찰청 직속으로 창설되어(현재는 각 지방청으로 소속이 변경됨) 현재 서울·부산·대구·충남·인천·전남·제주특공대 등 총 7개의 특공대가 편성되어 있다.(여성관련 테러의 처리를 위하여 2000년부터 여경특공대를 운영) 1차적 임무는 인질구출작전이며, 경호업무도 일부 수행하고 있다. 지역적 활동범위는 국내로 한정되고, 해외작전은 군 특수기동타격대인 707대대가 전담함.

✍ 국가 대테러 활동체계

테러대책회의	① 국가대테러정책에 대한 최고 심의 · 결정기구(대통령 소속) ② 의장은 국무총리, 위원은 경찰청장 등 18개 부처장과 의장이 지명하는 자
태러대책 상임위원회	① 국가대테러정책의 실질적인 협의 · 조정 · 결정 기구 ② 위원장은 위원중에서 대통령이 지명, 경찰청장 등 상임위원회 위원장이 지명하는 자
테러사건 대책본부	테러 유형별로 국내일반테러 - 경찰청장 항공기테러 - 국토교통부장관 화학테러 - 환경부장관 해양테러 - 해양경찰청장 생물테러 - 보건복지부장관 군사시설테러 - 국방부장관 방사능테러 -원자력안전위원회위원장 국외테러 - 외교부장관

현장지휘본부	테러유형별로 각 소관 대책본부 하에 설치

5. 세계의 주요테러조직

(1) 중동지역

Abu Nidal	Abu Nidal에 의해 1974년에 조직된 팔레스타인 테러단체로, 목표는 시온주의 유태인에 대한 무장투쟁, 친아라파트 인사들에 대한 공격을 통해 이스라엘과 팔레스타인간의 평화협상 무산, 팔레스타인 문제에 부정적인 아랍국가에 대한 공격 등이다. ANO는 창설 당시 이라크와 시리아의 적극적인 재정 지원을 받았고, 현재는 리비아 카다피의 후원 아래 리비아에 본부를 두고 있다.
PFLP (Popular Front for the Liberation of Paiestine) 팔레스타인 해방인민전선	1967년 6월 전쟁에서 아랍이 대패한 직후 하바시가 기존의 아랍민족주의 운동의 '돌아온 영웅', 팔레스타인 해방국민전전, 독립팔레스타인 해방전선을 통합하여 결성한 것으로, 평화적 협상에 의한 팔레스타인 문제해결은 있을 수 없으며, 오로지 이스라엘의 파멸을 통해 이룰 수 있다고 주장하면서 이를 위해서는 테러리즘이 가장 효과적이며, 극도의 공포 조성을 위해 민간인들도 공격목표로 삼고 있다. PFLP의 최종 목표는 팔레스타인 지역에서 이스라엘인들을 완전히 몰아내고 팔레스타인 국가를 만드는 것이다.
PFLP-GC (General Command) 총본부	PFLP에 가담하여 대 이스라엘 투쟁을 전개했던 아메드 지브릴이 조지 하바시의 지도력에 반감을 가지고 1968년 탈퇴하여 결성한 무장 테러리스트 단체로, 이스라엘을 파괴하고 팔레스타인 국가 건설을 최종 목표로 하고 있다.
Hizballah	이란의 호메이니의 무슬림 군국주의 노선에 영향을 받아 1983년에 조직된 정치·군사조직으로, 3,000여명의 대원으로 중동지역 최대 태러조직이다. 시아 무슬림 이데올로기와 일치하지 않는 국가와 개인에게 적대감을 가지고 있는 헤즈볼라는 이란 호메이니의 혁명을 모델로 삼아 레바론에 시아 이슬람 국가를 건설하며, 서구 국가의 영향력 행사를 배제하며, 레바론 내의 이슬람 운동의 선구자 역할을 하는 것을 정치적 목표로 삼고 있으며, 이러한 목표달성을 위해 테러리즘을 전술로 활용하고 있다.

Hamas	이스라엘이 점령하고 있는 가자지구와 웨스트 뱅크 지역에서 활동하고 있는 팔레스타인 과격 테러리스트 단체로 1987년에 아마드 야신에 의해 무슬림 형제당에서 분리되어 창설되었으며, 군사조직으로 에즈에딘 알까삼를 두고 있다. 하마스는 이슬람 전통과 혁명사상을 강조하면서 이스라엘에 이슬람 팔레스타인 국가 건설을 목표로 한다. 최근 이스라엘정부에 의한 야신의 살해로 이스라엘과 중동간의 대립이 더욱 격화되고 있다.
검은구월단	PLO가운데 알파타에서 분리된 가장 과격한 극좌파 무장조직으로 제3차 중동전쟁 이후, 1970년 6월 미국이 주도한 평화협상에 이집트와 요르단 등이 참여하려하자 PFLP는 이에 항의하며 요르단을 발판으로 항공기 납치투쟁을 벌였다. 이에 후세인 국왕군은 요르단 내 팔레스타인에 대한 토벌작전을 전개하여,1971년 9월에 팔레스타인 세력을 완전히 축출하였다.'검은 9월'이란 아랍게릴라가 1970년 9월 요르단 정부군의 토벌작전으로 큰 타격을 받자, 같은 해 11월 요르단의 총리를 카이로의 호텔에서 암살하면서 스스로'검은 9월단'이라 칭하였고, 그들은 1972년 뮌헨올림픽에서의 이스라엘 선수 납치사건, 같은 해 12월28일 태국의 이스라엘 대사관습격사건 등의 과격한 행동을 벌여왔다.
AL-Jihad	1980년대 후반 오사마 빈 라덴의 개인적인 내과의사인 Dr.Ayman al-Zawahiri가 만든 것으로 알지하드는 '성전'이란 뜻으로 이집트 카이로에 본부를 두고 오사마 빈 라덴의 '알카에다'와 주요한 네트워크망을 가지고 있다. 알 지하드의 주 목표는 1977년의 캠프 데이비드 평화보고 때에 이스라엘과 이집트 사이의 이슬람에 대한 배신으로 인한 Hosni Mubar마의 이집트 정부 교체와 오사마 빈 라덴의 알카에다 조직과 연합하여 율법적인 결정인 '유대인들 그리고 십자군들에 대한 반대하는 성전' 아래 미국을 테러목표로 하고 있으며 알-지하드는 2001년 9.11 세계 무역 센타와 미 국방성 테러의 주 역할을 했다고 생각된다.
al Qaida	알카에다는 '기초'라는 의미로 사우디아라비아 출신인 오사마 빈 라덴이 1988년에 설립한 테러단테로 미 연합검찰은 아프카니스탄에 본부를 둔 테러조직' 알 지하드'를 흡수 합병해 조직을 확대한 것으로 파악하고 있다. 서방 정보기관들은 알 캉이다가 평의회와 3개 위원회(종교, 군사, 자금) 아래 최소한 35개국가에서 세포조직을 운영하는 것으롤 분석하고 있다. '아프간 통지'로 불리는 이들은 구 소련이 89년 철수한 뒤부터는 주적을 미국으로 바꿔 테러 공격을 감행했다. 알카이다는 1998년 아프리카의 케냐와 나이지리아의 미국 대사관 폭파와 9.11 미국의 뉴욕과 워싱턴에서 발생햇던 테러 등의 배후자로 지목받고 있다.

(2) 유럽

1) 스페인의 바스크 독립운동(ETA)
2) 독일의 바도 – 마인호프단(서독적군파)
3) 북아일랜드공화국군(IRA)
4) 이탈리아의 무장 프롤레타리아 조직(NAP)
5) 붉은여단(이탈리아에서 활동)
6) 터키의 쿠르드 노동당

(3) 아시아

1) 일본적군파(JRA)
2) 스리랑카의 타일 타이거(LTTE)
3) 필리핀 공산당의 군사조직(NPA) 등

Notice

※ 리마증후군(Lima Syndrome)

1995년 페루 수도인 리마에 소재한 일본대사관에 투팍아마르 소속의 게릴라가 난입하여 대사관 직원 등을 126일 동안 인질로 잡은 사건에서 유래하였다. 시간의 경과에 따라 인질범이 인질에게 일체감을 느끼고 인질의 입장을 이해하여 호의를 베푸는 등 인질범이 인질에게 동화되는 현상

※ 스톡홀름 증후군(Stockholm Syndrome)

스웨덴 스톡홀름에서 은행강도사건 발생시 인질로 사로잡혀 있던 여인이 인질범과 사랑에 빠져 인질범과 함께 경찰에 대항하여 싸운 사건에서 유래하였다. 인질이 인질범에게 동화되는 현상을 보여주고 있음

6. 인질범협상의 기법(영국의 Scot Negotiation Institute)

① 협상의 준비 → ② 논쟁의 개시 → ③ 신호 → ④ 제안 → ⑤ 타결안 → ⑥ 흥정 → ⑦ 정리 → ⑧ 타결

(1) 협상의 단계

1) 협상의 준비 – 최대한양보할것, 얻기를희망하는것, 꼭얻어야하는것등을 준비
2) 논쟁의 개시 – 상대방으로 하여금 먼저 흥정을 걸어오도록 유도
(우리측이 줄 수 있는 한계를 분명히 함 ×)
3) 신호 – 노약자, 어린이, 여자 등의 석방요구를 하면서 협상의 의사가 있음을 전달
4) 제안 – 협상상대, 교신방법, 진행방법 등을 말하는 단계
5) 타결안 – 개개 내용에 대한 일괄타결 (여러내용을 포괄하여 취급 ×)
6) 흥정 – 협상은 교역이다. 양보는 협상이 아니다.
공짜는 절대 없으므로 요구사항이 바뀌는 경우 다시 협상하여야 한다.
7) 정리 – 매번합의시마다 내용 정리
8) 타결

Notice

① 협상상황에 따라 어떤 단계는 불필요할 수도 있고 여러번 반복될 수도 있다.
② 협상으로 인한 타협이 불가능하더라도 다음 단계의 작전을 위한 지속적인 대화나 접촉을 실시하여야 한다.

◉ 청원경찰에 관한 업무

1. 개요

청원경찰은 청원경찰법에 의해 청원주와 배치된 기관, 시설 또는 사업장 등의 구역을 관할하는 경찰서장의 감독을 받아 경비 목적을 위하여 필요한 범위안에서 경찰관 직무집행법에 의한 경찰의 직무를 수행한다. 현재 경비경찰이 지도·감독하는 부분은 국가 보안상 중요시설에 배치된 청원경찰에 한하고, 일반 민간경비업체에 대해서는 생활안전기능에서 전담토록 되어 있다.

2. 청원경찰의 직무상 한계

(1) 장소적 한계

청원경찰이 직무를 수행해야 하는 장소는 경비구역 내에서 경비목적을 위하여 임무를 수행한다.

(2) 사항적 한계

청원경찰은 수사활동 등 사법경찰관의 직무를 행해서는 아니된다.

(3) 직무보고

청원경찰이 청원경찰법 제3조에 의한 직무를 행하는 경우 관할서장에게 보고하여 지시를 따라야 한다.

3. 청원경찰의 임용 및 감독

청원경찰의 임용권자는 청원주이며, 임용승인권자는 지방경찰청장이고, 감독은 관할경찰서장·지방경찰청장·청원주이다.

4. 청원경찰법의 주요내용

(1) 임용자격은 18세 이상 50세 미만의 사람. 다만, 남자의 경우에는 군복무를 마쳤거나 군복무가 면제된 사람으로 한정한다. 행정안전부령으로 정하는 신체조건에 해당하는 사람

(2) 청원경찰의 배치를 받으려는 자는 청원경찰 배치신청서에 다음 각 호의 서류를 첨부하여 법 제2조 각 호의 기관·시설·사업장 또는 장소(이하 "사업장"이라 한다)의 소재지를 관할하는 경찰서장(이하 "관할 경찰서장"이라 한다)을 거쳐 지방

경찰청장에게 제출하여야 한다.

(3) 청원경찰의 배치 결정을 받은 자(이하 "청원주"라 한다)는 법 제5조제1항에 따라 그 배치 결정의 통지를 받은 날부터 30일 이내에 배치 결정된 인원수의 임용예정자에 대하여 청원경찰 임용승인을 지방경찰청장에게 신청하여야 한다.

(4) 청원주가 법 제5조제1항에 따라 청원경찰을 임용하였을 때에는 임용한 날부터 10일 이내에 그 임용사항을 관할 경찰서장을 거쳐 지방경찰청장에게 보고하여야 한다. 청원경찰이 퇴직하였을 때에도 또한 같다.

Notice

배치신청 ⇨ 배치결정(지방청장) ⇨ 임용승인신청 ⇨ 임용승인(지방청장) ⇨ 임용(청원주) ⇨ 임용신고

(5) 청원경찰의 직권남용방지 등을 위하여 직무범위를 명확화 및 과도한 복무규정을 완화 하였다. 특히 기존의 경찰공무원에 관한 규정을 포괄적으로 청원경찰의 복무의무를 준용하던 것을 국가공무원법상의 복종의무, 직장이탈금지의무, 비밀엄수의무, 집단행동금지의무, 경찰공무원법상의 허위보고금지의무 규정을 준용하도록 하였다.

(6) 지방경찰청장의 청원경찰 해임명령규정과 그에 따른 청원주의 청원경찰 해임의무규정을 삭제하였다.

(7) 청원경찰이 직무를 수행할 때 직권을 남용하여 국민에게 해를 끼친 경우에는 6개월 이하의 징역이나 금고에 처한다. 청원경찰 업무에 종사하는 사람은 「형법」이나 그 밖의 법령에 따른 벌칙을 적용할 때에는 공무원으로 본다.

(8) 배치의 폐지 등

1) 청원주

① 청원경찰이 배치된 시설이 폐쇄 또는 축소되어 청원경찰의 배치를 폐지하거나 배치인원을 감축할 필요가 있다고 인정될 때에는 청원경찰의 배치를 폐지하거나 배치인원의 감축이 가능하다.

② 단, 그 이유가 경비업법에 의한 특수경비원을 배치할 목적은 아니된다.

2) 경찰관서의 장에게 통보

① 청원주가 청원경찰을 폐지 또는 감축한 때에는 이를 청원경찰의 배치경정을

한 경찰관서의 장에게 통보하여야 한다.

② 지방경찰청장이 청원경찰의 배치를 요청한 사업장인 때에는 그 폐지 또는 감축사유를 구체적으로 명시하여야 한다.

(9) 청원경찰에 대한 징계

파면 · 해임 · 정직 · 감봉 · 견책으로 한다.

(10) 무기휴대

지방경찰청장은 청원경찰이 직무수행을 위하여 필요하다고 인정할 때는 청원주의 신청에 의하여 관할서장으로 하여금 무기를 대여하여 휴대하게 할 수 있다(청원경찰법 제8조). 청원주가 휴대할 무기를 대여받고자 하는 경우는 무기대여신청서를 작성하여 관할서장을 거쳐 지방경찰청장에게 제출하며, 지방경찰청장이 무기를 대여할 때는 청원주로부터 국가에 기부체납된 무기에 한하여 관할경찰서장으로 하여금 무기를 대여하여 휴대하게 할 수 있다.(청원경찰법시행령 제12조)

◉ 선거경비

1. 선거경비는 혼잡·특수·경호·다중범죄진압경비 등 종합적인 경비가 요구됨
2. 투표소 외곽경비
   (1) 투표소별 무장정복경찰 2명 이상을 배치
   (2) 경찰서별로 전 관내를 지원할 수 있는 기동타격대 및 채증조를 운용한다.
   (3) 투표소를 지역별로 구분하고 권역별로 예비대를 운용하여 유사시에 대비한다.

3. 투표함 운송경비

선관위 직원이 자체적으로 실시하고, 경찰은 순찰활동 및 112타격대 출동대기 조치를 하는 것이 바람직함 (중앙선관위와 경찰청간의 협의를 요함)

4. 개표소 경비 (3선 개념으로 경비)

(1) 제1선 (개표소 내부)

개표소 내부의 안전검측 및 유지는 경찰과 선관위에서 합동으로 실시하며, 선관위원장의 책임하에 질서유지하며, 사태발생시 개표소 내부에는 선관위원장 또는 선관위위원의 요청이 있는 경우에만 정복 경찰관을 투입할 수 있음.

(2) 제2선 (개표소 내곽)

선관위와 합동으로 출입자를 통제

(3) 제3선 (개표소 외곽)

검문조 · 순찰조를 운용하여 위해 기도자 접근을 차단

5. 후보자의 신변보호

(1) 대통령 선거 후보자의 신변보호

① 대통령 선거 후보자는 을호 대상으로 후보자등록시 부터 당선확정시까지 실시
② 대통령 당선이 확정된 자는 갑호 경호 대상
③ 후보자의 요청에 따라 신변경호대를 편성 · 운영하며, 유세장 · 숙소 등에 대하여 24시간 실시하고 후보자가 경호를 원하지 않더라도 경호 경험이 있는 자를 선발된 직원을 항상 대기 시켜 유세기간중 근접 배치한다.

(2) 국회의원 후보자 및 지방자치단체장의 신변보호

각 선거구를 관할하는 경찰서에서 후보자가 원할 경우 전담 경호요원을 적정수를 배치한다.

제 5 장 교통경찰

1. 교통관리의 4E 원칙

4E	3E	교통안전교육 (Education)	교통안전에 관한 교육훈련·홍보·계몽 등 교통안전 의식을 고취시키고, 그 실천을 유도하는 활동
		교통안전공학 (Engineering)	교통안전에 관한 도로환경정비·교통안전시설·차량 등과 같은 물질적 요소로서 교통사고 방지 및 교통체증해소에 기여하는 대책의 추진
		교통단속 (Enforcement)	교통규제·면허제도·교통지도 및 단속이 포함되며, 교통법규를 준수하지 않는 도로이용자에 대해서 단속을 실시하여 도료교통의 질서를 유지하는 것
	교통환경 (Environment)		자동차교통과 관련된 주위의 사물실태를 말하며, 주로 불량환경의 개선으로 교통안전을 실현하는 것. 위의 3요소만으로는 안전성이 부족하여 3E원칙에 가장 최근에 첨가된 원칙임.

2. 교통경찰의 특징

(1) 모든 계층의 사람이 교통경찰의 대상
(2) 사회생활과 경제생활에 중대한 영향을 미침→便宜主義(편의주의) 원칙의 중요성
(3) 경찰활동 평가의 중요한 창구
(4) 과학·기술적 분야에 속하는 사항이 많다. → 계속적 연구와 전문적 지식이 필요
(5) 행정적 분야에 속하는 사항이 많다. → 공물관리청과의 협조를 요망. 「교통안전위원회」의 조직
(6) 교통환경의 변화가 급격
(7) 전국적인 관련성이 강하다 : 교통사범의 수사시 통과예상통로의 沿道(연도) 경찰서의 협력

3. 도로의 4 요건

형 태 성	차로의 설치, 노면의 균일성유지 등 자동차 기타 운송수단의 통행이 가능한 형태를 구비한 경우
이 용 성	사람의 왕복, 화물수송, 자동차의 운행 등 공중의 교통영역으로 이용되고 있는 경우
공 개 성	공중의 교통에 이용되고 있는 불특정 다수인 및 예상할 수 없을 정도로 바뀌는 숫자의 사람을 위하여 이용이 허용되고 실제 이용되고 있는 경우
교통경찰권	공공의 안녕과 질서유지를 위하여 교통경찰권이 발동될 수 있는 경우

※ 구체적 검토 : 일반교통에 사용되는 곳인지의 여부

도로에 해당하는 경우	도로에 해당되지 않는 경우
① 시청내의 광장 주차창(불특정 다수의 사람과 차량이 통행하는 곳이며 충분한 통제가 이루어지지 않았다면 일반교통에 사용되는 곳으로서의 도로라 할 것이다) ② 크라운제과 직매장 마당 ③ 도정공장 내 마당 ④ 울산현대조선소 구내 ⑤ 부두의 경우 도로의 연장 인정 ⑥ 농로, 임도, 광산로, 사도. 아파트단지 내 큰길. 공지, 광장, 해변 그 밖의 도로에 연결되는 길 등도 누구에게나 자유로운 통행이 가능할 때에는 포괄적 의미의 도로로 될 수 있다. 단, 아파트단지의 경우 경비원이 일반인을 통제하는 곳은 도로가 아니다 ⑦ 때로는 논둑길, 밭둑길도 도로가 될 수 있다. ⑧ 아주대학병원 내 영안실 통로	① 나이트클럽의 주차장(나이트클럽 주차장은 도로법이나 유료도로법 소정의 도로에 해당하지 않음) ② 주점 옆 주차장(주점에 출입하는 고객전용의 주차공간은 도로에 해당되지 않음) ③ 대형건물 부설 주차장(일반적으로 공개되지 않은 대형건물의 부설주차장 내) ④ 소년원 경내 ⑤ 광주고속버스터미널 내 ⑥ 경찰서 주차장 ⑦ 노상 주차장에 관하여는 도로교통법에 우선하여 주차장법이 적용 ⑧ 아파트부설 주차장 주차구획선 밖의 통로

◉ 도로교통법상의 개념 정의

1. 차 마

"차마(車馬)"라 함은 다음 각 목의 차와 우마를 말한다.

가. "차"라 함은 다음의 어느 하나에 해당하는 것을 말한다.

(1) 자동차

(2) 건설기계

(3) 원동기장치자전거

(4) 자전거

(5) 사람 또는 가축의 힘이나 그 밖의 동력에 의하여 도로에서 운전되는 것. 다만, 철길이나 가설된 선에 의하여 운전되는 것, 유모차와 행정안전부령이 정하는 보행보조용 의자차를 제외한다.

나. "우마"라 함은 교통 · 운수에 사용되는 가축을 말한다.

2. 자동차

"자동차"라 함은 철길이나 가설된 선에 의하지 아니하고 원동기를 사용하여 운전되는 차(견인되는 자동차도 자동차의 일부로 본다)로서 다음의 각 목의 차를 말한다.

가. 「자동차관리법」 제3조의 규정에 의한 다음의 자동차. 다만, 원동기장치자전거를 제외한다.

(1) 승용자동차

(2) 승합자동차

(3) 화물자동차

(4) 특수자동차

(5) 이륜자동차

나. 「건설기계관리법」 제26조제1항 단서의 규정에 의한 건설기계

(1) 덤프트럭

(2) 아스팔트살포기

(3) 노상안정기

(4) 콘크리트믹서트럭

(5) 콘크리트펌프

(6) 천공기(트럭적재식을 말한다)

(7) 영 별표 1의 규정에 의한 특수건설기계중 국토해양부장관이 지정하는 건설기계 (콘크리트믹스트레일러, 아스팔트콘크리트재생기, 도로보수트럭)

(8) 3톤미만 지게차

Notice

* 경운기 · 트랙터 · 군용차량은 도로교통법상 자동차에 해당하지 않음

3. 원동기장치 자전거

"원동기장치자전거"라 함은 다음 각 목의 어느 하나에 해당하는 차를 말한다.

가. 「자동차관리법」 제3조의 규정에 의한 이륜자동차 가운데 배기량 125cc 이하의 이륜자동차

나. 배기량 50시시 미만(전기를 동력으로 하는 경우에는 정격출력 0.59킬로와트 미만)의 원동기를 단 차

Notice

* 50cc 미만 : 사용신고 의무와 번호판등록의무 있음

Notice

* "자동차등"이라 함은 자동차와 원동기장치자전거를 말한다

4. 자전거

"자전거"란 「자전거이용 활성화에 관한 법률」 제2조제1호에 따른 자전거를 말한다.

Notice

제2조(정의) 이 법에서 사용하는 용어의 정의는 다음과 같다.

1. "자전거"란 사람의 힘으로 페달 또는 손페달을 사용하여 움직이는 구동장치와 조향장치, 제동장치가 있는 두 바퀴 이상의 차로서 행정안전부령으로 정하는 크기와 구조를 갖춘 것을 말한다.
2. "자전거이용시설"이란 자전거도로 · 자전거주차장, 그 밖에 자전거의 이용과 관련되는 시설로서 대통령령으로 정하는 것을 말한다.
3. "자전거이용시설의 정비"란 자전거이용시설의 개설 · 확장 및 포장과 유지관리를 말한다.
4. "도로관리청"이란 「도로법」에 따른 도로관리청과 「농어촌도로 정비법」에 따른 관리청 및 제7조에 따른 자전거도로의 노선을 지정 · 고시한 행정기관의 장을 말한다.

5. 긴급자동차

(1) 개념

"긴급자동차"라 함은 다음 각목의 자동차로서 그 본래의 긴급한 용도로 사용되고 있는 자동차를 말한다.

가. 소방자동차
나. 구급자동차
다. 혈액공급차량
라. 그 밖에 대통령령이 정하는 자동차

이외에도 ① 경찰용의 긴급자동차에 의하여 유도되고 있는 자동차, ② 국군 및 주한국제연합군용의 긴급자동차에 의하여 유도되고 있는 국군 및 주한국제연합군의 자동차와 ③ 생명이 위급한 환자나 부상자를 운반중인 자동차는 긴급자동차로 본다(도로교통법시행령 제2조 2항).

▶ 법령(대통령령)에 의해 당연

1. 경찰용 자동차 중 범죄수사·교통단속 그밖에 긴급한 경찰임무수행에 사용되는 자동차
2. 국군 및 주한국제연합군용 자동차 중 군 내부의 질서유지 및 부대의 질서 있는 이동을 유도하는데 사용되는 자동차
3. 수사기관의 자동차 중 범죄수사를 위하여 사용되는 자동차
4. 교도소 또는 교도기관의 자동차중 도주자의 체포 또는 피수용자의 호송 · 경비를 위하여 사용되는 자동차
5. 국내외 요인에 대한 경호업무수행에 공무로서 사용되는 자동차

▶ 사용하는 사람의 신청에 의한 지방청장 지정

1. 전기사업 · 가스사업 그 밖의 공익사업기관에서 위험방지를 위한 응급작업에 사용되는 자동차
2. 민방위업무를 수행하는 기관에서 긴급예방 또는 복구를 위한 출동에 사용되는 자동차
3. 도로관리를 위하여 사용되는 자동차 중 도로상의 위험을 방지하기 위한 응급작업에 사용되는 자동차
4. 전신 · 전화의 수리공사등 응급작업에 사용하는 자동차와 우편물의 운송에 사용되는 자동차 중 긴급배달 우편물의 운송에 사용되는 자동차 및 전파감시업무에 사용되는 자동차

Notice

* 긴급자동차의 지정 및 지정취소권자 : 지방경찰청장
* 긴급자동차를 운전할 수 있는 운전면허 : 1종대형 및 1종보통(12인 이하 승용·승합자동차의 경우)

*** 준(準) 긴급자동차**

① 경찰용의 긴급자동차에 의하여 유도되고 있는 자동차
② 국군 및 주한국제연합군용의 긴급자동차에 의하여 유도되고 있는 국군 및 주한 국제연합군의 자동차
③ 생명이 위급한 환자나 부상자를 운반중인 자동차

(2) 긴급자동차의 운행

1) 긴급자동차는 자동차관리법 및 동법에 의하여 발하는 자동차의 안전운행에 필요한 기준에서 정한 긴급자동차의 구조를 갖추어야 하며, 법 제25조 및 법 제26조 그 밖의 법에 규정된 특례의 적용을 받고자 하는 때에는 사이렌을 울리거나 경광등을 켜야 한다. 다만, 속도에 관한 규정에 위반하는 차량을 단속하는 경우의 긴급자동차는 그러하지 아니하다.
2) 제2조 제2항의 규정에 의하여 긴급자동차로 보게 되는 자동차는 전조등을 켜거나 그 밖의 적당한 방법으로 이를 표시하여야 한다.

(3) 긴급자동차의 우선

1) 긴급자동차는 긴급하고 부득이한 때에는 도로의 좌측부분을 통행할 수 있다.
2) 긴급자동차는 이 법 또는 이 법에 의한 명령의 규정에 의하여 정지하여야 할 경우에도 불구하고 정지하지 아니할 수 있다.
3) 교차로 또는 그 부근에서 긴급자동차가 접근한 때에는 모든 차는 교차로를 피하여 도로의 우측가장자리에 일시 정지하여야 한다. 다만, 일방통행으로 된 도로에서 우측가장자리로 피하여 정지하는 것이 긴급자동차의 통행에 지장이 있는 때에는 가장자리로 피하여 정지할 수 있다. 그리고 기타의 장소에서 긴급자동차가 접근한 때에는 모든 차는 도로의 우측가장자리로 피하여 진로를 양보하여야 하지만, 일방통행으로 된 도로에서 우측가장자리로 피하는 것이 긴급자동차의 통행에 지장이 있는 때에는 좌측가장자리로 피하여 양보할 수 있다.

Notice

우선통행순서
긴급자동차 → 자동차(최고속도 순) → 원동기 → 차마

(4) 긴급자동차에 대한 특례

1) 긴급자동차에 대하여는 자동차 등의 속도(제15조), 앞지르기 금지시기, 앞지르기 금지장소, 끼여들기의 금지(제20조 내지 제20조의3)의 규정을 적용하지 아니한다. 다만, 제15조의 규정에 의하여 긴급자동차의 속도를 따로 정한 경우에는 제15조의 규정을 적용한다.
2) 앞지르기 방법, 중앙선침범 사고, 신호위반 등은 특례에 해당하지 않는다.

6. 주차

차가 승객을 기다리거나 화물을 싣거나 고장 그 밖의 사유로 인하여 계속하여 정지하거나 또는 그 차의 운전자가 그 차로부터 떠나서 즉시 운전할 수 없는 상태

Notice

*** 주차금지 장소**
① 소화용 기계·기구가 설치된 곳으로부터 5m이내
② 소방용 방화물통으로부터 5m이내
③ 소화전, 소방용 방화물통의 흡수구, 흡수관으로부터 5m이내
④ 화재경보기로부터 3m 이내
⑤ 터널안, 다리 위
⑥ 도로공사구역 양쪽 가장자리로부터 5m 이내
⑦ 지방경찰청장이 지정한 곳 (안전표지 설치)

7. 정차

차가 5분을 초과하지 아니하고 정지하는 것으로서 주차 외의 정지상태

Notice

*** 정차 및 주차금지 장소**

① 교차로, 횡단보도, 차도와 보도가 구분된 도로의 보도 또는 건널목
② 교차로 가장자리 또는 도로의 모퉁이로부터 5m 이내의 곳
③ 안전지대로부터 사방 10m 이내의 곳
④ 버스여객자동차의 정류를 표시하는 기둥, 판 또는 선이 설치된 곳으로부터 10m 이내의 곳(운행중에 한함)
⑤ 건널목 가장자리 또는 횡단보도로부터 10m이내의 곳
⑥ 지방경찰청장이 지정한 곳 (안전표지 설치)

8. 안전표지

교통의 안전에 필요한 주의·규제·지시 등을 표시하는 표지판 또는 도로의 바닥에 표시하는 기호나 문자 또는 선

주의표지	도로상태가 위험하거나 도로 또는 그 부근에 위험물이 있는 경우에 필요한 안전조치를 할 수 있도록 이를 도로사용자에게 알리는 표지
규제표지	도로교통의 안전을 위하여 각종 제한 · 금지 등의 규제를 하는 경우에 이를 도로사용자에게 알리는 표지
지시표지	도로의 통행방법 · 통행구분 등 도로교통의 안전을 위하여 필요한 지시를 하는 경우에 도로사용자가 이에 따르도록 알리는 표지
보조표지	주의표지 · 규제표지 또는 지시표지의 주기능을 보충하여 도로사용자에게 알리는 표지
노면표지	도로교통의 안전을 위하여 각종 주의 · 규제 · 지시 등의 내용을 노면에 기호 · 문자 또는 선으로 도로사용자에게 알리는 표지

9. 운전

"운전"이란 도로(제44조·제45조·제54조제1항·제148조 및 제148조의2의 경우에는 도로 외의 곳을 포함한다)에서 차마를 그 본래의 사용방법에 따라 사용하는 것(조종을 포함한다)을 말한다.

제44조(술에 취한 상태에서의 운전 금지)

제45조(과로한 때 등의 운전 금지)

제54조(사고발생 시의 조치) ① 차의 운전 등 교통으로 인하여 사람을 사상(死傷)하거나 물건을 손괴(이하 "교통사고"라 한다)한 경우에는 그 차의 운전자나 그 밖의 승무원(이하 "운전자등"이라 한다)은 즉시 정차하여 사상자를 구호하는 등 필요한 조치를 하여야 한다.

제148조(벌칙) 제54조제1항에 따른 교통사고 발생 시의 조치를 하지 아니한 사람은 5년 이하의 징역이나 1천500만원 이하의 벌금에 처한다.

제148조의2(벌칙) ① 다음 각 호의 어느 하나에 해당하는 사람은 1년 이상 3년 이하의 징역이나 500만원 이상 1천만원 이하의 벌금에 처한다.

1. 제44조제1항을 2회 이상 위반한 사람으로서 다시 같은 조 제1항을 위반하여 술에 취한 상태에서 자동차등을 운전한 사람
2. 술에 취한 상태에 있다고 인정할 만한 상당한 이유가 있는 사람으로서 제44조제2항에 따른 경찰공무원의 측정에 응하지 아니한 사람

② 제44조제1항을 위반하여 술에 취한 상태에서 자동차등을 운전한 사람은 다음 각 호의 구분에 따라 처벌한다.

1. 혈중알콜농도가 0.2퍼센트 이상인 사람은 1년 이상 3년 이하의 징역이나 500만원 이상 1천만원 이하의 벌금
2. 혈중알콜농도가 0.1퍼센트 이상 0.2퍼센트 미만인 사람은 6개월 이상 1년 이하의 징역이나 300만원 이상 500만원 이하의 벌금
3. 혈중알콜농도가 0.05퍼센트 이상 0.1퍼센트 미만인 사람은 6개월 이하의 징역이나 300만원 이하의 벌금

③ 제45조를 위반하여 약물로 인하여 정상적으로 운전하지 못할 우려가 있는 상태에서 자동차등을 운전한 사람은 3년 이하의 징역이나 1천만원 이하의 벌금에 처한다.

10. 노면흔적

(1) 차륜흔적

1) 스키드 마크 – 미끄러진 흔적

① 갭 스키드마크 (Gap skid Mark 도중에 끊긴 스키드 마크) : 브레이크가 중

간에 풀렸다가 다시 제동될 때 한 세트의 스키드마크에서 중간부분(통상 3m 내외)이 끊어지는 경우, 주행차량이 보행자 또는 자전거와 충돌할 때 주로 나타남

② 스킵 스키드마크(Skip Skid Mark 띄엄 띄엄 난 스키드마크) : 반복적으로 끊겨져 있거나 또는 가늘어졌다가 넓어졌다가 하며 생성된 흔적으로 끊어진 사이의 거리는 보통 1m 내외로 짧음

③ 충돌 스크럽(Collision Scrub) - 차량이 심하게 충돌하고 있을 때 차량의 손괴된 부품이 타이어를 꽉 눌러 그 회전을 방해하고 동시에 충돌에 의해 지면을 향한 큰 힘이 작용한다. 이때 타이어와 노면 사이에 순간적으로 강한 마찰력이 발생하면서 나타나는 현상으로서 이것은 최대 접촉시의 바퀴위치를 의미하므로 충돌 지점을 나타내주는 최고의 증거가 될 수 있다.

2) 요마크(Yaw Mark)

자동차가 심하게 코너링할 때 전, 후륜 내륜차가 생기고 이때 바깥쪽 바퀴가 원심력에 의해 노면과 마찰할 때 생기는 것. 바퀴가 돌면서 다소 차축과 평행하게 옆으로 미끄러진 타이어의 마찰흔

3) 임프린트(Imprint 타이어 새겨진 흔적)

눈, 모래, 자갈, 진흙 및 잔디와 같이 느슨한 노면 위를 타이어가 미끄러짐 없이 굴러가면서 노면상에 타이어의 접지면의 무늬모양을 그대로 새겨 놓은 흔적

4) 가속 스카프(Acceleration Scuff)

충분한 동력이 구르는 바퀴에 전달되어 도로표면에 적어도 한번의 스핀이나 슬립이 발생되어 나타나는 흔적으로, 정지된 차량에서 기어가 들어가 있는 채로 엔진이 고속으로 회전하다가 클러치 페달을 잡자기 놓아 급가속이 될 때 순간적으로 발생하는 것

Notice

***보행자 전용차로의 설치권자 : 지방청장 또는 경찰서장**

* 차량의 통행제한권자 : 경찰공무원, 국토해양부장관(자동차관리법), 도로관리청(도로법)
* 도로의 통행금지·제한권자 : 지방청장, 경찰서장(우선), 경찰공무원(일시)
* 어린이보호구역의 보호 : 지방청장(특·광) 또는 경찰서장(시·군)은 다음의 조치를 할 수 있음
  - 자동차의 통행을 금지하거나 제한하는 것
  - 자동차의 정차나 주차를 금지하는 것
  - 운행속도를 매시 30Km 이내로 제한하는 것
  - 이면도로(도시지역에 있어서 간선도로가 아닌 도로로서 일반의 교통에 사용되는 도로를 말함)를 일방통행로로 지정·운영하는 것

Notice

*** 운전 중 휴대용 전화를 사용할 수 있는 경우**

① 자동차 등이 정지하고 있는 경우

② 긴급자동차를 운전하는 경우

③ 각종 범죄 및 재해 신고 등 긴급을 요하는 경우

④ 손으로 잡지 아니하고도 휴대용 전화를 그 본래의 용도로 사용할 수 있도록 해 주는 장치를 이용하는 경우

Notice

*** 각종 교통안전시설의 설치권자**

1. 횡단보도

① 지방경찰청장은 행자부령이 정하는 기준에 의하여 횡단보도를 설치할 수 있다.

② 일반도로에서의 횡단보도·신호기 설치는 광역시급 이상 지역은 지방경찰청장이 설치·관리하고, 기타 시·군지역에서는 관할 경찰서장이 설치·관리토록 되어 있다.

2. 보행자 전용도로

① 지방경찰청장 또는 경찰서장은 필요한 때에 도로에 보행자 전용도로를 설치할 수 있다.

② 차마는 보행자 전용도로를 통행하여서는 아니된다. 다만, 지방경찰청장 또는 경찰서장은 특히 필요하다고 인정하는때에는 보행자 전용도로에 통행을 허용할 수 있다.

3. 전용차로

시장 등은 지방경찰청장 또는 경찰서장과 협의하여 도로에 전용차로(차의종류 또는 승차인원에 따라 지정된 차만 통행할 수 있는 차로를 말한다)를 설치할 수 있다.

4. 고속도로 전용차로

경찰청장은 고속도로에 전용차로를 설치할 수 있다

5. 차로의 설치 등

지방청장은 행자부령이 정하는 차로를 설치할 수 있다. 이 경우 시간대에 따라 양방향의 통행량이 현저하게 다른 도로에는 교통량이 많은 쪽으로 차로의 수가 확대될 수 있도록 신호기에 의하여 차로의 진행방향을 지시하는 가변차로를 설치할 수 있다.

Notice

*** 위험물 운반차**

적재중량 3톤 이하 또는 적재용량 3천리터 이하의 화물자동차 → 제1종 보통면허
적재중량 3통 초과 또는 적재용량 3천리터 초과의 화물자동차 → 제1종 대형면허

Notice

*** 피견인자동차**

① 제1종대형면허·제1종보통면허 또는 제2종보통면허를 가지고 있는 사람이 그 면허로 운전할 수 있는 자동차로 견인할 수 있음
② 총중량 750kg을 초과하는 피견인자동차를 견인하기 위하여는 견인하는 자동차를 운전할 수 있는 면허 외에 제1종특수(트레일러)면허를 가지고 있어야 함
→ 그러나 이륜자동차로는 피견인자동차를 견인할 수 없음

정지거리 = 공주거리(위험인식→브레이크작동시작) + 제동거리 또는 활주거리(브레이크작동시작→정지)

Notice

※ 고속도로 버스전용차로

① 8인승 : 전용차로 이용불가
② 9인승 ↔ 12인승 : 6인 이상이 승차해야 함 → 6인 미만은 단속대상
③ 13인승 이상 : 승차인원에 관계없음
※ 다인승차량 전용차로 → 3인 이상이 승차한 승용·승합자만 통행이 가능

Notice

※ 자전거이용 활성화에 관한 법률

제3조(자전거도로의 구분) 자전거도로는 다음과 같이 구분한다. 〈개정 2009.12.29〉

1. 자전거전용도로 : 자전거만이 통행할 수 있도록 분리대·연석 기타 이와 유사한 시설물에 의하여 차도 및 보도와 구분하여 설치된 자전거도로
2. 자전거보행자겸용도로 : 자전거외에 보행자도 통행할 수 있도록 분리대·연석 기타 이와 유사한 시설물에 의하여 차도와 구분하거나 별도로 설치된 자전거도로
3. 자전거전용차로: 다른 차와 도로를 공유하면서 안전표지나 노면표시 등으로 자전거 통행구간을 구분한 차로

◉ 교통규제

시장 등	(1) 신호기 및 안전표지 설치 · 관리권(§3) ① 교통규제는 시도지사 등이 신호기 및 안전표지를 설치하고 관리함으로써 이루어진다(도로교통법 제3조). ② 시도지사의 권한은 지방경찰청장에게, 시장 · 군수는 경찰서장에게 교통규제권을 위탁하고 있으므로 실제로 교통규제권은 모두 경찰에 위임되어 있다.(도로교통법시행령 제86조) ③ 전용차로 설치(§13의 2) (2) 어린이 · 노인 · 장애인 보호구역의 설치(§11의 2) • 시설장 건의 → 지치단체장 지정 (경찰서장 지정 X)
경찰서장	(1) 차마 통행의 우선 금지 · 제한, 도로의 통행을 금지 · 제한(§6②) (2) 안전기준을 초과한 승차 또는 적재의 허가(§39①) - 총중량초과X (3) 도로의 점용허가시 도로관리청이 고속도로 외의 경우(§69) ① 전용도로, 보행자, 차마의 통행을 우선 금지하거나 제한한 후 그 도로관리자와 협의하여 금지 또는 제한의 대상과 구간 및 기간을 정하여 도로의 통행을 금지하거나 제한할 수 있다(제6조 2항). 도로의 장애 제거 ② 도로공사의 신고(도로관리청 그 밖의 공사시행청의 명령에 따라 도로를 파거나 뚫는 등 공사를 하고자 하는 사람은 3일 이전에 그 일시 · 구간 · 공사기간 · 시행방법 그 밖의 필요한 사항을 경찰서장에게 신고하여야 한다. 다만, 산사태. 수도관파열 등 긴급한 시공이 필요한 경우에는 그에 알맞은 안전조치를 하고 공사를 시작한 후에 지체 없이 신고하여야 한다.)

규제권자	규제 내용
경찰청장	제59조(교통안전시설의 설치 및 관리) ① 고속도로의 관리자는 고속도로에서 일어나는 위험을 방지하고 교통의 안전과 원활한 소통을 확보하기 위하여 교통안전시설을 설치·관리하여야 한다. 이 경우 고속도로의 관리자가 교통안전시설을 설치하려면 경찰청장과 협의하여야 한다. ② 경찰청장은 고속도로의 관리자에게 교통안전시설의 관리에 필요한 사항을 지시할 수 있다. - 일반도로에서의 횡단보도·신호기의 설치·관리는 광역시급 이상은 지방경찰청장이, 기타 시군 지역에서는 경찰서장이 담당한다. 제70조(도로의 점용허가 등에 관한 통보 등) ① 도로관리청이 도로에서 다음 각 호의 어느 하나에 해당하는 행위를 하였을 때에는 고속도로의 경우에는 경찰청장에게 그 내용을 즉시 통보하고, 고속도로 외의 도로의 경우에는 관할 경찰서장에게 그 내용을 즉시 통보하여야 한다. 〈개정 2011.6.8〉 1. 「도로법」 제38조에 따른 도로의 점용허가 2. 「도로법」 제58조에 따른 통행의 금지나 제한 또는 같은 법 제59조에 따른 차량의 운행제한
지 방 경찰청장	① 보행자나 차마의 통행 금지 또는 제한(제6조 1항) ② 차선, 차로·가변 차로 설치(제14조) ③ 자동차 등의 속도제한(제17조) ④ 횡단 등의 금지(제18조) ⑤ 교차로 통행방법의 지정(제25조) ⑥ 서행 및 일시정지 구간의 지정(제31조) ⑦ 정차 및 주차 금지구역의 지정(제32조) ⑧ 승차 또는 적재의 제한(제39조 5항) ⑨ 운전면허(제80조) ⑩ 교통정보제공 ⑪ 전용도로 통행제한 ⑫ 어린이 보호구역 - 30km 속도 제한 ⑬ 횡단보도의 설치(§10) ⑭ 자동차의 속도제한(§17) → 고속도로의 경우는 경찰청장 ⑮ 긴급자동차의 지정(령§2①)

경 찰 공 무 원	(1) 위험방지를 위한 차마 통행의 일시적 제한(§6④) (2) 교통혼잡 완화조치(§7) (3) 주의의무 위반자에 대한 위험방지를 위한 운전금지 등의 조치(§47) ① 경찰공무원은 도로의 파손, 화재의 발생 그 밖의 사정으로 도로에서의 위험방지를 위하여 긴급한 필요가 있다고 인정하는 때에는 그 필요한 한도 안에서 보행자나 차마의 통행을 일시 금지하거나 제한할 수 있다(제6조 4항, 제53조). - 경찰공무원에는 전투경찰순경이 포함되며, 경찰공무원을 보조하는 자에는 무사고 운전자 또는 유공운전자의 표시장을 받은 사람으로서 경찰청장이 정하는 바에 따라 교통안전봉사활동에 종사하는 모범운전자와, 군사훈련 및 작전에 동원되는 부대의 이동을 유도하는 헌병이 있다. ② 교통혼잡완화를 위한 조치(제7조). 따라서 경찰관의 교통정리시 신호기가 설치되어 있어도 수신호가 있다면 수신호에 따라야 한다. ③ 의무위반자에 대한 운전면허증의 제시요구 및 위험방지 조치(제47조) ④ 신호기의 신호와 경찰관의 수신호가 경합하는 경우 경찰관의 수신호가 우선함

◉ 교통지도단속

의의	도로에서의 위험방지 및 교통의 안전과 원활을 도모하기 위하여 교통법규 위반자를 감시 · 예방 · 경고 · 주의 그리고 필요에 따라 적발 · 검거하는 경찰활동	
	교통정리	도로교통의 원활한 소통과 안전을 확보하기 위하여 지정된 장소에서 보행자 및 차량의 통행을 정리하고 필요한 단속을 행하는 근무
역할	(1) 규칙의 이해와 안전행동의 교육 (2) 교통위반행위의 억지 (3) 교통위반행위의 배제 (진압) (4) 위반행위에 대한 법적 제재조치의 실현 (5) 국민과 경찰간의 연대의식 강화	
방법	(1) 질적 단속(사고 요인행위) (2) 양적 단속(단속 건수 위주) (3) 선택적 단속(원인 분석)	
주요 내용	(1) 사고 요인행위 단속(교통사고 야기와 직접적으로 관련이 있는 내용) ⇒ 과속, 음주, 신호위반, 중앙선 침범단속 등 (2) 기타 교통위반의 제지와 검거활동 ⇒ 보도침범, 통행방법위반, 앞지르기 방법 · 금지위반, 횡단보도 보행자보호의무 기반, 무면허운전 등	

◉ 교통법규 위반자에 대한 조치요령

외국인	① 내국인과 동일하게 단속함. 단, 국제면허소지자는 즉심에 회부 ② 외교특권자 : 재판권은 면제되나, 면허행정처분에는 면책특권이 없음
SOFA대상자	원칙적으로 통고처분하고, 부득이한 사유가 있을 경우에는 범칙금을 면제처리함
군용차량	통고처분하지 않고, 적발보고서를 작성하여 운전자 소속부대에 서면 통보함
관용차량	일반인과 동일하게 단속함

◉ 음주운전

(1) 단속요령

1) 음주운전자로 인정할 만한 상당한 이유가 있는 자가 도주하는 때에는 추적 검거하여 의법 조치
2) 음주감지기로 음주사실이 감지된 경우 추돌사고 등 위험이 없는 도로변으로 안전하게 이동
3) 음주측정기로 경찰관이 직접 음주측정
4) 음주정도 측정결과 음주운전자로 확인된 때에는 특별한 사유가 없는 한 현장에 대기 시키지 말고 즉시 경찰서로 동행, 의법조치
5) 측정불응시 10분 간격으로 3회이상 처벌내용 고지

(2) 음주단속 근무시 착안사항

1) 피단속자의 이야기를 성심껏 청취하고, 친근감 있는 대화 유도
2) 현행범체포시 반드시 미란다원칙 고지(여성운전자 동행시 언행에 유의)
3) 피단속자 재운전 금지조치
4) 차량검문시 급발진 등 도주우려 대비 단속자 신변보호
5) 교통사고시 관련 운전자 음주측정
6) 음주감지기로만 확인하지 말고 눈동자, 냄새 등을 종합적 고찰
7) 음주측정용 불대는 매회 측정시마다 교체

8) 채혈시 반드시 본인 또는 가족 동의서 작성 후 의사가 채혈
9) 주취운전자 적발보고서 작성 전 측정결과, 인적사항 및 차량번호 재확인
10) 음주측정 전 피단속자가 음주 후 20분이 경과되었는지 확인
11) 경운기, 우마차, 자전거는 단속대상 아님

(3) 단속후 조치

1) 음주측정기에 의한 측정 외에 운전자의 정황을 상세히 작성 첨부하여 공소유지 등 수사자료 확보에 만전
2) 음주측정결과 단속수치(0.05%이상)에 해당되면 채혈 감정할 수 있음을 고지
3) 측정결과 단속대상이면 미란다원칙 고지 등 적정절차에 따라 처리
4) 지체 없이 경찰서로 동행, 의법 조치
5) 단속 후 운전자의 재운전금지
6) 사회 저명인사 적발이나 특이사항 발생 시 즉시보고

(4) 정리

의의	① 도로교통법 제41조 및 동법 시행령 제31조의 규정에 의하여 누구든지 술에 취한 상태의 기준이 혈중알콜농도 0.05% 이상에서 도로교통법상의 도로에서 자동차 등을 운전해서는 안된다. (혈액 1ml당 알콜0.5mg 이상, 호흡 1 L당 알콜 0.25mg 이상) ② 자동차 등 : 자동차(모든 건설기계 포함) 및 원동기장치자전거를 의미 - 도로교통법상의 자동차 등에서 제외되는 경운기·우마차·트랙터·자전거·군용차량 등은 음주운전의 단속대상이 아님
단속 지침	① 주취운전자 적발보고서를 작성, 미란다원칙고지후, 지체없이 경찰서로 동행, 의법조치함. ㉠ 주취운전자 적발 보고서 - 대상자 : 음주운전자, 음주운전 교통사고야기자, 음주측정거부자, 채혈요구자 ② 음주측정불응자에 대해서는 불이익을 10분간격으로 3회이상 명확히 고지, 측정거부로 주취운전자 적발보고서작성, 작성 이후에는 당해 운전자의 요구가 있더라도 측정해서는 안됨 ③ 음주측정거부자는 도로교통법위반(제150조 2호)으로 경찰서로 동행하여 의법조치함. ④ 측정지수에 불복하는 운전자에 대해서는 운전자의 동의를 얻어 채혈감정할 수 있음.

<table>
<tr><td rowspan="14">처벌 기준</td><th>음주측정치</th><th colspan="2">형벌</th><th>행정처분 내용</th></tr>
<tr><td rowspan="2">0.05~0.09</td><td colspan="2" rowspan="2">형사입건</td><td>대물-100일정지</td></tr>
<tr><td>인피-면허취소</td></tr>
<tr><td>0.10이상</td><td>형사입건</td><td></td><td>면허취소</td></tr>
<tr><td rowspan="2">0.16이상</td><td>8주 이상</td><td>영장청구(구속수사)</td><td rowspan="2">면허취소</td></tr>
<tr><td>경상사고</td><td>불구속입건</td></tr>
<tr><td rowspan="2">0.26이상</td><td>중상사고</td><td rowspan="2">영장청구</td><td>면허취소</td></tr>
<tr><td>무면허사고</td><td>2년간면허취득자격정지</td></tr>
<tr><td rowspan="2">0.36이상</td><td>사고유무불문</td><td rowspan="2">영장청구</td><td rowspan="2">면허취소</td></tr>
<tr><td>무면허</td></tr>
<tr><td rowspan="2">0.05이상</td><td>뇌물공여자</td><td rowspan="2">영장청구</td><td rowspan="2">면허취소</td></tr>
<tr><td>3회이상(3진 아웃)</td></tr>
</table>

◉ 교통법규 위반자에 대한 제재

형사책임	교통사고처리특례법에 의한 처벌, 도로교통법, 특가법, 형법
행정책임	과태료의 부과, 운전면허의 취소·정지 등 행정처분, 통고처분, 자동차 사용정지 등
민사책임	민사상 손해배상

◎ 통고처분 (도로교통법)

제162조(통칙) ① 이 장에서 "범칙행위"란 제156조 각 호 또는 제157조 각 호의 죄에 해당하는 위반행위를 말하며, 그 구체적인 범위는 대통령령으로 정한다.

② 이 장에서 "범칙자"란 범칙행위를 한 사람으로서 다음 각 호의 어느 하나에 해

당하지 아니하는 사람을 말한다.

1. 범칙행위 당시 제92조제1항에 따른 운전면허증등 또는 이를 갈음하는 증명서를 제시하지 못하거나 경찰공무원의 운전자 신원 및 운전면허 확인을 위한 질문에 응하지 아니한 운전자
2. 범칙행위로 교통사고를 일으킨 사람. 다만, 「교통사고처리 특례법」 제3조제2항 및 제4조에 따라 업무상과실치상죄·중과실치상죄 또는 이 법 제151조의 죄에 대한 벌을 받지 아니하게 된 사람은 제외한다.

③ 이 장에서 "범칙금"이란 범칙자가 제163조에 따른 통고처분에 따라 국고(國庫) 또는 제주특별자치도의 금고에 내야 할 금전을 말하며, 범칙금의 액수는 범칙행위의 종류 및 차종(車種) 등에 따라 대통령령으로 정한다.

제163조(통고처분) ① 경찰서장이나 제주특별자치도지사(제주특별자치도지사의 경우에는 제6조제1항 · 제2항, 제61조제2항에 따라 준용되는 제15조제3항, 제39조제5항, 제60조, 제62조, 제64조부터 제66조까지, 제73조제2항제2호 · 제3호 및 제95조제1항의 위반행위는 제외한다)는 범칙자로 인정하는 사람에 대하여는 이유를 분명하게 밝힌 범칙금 납부통고서로 범칙금을 낼 것을 통고할 수 있다. 다만, 다음 각 호의 어느 하나에 해당하는 사람에 대하여는 그러하지 아니하다.

1. 성명이나 주소가 확실하지 아니한 사람
2. 달아날 우려가 있는 사람
3. 범칙금 납부통고서 받기를 거부한 사람

② 제주특별자치도지사가 제1항에 따라 통고처분을 한 경우에는 관할 경찰서장에게 그 사실을 통보하여야 한다.

제164조(범칙금의 납부) ① 제163조에 따라 범칙금 납부통고서를 받은 사람은 10일 이내에 경찰청장이 지정하는 국고은행, 지점, 대리점, 우체국 또는 제주특별자치도지사가 지정하는 금융회사 등이나 그 지점에 범칙금을 내야 한다. 다만, 천재지변이나 그 밖의 부득이한 사유로 말미암아 그 기간에 범칙금을 낼 수 없는 경우에는 부득이한 사유가 없어지게 된 날부터 5일 이내에 내야 한다.

② 제1항에 따른 납부기간에 범칙금을 내지 아니한 사람은 납부기간이 끝나는 날의 다음 날부터 20일 이내에 통고받은 범칙금에 100분의 20을 더한 금액을 내야 한다.

③ 제1항이나 제2항에 따라 범칙금을 낸 사람은 범칙행위에 대하여 다시 벌 받지 아니한다.

제165조(통고처분 불이행자 등의 처리) ① 경찰서장은 다음 각 호의 어느 하나에 해당하는 사람에 대하여는 지체 없이 즉결심판을 청구하여야 한다. 다만, 제2

호에 해당하는 사람으로서 즉결심판이 청구되기 전까지 통고받은 범칙금액에 100분의 50을 더한 금액을 납부한 사람에 대하여는 그러하지 아니하다.

1. 제163조제1항 각 호의 어느 하나에 해당하는 사람
2. 제164조제2항에 따른 납부기간에 범칙금을 납부하지 아니한 사람

② 제1항제2호에 따라 즉결심판이 청구된 피고인이 즉결심판의 선고 전까지 통고받은 범칙금액에 100분의 50을 더한 금액을 내고 납부를 증명하는 서류를 제출하면 경찰서장은 피고인에 대한 즉결심판 청구를 취소하여야 한다.

③ 제1항 각 호 외의 부분 단서 또는 제2항에 따라 범칙금을 납부한 사람은 그 범칙행위에 대하여 다시 벌 받지 아니한다.

④ 제주특별자치도지사는 제1항 각 호의 어느 하나에 해당하는 사람이 있는 경우에는 즉시 관할 경찰서장에게 그 사실을 통보하고 관련 서류를 보내야 한다. 이 경우 통보를 받은 경찰서장은 제1항부터 제3항까지의 규정에 따라 이를 처리하여야 한다.

◎ 범칙금 과 과태료

범칙금	과태료
경찰형벌	경찰질서벌
행위책임	상태책임
경찰서장 입증	행정기관의 고발과 검사의 입증
행정기관이 부과	법원
형소법	비송법
통고처분에 의해 부과	소송에 의한 결정
정식재판 청구	항고에 의한 상소
과속운전자에 부과	과속차량 차주에 부과
벌점부과	없음

◉ 교통사고처리 -

의의	차의 교통으로 인하여 사람을 사상하거나 물건을 손괴하는 교통사고를 처리하는 것 ⇒ 교통사고의 형사책임 규명을 위한 증거수집 및 보전활동 교통사고처리는 **예방목적이 아니다**.

차에 의한 사고	(1) 차 인 것 → 자동차, 건설기계, 원동기장치자전거, 자전거 또는 사람이나 가축의 힘 그 밖의 동력에 의하여 도로에서 운전되는 것(우마차 · 경운기 포함) (2) 차 아닌 것 → 궤도차, 케이블카, 유모차, 보행보조용 의자차(휠체어), 소아용 자전거 등
교통으로 인하여 발생한 사고	(1) 교통사고에 있어서 교통의 개념 → 차량의 직접적 운행 + 부수적 행위 + 차량과 밀접한 연결부위에 의한 사고 예 승 · 하차시의 사고, 적재된 화물로 인한 사고, 차량의 일시 정지시 사고 등 (2) 도로에서의 사고이어야 하는지 여부 ① 도로의 판단→일반교통에의 사용여부에 의한다. (判) ② 도로교통법상의 사고 : 도로에서의 사고에 한한다. ※ 교통사고처리특례법상의 사고 : 도로 이외의 장소도 포함 (判)
피해의 결과발생	타인의 유형적 피해만을 의미 → 자기의 피해나 무형적 피해는 해당하지 아니한다.
업무상과실의 존재	고의에 의한 범행은 교통사고가 아니라 일반 형사사건임 → 특가법상의 도주차량 (과실 + 고의)

◎ 교통사고처리의 목적

사고처리	부상자 등의 구호, 사고의 연속방지 및 교통질서의 회복, 사고에 대한 형사책임의 규명, 법령위반에 대한 행정조치, 사고 재발을 위한 원인 조사
사고조사	행정경찰적 목적 + 사법경찰적 목적(수사작용), 민사상의 목적

(1) 교통사고로 인한 부상자 등의 신속한 구호

(2) 사고의 연속 확대방지와 교통질서의 회복

(3) 사고에 관한 형사책임의 규명(증거수집 및 보전활동 등)

(4) 교통법령위반에 대한 행정조치(운전면허의 취소, 정지 등)

(5) 사고의 재발방지를 위한 원인 조사

◎ 교통사고의 특성

구분	내용
우발성	교통사고는 과실에 의한 것이 보통이므로 언제 어디서든지 발생할 수 있으며 그 예측이 곤란한 우발적인 성격을 지닌다. 차를 이용해 고의로 범한 범행은 교통사고가 아니다.
현장보존의 곤란성	교통사고는 교통이 빈번한 장소에서 우발적으로 발생하므로 현장이 변경되기 쉽고 교통소통을 위하여 현장을 계속적으로 보존하기 곤란하다.
증거확보의 곤란성	교통사고는 범인과 목격자·참고인 등의 유동성으로 인하여 인적증거의 확보가 곤란하고, 사고현장에 유류된 물적 증거도 번잡한 교통의 흐름으로 멸실 되기 쉽고 그 수집이 곤란하다. 따라서 교통사고의 경우는 가급적이면 신속히 현장에 출동하는 것이 증거확보에 유리하다.

구분			처리
인적 피해	치사사고		형사입건 : 공소권 있음 처리 (특례법 제3조1항)
	치상 사고	합의 ○ (보험가입)	① 특례법 제3조2항 단서(특례11개항목,도주)를 제외하고는 형사입건 : 공소권 없음 처리(제3조2항, 제4조 1항) ② 원인행위만 도로교통법 적용 처리함
		합의 ×	형사입건 : 공소권 있음 처리(특례법 제3조 1항)
		특례10개항목 도주	피해자와의 합의여부, 보험가입등과 관계없이 무조건 공소권 있음 처리하여 형사처벌함
물적 피해	합의 ○ (보험가입)		① 피해액과 관계없이 교통사고처리대장에 등재함으로써 처리절차를 종결(내사종결)하며, 형사입건은 하지 않음 ② 원인행위만 도로교통법 적용 처리함
	합의 ×		① 형사입건 : 공소권 있음 (도로교통법 제151조) ② 피해액이 20만원 미만인 사고는 즉심에 회부함
도주	인적 피해		형사입건 : 공소권 있음(특가법 제5조 3)
	물적 피해		형사입건 :공소권 있음 처리 (도로교통법 제148조)
	미신고 사고		교통사고야기 후 사상자 구호등 사후조치는 하였으나 신고를 하지 않았을 경우의 교통사고는 위의 기준에 따라 처리한다. 단, 피해자의 구호와 교통질서회복을 위하여 당사자의 개인적인 조치를 넘어 경찰관의 조직적인 조치가 필요하다고 인정될 경우에는 도로교통법 제154조를 적용하여 형사입건한다.(공소권 있음)

◉ 교통지도단속의 대상인 교통사고처리특례법 제3조 2항 11대 예외항목 (아래사항에 해당하면서 치상사고의 경우에도 무조건 형사입건 및 공소권 있음 처리)

1. 신호기 또는 교통정리를 위한 경찰공무원등의 신호나 통행의 금지 또는 일시정지를 내용으로 하는 안전표지가 표시하는 지시에 위반하여 운전한 경우(신호·안전표시 위반)
2. 중앙선을 침범하거나 법에 위반하여 횡단·유턴 또는 후진한 경우(중앙선침범)
   ① 차체의 어느 일부라도 중앙선을 침범하면 중앙선 침범사고로 본다
   ② 중앙선 침범 사고만은 인과관계를 따져 인과관계가 있을 경우에만 중앙선 침범 사고가 성립한다.
   중앙선 침범한 물피사고의 경우에는 교통사고처리특례법이 아닌 도로교통법이 적용됨
3. 도로교통법의 규정에 의한 제한속도를 매시 20킬로미터를 초과하여 운전한 경우(과속)
4. 앞지르기의 방법·금지시기·금지장소 또는 끼여들기의 금지에 위반하여 운전한 경우(앞지르기방법 등 위반)
5. 건널목 통과방법을 위반하여 운전한 경우(건널목통과방법위반)
6. 횡단보도에서의 보행자보호의무를 위반하여 운전한 경우(횡단보도 보행자보호의무위반)
   ① 보행자 보호의무를 적용하는 예
   - 횡단보도를 건너고 있는 자, 손수레·자전거·오토바이를 끌고 건너고 있는 자
   ② 보행자로 볼 수 없는 경우
   - 손수레 · 자전거 · 오토바이를 타고 횡단하는 자, 횡단보도에 누워있거나, 앉아있거나, 엎드려 있거나, 교통정리를 하고 있거나, 싸우고 있는 경우, 적재물 하역작업 하는 중, 택시 잡는 중, 보도에서 있다가 횡단보도 내로 넘어진 경우 등
7. 운전면허 또는 건설기계조종사면허를 받지 아니하거나 국제운전면허증을 소지하지 아니하고 운전한 경우(이 경우 운전면허 또는 건설기계조종사면허의 효력이 정지중에 있거나 운전의 금지중에 있는 때에는 운전면허 또는 건설기계조종사면허를 받지 아니하거나 국제운전면허증을 소지하지 아니한 것으로 본다. (무면허운전)
8. 주취 중에 운전을 하거나 약물의 영향으로 정상적 운전을 하지 못할 염려가 있는 상태에서 운전한 경우(음주 · 약물운전). 취중 경운기 운전 제외

9. 보도가 설치된 도로의 보도를 침범하거나 보도횡단방법에 위반하여 운전한 경우(보도침범)
10. 승객의 추락방지의무를 위반하여 운전한 경우(승객추락방지의무위반 – 개문발차)
11. 어린이 보호구역에서 같은 조 제1항에 따른 조치를 준수하고 어린이의 안전에 유의하면서 운전하여야 할 의무를 위반하여 어린이의 신체를 상해에 이르게 한 경우
12. 업무상과실치상죄 또는 중과실치상죄를 범하고 피해자를 구호하는 등 「도로교통법」 제54조제1항의 규정에 의한 조치를 하지 아니하고 도주 하거나 피해자를 사고장소로부터 옮겨 유기하고 도주한 때, 같은 죄를 범하고 「도로교통법」 제44조제2항을 위반하여 음주측정요구에 불응(운전자가 채혈측정을 요청하거나 동의한 때에는 제외한다)한 때

◉ 운전면허

의의	도로에서의 위험을 방지하고 교통질서를 유지하기 위하여 부적격자가 운전하는 일이 없도록 하기 위한 제도
처분권자	지방경찰청장 → 취소·정지권도 보유
법적 성질	대인적 경찰허가 (운전면허증을 교부받은 때로부터 효력이 발생)

◉ 운전면허의 결격사유(도교법 제82조)

1. 18세 미만(원동기장치자전거의 경우에는 16세 미만)인 사람
2. 교통상의 위험과 장해를 일으킬 수 있는 정신질환자 또는 간질환자(癎疾患者)로서 대통령령으로 정하는 사람
3. 듣지 못하는 사람(제1종 운전면허 중 대형면허·특수면허만 해당한다), 앞을 보지 못하는 사람이나 그 밖에 대통령령으로 정하는 신체장애인
4. 양쪽 팔의 팔꿈치관절 이상을 잃은 사람이나 양쪽 팔을 전혀 쓸 수 없는 사람. 다만, 본인의 신체장애 정도에 적합하게 제작된 자동차를 이용하여 정상적인 운전을 할 수 있는 경우에는 그러하지 아니하다.
5. 교통상의 위험과 장해를 일으킬 수 있는 마약·대마·향정신성의약품 또는 알코올 중독자 로서 대통령령으로 정하는 사람
6. 제1종 대형면허 또는 제1종 특수면허를 받으려는 경우로서 19세 미만이거나 자동차(이륜자동차는 제외한다)의 운전경험이 1년 미만인 사람

◉ 운전면허 발급제한 기간(도교법 제82조)

기간	사유
즉시 응시	① 적성검사 또는 면허갱신 미필자 ② 2종에 응시하는 1종 면허 적성검사 불합격자
6월	무면허 운전을 한자가 원동기장치자전거 면허를 취득하고자 하는 경우 공동위험행위로 운전면허가 취소된 경우 원동기장치자전거면허 취득 결격 기간은 1년
1년	① 2~5년 제한사유 이외의 사유로 면허가 취소된 경우 (무면허운전, 음주운전 취소, 교통사고로 인한 면허취소 등(뺑소니는 제외))
2년	① 3회 이상의 음주운전으로 면허가 취소된 자 ② 허위 또는 부정한 수단으로 운전면허를 받은 자 ③ 3회 이상 무면허운전 또는 면허정지기간에 자동차 등을 운전한 자 ④ 다른 사람이 부정하게 운전면허를 받도록 하기 위하여 제83조에 따른 운전면허시험에 대신 응시한 경우 ⑤ 다른 사람의 자동차 등을 훔치거나 빼앗은 자 ⑥ 2회 이상의 공동위험행위로 운전면허가 취소된 경우
3년	① 음주운전을 하다가 3회 이상 교통사고를 야기한 자 ② 자동차 이용범죄를 범하거나 자동차를 강·절도한 자가 무면허로 운전한 경우
4년	5년의 제한사유 이외의 사유로 교통사고를 야기한 후에 도주한 경우
5년	무면허운전·음주운전·약물·과로운전· 공동위험행위 중에 사람을 사상한 후 구호조치 없이 도주한 경우

◉ 도로교통법상의 운전면허의 종류

운전면허		운전 가능한 차종	비고
종별	구분		
제1종	대형면허	① 승용 자동차 ② 승합자동차 ③ 긴급자동차 ④ 화물자동차 ⑤ 건설기계(덤프트럭, 아스팔트살포기, 노상안정기, 콘크리트믹서트럭, 콘크리트펌프 ,트럭적재식천공기, 콘크리트믹스트레일러, 아스팔트콘크리트재생기, 도로보수트럭, 3톤 미만의 지게차) ⑥ 특수자동차(트레일러, 레커는 제외) ⑦ 원동기장치자전거	19세 이상 운전경험 1년 이상
	보통면허	① 승용자동차 ② 승차정원 15인 이하 승합자동차 ③ 승차정원 12인 이하 긴급자동차(승용 및 승합자동차에 한한다.) ④ 적재중량 12톤 미만 화물자동차 ⑤ 건설기계(도로를 운행하는 3톤 미만의 지게차에 한함) ⑥ 총중량 10톤 미만의 특수자동차(트레일러, 레커는 제외) ⑦ 원동기 장치 자전거	18세 이상
	소형면허	① 3륜 화물자동차 ② 3륜 승용자동차 ③ 원동기장치자전거	18세 이상
	특수면허	① 트레일러 ② 레카 ③ 제2종 보통면허로 운전할 수 있는 차량	19세 이상 운전경험 1년 이상

제2종	보통면허	① 승용자동차(승차정원 10인 이하 승합자동차 포함) ② 적재중량 4톤 이하 화물자동차 ③ 총중량 3.5톤 이하의 특수자동차(트레일러, 레커는 제외) ④ 원동기장치자전거	18세 이상
	소형면허	① 이륜자동차(측차부 포함) ② 원동기장치자전거	18세 이상
	원동기장치자전거	원동기장치자전거	16세 이상
연습면허	제1종 보통	① 승용자동차 ② 적재중량 12톤 미만 화물자동차 ③ 승차정원 15인 이하 승합자동차	1년 유효
	제2종 보통	① 승용자동차(승차정원 10인 이하 승합자동차 포함) ② 적재중량 4톤 이하 화물자동차	

도로교통법 시행령

제92조(자동차등을 이용한 범죄의 종류 등) 법 제93조제1항제11호에서 운전면허 취소사유로서 안전행정부령이 정하는 범죄행위라 함은 자동차등을 범죄의 도구나 장소로 이용하여 다음 각 호의 어느 하나의 범죄를 범한 때를 말한다. 〈개정 2008.3.6〉

1. 「국가보안법」을 위반한 범죄
2. 「형법」 등을 위반한 다음 각 목의 어느 하나의 범죄
   가. 살인 · 사체유기 또는 방화
   나. 강도 · 강간 또는 강제추행
   다. 약취 · 유인 또는 감금
   라. 상습절도(절취한 물건을 운반한 경우에 한한다)
   마. 교통방해(단체에 소속되거나 다수인에 포함되어 교통을 방해한 경우에 한한다)

Notice

*** 무면허운전**

① 운전면허를 받지 아니하고 운전

② 유효기간이 지난 면허증으로 운전 (정기적성검사기간 만료일로부터 1년간 취소유예기간이 지난 면허증으로 운전)

③ 면허의 취소처분을 받은자의 운전

④ 면허정지 기간중에 운전

⑤ 운전면허시험에 합격한 후에 면허증 발급 전 운전

⑥ 면허 외 운전

⑦ 외국인으로 국제운전면허 없이 운전

⑧ 외국인으로 입국 1년이 지난 국제운전면허증을 소지하고 운전

- 무면허, 음주운전은 도로에서 운전하는 때에 한하여 적용

<table>
<tr><th colspan="4">◐ 운전할 수 있는 차의 종류 ◑</th></tr>
<tr><td>의의</td><td colspan="3">자동차관리법의 규정에 의하여 자동차의 형식이 변경·승인되거나, 자동차의 구조 또는 장치가 변경·승인된 경우에는 다음의 구분에 의한 기준에 따라 적용함</td></tr>
<tr><td rowspan="3">구분</td><td rowspan="2">자동차의 형식변경</td><td>차종변경 또는 승차정원 · 적재중량 증가</td><td>변경승인 후의 승차정원 또는 적재중량</td></tr>
<tr><td>승차정원 · 적재중량 감소</td><td>변경승인 전의 승차정원 또는 적재중량</td></tr>
<tr><td colspan="2">자동차의 구조·장치변경</td><td>변경승인 전의 승차정원 또는 적재중량</td></tr>
</table>

◉ 운전면허 취소 · 정지(도로교통법 제93조)

정지(임의적 취소)사유	필요적 취소사유
① 술 취한 상태에서의 운전 ② 약물에 취한 상태에서의 운전 ③ 공동위험행위를 한 경우 ④ 교통사고로 사람을 사상한 후 필요한 조치 또는 신고를 하지 아니한 경우 ⑤ 교통사고를 일으킨 경우 ⑥ 운전면허를 받은 사람이 자동차등을 이용하여 살인 또는 강간 등 안전행정부령으로 정하는 범죄행위를 한 경우 ⑦ 대리응시한 경우 ⑧ 면허증을 비려주거나 빌려서 사용한 경우 ⑨ 이 법이나 이 법에 따른 명령 또는 처분을 위반한 경우	① 술에 취한 상태에서 운전을 3회 이상 한 때, ② 경찰공무원의 음주측정에 거부 ③ 운전면허 결격사유에 해당한 때 ④ 허위·부정수단으로 면허를 취득한 경우 ⑤ 적성검사를 받지 아니하거나 적성검사에 불합격된 때 ⑥ 다른 사람의 자동차등을 훔치거나 빼앗은 경우 ⑦ 이 법에 따른 교통단속 임무를 수행하는 경찰공무원등 및 시 · 군공무원을 폭행한 경우 ⑧ 등록·임시운행허가를 받지 아니한 자동차를 운전한 때 ⑨ 제1종 보통면허 및 제2종 보통면허를 받기 전에 연습운전면허의 취소 사유가 있었던 경우 ⑩ 다른 법률에 따라 관계 행정기관의 장이 운전면허의 취소처분 또는 정지처분을 요청한 경우

◐ 인적피해 교통사고 야기시 사고결과에 따른 별점 기준 ◑		
사망 1명마다	90	사고발생시로부터 72시간 내에 사망한 때
중상 1명마다	15	3주이상의 치료를 요하는 의사의 진단이 있는 사고
경상 1명마다	5	3주미만 5일 이상의 치료를 요하는 의사의 진단이 있는 사고
부당 1명마다	2	5일 미만의 치료를 요하는 의사의 진단이 있는 사고

1. 교통사고 발생 원인이 불가항력이거나 피해자의 명백한 과실인 때에는 행정처분을 하지 아니한다.
2. 자동차등 대 사람 교통사고의 경우 쌍방과실인 때에는 그 벌점을 2분의 1로 감경한다.
3. 자동차등 대 자동차등 교통사고의 경우에는 그 사고원인 중 중한 위반행위를 한 운전자만 적용한다.
4. 교통사고로 인한 벌점산정에 있어서 처분 받을 운전자 본인의 피해에 대하여는 벌점을 산정하지 아니한다.

◐ 교통사고 야기시 조치 등 불이행에 따른 벌점 기준 ◑	
물피 뺑소니(자진신고시 벌점 감경규정 없음)	15
인피 뺑소니(고속도로, 특별시·광역시 및 시의 관할구역과 군의 관할구역 중 경찰관서가 위치하는 리 또는 동 지역에서 3 시간, '그 밖의 지역에서는 12시간' 이내에 자진 신고한 때	30
위 인피뺑소니 규정에 의한 시간 후 48시간 이내에 자진신고를 한 때	60

(1) 교통사고 야기시 도주 하거나 신고조치를 불이행한 경우 : 자수와 관계없이 벌점이 부과됨
- 인피 뺑소니 : 면허 취소
- 인피 뺑소니, 자진신고 : 벌점 감경 (30/60)점

(2) 교통사고 야기자의 신고 의무
- 도로에서 일어난 사고에 한하여 사고운전자의 신고의무가 발생하며, 신고의 내용은 사고발생의 객관적인 사실에 한정됨
- 다만, 운행 중인 차량이 손괴된 것이 분명하고 도로에서의 위험방지와 원활한 소통을 위하여 필요한 조치를 한 때에는 신고의무가 발생하지 아니함.

◐ 교통법규위반자에 대한 재제 ◑	
형사책임	교통사고처리특례법이나 도로교통법에 의한 처벌(형사입건 · 벌금등부과), 통고처분, 과태료 부과처분
행정책임	운전면허의 취소 · 정지 등 행저처분, 자동차 사용정지 등
민사책임	민사상 손해배상
교통사고 사망자 통계처리 : 교통사고가 주원인이 되어 30일 이내에 사망한 것	

◐ 임시운전증명서 ◑
① 교부대상 : 적성검사,면허증갱신,분실,운전면허취소·정지처분 대상이 된 때 (운전면허증 갱신연기 신청시 ×) ② 유효기간 : 20일 이내, 취소정지 대상자의 경우는 40일 이내, 1회에 한하여 20일 간의 범위내에서 기간 연장 가능. 따라서 최장유효기간은 60일 ③ 효력 : 유효기간 중 운전면허증과 동일한 효력 있음

◉ 국제운전면허증

(1) 국제운전면허증에 의한 자동차등의 운전

도로교통에 관한 협약의 규정에 의한 운전면허증을 외국에서 발급 받은 사람은 입국한 날로부터 1년의 기간에 한하여 국내에서 그 국제운전면허증으로 자동차등을 운전할 수 있다. 이 경우에 운전할 수 있는 차종은 그 국제운전면허증에 기재된 것에 한한다. 그러나 자동차운수사업법에 의한 사업용 자동차의 운전을 할 수는 없다.(단, 대여용 자동차는 제외)

(2) 국제운전면허증의 교부 등

1) 국내운전면허를 받은 사람이 국외에서 운전하기 위하여 국제협약에 의한 국제운전면허증을 교부받고자 하는 때에는 지방경찰청장에게 신청하여야 한다. 여기서 국내운전면허를 받은 사람에는 원동기장치자전거 및 연습운전면허를 받은 자는 제외된다.
2) 국제운전면허증의 유효기간은 교부받은 날로부터 1년으로 한다.
3) 국제운전면허증은 이를 교부받은 사람의 국내운전면허의 효력이 없어지거나 취소된 때에는 그 효력도 없어진다.
4) 국제운전면허증은 이를 교부받은 사람의 국내운전면허의 효력이 정지된 때에는 그 정지기간 중 효력이 정지된다.
5) 국제운전면허증 소지자에 대하여 1년의 범위 안에서 자동차의 운전을 금지시킬 수 있으나, 면허취소 사유에 해당한다 해도 발행청이 외국 행정청이므로 경찰이 국제운전면허를 취소할 수는 없음.
6) 국제운전면허증 소지자에 대해서는 운전면허를 취소할 수 없고 운전을 금지(도로교통법 제97조)하여야 하며, 국제면허증 소지자에 대해서도 신원이 확실

한 경우 통고처분 가능하다. 아울러 운전시에는 반드시 국제운전면허증을 소지하여야 하며, 미소지시 무면허 운전으로 처벌된다. 한편, 국제운전면허증을 '도로교통에 관한 국제협약'에 가입한 국가에서만 발급할 수 있는 것으로 중국은 동협약 가입국이 아니므로 국제운전면허증을 발급할 수 없고, 설사 발급하더라도 그 효력이 인정되지 않는다.

◉ 연습운전면허

(1) 연습운전면허의 효력 등

1) 연습운전면허는 그 면허를 받은 날로부터 1년의 효력을 가진다. 다만, 그 이전이라도 연습운전면허를 받은 사람이 제1종 보통면허 또는 제2종 보통면허를 받은 경우 에는 연습운전면허의 효력이 상실된다.
2) 연습운전면허를 받은 사람이 운전할 수 있는 자동차의 종류 그 밖의 필요한 사항은 행정안전부령으로 정한다.

(2) 위반시 조치

지방경찰청장은 연습운전면허를 교부받은 사람이 우전 중 고의 또는 과실로 교통사고를 일으키거나 도로교통법 또는 이 법에 의한 명령에 위반한 때에는 그 면허를 취소하여야 한다. 다만, 본인에게 귀책사유가 없는 경우 등 대통령령이 정하는 경우에는 그러하지 아니하다.

(3) 연습운전면허 취소의 예외

도로교통법 제93조 제3항 단서에서 "본인에게 귀책사유가 없는 경우 등 대통령령이 정하는 경우" 라 함은 다음에 해당하는 경우를 말한다.

1) 운전면허시험장의 도로주행시험을 담당하는 경찰관, 전문학원의 강사 또는 기능검정원의 지시에 따라 운전하던 중 교통사고를 일으킨 경우
2) 도로가 아닌 곳에서 교통사고를 일으킨 경우
3) 교통사고를 일으켰더라도 단순히 물적 피해만 일으킨 경우

◉ 신뢰의 원칙

<table>
<tr><td>의의</td><td colspan="2">교통규칙을 준수하는 운전자는 다른 관여자들도 교통규칙을 준수할 것을 신뢰해도 좋고, 다른 관여자들이 교통규칙을 위반하는 경우까지 예상하여 이에 대한 방어조치를 취할 의무는 없다는 원칙⇒허용된 위험의 특별한 경우로서 객관적 주의의무를 제한하여 과실범의 처벌을 완화 함</td></tr>
<tr><td rowspan="2">연혁</td><td>외국</td><td>1935 독일 제국법원 (최초)</td></tr>
<tr><td>한국</td><td>1957 최초 인정 → 1971 고속도로 → 1972 시내 자동차 교통</td></tr>
<tr><td>적용
범위</td><td colspan="2">(1) 자동차와 자동차, 자동차와 자전거 ⇒ 일반적으로 신뢰의 원칙을 적용(判)
(2) 자동차와 사람 ⇒ 판례는 한정적으로 적용하고 있다.
예) 고속도로나 자동차전용도로, 육교 밑, 횡단보도의 보행금지신호의 경우
(3) 적용범위의 확대⇒분업적 공동작업이 필요한 모든 경우에 확대
적용확대를 위해서는 신뢰를 기초지울 수 있는 분업관계가 확립되어 있어야</td></tr>
<tr><td>적용
한계</td><td colspan="2">(1) 상대방의 규칙위반을 알고 있었던 경우⇒중앙선 침범을 이미 목격한 경우 (判)
(2) 상대방의 규칙준수를 신뢰할 수 없는 경우⇒어린아이(判), 노인, 불구자
(3) 운전자가 스스로 교통규칙을 위반한 경우
⇒ 단, 규칙위반이 결정적 원인이 아니면 신뢰의 원칙의 적용이 가능
예) ㅏ자형 교차로에서 과속은 하였으나 신호위반차량 때문에 사고가 난 경우 (判)</td></tr>
</table>

◉ 관련판례

(1) 자동차와 자동차의 사고

① 운전자는 중앙선 표시가 있는 도로에서 차선을 침범한 경우, 중앙선이 표시되지 않은 도로를 운행하는 자동차운전자의 마주 오는 차가 도로 좌측부분으로 운행하는 경우에 대한 주의의무가 없다.

② 교차로에서 통행의 우선 순위와 관련하여 우선권을 가진 차량의 운전자는 상대방 차가 대기할 것을 기대하면 족하다고 하였다. 이러한 기대 신뢰 하에 상당한 주의를 한 이상 상대방 차량측의 부주의로 야기된 충돌사고에 대한 책임이 없다.

③ 신호를 무시하고 진행하는 차량을 예상하여 사고를 방지하여야 할 주의의무가 없고, 무모한 앞지르기를 하는 차량을 위해 서행하여야 할 업무상 주의의무는 없다. 또한 운전자가 후방을 주시하여 2차선과 인도 사이로 추월하려는 오토바이를 위하여 정차하거나 서행하여도 오토바이를 선행토록 할 주의의무는 없다.

(2) 자동차와 자전거의 사고

① 자동차운전자는 자동차전용도로에서의 자전거출현에 대한 예견의무가 없다.
② 반대방향에서 진행하던 자전차가 전방 5, 6미터 지점에서 서행 중인 피고인 차량 앞으로 횡단하던 중 넘어진 경우나 야간에 무등화인 채로 도로횡단을 하는 경우의 이를 예측할 주의의무는 없다.

(3) 자동차와 보행자에 대한 사고

자동차와 보행자의 사고에 관하여는 대법원은 신뢰의 원칙을 철저히 적용하고 있지 않다.

① 횡단보도 아닌 곳에서의 무단횡단의 경우 운전자의 주의의무를 인정하였다.
② 고속도로에서 보행자가 무단 횡단하다가 충돌한 경우에는 주의의무가 없다.
③ 육교 밑을 무단횡단하는 보행자를 충격한 사건에서 운전자에 대한 주의의무가 없다.
④ 횡단보도의 신호가 적색인 경우에 보행자에 대한 운전자는 보행자가 횡단보도를 건너지 않을 것으로 신뢰해도 좋다고 하였다. 또 운전사가 무면허인 상태에서 제한속도를 초과하여 진행한 잘못이 있다 하더라도 그러한 잘못이 사고의 원인이 되었다고는 볼 수 없다.
⑤ 자동차전용도로에서의 보행자를 충격한 경우에 운전자의 주의의무를 부정하였다.

1) 고속도로에서의 주의의무

① 일반적으로 야간 기타 악천후 등으로 인하여 시계가 극히 좁다든지, 비 또는 눈 등으로 인하여 노면사정이 좋지 않다든지 하는 등의 특별한 사정이 없는 한, 고속도로를 운전하는 자동차 운전자에게는 고속도로 상에서 도로를 횡단하는 보행인 등 장애물이 나타날 것을 예견하여 제한속도 이하로 감속 서행할 주의의무가 없다.

② 도로를 횡단하는 보행자를 그 차의 제동거리 밖에서 발견하였다면 보행자가 반대 차선의 보행차량 때문에 도로를 완전히 횡단하지 못하고 그 진행차선 쪽에서 멈추거나 다시 되돌아 나가는 것이 예견되므로, 이러한 구체적인 위험이 전개된 이상 아무리 고속도로 상이라 하더라도 신뢰의 원칙이 배제된다.

2) 자동차전용도로상에서의 주의의무

① 자동차전용도로에서 운행중인 자동차 운전자에게 반대차선에서 진행차량 사이를 뚫고 횡단하는 보행자들이 있을 경우까지 예상하여 전방주시를 할 의무가 있다고 보기 어려우므로, 비록 횡단하여 온 거리가 14.9미터가 된다는 사정만으로 운전자의 과실을 인정할 수 없다.

② 도로교통법상 자동차전용도로는 자동차만이 다닐 수 있도록 설계된 도로로서 보행자 또는 자동차 외의 차마가 통행하거나 횡단하여서는 안되도록 되어 있으므로 제한시속 이하로 운행하는 자동차의 운전자로서는 특별한 사정이 없는 한 무단횡단하는 보행자가 나타날 경우를 미리 예상하여 감속 서행할 주의 의무는 없다.

3) 교차로 상에서 의 주의의무

교차로를 거의 통과할 무렵 직진신호가 주의신호로 바뀌는 경우에 좌회전 대기차량이 주의신호임에도 좌회전하는 것, 사거리를 녹색신호에 따라 통과할 무렵 제한속도를 초과하였다 할지라도 신호를 위반하고 직진하는 상대방 차량, 통행우선 순위를 무시하고 교차로 왼쪽에서 과속으로 교행해 오는 것 등에 대비할 주의의무는 없다(판례).

4) 반대 차로 차량에 대한 주의의무

운전자에게는 특별한 사정이 있는 경우 외에는 반대 차로를 운행하는 차가 갑자기 중앙선을 넘어 올 것까지 예견하여 감속하는 등 미리 충돌을 방지할 태세를 갖추어 차를 운전하여야 할 주의의무가 없다.

5) 횡단보도상에서의 주의의무

① 직진 및 좌회전 신호에 의하여 좌회전하는 2대의 차량 뒤를 따라 직진하는 차량의 운전자로서는 횡단보도의 신호가 적색인 상태로서 반대차로상에서 정지하여 있는 차량의 뒤로 보행자가 횡단보도를 건너오지 않을 것이라고 신뢰하는 것은 당연하고, 그렇지 아니할 사태까지 예상하여 그에 대한 주의의무를 다하여야 한다고 할 수 없다.

② 보행자 신호가 녹색신호에서 적색신호로 바뀔 무렵 전후에 횡단보도를 통과하는 자동차운전자는 보행자가 교통신호를 철저히 준수할 것이라는 신뢰만으로 자동차를 운전할 것이 아니라, 좌우에서 이미 횡단보도에 진입한 보행자가 있는지 여부를 살펴보고, 또한 그의 동태를 살피면서 서행하는 등 그와 같은 상황에 있는 보행자의 안전을 위해 어느 때라도 정지할 수 있는 태세를 갖추고 자동차를 운전할 주의의무가 있다.

6) 육교 밑에서의 주의의무

심야 도로교통이 빈번한 대도시 육교 아래에서의 자동차 운전자는 무단횡단자가 없을 것으로 믿고 운전하면 되는 것이고, 도로교통법규에 위반하여 그 자동차의 앞을 횡단하려고 하는 사람이 있을 것까지 예상하여 그 안전까지 확인해 가면서 운전해야 할 의무는 없다.

(4) 기타의 주의의무를 부정한 사례

고속도로에서의 노면의 장애물에 대하여 판례는 자동차 전용의 고속도로의 주행선상에 아무런 위험표시 없이 노면보수를 위한 모래무더기가 있으리라는 것은 일반적으로 예견할 수 있는 사정이 아니다.

① 넓은 도로를 운행하는 차량의 운전자는 교차로에서 좁은 도로의 차량이 교통법규에 따라 적절히 행동을 취할 것을 신뢰하여 운전하므로 좁은 도로에서 진입하는 차량이 일단정지를 하지 않고 계속 진행하여 큰 도로로 진입할 것을 미리 예견하고 이에 대한 방어 조치를 강구할 필요는 없다.

② 운전자에게는 후방주시를 하여 후행 차량을 발견하고 충돌을 방지할 조치를 취하여야 한다던가, 나아가 일시 정지하거나 속도를 낮추어 앞지르려는 후행 차량을 선행하도록 하여줄 주의의무가 없으나, 교차로에서 좌회전신호를 보내지도 않고 거울을 통하여 뒤따라오는 차량이 있는지 여부를 확인함도 없이 좌회전하다가 차량 우측 뒤를 따라오던 후행 차량을 차체로 충격 하여 사망에 이르게 한 경우에는 주의의무위반이 인정된다.

◉ 범칙금 · 과태료 · 운전면허벌점 (일반도로와 보호구역), ( )안은 보호구역

<table>
<tr><th colspan="2">위반행위</th><th>범칙금
(승용/승합)</th><th>과태료
(승용/승합)</th><th>벌점</th></tr>
<tr><td colspan="2">신호·지시위반</td><td>6만원/7만원
(12만원/13만원)</td><td>7만원/8만원
(13만원/14만원)</td><td>15점
(30점)</td></tr>
<tr><td rowspan="4">속도위반</td><td>60Km/h초과</td><td>12만원/13만원
(15만원/16만원)</td><td>13만원/14만원
(16만원/17만원)</td><td>60점
(120점)</td></tr>
<tr><td>40∼60Km/h</td><td>9만원/10만원
(12만원/13만원)</td><td>10만원/11만원
(13만원/14만원)</td><td>30점
(60점)</td></tr>
<tr><td>20∼40Km/h</td><td>6만원/7만원
(9만원/10만원)</td><td>7만원/8만원
(10만원/11만원)</td><td>15점
(30점)</td></tr>
<tr><td>20Km/h이하</td><td>3만원/3만원
(6만원/6만원)</td><td>4만원/4만원
(7만원/7만원)</td><td>없음
(15점)</td></tr>
<tr><td rowspan="2">보행자보호
의무 불이행</td><td>횡단보도</td><td>6만원/7만원</td><td>7만원/8만원</td><td rowspan="2">10점
(20점)</td></tr>
<tr><td>일반도로</td><td>4만원/5만원</td><td>5만원/6만원</td></tr>
<tr><td colspan="2">주 · 정차위반</td><td>4만원/5만원</td><td>5만원/6만원</td><td>없음
(없음)</td></tr>
<tr><td colspan="2">통행금지 · 제한위반</td><td>4만원/5만원</td><td>5만원/6만원</td><td>없음
(없음)</td></tr>
</table>

제 6 장 정보경찰

1. 정보의 개념정의

◐ 정보의 개념에 대한 정의 ◑	
로빈슨 (G.O.Robinson)	정보를 경제상품과 비교하여 '정보는 아무리 사용해도 감가상각되 않으며 훔치기 쉽고 또한 이를 적발하기 어렵기 때문에 한 사람이 독점하기가 곤란하여 자산권에 대한 법적개념이 불명확하며, 인간의 서비스와는 달리 정보의 서비스는 저장될 수 있으며 정보의 종류와 내용에 따라서는 매우 낮은 가격으로 무한히 생산할 수 있다'라고 함(정보의 경제적 측면을 강조)
제프리 리첼슨 (Jeffery T. Richelson)	정보는 외국이나 국외지역과 관련된 제반 첩보자료들을 수집·평가·분석·종합·판단의 과정을 거쳐서 생성된 산출물
마이클 허만 (Michael Herman)	정부 내에서의 조직된 지식
에이브럼 슐스키(Abram N, Shulsky)	국가안보 이익을 극대화하고, 실제적 또는 잠재 적 적대세력의 위험을 취급하는, 정부의 정책수립과 정책의 구현과 연관된 자료
마크 로웬탈 (Mark M. Lowenthal)	정보란 정책결정자의 필요에 부응하는 지식을 말하며, 이를 위해 수집 가공된 것.
셔먼켄트 (Sherman Kent)	저서 '전략정보'에서 '정보란 지식이며 조직이고 활동이다' 라고 정의하여 정보의 최종산출물인 지식과 이 지식을 얻거나 기타 정보수집을 하기 위한 조직체와 정보활동 그 자체를 전부 정보라고 정의 한다. (정보의 사회일반적 차원의 정의)

마이클 워너 (Michael Warner)	정보는 아측에 해악을 끼칠 수 있는 다른 국가나 다양한 적대세력의 영향을 완화시키거나, 그에 영향을 미치거나 또는 단지 그들을 이해하기 위한 노력을 지원하는 비밀스러운 그 무엇
칼본 클라우제비츠 (Carl von Clausewits)	저서 '전쟁론'에서 정보란 적과 적국에 관한 우리들의 지식의 총체를 의미하며, 전쟁에 있어서 아군의 계획 및 행동의 기초를 이루는 것(군사학적 측면을 강조)
데이비스 (G.B.Davis)	정보란 받아들이는 사람에게 필요한 형태로 처리된 데이터이며, 현재 또는 장래의 의사결정에 있어 실현되든가 또는 가치를 인정받는 것(정보의 과학기술적 측면을 강조)
위너 (N.Wiener)	정보란 인간이 적용하려고 행동하고, 또 그 조절내용의 결과를 외계로부터 감지할때에 외계와 교환하는 것(정보가 인간의 환경적응의 필수적 요소임을 강조)
캔톤과 도딕 (B.Canton & H.S.Dordick)	정보를 하나의 자원으로 인식한다. 정보자원은 분배를 해도 그 가치가 줄어들지 않으며, 오히려 새로운 사용자가 생기므로 인해 그 가치가 더욱 증대한다. 정보는 항상 부족한 부분이 있으므로 새로운 정보를 필요로 하고, 부족한 부분을 보완하기 때문에 상호 교환하는 특성이 있다. 정보를 통제하고 분산하는 사람들은 사회내에서 세력집단을 형성하며 새로운 정보계층을 탄생시키고 있다. 정보는 소멸되거나 완전히 통제될 수 없는 것이기 때문에 오히려 더 많은 정보와 지식개발을 가져오기 때문에 사회내에서 무한한 성장의 가능성을 제시할 수 있다.
정보기관 (경찰)	정보란 국가의 정책결정을 위하여 수집된 첩보를 평가·분석·종합·해석한 결과로 얻은 지식 (정보와 첩보의 구분을 강조)

2. 정보와 첩보

구분	정 보	첩 보
정확성	객관적으로 평가된 정확한 지식	부정확한 전문지식을 포함
완전성	특정한 사용목적에 맞도록 평가·분석·종합·해석하여 만든 완전한 지식	기초적·단편적·불규칙적·미확인 상태의 지식
적시성	정보사용자가 필요로 하는 때에 제공되어야 하는 적시성이 특히 요구된다.	시간에 구애받지 않고 과거와 현재의 것을 불문
사용자의 목적성	사용자의 목적에 맞도록 작성된 지식	사물에 대해 보고 들은 상태 그 자체의 묘사이므로 목적성이 없다.
생산과정의 특수성	첩보의 요구·수집 및 정보의 생산·배포 등의 과정을 거치면서 여러 사람의 협동작업을 통하여 생산	협동작업이 아닌 단편적이고 개인의 식견에 의한 지식
공통점	지식으로서의 자료적 가치를 갖는다.	

정보(Intelligence)	첩보(Information)
수집된 첩보를 가공하여 객관적으로 평가된 정확하고도 완전한 지식을 적시성 있게 사용목적에 부합하도록 만들어진 정책적 산물	평가·해석되지 않은 부정확하고 목적적 구성도 없는 단편적·불규칙적·미확인된 사실로서 개인의 식견에 의한 전문(專門) 사항
2차 정보	1차 정보·생(生)정보
정확성·완전성·적시성·목적성을 가진다.	정확성·완전성·적시성·목적성이 없다.
순환과정에서 협동작업을 통해 생산된다.	단편적인 개인의 식견에 의한 지식에 불과

(1) 정보와 첩보의 공통점 → 모두 지식으로서의 자료적 가치를 가진다.
(2) 정보의 특성 → 정확성·완전성(상대적 조건)·적시성(정보의 절대적 생명: 사용시점 기준)

3. 정보의 효용

정보의 효용이란 질적 요건을 갖춘 정보를 어떻게 사용하면 정책결정과정에 기여할 수 있는가에 대한 기준으로, 정책결정과정에서 정보가 효과적으로 활용될 수 있기 위해서는 다음과 같은 요소들이 고려되어야 한다.

(1) 형식 효용(form utility)

정보는 정보사용자의 요구에 맞는 형식(형태)에 부합할 때 형식효용이 높다는 평가를 받게 된다. 즉 가치 있는 정보라도 읽혀질 때 그 역할이 인정될 수 있는 것이다. 정보사용자의 수준에 따른 정보 형태가 결정된다. 대통령 등 최고정책결정자에 대한 정보보고서는 '1면주의'원칙의 요구된다.

(2) 시간효용(time utility)

정보는 정보사용자가 정보를 필요로 하는 시점에 제공될 때 시간효용이 높다는 평가를 받는다. 시간효용은 적시성과 밀접히 관련되며 정책결정이 이루어지는 시점에 제공되어야 한다. 정보사용자의 명시적 요구가 엇더라도 정보생산자가 스스로 판단하여 정보사용자에게 가장 적절한 시기에 필요한 정보를 제공할 수 있어야 한다.

(3) 접근효용(approach utility)

정보는 정보사용자가 쉽게 접근할 수 있어야 한다. 그러나 정보의 비밀성(통제효용)을 유지해야 할 필요와 충돌할 수 있다. 따라서 통제효용을 저해하지 않는 범위 내에서 정보자료들의 접근성을 높이는 방향으로 효율적으로 관리하여야 한다.

(4) 소유효용(possession utility)

정보는 상대적으로 많이 소유할수록 집적의 효과를 발휘할 수 있다. 국가 간의 정보역량의 차이는 어떤 국가가 특정상황에 대해 얼마나 많은 정보를 가지고 있는지에 따라 결정된다고 할 수 있다. '정보는 국력이다'라는 표현은 정보의 소유효용을 잘 나타내고 있다.

(5) 통제효용(control utility)

정보는 정보를 필요로 하는 사람들에게 필요한 만큼 제공되도록 통제되어야 한다. 정보의 통제는 국익과 안보를 위해 필요한 경우 정책판단과 정책결정의 비밀성을 유지하기 위한 것이다. 차단의 법칙이라고도 한다.

◉ 정보의 분류

기준	종류
사용주체	내부정보　외부정보
입수형태	직접정보　간접정보
대상을 중심	적극정보　보안정보
사용수준	국가정보　부문정보
내용	국내정보　국외정보
성질	전략정보　전술정보　방첩정보
출처	근본-부차적출처　정기-우연출처　비밀-공개출처
기능(분석형태)	기본정보　현용정보　판단정보
경찰업무	보안·범죄·외사·일반·교통정보
요소	정치 · 경제 · 사회 · 군사 · 과학·산업정보

1. 사용수준에 따른 분류

전략정보 (국가정보)	① 국가정책과 안전보장에 막대한 영향을 주는 국가수준의 정보(국가의 기본적 종합정보) ② 평시에는 국가의 안전과 관련된 정책결정의 기초가 되며, 전시에는 군사작전계획의 기초로 사용된다.
전술정보 (부문정보)	① 전략정보의 기본적인 방침 하에서 이를 구체적으로 수행하기 위한 세부적이고 부분적인 정보 ② 전략정보와는 상대적으로 구별되지만 적극정보의 성격을 지닌다는 점에서는 공통적이다.

2. 출처에 따른 분류

<table>
<tr><td rowspan="2">첩보입수 단계</td><td>근본출처</td><td>① 정보가 획득되는 실질적인 원천(첩보를 원형 그대로 입수)
② 첩보가 존재하는 장소적 개념을 첩보원천이라고 하는데, 이러한 첩보의 원천을 이용한 정보활동도 가능</td></tr>
<tr><td>부차적 출처</td><td>근본출처에서 획득한 정보를 중간기관에 의하여 부분적으로 평가 · 요약 · 변형된 것을 제공받은 출처(제2차적 출처)</td></tr>
<tr><td rowspan="2">첩보의 주기성 여부</td><td>정기출처</td><td>정기적으로 정보를 획득할 수 있는 출처(정기간행물 · 방송 · 신문 · 정보원 등)</td></tr>
<tr><td>우연출처</td><td>우연히 정보가 제공되는 출처(다중이 모인 장소, 다방, 공원, 시장 등)</td></tr>
<tr><td rowspan="2">첩보 존재의 공개여부</td><td>비밀출처</td><td>① 외부로부터 강력히 보호를 받아야 하는 출처 (정보망 등 인간정보위 활용, 비밀공작, 첩보원, 도청, 감시 등)
② 조작되지 않은 고급의 가치를 가진 첩보를 얻을수 있으나, 법적 문제가 제기될 우려가 있으므로 특별하고 신중한 관리가 요구됨</td></tr>
<tr><td>공개출처</td><td>① 첩보가 공개되어 있어 합법적으로 이용이 가능한 출처로서, 실제 첩보수집에서 필요한 대다수의 첩보가 공개출처에서 얻어진다.(파레토의 법칙)'경제학자 파레토는 우리가 일상업무에서 필요로 하는 정보의 80%는 주변에 널려 있다'.
예 신문 · 잡지 · 방송 · 서적 · 기타 공개적인 사물 등
② 비밀출처보다 객관도 · 신뢰도는 높으나 중요도는 떨어지는 경향이 있으나, 활용에 있어 법적 문제가 발생되지 않으며 또한 실제 필요한 대부분의 정보가 공개출처에서 얻어지기 때문에 원칙적인 첩보수집의 출처가 된다.
③ 공개정보의 중요성과 관련하여 최근 강조되는 첩보획득의 지침 'Know Where'</td></tr>
</table>

3. 사용주체에 의한 분류

내부정보	독립기관 자체에서 발생 또는 생산되는 정보
외부정보	다른 개체 또는 기관에서 발생 · 생산되어 전달되는 정보

4. 입수형태에 따른 분류

직접정보	정보입수자가 직접적으로 얻은 정보
간접정보	중간매체를 통하여 얻은 정보

5. 사용목적에 따른 분류

적극정보	① 국가의 경찰기능에 필요한 정보 이외의 모든 정보 ② 국가이익을 증대하기 위한 정책의 입안, 계획 수립 및 정책수행에 있어서 필요한 정보(정치, 경제, 군사, 과학, 및 복리행정에 필요한 정보 등)
소극정보 (보안정보)	국가안전보장을 위태롭게 하는 간첩활도, 태업 및 전복에 대비할 국가적 취약점의 분석과 판단에 관한 정보로서 국가의 경찰기능을 위한 정보

6. 수집활동에 따른 분류

인간정보 (HUMINT; Human Intelligence)	① 인적 수단을 사용하여 수집한 정보, 정보관 활용이 대표적 ② 인간이 정보 수집의 대상이 되는 경우도 있다. 협조자 또는 망명자, 여행객 등이 해당
기술정보 (TECHINT; Technical Intelligence)	① 기술적 수단을 사용하여 수집한 정보 ② 첩보위성을 활용한 영상상보(IMINT; Imagery Intelligence) 또는 각종 신호(인간의 음성, 레이더 신호, 방사능 반응 등)를 대상으로 한 신호정보(SIGINT; Signal Intelligence)

7. 분석형태에 따른 분류

기본정보	① 모든 사상(事象)의 정적이고 기초적인 상태를 기술한 정보, 과거에 대한 기초자료 (관내 유흥주점허가 현황) ② 과거의 사례에 대한 기본적 · 서술적 또는 일반자료적 유형의 정보 ③ 인종, 가치관, 권력구조 등 비교적 변화가 적은 정태적이고 기초적인 사항 ④ 매일의 변화의 의미를 해석하거나 정래의 예측에 기초가 되는 정보
현용정보	① 모든 사상의 동태를 현재의 시점에서 객관적으로 기술한 정보(시사정보 · 현행정보 · 현상정보). ② 현용 정보는 TV · 라디오 등 방송매체에 의해 가장 신속하게 입수할 수 있다.(농민단체의 데모상황) ③ 의사결정자에게 그때 그때의 상황을 알리기 위한 정보 ④ 현 시점에서 활용가능한 현상보고적 정보
판단정보	① 특정문제를 체계적이며 실증적으로 연구하여 미래에 있을 어떤 상태를 추리 · 평가한 정보(농민단체의 최근 동향과 향후 운동예상 방향) ② 기본정보와 현용정보를 기초로 해서 추리 · 판단한 정보로서 사용자에게 적당한 사전지식을 주는 것을 사명으로 하며, 정보생산자의 능력을 가장 많이 필요로 하는 정보 (일명 '기획정보') ③ 특정문제를 체계적 · 실증적으로 연구, 미래를 추리평가한 정보 ④ 어떤 사실 또는 사상에 대한 장래를 예고하고 책임있는 사용자에게 적당한 사전지식을 주는 것이 주 목적

8. 경찰업무에 따른 분류

일반정보	국가안전 및 사회공공질서유지 등 포괄적인 정보활동에서 입수되는 정보
보안정보	북한의 이념에 동조하고 국익을 해하는 세력에 대한 활동상황이나 단체 · 개인에 대한 정보수집, 국내 간첩활동을 차단하기 위한 정보활동
외사정보	자국인 또는 내국인에 관계되는 정보를 제외한 모든 정보
범죄정보	범죄수사상 참고가 되는 모든 정보
교통정보	교통의 안전등에 관한 모든 정보

9. 요소에 따른 분류

정치정보	개인 또는 집단의 정치권력의 획득 · 유지 · 행사 등에 대한 정치적인 능력과 취약성 및 가능한 행동방책에 관한 지식
경제정보	개인 또는 조직체가 재화를 얻어 욕망을 충족시키는 활동에 대한 경제적인 능력과 취약성 및 가능한 행동방책에 관한 지식
사회정보	사회적 제 요소에서의 사회적 현상에 관한 개인 또는 조직체 등이 공동생활을 영위하는데 있어서의 능력과 취약성 및 가능한 행동방책에 관한 지식
군사정보	군사역량에 관계되는 제 요소로서 규모 · 편제 · 확장 · 력 · 실용성 · 전투 등에 관한 지식
과학정보	한 국가의 과학적 제 요소에 관한 정보로서 과학적 능력과 취약성 및 가능한 행동방책에 관한 지식
산업정보	수출산업시설, 첨단과학기술업체정보 등에 관한 지식

◉ 정보의 순환 - 상호간 연쇄과정

1. 정보순환의 4단계

특징	정보과정은 일방적·반복적인 순환과정으로서 연속성과 동시성을 가진다.
정보요구 단계	정보활동의 기초로서 첩보의 수집활동을 지시하는 것, 첩보수입계획서를 작성한다. **(첩보의 기본요소의 결정 ⇢ 첩보수집계획서의 작성 ⇢ 첩보수집 명령하달 ⇢ 사후검토)**
첩보수집 단계	첩보를 수집하여 이를 지시·요구한 사용자에게 제공하는 단계 **(첩보수집계획 ⇢ 첩보출처의 개척 ⇢ 첩보의 획득 ⇢ 첩보의 전달)**
정보생산 단계	수집된 첩보를 사용자의 요구에 맞도록 평가·분석·종합·해석의 과정을 거쳐 정보화하는 단체⇒학문적 성격이 가장 많이 지배 **(첩보의 선택 ⇢ 기록 ⇢ 평가 ⇢ 분석 ⇢ 종합 ⇢ 해석)**
정보배포 단계	생산된 정보를 수요기관에 유용한 형태로 배포하는 것

2. 요구방법(정보활동의 우선순위)

'견문수집 및 처리규칙'에 규정된 정보활동의 우선 순위는 PNIO → EEI → SRI → OIR

◐ 정보활동의 우선순위 ◑	
PNIO (Priority of National Intelligence Objective) 국가정보목표 우선 순위	① 국가안전보장이나 정책에 관련되는 국가정보, 정부의 연간 기본정책의 수립·시행에 필요한 정보로서, 모든 정보기관 활동의 기본방침이 된다. * 해당부서의 정보활동을 위한 일반지침인 EEI와 구분
EEI (Essential Eliments of Information) 첩보 기본 요소	① 정부 각 부처 정책 수행에 필요한 정보로서 계속적, 반복적, 장기적, 지속적, 긴급상황과 관계없이 전지역에 걸쳐 수집되어야 할 사항으로서, 일반적·통상적·장기적인 문제해결을 위한 첩보요구이다. ② 대부분의 통계표와 같이 공개적인 것이 많고 사회연구기관에서 주로 담당한다. ③ 국가지도자 또는 정책담당자가 임무를 효율적으로 수행하기 위하여 우선적으로 필요로 하는 가장 기본적인 사항이며, 첩보수집계획서의 핵심으로서 국가정보목표에 따라 결정되어 진다. 따라서 EEI와 PNIO는 직접적인 관련성을 가진다. ④ 해당 부서의 정보활동을 위한 일반적인 지침이다. ⑤ 사전에 반드시 첩보수집계획서가 필요하다.(서면요구가 원칙이고, 통상 첩보수집계획서는 EEI계획서을 의미한다.)
SRI (Special Requirements for Information) 특별(특정) 첩보 요구	① 임시적, 수시적, 한시적, 단편적이며, 돌발적 특수 지역적 특수상황에 대한 단기적 문제해결을 위한 특정첩보요구(새만금간척사업반대하는 환경단체현황) ② 수시로 단편적 사안에 대하여 명령하는 것이 원칙이고, SRI는 요구형식은 서면과 구두 모두 가능하고, 사전에 첩보수집계획서가 필요없다. ③ 첩보수집지침은 사안과 대상에따라 상이하며 비교적 구체성·전문성이 요구된다. ④ SRI의 수집에는 정보의 신뢰성도 중요하지만, 정보사용자가 적시에 사용 가능할 수 있도록 제공하는 것이 중요 ⑤ 통상적인 경찰업무에서 활용되는 정보요구는 주로 SRI에 의한다.
OIR (Other Intelligence Requirement) 기타 정보 요구	① 급변하는 정세변화에 따라 불가피하게 국가정책의 수정이 요구되는 경우에 필요한 정보를 요구하는 것 .PNIO에 포함되어 있지 않거나 포함되어 있다 할지라도 정책 우선 순위가 변경된 경우 등에 대응하기 위한 자료이다. ② OIR로 책정되는 정보는 PNIO에 우선하여 작성된다.

첩보의 기본요소(EEI)	특별첩보요구(SRI)
계속적 · 반복적 · 전국적 사항	임시적 · 돌발적 · 특수지역적인 특수사항
일반적 · 통상적 · 문제해결 → 첩보의 신뢰성이 중요	돌발적 · 단기적인 급박한 문제해결 → 첩보의 적시성이 중요
서면요구가 원칙	서면과 구두 모두 가능
사전에 반드시 첩보수집계획서가 필요	반드시 필요하지는 않음

3. 첩보수집의 원칙

유 용 성	수집된 첩보는 사용자의 임무 수행에 도움이 되어야 한다.
중 요 성	중요도가 높은 것부터 우선적으로 수집해야 한다.
수집가능성	첩보는 수집 가능해야 한다. 따라서 필요한 첩보를 얻기 위한 출처의 연구 및 개발이 요구된다.
출처의 신빙성	첩보에는 역정보 · 허위정보 · 착오 등의 가능성이 있으므로 신빙성 대한 평가가 반드시 필요하다.

Notice

*** 계획성 있는 정보수집을 위해 우선순위를 결정할 때 고려해야 할 기준**

① 고이용정보 우선의 원칙 - 이용가치가 높은(중요도) 정보부터 수집
② 참신성의 원칙 - 이제까지 알려지지 않은 정보부터 수집
③ 긴급성의 원칙 - 긴급한 정보부터 수집
④ 수집가능성의 원칙 -수집가능성이 있는 정보부터 수집
⑤ 경제성의 원칙 - 경제성 있는 정보부터 수집
⑥ 접근성 - 정보사용자의 관심과 욕구에 부응할 수 있는 사항부터 수집

Notice

＊ 손자(孫子)의 간첩을 쓰는 방법에 따른 분류

① 향간(鄕間) : 적국의 시민을 사용하여 정보활동을 하는 것
② 내간(內間) : 적의 관리를 매수하여 정보활동을 시키는 것
③ 반간(反間) : 적의 간첩을 역으로 이용하여 아군을 위해 활동하는 것
④ 사간(死間) : 배반할 우려가 있는 아군의 간첩에게 고의로 조작된 사실을 주어 적에게 전언 또는 누설하게 하는 것
⑤ 생간(生間) : 적국내에 잠입하여 정보활동을 하고 돌아와 보고하는 간첩

4. 정보생산의 과정

① 선택

수집된 첩보 중에서 불필요한 첩보를 골라내고 긴급성, 유용성, 신뢰성, 적합성 등을 기준으로 필요한 것을 걸러내는 단계로서 제1차적인 평가과정이라 할 수 있다.

② 기록

당장 사용하지 않는 첩보이거나 사용한 첩보는 기록하여 관리한다.

③ 첩보의 평가

평가란 첩보의 내용을 파악하여 첩보의 적합성, 출처의 신뢰성, 내용의 정확성 등을 검토하여, 가치 적격을 판단하는 것을 말한다.

㉠ 적절성 : 현재나 장래에 있어 그 첩보가 어느 정도로 유용한 것인가를 검토하는 일
㉡ 신뢰성 : 첩보의 능력 및 지식, 훈련과 경험, 성실성, 수집환경, 과거업적, 문서에 위한 증거 등을 검토
㉢ 가망성 : 내용에 대한 견실성, 보고서의 상세성, 일반지식이나 경험에 의한 타당성, 타출처의 첩보 및 정보와 대조한 일치성 등을 검토

④ 첩보의 분석

평가된 첩보를 구성요소별로 세분화하고 세분화된 요소들의 인과관계, 패턴이나 경향, 상관관계 등을 논리적으로 검토하여 행정의 예측과 조정에 도움이 되게 하는 것을 말한다.

⑤ 첩보의 종합

부여된 주제에 대한 정보를 생산하기 위하여 같은 유형으로 분류된 사실을 하나의 통일체로 결합하는 과정으로, 분석에서 확인된 단편적인 자료와 여러 가지 사실을 맞추어 하나의 통일체를 만드는 작업을 말한다. 분석과 종합은 흔히 동시에 이루어진다.

⑥ 첩보의 해석

평가 · 분석 · 종합된 정보에 대하여 그 의미와 중요성을 결정하고 결론을 도출할 수 있게 하는 과정으로, 주관이 개입될 가능성이 많으므로 주의해야 한다.

⑦ 결론의 도출

해석에서 나타난 여러 가정을 확정하고 최초에 부여된 문제에 대한 해답을 주는 가장 중요한 과정이다.

Notice

정보생산의 소순환과정은 항상 순차적으로 이루어지는 것이 아니라, 거의 동시 작용으로 이루어진다.

Notice

* 첩보의 평가·분석단계 : 수집된 첩보를 정보생산의 자료로서의 가치와 적격여부를 판단하는 과정

◐ 첩보분류의 원칙 ◑	
통합의 원칙	다른 것과의 관계를 생각하여 분류
점진의 원칙	순차적으로 분류하여야 한다는 원칙으로 간단하고 일반적인 것으로부터 복잡하고 특수한 것으로 분류
일관성의 원칙	동일한 분류기준에 따라 끝까지 동일하게 분류
상호배제의 원칙	분류의 세부항목을 확실하게 하여 중복 없이 분류
병치의 원칙	유사한 것이나 관계되는 자료는 가깝게 위치할 수 있도록 분류

5. 정보배포의 원칙

㉠ 필요성의 원칙 - 정보는 반드시 알아야 할 필요가 있는 대상에게만 알려야 한다. (배포대상의 결정기준)

배포기관은 누가 어떤 정보를 언제, 어떻게 사용할 것인가를 파악하고 있어야 한다.

㉡ 적당성의 원칙 - 정보는 사용자의 능력과 상황에 맞추어서 적당한 양을 조절하여 필요한 만큼만 적절한 전파수단을 통해 전달되어야 한다.(배포량의 결정기준)

㉢ 적시성의 원칙 - 정보는 정보사용자의 정보소요시기에 배포되어야 한다.(배포시기의 결정기준)

㉣ 보안성의 원칙 - 정보배포 시에는 누설을 막기 위해 보안대책이 마련 되어야 한다.

㉤ 계속성의 원칙 - 배포된 정보와 관련성을 가진 새로운 정보를 조직적이고 계속적으로 배포해야 한다.

㉥ 기타 - 완전성, 간결성, 경제성의 원칙 등

◉ 정보보고서 종류 - 이유에 초점

견문보고서(오관), 특별보고서(중대 위해), 정보판단서(상황조치)

견문보고서	경찰관이 **오관**의 작용을 통해 지득한 치안상 필요한 사항을 수집하여 보고하는 형태
특별보고서	국내 치안상 **중대한 위해**를 미치거나 사회에 **물의**를 야기시킬 사항, 중요시책 자료에 공할 사항에 대한 보고서
정보판단서	타 견문과 자료를 종합·분석하여 작성한 보고서로서 지휘관으로 하여금 **경력동원 등 상황에 대한 조치**를 요하는 보고서 (판단자료서)

1. 내용에 따른 정보의 종류

① 상황정보

일명 속보하고도 하며, 전체상황을 종합적으로 평가한 것이 아니라 어떤 사상의 현상태에 관한 일시적인 것이며, 그때 그때의 현실에 관한 정보를 보고하는 것으로서 현용정보의 일종이다.

② 민심정보

주요정책이나 현안사항에 관한 국민여론을 지역별·계층별 등으로 다양하게 파악하여 정책조정이나 후속조치 등에 반영할 수 있도록 하는 정보

③ 시책정보(정책정보)

주요 정부시책의 효과 및 타당성 등을 판단하고 시행과정에서 발생하는 문제점을 파악하여 개선방안을 제시하는 정보

Notice

*** 정책정보 작성요령**

현황의 면밀한 분석 → 문제점의 작성 → 대안의 제시

④ **통치정보**

정책결정권자들이 종합적인 국가정책을 수립·판단하는 데 필요한 지식을 제공하는 정보. 시책정보와 함께 판단정보라고 한다.

⑤ **치안정보**

치안정책의 수립·집행, 치안행정 전반에 걸친 문제점 및 제도개선에 관한 정보

2. 정보보고서의 유형별 작성요령

① **견문보고서**

㉠ 첩보원천이 신뢰성이 있고 시간상 급박한 예고첩보일 경우는 즉시 청취한 내용 그대로 작성한다.
㉡ 한 분야에만 국한된 미시적인 내용일 경우는 상급자에게 첩보내용을 보고하여 담당부서나 유관부서에 관련동향을 추가수집할 수 있도록 한다.
㉢ 수집한 동향을 취합 · 분석, 현황 및 문제점, 대책 등의 내용으로 보고한다.

② **여론 · 반응 · 제언보고서**

㉠ 여론의 경우 각계를 대표할 수 있는 관련인물을 선정하고, 발표된 정부시책과 관련되는 분야의 인물인 경우 필히 상반되는 입장에 있는 인물을 망라한다.
㉡ 반응은 생생하게 있는 그대로 기술한다.
㉢ 제언은 핵심이 누락되지 않도록 작성한다.
㉣ 미사여구나 주관적 판단을 첨가해서는 안 된다.
㉤ 보고서의 양에 구애 받을 필요가 없다.

③ **특별보고서**

㉠ 현재 시행 중이거나 시행예정인 중요정책의 문제점을 파악한다.
㉡ 현황 또는 사례, 통계, 실태 및 문제점, 예상상황, 대안 및 대책의 순으로 보고서를 작성한다.

④ **친피보고서**

㉠ 공직비리, 고위급 사칭사범 관련자료를 수집 · 보고한다.
㉡ 수집된 객관적 사실에 입각해서 구체적인 비위 · 비리 · 법위반사항, 구증자료, 확보방법을 제시한다.
㉢ 첩보수집자 본인 자필로 작성하되 대필 · 타자 · 워드작성시는 자필로 서명한다.

⑤ **상황보고서**

㉠ 현장상황에 대한 가장 신속하고 정확한 보고가 생명이다. 형식면에서 보고서의 요건을 갖추지 못하여 불완전하더라도 관계없다.

㉡ 집회·시위현장이나 집단민원 발생시 현장에서 전화나 무전으로 보고한 것을 서면으로 작성하여 보고한다.

㉢ 1보는 간단하게 사안의 핵심만을 보고하고, 추후상황이 변할 때 마다 2보·3보 형태로 작성하여 추가 보고한다.

3. 정보보고서의 판단을 나타내는 용어

구분	사용 예
판단됨	어떤 징후가 나타나거나 상황이 전개될 것이 확실시되는 근거가 있는 경우
예상됨	첩보 등을 분석한 결과 단기적으로 어떤상황이 전개될 것이 비교적 확실한 경우
전망됨	과거의 움직임이나 현재동향, 미래의 계획 등으로 미루어 장기적으로 활동의 윤곽이 어떠하리라는 예측을 할 경우
추정됨	구체적인 근거는 없으나 현재 나타난 동향의 원인, 배경 등을 다소 막연히 추측할 때
우려됨	구체적인 징후는 없으나 전혀 그 가능성을 배제하기 곤란하여 최소한의 대비가 필요한 때

4. 정보와 정책이 어느 정도 밀접한 관계를 유지하는 것이 바람직한 것일까에 대한 제견해

1. 전통주의(정보와 정책에 대한 일정수준의 분리의 필요성을 강조한 입장)
   - 대표적 학자인 Mark M. Lowenthal의 견해를 살펴보면,
   - 정보는 정책에 의존하여 존재하지만, 정책은 정보의 지지 없이도 존재할 수 있는 것이다.
   - 정보생산자는 정보의 제공과 정보의 조작을 구분해야 한다.
   - 고위정책결정자들은 고위정보관에게 자문을 구할 수 있어야 한다.
   - 정보가 정책결정에 조언을 주는 방향으로만 분리적으로 기능해야 한다.
   - CIA창설시 전통주의자들의 시각이 팽배하여 1947-1955년까지 전통주의적 시각을 추구했다
   - 전통주의를 따를 경우 현용정보에 치중하게 된다. 왜냐 하면 정책에서 요구하는 정보만 제공하기 때문이다.

2. 행동주의(정보와 정책이 공생관계에 있기 때문에 상호간에 밀접히 연결되어야 한다.)
   - 대표적 학자인 Roger Hilsman의 견해를 살펴보면,
   - 정보생산자는 정책과정에 대해 연구하고 이해해야 한다.
   - 정보생산자는 정보사용자에게 의미가 있는 사안들에 정보역량을 동원해야 한다.
   - 정보와 정책 간에 환류체제가 필요하다.
   - CIA는 1982년 행동주의를 채택하였다.

5. 정보생산자와 정보사용자의 관계

◐ 정보생산자와 정보사용자의 관계 ◑	
정보사용자로부터의 장애요인	정보생산자로부터의 장애요인
• **정책결정자의 시간적 제약성:** 정보결정자들은 각종 정책보고에서부터 관련 설명자료, 언론보도 내용 등 수많은 문서와 구두보고에 시달리고 있어, 항상 시간적 제약성을 갖는다.	• **다른 정보와의 경쟁:** 신문·방송 및 인터넷 등을 통해 수많은 정보들이 거의 실시간으로 전파되고 있으며, 기업 정보부서, 증권가 등의 사설정보지등과도 경쟁이다.
• **정책결정자의 선호정보:** 정책결정자는 선호정책을 뒷받침할 수 있는 정보를 원한다.	• **편향적 분석의 문제:** 정보분석관의 객관적 분석의 결여와 더불어, 정보기관의 집단적 편견도 정보실패의 주요원인이다.
• **정책결정자의 자존심:** 정책결정자가 가지게 되는 자기분야에서의 최고라는 자신감이 자신의 견해를 반대하는 정보들을 비현실적이고 잘 알지 못한 데 따른 것이라며 무시한다.	• **적시성의 문제:** 정책결정자의 수요에 맞추어 제시간에 정보보고서를 제출할 수 있어야지, 완벽한 보고서를 만든다고 시간변수를 간과한다면 좋은 정보보고서를 만들 수 없다.
• **정보에 대한 과도한 기대:** 정책결정자들은 정보가 문제에 대한 비밀스런 대답과 지침을 주기를 기대한다. 그러나 그 기대가 충족되지 못할 경우에는 정보불신으로 이어지게 된다	• **적합성의 문제:** 정책결정자의 소요요청에 부합되지 않는다면 정책수립에 도움이 되지 않을 것이다.
• **판단정보의 소외:** 정책결정자들은 현용정보를 가장 높이 평가하며, 판단정보는 그보다 낮게 평가 한다.	• **판단의 불명확성:** 정보속성상 정보는 애매하고 불명확한 사안을 다루고 있어 여러 가능성을 언급하는 경우가 많다.

◉ 신원조사

(1) 의의

1) 신원조사란「보안업무규정」 등에 의거하여, 보안의 대상이 되는 인원 즉, 국가안전 또는 이에 관련되는 업무를 하는 자 및 그 예정자에 대하여 실시하는 대인정보자료 수집활동으로서, 대상인원의 국가에 대한 충성심·성실성 및 신뢰성을 조사하여 공공의 안녕을 확보하려는데 그 목적이 있다. 신원조사기관은 국가정보원장이지만 경찰청장과 국방부장관은 국가정보원장으로부터 위임을 받아 조사할 수 있다.
2) 간접조사 원칙

(2) 신원조사의 대상

1. 공무원임용예정자
2. 비밀취급인가예정자
3. 해외여행을 하고자 하는 자(입국하는 교포를 포함한다)
4. 국가중요시설 · 장비 및 자재 등의 관리자와 기타 각급 기관의 장이 국가보안상 필요하다고 인정하는 자
5. 공공단체의 직원과 임원의 임명에 있어서 정부의 승인이나 동의를 요하는 법인의 임원 및 직원
6. 기타 법령이 정하는 자

Notice

* **긴급신원조사 :** 경호행사시 요인의 안전을 확보하기 위하여 행사 참가 대상자의 신원을 파악하여 24시간이내에 대통령경호처에 결과를 보고하는 것(보안기능에서 담당)

Notice

* **신원조회 :** 각종 인 · 허가의 경우에 호적부를 관리하는 시 · 구읍 · 면장이 개인의 수형사실 및 금치산 · 한정치산 등을 조회하여 통보해 주는 제도

◉ 채증활동 - 정보1계

(1) 의의

채증활동이란 각종의 집회나 시위 및 치안 위해사태의 발생 시에 위법상황을 촬영·녹화 또는 녹음 등의 방법으로 채증을 함으로써 사후에 정확한 진상파악과 위법자의 사법처리를 위한 증거자료를 확보하기 위한 활동이다. 채증활동은 지방경찰청과 경찰서 등에서 편성된 채증반을 통하여 한다. 채증활동은 궁극적으로는 수사 또는 보안 활동을 위한 것이므로 이들과 합동으로 이루어진다.

(2) 목적

사법처리, 치안자료수집, 집회상황

(3) 채증시 유의사항

1) 전체적인 배경보다 구성요건에 중점을 두고 촬영함
2) 시위장비 및 용품은 특정할 수 있도록 촬영함
3) 주동자 등 인물채증은 얼굴이, 사용된 차량은 범호가 식별될 수 있도록 채증함
4) 주요부분은 반복 촬영하고, 전경을 촬영할 수 없을 때는 파로라마식으로 촬영함
5) 채증자료는 신속히 판독해야 함

(4) 채증영상판독시스템

1) 채증영상판독시스템이란 불법·폭력 시위현장에서 채증한 각종 사진자료를 경찰 온라인망을 활용, 입력과 동시에 전국으로 전파, 신속한 사진판독이 가능하도록 함으로써 검거 대상자들의 도피나 잠복 등을 미연에 방지하여 검거의 효율성을 향상할 수 있도록 한 시스템을 말한다.

2) 채증영상판독시스템의 목적

① 불법, 폭력시위자 등 범법행위자의 조기 검거
② 관련 자료를 축적, 데이터베이스화로 상시 활용체제 구축
③ 정보화시대에 부응하는 경찰역량의 강화
④ 업무의 생산성 향상 등

Notice

* 사진을 이미지화 할 경우 저장용량을 절약하기 위하여 원본사진보다 화질이 떨어진다.

Notice

* 채증영상 판독 시스템의 상황개요 입력 내용은 행사명, 일시, 장소, 참가인원, 성격, 주관단체, 관련단체, 입력자 등이다.

◉ 집회 및 시위에 관한 업무(집회 및 시위에 관한 법률)

1. 개관

1) 모든 국민은 집회의 자유를 가지는 바(헌법 가21조), 집회 및 시위에 관한 법률은 적법한 집회 및 시위를 최대한 보장하고 위법한 시위로부터 국민을 함으로써 집회 및 시위의 권리보장과 공공의 안녕·질서를 적절히 조화되게 함을 목적으로(집시법 제1조) 하고 있다.

2) 집회 및 시위와 관련하여 경찰서 또는 지방경찰청 정보과에서는 신고의 수리, 보완통고, 제한조치, 금지통고 등의 업무를 처리한다.

㉠ 옥외집회·시위의 경우 관할 경찰서장(2개 경찰서 이상의 관할에 속하는 경우에는 지방경찰청장, 2개이상의 지방청관할인 경우는 주최지를 관할하는 지방청장에게)에게 720시간 전부터 48시간 전에 신고토록 하고 있다(동법 제6조).

㉡ 접수증을 교부한 때로부터 12시간 이내에 주최자에게 24시간을 기한으로 그 기재사항을 보완할 것을 통고할 수 있다.

㉢ 집회 또는 시위의 주최자는 금지통고를 받은 날로부터 10일 이내에 당해 경찰관서의 직근 상급경찰관서의 장에게 이의를 신청할 수 있다.

㉣ 집회금지통고에 대한 이의신청을 받은 경찰관서장은 접수 시부터 24시간 이내에 재결하여야 한다.

2. 개념정의

1. "옥외집회"라 함은 천장이 없거나 사방이 폐쇄되지 않은 장소에서의 집회를 말한다. 대학구내·회사시설구내·종교시설 구내에서의 집회도 옥외집회에 해당하나, 시설당국의 자치권을 인정하여 학교 및 회사·종교시설주에게 일임하고 있음. 하지만 시설이용권이 업슨 외부인이 위 시설에서 집회를 개최하는 경우에는 집회신고를 해야 함.

2. "**시위**"라 함은 다수인이 공동목적을 가지고 도로·광장·공원 등 공중이 **자유로이 통행**할 수 있는 장소를 진행하거나 위력 또는 기세를 보여 불특정 다수인의 의견에 영향을 주거나 제압을 가하는 행위를 말한다.
   '헌재'는 시위의 장소에 관하여 행진의 경우에는 도로·광장·공원 등 공중이 자유로이 통행할 수 있는 장소로 한정하고 위력 또는 기세를 보이는 행태의 시위는 **장소적 제한이 없다**고 판시 하였다.
   따라서 공중이 자유로이 통행할 수 없는 장소인 대학구내에서의 시위도 그것이 위력 또는 기세를 보여 불특정 다수인의 의견에 영향을 주거나 제압을 가하는 행위에 해당한다면 집회및시위에 관법률상의 시위로서 집회및시위에관한법률의 규제대상이 된다. (헌재 94.4.28. 91헌바14)

3. "주최자"라 함은 자기 명의로 자기 책임 아래 집회 또는 시위를 개최하는 사람 또는 단체를 말한다. 주최자는 주관자를 따로 두어 집회 또는 시위의 실행을 맡아 관리하도록 위임할 수 있다. 이 경우 주관자는 그 위임의 범위 안에서 주최자로 본다.

4. "질서유지인"이라 함은 주최자가 자신을 보좌하여 집회 또는 시위의 질서를 유지하게 할 목적으로 임명한 18세 이상의 자를 말한다.

5. "질서유지선"이라 함은 적법한 집회 및 시위를 보호하고 질서유지 또는 교통소통을 위하여 집회 또는 시위 장소나 행진구간에 일정한 구획을 정하여 관할경찰서장 또는 지방경찰청장이 설정한 띠·방책·차선 등의 경계표지를 말한다(실무상으로는 경찰보호선, 경찰통제선, Police Line 등으로 불린다).

3. 집회 및 시위의 방해 금지(제3조)

① 누구든지 폭행·협박 기타의 방법으로 평화적인 집회 또는 시위를 방해하거나 질서를 문란하게 하여서는 아니 된다.

② 누구든지 폭행·협박 기타의 방법으로 집회 또는 시위의 주최자 및 질서유지인의 이 법의 규정에 의한 임무의 수행을 방해하여서는 아니 된다.

③ 집회 또는 시위의 주최자는 평화적인 집회 또는 시위가 방해될 염려가 있다고 인정될 때에는 관할경찰관서에 그 사실을 통고하여 보호를 요청할 수 있다. 이 경우 관할경찰관서의 장은 정당한 이유 없이 보호요청을 거절하여서는 아니 된다.

4. 집회 및 시위의 절대적 금지(제5조)

1. 헌법재판소의 결정에 의하여 해산된 정당의 목적을 달성하기 위한 집회 또는 시위 2. 집단적인 폭행·협박·손괴·방화 등으로 공공의 안녕 질서에 직접적인 위협을 가할 것이 명백한 집회 또는 시위

5. 옥외집회 및 시위의 등(제6조·제7조)

① 옥외집회 또는 시위를 주최하고자 하는 자는 신고서를 옥외집회 또는 시위의 720시간전부터 48시간 전에 관할경찰서장에게 제출하여야 한다. 다만, 2이상의 경찰서의 관할에 속하는 경우에는 관할지방경찰청장에게 제출하여야 하고, 2이상의 지방경찰청의 관할에 속하는 경우에는 주최지를 관할하는 지방경찰청장에게 제출하여야 한다.

② 신고서를 접수한 때에는 관할 경찰서장 또는 지방경찰청장("관할경찰관서장")은 접수일시를 기재한 접수증을 즉시 신고자에게 교부하여야 한다.

③ 신고서의 기재사항에 미비한 점이 있는 경우에는 관할경찰관서장은 주최자에게 24시간을 기한으로 그 기재사항을 보완할 것을 접수증을 교부한 때로부터 12시간이내에 통고할 수 있다. 신고자가 보완통고서 수령시로부터 24시간 이내에 신고서의 미비점에 대한 보완통고를 이행하지 않을 경우, 경찰서장은 접수한 때로부터 48시간 내에 집회의 금지를 통고할 수 있다.

6. 집회 및 시위의 금지 또는 제한통고(제8조)

① 신고서를 접수한 관할경찰관서장은 신고된 옥외집회 또는 시위가 제5조제1항, 제10조 본문 또는 제11조의 규정에 위반된다고 인정될 때, 제7조제1항의 규정에 의한 기재 사항을 보완하지 아니한 때 또는 제12조제1항의 규정에 의하여 금지할 집회 또는 시위라고 인정될 때 그 신고서를 접수한 때부터 **48시간이내**에 집회 또는 시위의 **금지**를 주최자에게 **통고**할 수 있다.

② 집회 또는 시위의 시간과 장소가 **경합되는 2이상의 신고**가 있고 그 목적으로 보아 서로 상반되거나 방해가 된다고 인정될 경우에는 **뒤에 접수된 집회 또는 시위**에 대하여 제1항의 규정에 준하여 그 집회 또는 시위의 금지를 통고할 수 있다.

- 먼저 신고된 집회·시위의 주최자가 신고한 옥외집회 또는 시위를 하지 아니할 경우에는 신고서에 기재된 집회일시 전에 관할 경찰관서장에게 그 사실을 통지하여야 한다.
- 먼저 신고된 집회의 미개최 통지를 받은 관할경찰관서장은 목적충돌로 금지통고를 받은 뒤에 신고된 집회·시위의 주최자에게 그 사실을 즉시 통지하여야 한다.
- 통지를 받은 주최자는 그 금지통고된 집회 또는 시위를 최초에 신고한 대로 개최할 수 있다.
- 다만, 시기를 놓친 경우에는 집회 또는 시위의 24시간 전에 관할경찰관서장에게 신고서를 제출하고 집회 또는 시위를 개최할 수 있다.

③ 집회금지요구권 - 아래의 경우 그 거주자 또는 관리자가 시설이나 장소의 보호를 요청한 때에는 집회 또는 시위의 금지 또는 제한을 통고할 수 있다.

- 신고서에 기재된 장소가 타인의 주거지역이나 이와 유사한 장소인 경우 그 거주자 또는 관리자가 재산·시설이나 사생활의 평온에 심각한 피해가 발생할 수 있음을 이유
- 신고장소가 초·중등교육법의 규정에 의한 학교의 주변지역으로서 집회 또는 시위로 인하여 학습권을 현저히 침해할 우려가 있는 경우
- 신고장소가 군사시설보호법의 규정에 의한 군사시설의 주변지역으로서 집회 또는 시위로 인하여 시설이나 군작전의 수행에 심각한 피해가 발생할 우려가 있는 경우

④ 집회 또는 시위의 금지·제한통고는 그 이유를 명시하여 서면으로 하되 주최자 또는 연락책임자에게 송달하여야 한다.

7. 집회 및 시위의 금지통고에 대한 이의신청 등(제9조)

① 집회 또는 시위의 주최자는 제8조의 규정에 의한 금지통고를 받은 날부터 10일 이내에 당해 경찰관서의 직근 상급경찰관서의 장에게 이의를 신청할 수 있다. 따라서 경찰서장의 금지통고에 대해서는 지방경찰청장, 지방경찰청장의 금지통고에는 경찰청장에게 이의신청을 할 수 있다. 이의신청 않고 바로 행정소송을 제기할 수 있다.

② 이의신청을 받은 경찰관서의 장은 접수일시를 기재한 접수증을 즉시 이의신청인에게 교부하고 접수 시부터 24시간이내에 재결을 하여야 한다. 접수 시부터 **24시간이내에 재결**서를 발송하지 아니한 때에는 관할경찰관서장의 금지통고는 소급하여 그 효력을 잃는다.

③ 금지통고가 위법 또는 부당한 것으로 재결되거나 그 효력을 잃게 된 경우에는 이의신청인은 최초에 신고한 대로 집회 또는 시위를 개최할 수 있다. 다만, 금지통고 등으로 인하여 시기를 놓친 경우에는 일시를 새로이 정하여 집회 또는 시위의 24시간 전에 관할경찰관서장에게 신고함으로써 집회 또는 시위를 개최할 수 있다.

8. 옥외 집회 및 시위의 금지시간 및 장소(제10조·제11조)

① 누구든지 일출시간 전, 일몰시간 후에는 옥외집회 또는 시위를 하여서는 아니된다. 다만, 집회의 성격상 부득이하여 주최자가 질서유지인을 두고 미리 신고하는 경우에는 관할경찰관서장은 질서유지를 위한 조건을 붙여 일출시간 전, 일몰시간 후에도 옥외집회를 허용할 수 있다.

② 누구든지 아래의 청사 또는 저택의 경계지점으로부터 100m 이내의 장소에서는 옥외집회 또는 시위를 하여서는 안 된다.(절대적 금지)

㉠ 국회의사당, 각급 법원, 헌법재판소,

㉡ 대통령관저, 국회의장공관, 대법원장공관, 헌법재판소장공관

㉢ 국무총리공관(다만, 행진의 경우는 예외로 한다)

㉣ 국내주재 외국의 외교기관이나 외교사절의 숙소

다만, 다음에 해당하는 경우로서 외교기관이나 외사절의 숙소의 기능이나 안녕을 침해할 우려가 없다고 인정되는 때에는 그러하지 아니하다.

- **당해 외교기관이나 외교사절의 숙소를 대상으로 하지 아니하는 경우**
- **대규모 집회 또는 시위로 확산될 우려가 없는 경우**

- 외교기관의 업무가 없는 휴일에 개최되는 경우

③ 집회·시위의 절대적 금지사유

㉠ 헌법재판소의 결정에 의하여 해산된 정당의 목적을 달성하기 위한 집회 또는 시위

㉡ 집단적인 폭행·협박·손괴·방화로 공공의 안녕질서에 위협을 가할 것이 명백한 집회·시위

9. 교통소통을 위한 제한(제12조)

① 관할경찰관서장은 대통령령이 정하는 주요도시의 주요도로에서의 집회 또는 시위에 대하여 교통소통을 위하여 필요하다고 인정할 때에는 이를 금지하거나 교통질서유지를 위한 조건을 붙여 제한할 수 있다.

② 집회 또는 시위의 주최자가 질서유지인을 두고 도로를 행진하는 경우에는 위의 금지를 할 수 없다.

10. 질서유지선의 설정(제12조의2)

① 집회신고를 받은 관할경찰관서장은 집회·시위의 보호와 공공의 질서유지를 위하여 필요하다고 인정할 때에는 최소한의 범위를 정하여 질서유지선을 설정할 수 있다.

② 경찰관서장이 질서유지선을 설정할 때에는 주최자 또는 연락책임자에게 이를 미리 서면으로 고지하여야 한다.

③ 다만, 질서유지선을 새로이 설정하거나 변경하는 경우에는 집회 또는 시위의 장소에 있는 경찰관이 이를 구두로 고지할 수 있다.

11. 적용의 배제(제13조)

학문 · 예술 · 체육 · 종교 · 의식 · 친목 · 오락 · 관혼상제 및 국경행사에 관한 집회에는 제6조 내지 제12조의 규정을 적용하지 아니한다. 행진은 신고한다.

12. 경찰관의 출입(제17조)

① 경찰관은 집회 또는 시위의 주최자에게 통보하고 그 집회 또는 시위의 장소에 정복을 착용하고 출입할 수 있다. 다만, 옥내집회장소에의 출입은 직무집행에 있어서 긴급성이 있는 경우에 한한다.

② 집회나 시위의 주최자·질서유지인 또는 장소관리자는 질서를 유지하기 위한 경찰관의 직무집행에 협조하여야 한다.

13. 집회 또는 시위의 해산(제18조)

① 관할경찰관서장은 다음에 해당하는 집회 또는 시위에 대하여는 상당한 시간이내에 자진 해산할 것을 요청하고 이에 응하지 아니할 때에는 해산을 명할 수 있다.

② 집회 또는 시위가 해산명령을 받았을 때에는 모든 참가자는 지체 없이 퇴거하여야 한다.

※ 집회 및 시위에 관한 법률상 각종 시간제한

옥외집회 및 시위의 신고기간	집회 및 시위 개최 720시간전부터48시간 전
신고서의 **보완**기간	접수증을 교부한 때로부터 12시간이내에 주최자에게 24**시간**을 기한으로 보완 통고
집회 및 시위의 **금지**통고시간	신고서 접수 시부터 **48시간**이내
금지통고에 대한 이의신청기간	금지통고를 받은 때로부터 10일 이내
이의신청에 대한 **재결**시간	접수 시부터 **24시간**이내 재결서 발송

2이상의 경찰서의 관할에 속하는 경우에는 관할지방경찰청장에게 제출 2이상의 지방경찰청의 관할에 속하는 경우에는 주최지를 관할하는 지방경찰청장에게 제출

접수증 교부	신고서 보완통고 (12시간 이내에 24시간을 기한으로)	금지통고(48시간이내)

이의신청	(1) 10일 이내에 금지통고를 한 경찰관서의 직근상급경찰관서의 장에게 신청한다. (2) 재결청은 24시간 이내에 재결을 하여야 한다.
행정소송	이의신청을 거치지 않고 행정소송의 제기가 가능 행정소송의 피고는 금지통고를 한 경찰관서장(처분청)

14. 확성기 등 사용의 제한 (제12조의3)

① 집회 또는 시위의 주최자는 확성기·북·징·꽹과리 등 기계·기구(이하 이 조에서 "확성기 등"이라 한다)의 사용으로 타인에게 심각한 피해를 주는 소음으로서 대통령령이 정하는 기준을 위반하는 소음을 발생시켜서는 아니 된다.

② 관할경찰관서장은 집회 또는 시위의 주최자가 제1항의 규정에 의한 기준을 초과하는 소음을 발생시켜 타인에게 피해를 주는 경우에는 그 기준 이하의 소음유지 또는 확성기 등의 사용중지를 명하거나 확성기 등의 일시보관 등 필요한 조치를 할 수 있다

확성기 등의 소음기준(제8조의3관련)

(단위 : Leq dB(A)

대상지역/ 시간대	주간(일출전-일몰후)	야간(일몰후-일출전)
주거지역,학교	65 이하	60이하
기타지역	80 이하	70이하

◉ 정책정보

<table>
<tr><td>의의</td><td colspan="2">(1) 정부정책의 결정과 집행과정에서 토대가 되는 정보(근거⇒경찰청 직제§14)
예) 기업의 구조조정에 따른 노동자와 주민의 동향 및 생계를 위한 대안 등
(2) 치안정보(일반정보)와 밀접관련성을 가지며 경찰의 정책정보는 정부정책과 관련한 비용과 부작용을 최소화 할 수 있다는 데서 그 중요성이 있다.</td></tr>
<tr><td rowspan="3">작성요령</td><td>현황의 면밀한 분석</td><td>주민요구사항. 정책의 실태, 예산 등. 갈등의 규모와 구조</td></tr>
<tr><td>문제점의 작성</td><td>구체적으로 실제 현자에서 발생하고 있는 문제 중심</td></tr>
<tr><td>대책의 제시</td><td>정보에 가치를 부여하는 작업, 구체성 · 실현가능성에 유의</td></tr>
<tr><td>방향</td><td colspan="2">단순한 정보수집에서 벗어나, 중요시책 발굴 및 집행의 오류와 부작용을 최소화해야 한다.</td></tr>
</table>

◉ 정보경찰의 사회갈등 해결에 대한 역할모델 정립

(1) 정보경찰의 사회갈등 해결방법

사회갈등 해결방법에는 협상, 조정, 중재, 사실확인, 조정촉진이 있다. 중립적인 제3자가 개입하는 조정과 중재, 과학자가 수행하는 사실확인은 경찰로서는 불가능한 것으로 본다. 그러나 조정촉진은 중립적이지 않은 제3자도 가능하므로 경찰에게 가장 맞는 방법이라고 할 수 있다.

① 협상(negotiation) - 당사자 간에 대화와 타협으로 갈등을 해소하는 것이다.

② 조정(mediation)- 중립적인 제3자가 개입하여 당사자 간 의사소통을 원활히 하고 갈등해결 아이디어를 제공하는 것인데, 이는 당사자에 대한 구속력이 약하다.

③ 중재(arbitration)- 중립적인 제3자가 개입하여 당사자 간의 의사소통을 원활히 하고 중재안을 제시하는 것이고, 이는 당사자에 대한 구속력이 강하다.

④ 사실확인(fact-finding)- 갈등의 요인들을 파악하고 평가하여 보고하는 임무를 수행하며 대체로 과학자들이 관여 한다.

(2) 조정촉진(facilitation)

① 갈등당사자들의 의사소통이 원활히 일어나고 정보가 제대로 전달될 수 있도록 촉진하는 것을 조정촉진(facilitation) 이라고 한다.

② 조정촉진자는 반드시 중립적이고 제3자일 필요는 없으며, 당사자 들 중의 어느 한편과 가까운 사람이어도 무방하다. 그리고 외부전문상담자에 의뢰하기도 하지만 당사자들의 동의가 있어야 가능한 것은 조정과 동일하다.

③ 조정촉진은 갈등당사자들의 감정이 지극히 악화되어 있을 경우나 갈등당사자들이 셋 이상이고 이들의 이해관계가 복잡하게 얽혀 있을 경우에, 그리고 당사자들이 상호 신뢰하고 있으며 문제해결에 대한 의지는 있으나 방법을 모르는 경우와 당사자들 개개인이 갈등해소를 통해 이익을 얻을 수 있다는 사실을 인지하고 있을 때 사용 가능한 방법이다.

④ 국제분쟁, 종교분쟁 등 복잡하고 구조적인 요인을 가진 갈등의 경우에도 당사자들과 직·간접적인 관계가 있는 제3그룹이 모여 해결책을 모색하는 학술회의 성격의 Problem Solving Workshop 등에서도 조정촉진자의 역할은 매우 중요하다.

⑤ 따라서 정보경찰은 단순히 시위상황 보고나 집단사태의 지도·조정에서 그치는 것이 아니라 사회갈등의 해결을 위한 조정촉진자로서의 역할모델을 정립하여야 한다.

◉ 정치정보

1. 압력단체

(1)개념

현대사회에서는 여러 사회집단이 자체의 특수이익을 옹호하며, 존립목적을 달성하기 위하여 거대한 조직력을 가지고 정치세력에 대하여 배후에서 여러 가지 방법으로 압력을 가하고 있는 단체로서, 압력단체는 보통 정당의 기능을 보완하며, 이익을 위해 직접 실력을 행사하기도 한다.

(2) 발생원인

대중민주주의의 발전	국민의 주권의식이 높아지고 대중민주주의가 확립되면서 시민들의 정책결정에의 참여욕구가 강해지면서 시민들이 압력단체를 구성하여 정치의 전면에 등장하게 되었다.
이익의 다원화	각자의 이익을 조직적으로 대변하기 위하여 압력단체가 발생하게 되었다.
정당의 한계	정당운영과정에서 소수간부에 의한 관료적 지배가 나타나 일반당원의 비판의 기회가 줄어들었다. 의회에서 입법을 좌우할 수 있는 정당에 대해 정치자금을 제공하고 그 대가로 이익을 확보할 기회를 갖게 되었다.

(3) 압력단체의 종류

1) 이익내용에 따른 분류

기능별 · 분야별 집단	노동 · 상업 · 농업 등 각 분야별 이익을 정치에 반영하려는 집단이다.
원인 · 촉진집단	농산물 수입정책에 대한 반대, 낙태반대 등과 같이 특정정책이나 이슈를 목적으로 조직화된 집단이다.

2) 조직의 형태에 따른 분류

연합조직, 단일조직, 민주조직, 협동조직

3) 회원의 자격에 따른 분류

공개적 회원제	단체의 주의·주장을 지지한다면 누구나 그 집단에 가입할 수 있다.
제한적 회원제	가입에 자격조건이 요구된다.

4) 기능에 따른 분류

당파적 집단	공통된 경제적 이익과 직업을 기초로 한 집단이다.
촉진적 집단	경제적·직업적 공통점은 없고, 사회복지적 입장으로부터 특수한 동기와 주의·주장 및 대의명분을 추구하는 집단이다.
잠재적 집단	당파적 집단과 촉진적 집단의 범주에 속하지 않고, 직접적 연관을 갖기 않는 정치사건에 대해 때때로 압력을 행사하는 집단으로, 주로 공공저책에 영향을 미치려는 집단이다.

(4) 압력단체의 활동수단

로비	로비스트를 통해 정부의 정책이 유리하게 전개되도록 활동하는 것으로서 가장 대표적인 압력행위 방법 로비활동 중 특히 매수를 목적으로 하는 로비를 소시얼로비(social lobby) 라고 함.
대중선전	① TV·신문광고·잡지를 이용하거나 일반대중 또는 관심을 갖는 계층에게 직접편지를 보내 이익집단의 목적달성을 위한 분위기를 조성 ② 풀뿌리로비라고도 하는데, 이를 통해 집단의 이미지를 널리 알리고 지지자를 증가시키기도 한다.
선거운동 지원	자신들에게 유리한 입후보자 지지를 공식적으로 표명하고 선거운동에 자금과 운동원을 제공하여 당선을 도와 단체에 유리한 법안을 통과
파업	임금·시간·노동조건 등 근로자의 이익추구를 위한 비정치적인 행위이지만, 때로는 정치적 목적으로 이용되는 수가 있다. 정부가 어떠한 정책을 채택 또는 거부하도록 하는데 파업을 이용하는 것이다.
기타	정상적인 영향력 행사방법이 난관에 부딪치면 연좌시위, 동맹파업, 가두행진 등을 하게 된다. 이러한 행동은 대중매체의 초점을 받아 일반대중과 주요단체 등의 주의를 환기시켜 여론을 일으키고, 결국 정책결정자에게 영향을 끼치려는 것이다.

2. 공직선거법

제15조(선거권) ① 19세 이상의 국민은 대통령 및 국회의원의 선거권이 있다. 다만, 지역구국회의원의 선거권은 19세 이상의 국민으로서 제37조제1항에 따른 선거인명부작성기준일 현재 다음 각 호의 어느 하나에 해당하는 사람에 한하여 인정된다. 〈개정 2011.11.7〉

1. 해당 국회의원지역선거구 안에 주민등록이 되어 있는 사람
2. 「재외동포의 출입국과 법적 지위에 관한 법률」 제6조제1항에 따라 해당 국회의원지역선거구의 선거구역 안에 거소를 두고 그 국내거소신고인명부에 3개월 이상 계속하여 올라 있는 사람

② 19세 이상으로서 제37조제1항에 따른 선거인명부작성기준일 현재 다음 각 호의 어느 하나에 해당하는 사람은 그 구역에서 선거하는 지방자치단체의 의회의원 및 장의 선거권이 있다. 〈개정 2009.2.12, 2011.11.7〉

1. 해당 지방자치단체의 관할 구역에 주민등록이 되어 있는 사람
2. 「재외동포의 출입국과 법적 지위에 관한 법률」 제6조제1항에 따라 해당 지방자치단체의 국내거소신고인명부(이하 이 장에서 "국내거소신고인명부"라 한다)에 3개월 이상 계속하여 올라 있는 국민
3. 「출입국관리법」 제10조에 따른 영주의 체류자격 취득일 후 3년이 경과한 외국인으로서 같은 법 제34조에 따라 해당 지방자치단체의 외국인등록대장에 올라 있는 사람

제16조(피선거권) ① 선거일 현재 5년 이상 국내에 거주하고 있는 40세 이상의 국민은 대통령의 피선거권이 있다. 이 경우 공무로 외국에 파견된 기간과 국내에 주소를 두고 일정기간 외국에 체류한 기간은 국내거주기간으로 본다. 〈개정 1997.1.13〉

② 25세 이상의 국민은 국회의원의 피선거권이 있다.

③ 선거일 현재 계속하여 60일 이상(공무로 외국에 파견되어 선거일전 60일후에 귀국한 자는 선거인명부작성기준일부터 계속하여 선거일까지) 당해 지방자치단체의 관할구역안에 주민등록(국내거소신고인명부에 올라 있는 경우를 포함한다. 이하 이 조에서 같다)이 되어 있는 주민으로서 25세 이상의 국민은 그 지방의회의원 및 지방자치단체의 장의 피선거권이 있다. 이 경우 60일의 기간은 그 지방자치단체의 설치·폐지·분할·합병 또는 구역변경(제28조 각 호의 어느 하나에 따른 구역변경을 포함한다)에 의하여 중단되지 아니한다. 〈개정 1998.4.30, 2009.2.12〉

④ 제3항 전단의 경우에 지방자치단체의 사무소 소재지가 다른 지방자치단체의 관할 구역에 있어 해당 지방자치단체의 장의 주민등록이 다른 지방자치단체의 관할 구역에 있게 된 때에는 해당 지방자치단체의 관할 구역에 주민등록이 되어 있는 것으로 본다. 〈개정 2009.2.12〉

제18조(선거권이 없는 자) ① 선거일 현재 다음 각 호의 어느 하나에 해당하는 자는 선거권이 없다. 〈개정 2004.3.12, 2005.8.4〉

1. 금치산선고를 받은 자
2. 금고 이상의 형의 선고를 받고 그 집행이 종료되지 아니하거나 그 집행을 받지 아니하기로 확정되지 아니한 자
3. 선거범, 「정치자금법」 제45조(정치자금부정수수죄) 및 제49조(선거비용관련 위반행위에 관한 벌칙)에 규정된 죄를 범한 자 또는 대통령·국회의원·지방의회의원·지방자치단체의 장으로서 그 재임중의 직무와 관련하여 「형법」(「특정범죄가중처벌 등에 관한 법률」 제2조에 의하여 가중처벌되는 경우를 포함한다) 제129조(수뢰, 사전수뢰) 내지 제132조(알선수뢰)·「특정범죄가중처벌 등에 관한 법률」 제3조(알선수재)에 규정된 죄를 범한 자로서, 100만원이상의 벌금형의 선고를 받고 그 형이 확정된 후 5년 또는 형의 집행유예의 선고를 받고 그 형이 확정된 후 10년을 경과하지 아니하거나 징역형의 선고를 받고 그 집행을 받지 아니하기로 확정된 후 또는 그 형의 집행이 종료되거나 면제된 후 10년을 경과하지 아니한 자(형이 실효된 자도 포함한다)
4. 법원의 판결 또는 다른 법률에 의하여 선거권이 정지 또는 상실된 자

② 제1항제3호에서 "선거범"이라 함은 제16장 벌칙에 규정된 죄와 「국민투표법」 위반의 죄를 범한 자를 말한다. 〈개정 2005.8.4〉

③ 「형법」 제38조에도 불구하고 제1항제3호에 규정된 죄와 다른 죄의 경합범에 대하여는 이를 분리 선고하고, 선거사무장·선거사무소의 회계책임자(선거사무소의 회계책임자로 선임·신고되지 아니한 사람으로서 후보자와 통모(通謀)하여 해당 후보자의 선거비용으로 지출한 금액이 선거비용제한액의 3분의 1 이상에 해당하는 사람을 포함한다) 또는 후보자(후보자가 되려는 사람을 포함한다)의 직계존비속 및 배우자에게 제263조 및 제265조에 규정된 죄와 이 조 제1항제3호에 규정된 죄의 경합범으로 징역형 또는 300만원 이상의 벌금형을 선고하는 때(선거사무장, 선거사무소의 회계책임자에 대하여는 선임·신고되기 전의 행위로 인한 경우를 포함한다)에는 이를 분리 선고하여야 한다. 〈개정 2010.1.25〉

제19조(피선거권이 없는 자) 선거일 현재 다음 각호의 1에 해당하는 자는 피선거권이 없다.

1. 제18조(선거권이 없는 자)제1항제1호·제3호 또는 제4호에 해당하는 자
2. 금고 이상의 형의 선고를 받고 그 형이 실효되지 아니한 자
3. 법원의 판결 또는 다른 법률에 의하여 피선거권이 정지되거나 상실된 자

제33조(선거기간) ① 선거별 선거기간은 다음 각호와 같다. 〈개정 2002.3.7, 2004.3.12〉

1. 대통령선거는 23일
2. 국회의원선거와 지방자치단체의 의회의원 및 장의 선거는 14일

③ "선거기간"이란 다음 각 호의 기간을 말한다. 〈개정 2011.7.28〉

1. 대통령선거: 후보자등록마감일의 다음 날부터 선거일까지
2. 국회의원선거와 지방자치단체의 의회의원 및 장의 선거: 후보자등록마감일 후 6일부터 선거일까지

제34조(선거일) ① 임기만료에 의한 선거의 선거일은 다음 각호와 같다. 〈개정 1998.2.6, 2004.3.12〉

1. 대통령선거는 그 임기만료일전 70일 이후 첫번째 수요일
2. 국회의원선거는 그 임기만료일전 50일 이후 첫번째 수요일
3. 지방의회의원 및 지방자치단체의 장의 선거는 그 임기만료일전 30일 이후 첫번째 수요일

② 제1항의 규정에 의한 선거일이 국민생활과 밀접한 관련이 있는 민속절 또는 공휴일인 때와 선거일전일이나 그 다음날이 공휴일인 때에는 그 다음주의 수요일로 한다.

제49조(후보자등록 등) ① 후보자의 등록은 대통령선거에서는 선거일 전 24일, 국회의원선거와 지방자치단체의 의회의원 및 장의 선거에서는 선거일 전 20일(이하 "후보자등록신청개시일"이라 한다)부터 2일간(이하 "후보자등록기간"이라 한다) 관할선거구선거관리위원회에 서면으로 신청하여야 한다.

제56조(기탁금) ① 후보자등록을 신청하는 자는 등록신청 시에 후보자 1명마다 다음 각 호의 기탁금을 중앙선거관리위원회규칙으로 정하는 바에 따라 관할선거구선거관리위원회에 납부하여야 한다. 이 경우 예비후보자가 해당 선거의 같은 선거구에 후보자등록을 신청하는 때에는 제60조의2제2항에 따라 납부한 기탁금을 제외한 나머지 금액을 납부하여야 한다. 〈개정 1997.11.14, 2000.2.16, 2001.10.8, 2002.3.7, 2010.1.25, 2012.1.17〉

1. 대통령선거는 3억원
2. 국회의원선거는 1천500만원
3. 시·도의회의원선거는 300만원
4. 시·도지사선거는 5천만원
5. 자치구·시·군의 장 선거는 1천만원
6. 자치구·시·군의원선거는 200만원

제58조(선거운동 정의 등) ① 이 법에서 "선거운동"이라 함은 당선되거나 되게 하거나 되지 못하게 하기 위한 행위를 말한다. 다만, 다음 각호의 1에 해당하는 행위는 선거운동으로 보지 아니한다. 〈개정 2000.2.16, 2012.2.29〉

1. 선거에 관한 단순한 의견개진 및 의사표시
2. 입후보와 선거운동을 위한 준비행위
3. 정당의 후보자 추천에 관한 단순한 지지·반대의 의견개진 및 의사표시
4. 통상적인 정당활동
5. 특정 정당 또는 후보자(후보자가 되려는 사람을 포함한다)를 지지·추천하거나 반대하는 내용 없이 투표참여를 권유하는 행위(호별로 방문하는 경우 또는 선거일에 확성장치·녹음기·녹화기를 사용하거나 투표소로부터 100미터 안에서 하는 경우는 제외한다)

② 누구든지 자유롭게 선거운동을 할 수 있다. 그러나 이 법 또는 다른 법률의 규정에 의하여 금지 또는 제한되는 경우에는 그러하지 아니하다.

제59조(선거운동기간) 선거운동은 선거기간개시일부터 선거일 전일까지에 한하여 할 수 있다. 다만, 다음 각 호의 어느 하나에 해당하는 경우에는 그러하지 아니하다. 〈개정 2004.3.12, 2005.8.4, 2011.7.28, 2012.2.29〉

제80조(연설금지장소) 다음 각호의 1에 해당하는 시설이나 장소에서는 제79조(공개장소에서의 연설·대담)의 연설·대담을 할 수 없다. 〈개정 2004.3.12〉

1. 국가 또는 지방자치단체가 소유하거나 관리하는 건물·시설. 다만, 공원·문화원·시장·운동장·주민회관·체육관·도로변·광장 또는 학교 기타 다수인이 왕래하는 공개된 장소는 그러하지 아니하다.
2. 선박·여객자동차·열차·전동차·항공기의 안과 그 터미널구내 및 지하철역구내
3. 병원·진료소·도서관·연구소 또는 시험소 기타 의료·연구시설

제108조(여론조사의 결과공표금지 등) ① 누구든지 선거일 전 6일부터 선거일의 투표마감시각까지 선거에 관하여 정당에 대한 지지도나 당선인을 예상하게 하는 여론조사(모의투표나 인기투표에 의한 경우를 포함한다. 이하 이 조에서 같다)의 경위와 그 결과를 공표하거나 인용하여 보도할 수 없다.

제263조(선거비용의 초과지출로 인한 당선무효) ① 제122조(선거비용제한액의 공고)의 규정에 의하여 공고된 선거비용제한액의 200분의 1이상을 초과지출한 이유로 선거사무장, 선거사무소의 회계책임자가 징역형 또는 300만원 이상의 벌금형의 선고를 받은 때에는 그 후보자의 당선은 무효로 한다.

제264조(당선인의 선거범죄로 인한 당선무효) 당선인이 당해 선거에 있어 이 법에 규정된 죄 또는 「정치자금법」 제49조의 죄를 범함으로 인하여 징역 또는 100만원이상의 벌금형의 선고를 받은 때에는 그 당선은 무효로 한다.

제265조(선거사무장등의 선거범죄로 인한 당선무효) 선거사무장 · 선거사무소의 회계책임자(선거사무소의 회계책임자로 선임 · 신고되지 아니한 자로서 후보자와 통모하여 당해 후보자의 선거비용으로 지출한 금액이 선거비용제한액의 3분의 1 이상에 해당되는 자를 포함한다) 또는 후보자(후보자가 되려는 사람을 포함한다)의 직계존비속 및 배우자가 해당 선거에 있어서 제230조부터 제234조까지, 제257조제1항 중 기부행위를 한 죄 또는 「정치자금법」 제45조제1항의 정치자금 부정수수죄를 범함으로 인하여 징역형 또는 300만원 이상의 벌금형의 선고를 받은 때(선거사무장, 선거사무소의 회계책임자에 대하여는 선임·신고되기 전의 행위로 인한 경우를 포함한다)에는 그 선거구 후보자(대통령후보자, 비례대표국회의원후보자 및 비례대표지방의회의원후보자를 제외한다)의 당선은 무효로 한다.

제268조(공소시효) ① 이 법에 규정한 죄의 공소시효는 당해 선거일후 6개월(선거일후에 행하여진 범죄는 그 행위가 있는 날부터 6개월)을 경과함으로써 완성한다. 다만, 범인이 도피한 때나 범인이 공범 또는 범죄의 증명에 필요한 참고인을 도피시킨 때에는 그 기간은 3년으로 한다. 〈개정 2004.3.12, 2012.2.29〉

② 제1항 본문에도 불구하고 선상투표와 관련하여 선박에서 범한 이 법에 규정된 죄의 공소시효는 범인이 국내에 들어온 날부터 6개월을 경과함으로써 완성된다.

Notice

*** 출구조사(Exit Poll) – 여론조사의 효과**

① 언더독 효과(Underdog Effect) : 약자를 동정하는 심리가 여론조사 결과 열세에 있는 후보를 지지하는 경향

② 밴드왜건 효과(band –wagon effect) : 여론조사 결과 우세한 것으로 나타난 후보나 정당은 지지도가 상승하게 되는 경향

◉ 경제정보

1. 경제블럭의 유형

자유무역지대 (Free Trade Area)	각 회원국 상호간에는 상품이동에 대한 일체의 무역 재한조치를 철폐하여 역내에서는 자유무역을 보장하는 한편, 역외의 비회원국에 대해서는 각국이 독자적인 관세정책 및 무역 제한조치를 취하는 형태의 경제통합을 의미한다.
관세동맹 (Custom Union)	자유무역지대에서 한 걸음 나아가 대외공통관세를 부과하는 형태 회원국상호간에는 상품의 자유이동이 보장될 뿐 아니라 역외 비회원국에게는 각국이 공통의 수입관세를 부과하는 형태의 통합이다.
공동시장 (Common Market)	관세동맹보다 더욱 강화된 통합형태 회원국 상호간에는 재화뿐만 아니라 노동·자본과 같은 생산요소의 자유이동이 보장되며 역외 비 가맹국에 대해서는 각국이 공동의 관세제도를 채택하고 있는 형태의 통합이다.
경제동맹 (Economic Union)	공동시장을 더욱 발전시킨 형태 역내 상품 및 생산요소의 자유이동과 공동관세제의 운영과 함께 각 회원국의 금융·재정 등의 경제정책 전반에 대하여 조정·통제를 할 수 있는 통합형태 이다.
완전한 경제동맹 (Complete Economic Union)	회원국 상호간에 초국가적 기구를 설치하여 그 기구로 하여금 각 회원국의 모든 사회·경제정책을 조정 통합 관리하는 형태의 통합 유형이며, 각 국은 사실상 하나의 단일경제로 통합되는 것을 전제로 하고 있다.

2. 실업의 형태

형태	내용	대책
마찰적 실업	한 직업으로부터 다른 직업으로 옮기거나 다른 작업을 찾기 위해 자발적으로 일하지 않는 경우	취업정보의 원활한 유통
계절적 실업	특수한 계절적 요인으로 인하여 일시적으로 일하지 못하는 경우	농촌지역에 새로운 농공지구의 설정
수요적 실업	특정분야의 생산품에 대한 수요가 감소함으로써 관련 산업의 침체로 인하여 발생하는 경우	적자재정 실시로 총수요 증가
구조적 실업	저항력이나 장애 또는 취업에 필요한 기술습득이 부족하여 취업을 하지 못하는 경우	교육훈련을 통한 인력개발 정책

Notice

EU(european union) : 유럽 자유무역연합
EEA(european economic area) : 유럽경제지역
EC(european community) : 유럽공동체
EEC(european economic community) : 유럽 경제 공동체
EAEC(east area economic caucus) : 동아시아경제협의회
AFTA(asean free trade area) : 아시아자유무역지대
NAFTA(north america free trade agreement) : 북미자유무역협정

Notice

*** 경제블록의 새로운 경향**

– 각 지역주의 협정의 배타성을 보완하고 지역간 협력확대를 목표로 한 것.

ASEM(asia–europe) : 아시아 유럽 정상회담(EU와 아시아 각국나의 협력증진을 목표)

TAFTA(trans–atlantic free trade area) : 범대서양자유무역지대(유럽과 북미간의 협력 강화)

Notice

① 서킷 브레이커(Circuit Breaker)

종합주가지수가 전일대비 10%이상 하락상태가 1분이상 지속되는 모든 주식거래를 20분가 정지시킨다.

주가가 급락할 경우 투자자를 보호하기 위해 주식거래를 일시 정지시켜 시장을 진정시키는 제도로, 모터 등 전기장치에 전기가 과도하게 흘러 온도가 올라가면 자동으로 회로를 끊어 화재나 손상을 방지하는 부품을 비유적으로 사용했다. 뉴욕증권거래소에서 87년 10월 증시폭락 이후 최초로 도입했으며, 우리나라에서는 98년 12월7일부터 국내주식 가격 제한폭이 상하 15%로 확대되면서 이 제도가 도입됐다.

② 사이드카(Side Car)

선물시장의 급등락시 거래중지 제도로써 5% 이상 상승 또는 하락해서 1분간 지속되면 5분간 매매를 정지시켰다가 자동으로 해제된다.

③ 트리플 약세

주가, 채권값,원화가치 동반하락현상

④ 블랙먼데이(Black Monday)

경제 대공황, 주가폭락

◉ 사회정보

1. 사회적 현상의 종류

아노미현상 (Anomie)	무규범, 무질서의 상태를 뜻하는 용어로서 현재의 사회구조가 구성원 개인의 욕구와 욕망에 대한 통제를 활 수 없을 때 발생하는 무질서한 사회적 상황
님비현상	자신이 거주하는 지역 주변에 산업폐기물 또는 핵폐기물 처리시설 등의 환경시설이나 장애인 수용시설 등 특수한 시설의 설치를 반대하는 이기적인 풍조(NIMBY:Not In My Bark Yard)
스프롤현상 (Sprawl)	도시의 급격한 팽창에 따라 도시의 교외지역이 무질서하게 주택화하는 현상
U턴현상	대도시에 취직한 시골출신자가 고향으로 되돌아가는 형태의 노동력 이동 현상
도넛현상	대도시의 거주지역 및 업무의 일부가 외곽지역으로 집중되고 도심에는 공공기간, 상업기관만 남아 도심이 도넛모양으로 텅 비어버리는 현상(공동화 현상)
핌피현상 (임피)	님비현상에 대응하는 용어로서 자기 지역에 이득이 되는 시설을 유치하거나 관할권을 차지하려는 현상(PIMFY : Put In My Front Yard)
바나나 현상	'어디에든 어무것도 짓지마라' 는 식의 이기주의적 사고로서 유해시설의 설치 자체를 반대하는 현상(BANANA : Build Absolutely Notthing Anywhere Near Anybody)
노비즘	철저한 개인주의에 바탕을 둔 사고로서 이웃이나 사회에 피해가 가더라도 자신에게 손해가 되지 않는 일에는 무관심한 현상(Nobyism) - 도로나 공공장소에 쓰레기를 버리는 것은 관계없지만, 자기집 앞에 쓰레기를 버리는 것은 용납하지 못함.

2. 노동조합 및 노동관계조정법

〈노동조합 및 노동관계조정법〉

제2조(정의) 이 법에서 사용하는 용어의 정의는 다음과 같다.

1. "근로자"라 함은 직업의 종류를 불문하고 임금·급료 기타 이에 준하는 수입에 의하여 생활하는 자를 말한다.
2. "사용자"라 함은 사업주, 사업의 경영담당자 또는 그 사업의 근로자에 관한 사항에 대하여 사업주를 위하여 행동하는 자를 말한다.
3. "사용자단체"라 함은 노동관계에 관하여 그 구성원인 사용자에 대하여 조정 또는 규제할 수 있는 권한을 가진 사용자의 단체를 말한다.
4. "노동조합"이라 함은 근로자가 주체가 되어 자주적으로 단결하여 근로조건의 유지 · 개선 기타 근로자의 경제적·사회적 지위의 향상을 도모함을 목적으로 조직하는 단체 또는 그 연합단체를 말한다. 다만, 다음 각목의 1에 해당하는 경우에는 노동조합으로 보지 아니한다.
   가. 사용자 또는 항상 그의 이익을 대표하여 행동하는 자의 참가를 허용하는 경우
   나. 경비의 주된 부분을 사용자로부터 원조받는 경우
   다. 공제 · 수양 기타 복리사업만을 목적으로 하는 경우
   라. 근로자가 아닌 자의 가입을 허용하는 경우. 다만, 해고된 자가 노동위원회에 부당노동행위의 구제신청을 한 경우에는 중앙노동위원회의 재심판정이 있을 때까지는 근로자가 아닌 자로 해석하여서는 아니된다.
   마. 주로 정치운동을 목적으로 하는 경우
5. "노동쟁의"라 함은 노동조합과 사용자 또는 사용자단체(이하 "노동관계 당사자"라 한다)간에 임금·근로시간·복지·해고 기타 대우등 근로조건의 결정에 관한 주장의 불일치로 인하여 발생한 분쟁상태를 말한다. 이 경우 주장의 불일치라 함은 당사자간에 합의를 위한 노력을 계속하여도 더이상 자주적 교섭에 의한 합의의 여지가 없는 경우를 말한다.
6. "쟁의행위"라 함은 파업 · 태업 · 직장폐쇄 기타 노동관계 당사자가 그 주장을 관철할 목적으로 행하는 행위와 이에 대항하는 행위로서 업무의 정상적인 운영을 저해하는 행위를 말한다.

제10조(설립의 신고) ① 노동조합을 설립하고자 하는 자는 다음 각호의 사항을 기재한 신고서에 제11조의 규정에 의한 규약을 첨부하여 연합단체인 노동조합과 2 이상의 특별시·광역시·도·특별자치도에 걸치는 단위노동조합은 노동부장관에게, 2 이상의 시·군·구(자치구를 말한다)에 걸치는 단위노동조합은 특별시장·광역시장·도지사에게, 그 외의 노동조합은 특별자치도지사·시장·군수·구청장(자치구의 구청장을 말한다. 이하 제12조제1항에서 같다)에게 제출하여야 한다. 〈개정 1998.2.20, 2006.12.30, 2010.6.4〉

제28조(해산사유) ① 노동조합은 다음 각호의 1에 해당하는 경우에는 해산한다. 〈개정 1998.2.20〉

1. 규약에서 정한 해산사유가 발생한 경우
2. 합병 또는 분할로 소멸한 경우
3. 총회 또는 대의원회의 해산결의가 있는 경우
4. 노동조합의 임원이 없고 노동조합으로서의 활동을 1년 이상 하지 아니한 것으로 인정되는 경우로서 행정관청이 노동위원회의 의결을 얻은 경우

② 제1항제1호 내지 제3호의 사유로 노동조합이 해산한 때에는 그 대표자는 해산한 날부터 15일 이내에 행정관청에게 이를 신고하여야 한다. 〈개정 1998.2.20.〉

제54조(조정기간) ① 조정은 제53조의 규정에 의한 조정의 신청이 있은 날부터 일반사업에 있어서는 10일, 공익사업에 있어서는 15일 이내에 종료하여야 한다.

②제1항의 규정에 의한 조정기간은 관계 당사자간의 합의로 일반사업에 있어서는 10일, 공익사업에 있어서는 15일 이내에서 연장할 수 있다.

제62조(중재의 개시) 노동위원회는 다음 각 호의 어느 하나에 해당하는 때에는 중재를 행한다. 〈개정 2006.12.30〉

1. 관계 당사자의 쌍방이 함께 중재를 신청한 때
2. 관계 당사자의 일방이 단체협약에 의하여 중재를 신청한 때

제63조(중재시의 쟁의행위의 금지) 노동쟁의가 중재에 회부된 때에는 그 날부터 15일간은 쟁의행위를 할 수 없다.

제76조(긴급조정의 결정) ① 노동부장관은 쟁의행위가 공익사업에 관한 것이거나 그 규모가 크거나 그 성질이 특별한 것으로서 현저히 국민경제를 해하거나 국민의 일상생활을 위태롭게 할 위험이 현존하는 때에는 긴급조정의 결정을 할 수 있다. 〈개정 2010.6.4〉

②노동부장관은 긴급조정의 결정을 하고자 할 때에는 미리 중앙노동위원회 위원장의 의견을 들어야 한다. 〈개정 2010.6.4〉

③노동부장관은 제1항 및 제2항의 규정에 의하여 긴급조정을 결정한 때에는 지체없이 그 이유를 붙여 이를 공표함과 동시에 중앙노동위원회와 관계 당사자에게 각각 통고하여야 한다. 〈개정 2010.6.4〉

제77조(긴급조정시의 쟁의행위 중지) 관계 당사자는 제76조제3항의 규정에 의한 긴급조정의 결정이 공표된 때에는 즉시 쟁의행위를 중지하여야 하며, 공표일부터 30일이 경과하지 아니하면 쟁의행위를 재개할 수 없다.

◉ 문화정보

1. 학생운동에 대한 이론적 접근

오이디프스적 반항이론 (Lewis S.Feuer)	학생소요를 학생들의 아버지와 구세대의 권의에 대한 맹목적이고 무의식적인 오이디프스적 적개심의 표현이라고 지적한다. 대부분의 시위학생은 폭력수단을 통하여 시해와 살부, 자살등의 복합적 요구를 표현한다. 이 이론의 단점은 오이디프스적 반항은 모든 청소년이 다 가지고 있는 것이기 때문에 금세기 특유의 대학생 시위를 설명해 주는데 있어서는 그 구체성과 역사성이 결여되어 있다는 점과 학생운동에 적극적으로 참여하는 학생들의 가정환경을 분석해 보면 그들이 다른 학생들보다 특히Oedipus Complex를 더 강하게 느끼고 있는 학생들이라는 증거가 없으며 오히려 이런 학생들은 경우에 따라서는 아버지와의 관계가 다른 학생들보다 훨씬 원만할 수도 있다는 점이다.
사회적 부적응 이론 (Daniel Bell)	학생운동의 원인을 심리학적으로 분석하는 대신에 사회구조적으로 분석하고 있는데, 이는 학생들이 역사의 변화와 사회의 구조적 변화를 거부하는 데에서 학생운동이 싹튼다는 주장이다. 학생들의 시위는 진정한 의미의 혁명이 아니라 오히려 반혁명적인 성격을 띠고 있으며, 인본주의와 낭만주의의 정신이 강한 학생들은 급변하는 사회신념체계를 받아들이지 못하여 학생운동에 참여하게 된다고 설명한다.
Richard Flacks	중산층 가정에서 강조한 평등·정의·관용 등의 가치와 정부의 권위주의 등 각종 부조리가 맞물려 가치관의 혼란속에서 학생운동이 발생한다는 이론이다.
Philip Slater	새로운 문화적 가치와 기존의 문화적 가치사이에서 갈등을 느낄 때 학생운동이 발생한다는 이론이다.
Karl Mannheim	청년들의 심리적인 요인과 특수사회의 사회적인 요인의 이원적 요인간의 상호작용의 결과 학생운동이 발생한다는 이론이다.

2. 다문화 사회

(1) 개념

다문화사회를 설명하기 위하여 다문화주의에 대한 이해가 필요하다.

다문화주의(multiculturalism)는 이미 미국, 캐나다, 호주 등과 같이 이민을 통해 국가를 구성하고 발전시킨 서구유럽에서 태동 했다.

1) 국제적 노동이동에 의한 다문화현상이며, 세계경제와의 결과물이다.

2) '문화의 세계화'를 통한 다문화주의로 주류사회의 전통이나 관습, 문화에 기반을 둔 다수집단의 정체성과 이에 포함되지 않는 다른 소수 집단의 정체성 간의 평화스런 공존을 추구하는 것이다.

(2) 다문화가족

우리사회에 거주하고 있는 외국인 노동자, 국제결혼 이주자, 새터민(북한 탈북주민) 그 밖의 외국인거주자, 외국인과의 사이에서 태어난 자녀들을 비차별적으로 부르는 용어이며, 법률이 정하는 '다문화가족'이란 다음 각 목의 어느 하나에 해당하는 가족을 말한다.

1) '재한 외국인 처우 기본법' 제2조 제3호의 결혼이민자와 국적법 제2조에 따라 출생시부터 대한민국 국적을 취득한 자로 이루어진 가족
2) 국적법 제4조에 따라 귀화허가를 받은 자와 같은 법 제2조에 따라 출생시로부터 대한민국 국적을 취득한 자로 이루어진 가족을 정하고 있다.

(3) 다문화 사회의 접근 유형

1) 자유주의적 다문화주의(multicultural) 또는 동화주의(assimilationism)

자유주의적 접근은 차별을 금지하고 사회참여를 위해 기회균등을 보장하며 다수민족과 소수민족 간의 차별구조와 불평등 구조를 적극적으로 해체하나, 다문화주의를 정치적 자결권부여로 해석하지는 않는다. 이러한 입장은 다문화주의를 소수인종과 문화적 소수자에 대한 기회균등이라는 측면에서 다문화정책을 접근한다. 또한 자유주의적 다문화주의는 사회통합을 이룩하기 위해 국민국가 내부의 문화적 다양성을 허용하고, 소수 인종집단 고유의 문화와 가치를 인정하지만, 시민생활이나 공적 생활에서는 주류사회의 문화, 언어, 사회습관에 따를 것을 요구한다.

2) 조합주의적 다문화주의 또는 다원주의(corporate multicultural)

조합주의적 다문화주의는 자유주의적 다문화주의와 급진적 다문화주의의 절충적 형태이다. 다문화주의를 결과에 있어서의 평등보장이라는 측면에서 접근하는 것이다. 문화적 소수자가 현실적으로 문화적 다수자와의 경재에서 불리한 위치에 있다는 것을 전제로 하여, 소수집단의 사회참가를 촉진하기 위해 적극적인 재정적·법적 원조를 한다. 그리고 다언어방송, 다언어의사소통, 다언어문서, 다언어 및 다문화 교육 등을 추진하고, 사적 영역에서 소수민족 학교나 공공단체에 대해 지원하기도 한다.

3) 급진적 다문화주의

다문화주의는 '차이에 대한 권리'로 해석되며, 다문화주의는 소수자의 문화적 권리(cultural rights)와 결부되어 이해된다. 그리고 소수집단이 자결(self determination)의 원칙을 내세워 문화적 공존을 넘어서는 소수민족 집단만의 공동체 건설을 지향한다. 다민족 다문화사회에서 주류 사회의 문화, 언어, 규범, 가치, 생활양식을 부정하고 독자적인 생활방식을 추구하는 것이 그들의 입장으로, 미국에서의 흑인과 원주민에 의한 격리주의 운동이 대표적인 사례이다. 또한 아프리카의 소부족 독립운동 등도 일례를 들 수 있다.

◉ 우리나라의 정보공개제도

1. 정보공개의 원칙

공공기관이 보유·관리하는 정보는 공개하여야 한다.

2. 정보공개청구권자

① 모든 국민

② 국내에 일정한 주소를 두고 거주하거나 학술·연구를 위하여 일시적으로 체류하는 외국인

③ 국내에 사무소를 두고 있는 외국계 법인 또는 단체

3. 공개대상 정보의 원문공개

공공기관 중 중앙행정기관 및 대통령령으로 정하는 기관은 전자적 형태로 보유·관리하는 정보 중 공개대상으로 분류된 정보를 국민의 정보공개 청구가 없더라도 정보통신망을 활용한 정보공개시스템 등을 통하여 공개하여야 한다.

4. 정보공개청구방법

① 공공기관에 정보공개청구서를 제출하거나 구술로써 정보의 공개를 청구할 수 있다.

② 정보공개청구서는 공공기관에 직접 출석하여 체출하거나 우편·모사전송 또는 정보통신망을 이용하여 제출한다.

5. 비공개대상정보

제9조(비공개 대상 정보) ① 공공기관이 보유·관리하는 정보는 공개 대상이 된다. 다

만, 다음 각 호의 어느 하나에 해당하는 정보는 공개하지 아니할 수 있다.

1. 다른 법률 또는 법률에서 위임한 명령(국회규칙 · 대법원규칙 · 헌법재판소규칙 · 중앙선거관리위원회규칙 · 대통령령 및 조례로 한정한다)에 따라 비밀이나 비공개 사항으로 규정된 정보
2. 국가안전보장·국방·통일·외교관계 등에 관한 사항으로서 공개될 경우 국가의 중대한 이익을 현저히 해칠 우려가 있다고 인정되는 정보
3. 공개될 경우 국민의 생명·신체 및 재산의 보호에 현저한 지장을 초래할 우려가 있다고 인정되는 정보
4. 진행 중인 재판에 관련된 정보와 범죄의 예방, 수사, 공소의 제기 및 유지, 형의 집행, 교정(矯正), 보안처분에 관한 사항으로서 공개될 경우 그 직무수행을 현저히 곤란하게 하거나 형사피고인의 공정한 재판을 받을 권리를 침해한다고 인정할 만한 상당한 이유가 있는 정보
5. 감사 · 감독 · 검사 · 시험 · 규제 · 입찰계약 · 기술개발 · 인사관리에 관한 사항이나 의사결정 과정 또는 내부검토 과정에 있는 사항 등으로서 공개될 경우 업무의 공정한 수행이나 연구 · 개발에 현저한 지장을 초래한다고 인정할 만한 상당한 이유가 있는 정보. 다만, 의사결정 과정 또는 내부검토 과정을 이유로 비공개할 경우에는 의사결정 과정 및 내부검토 과정이 종료되면 제10조에 따른 청구인에게 이를 통지하여야 한다.
6. 해당 정보에 포함되어 있는 성명·주민등록번호 등 개인에 관한 사항으로서 공개될 경우 사생활의 비밀 또는 자유를 침해할 우려가 있다고 인정되는 정보. 다만, 다음 각 목에 열거한 개인에 관한 정보는 제외한다.
   가. 법령에서 정하는 바에 따라 열람할 수 있는 정보
   나. 공공기관이 공표를 목적으로 작성하거나 취득한 정보로서 사생활의 비밀 또는 자유를 부당하게 침해하지 아니하는 정보
   다. 공공기관이 작성하거나 취득한 정보로서 공개하는 것이 공익이나 개인의 권리 구제를 위하여 필요하다고 인정되는 정보
   라. 직무를 수행한 공무원의 성명·직위
   마. 공개하는 것이 공익을 위하여 필요한 경우로서 법령에 따라 국가 또는 지방자치단체가 업무의 일부를 위탁 또는 위촉한 개인의 성명·직업
7. 법인·단체 또는 개인(이하 "법인 등"이라 한다)의 경영상·영업상 비밀에 관한 사항으로서 공개될 경우 법인등의 정당한 이익을 현저히 해칠 우려가 있다고 인정되는 정보. 다만, 다음 각 목에 열거한 정보는 제외한다.
   가. 사업활동에 의하여 발생하는 위해(危害)로부터 사람의 생명·신체 또는 건강을 보호하기 위하여 공개할 필요가 있는 정보
   나. 위법·부당한 사업활동으로부터 국민의 재산 또는 생활을 보호하기 위하여 공

개할 필요가 있는 정보
8. 공개될 경우 부동산 투기, 매점매석 등으로 특정인에게 이익 또는 불이익을 줄 우려가 있다고 인정되는 정보

6. 정보공개 여부의 결정

① 공공기관은 제10조에 따라 정보공개의 청구를 받으면 그 청구를 받은 날부터 10일 이내에 공개 여부를 결정하여야 한다.
② 공공기관은 부득이한 사유로 제1항에 따른 기간 이내에 공개 여부를 결정할 수 없을 때에는 그 기간이 끝나는 날의 다음 날부터 기산(起算)하여 10일의 범위에서 공개 여부 결정기간을 연장할 수 있다. 이 경우 공공기관은 연장된 사실과 연장 사유를 청구인에게 지체 없이 문서로 통지하여야 한다.

7. 부분공개

공개청구한 정보가 제9조제1항 각호의 1에 해당하는 부분과 공개가 가능한 부분이 혼합되어 있는 경우로서 공개청구의 취지에 어긋나지 아니하는 범위 안에서 두 부분을 분리할 수 있는 때에는 제9조제1항 각호의 1에 해당하는 부분을 제외하고 공개하여야 한다.

8. 이의신청

① 청구인이 정보공개와 관련한 공공기관의 비공개 결정 또는 부분 공개 결정에 대하여 불복이 있거나 정보공개 청구 후 20일이 경과하도록 정보공개 결정이 없는 때에는 공공기관으로부터 정보공개 여부의 결정 통지를 받은 날 또는 정보공개 청구 후 20일이 경과한 날부터 30일 이내에 해당 공공기관에 문서로 이의신청을 할 수 있다.
② 공공기관은 이의신청을 받은 날부터 7일 이내에 그 이의신청에 대하여 결정하고 그 결과를 청구인에게 지체 없이 문서로 통지하여야 한다. 다만, 부득이한 사유로 정하여진 기간 이내에 결정할 수 없을 때에는 그 기간이 끝나는 날의 다음 날부터 기산하여 7일의 범위에서 연장할 수 있으며, 연장 사유를 청구인에게 통지하여야 한다.
③ 공공기관은 이의신청을 각하(却下) 또는 기각(棄却)하는 결정을 한 경우에는 청구인에게 행정심판 또는 행정소송을 제기할 수 있다는 사실을 제3항에 따른 결과 통지와 함께 알려야 한다.

9. 행정심판

① 청구인이 정보공개와 관련한 공공기관의 결정에 대하여 불복이 있는 때에는 행정심판법이 정하는 바에 따라 행정심판을 청구할 수 있다. 이 경우 국가기관 및 지방자치단체외의 공공기관의 결정에 대한 재결청은 관계 중앙행정기관의 장 또는 지방자치단체의 장으로 한다.

② 청구인은 제18조의 규정에 의한 이의신청절차를 거치지 아니하고 행정심판을 청구할 수 있다.

10. 제3자의 비공개 요청

① 공개 청구된 사실을 통지 받은 제3자는 통지 받은 날부터 3일 이내에 당해 공공기관에 자신과 관련된 정보를 공개하지 아니할 것을 요청할 수 있다.

② 공공기관이 비공개요청에도 불구하고 공개결정을 하는 때에는 제3자는 당해 공공기관에 문서로 이의신청(통지 받은날 부터 7일 이내)을 하거나 행정심판 또는 행정소송을 제기할 수 있다.

◉ 정보공개와 정보제공의 비교

구분	정보공개	정보제공
의미	국민이 원하는 정보를 접근·이용할 수 있게 하는 것	정부가 홍보·선전용으로 국민에게 제공하는 것
제공정보	가공되지 않는 정보를 제공	가공된 홍보성 정보를 제공
청구유무	공개청구가 원칙	공개청구 유무에 관계없음
제공의무	법령에 의하여 공개가 의무화	제공정보의 선택이 재량사항
실례	- 법령에 의한 의무적 공표제도 - 행정절차에 의한 이해관계인에 대한 정보공개 - 쟁송에 있어 증거의 제출 - 정보공개제도에 의한 정보공개 - 자기정보공개청구제도의 의한 자기정보의 공개	- 홍보·공청회제도에 의한 행정홍보 - 보도기관에 대한 정보제공 - 행정창구나 행정자료실에 의한 일반정보 서비스

◉ 프라이버시(privacy)권과 정보활동

1. 프라이버시권에 대한 학자들의 정의

S.Warren& L.Brandeis	개인의 혼자 있을 권리, 민주주의에서 가장 중요한 자유로서 헌법에 반영되어야 한다.
Alan F.Westin	개인,그룹 또는 조직이 자기에 관한 정보를 언제, 어떻게 또는 어느 정도 타인에 게 전할까 하는 것을 스스로 결정할 수 있는 권리
Edward Bloustine	인간의 인격권의 법익이므로 인격의 침해, 개인의 자주성, 존엄과 완전성을 보호하는 것
Ruth Gavisom	프라이버시의 세가지 요소로서 비밀, 익명성, 고독을 갖으며 그것이 자신의 선택에 의하여 또는 타인의 행위에 의해서 상실할 수 있는 상태

2. 프라이버시의 침해유형(Willam L.Prosser)

(1) 사적인 일에의 침입

1) 개인의 일상적이고 정상적인 사생활을 침해하여 불안이나 불쾌감 등을 유발하는 행위를 말한다.
2) 개인정보취득 수단이 비정상적이고 불법적이면 목적에 관계없이 사생활침해가 된다.
3) 대표적인 형태로는 도청, 타인의 은행계좌의 불법 추적 등이 있고, 개인뿐만 아니라 공권력에 의해서도 일어날 수 있다.

(2) 사적인 사실의 공개

1) 공개를 원하지 않는 사적인 일반에게 공개하는 행위를 말한다.
2) 예컨데, 타인의 범죄경력 사실이나 기형적인 신체상태를 공개하는 행위가 해당하며, 주로 신문,잡지,방송 등의 대중매체에 의해서 이루어진다.

(3) 사생활에 관한 판단의 오도

1) 사생활의 내용을 공개하거나 간섭하는 행위 이상으로 내용의 본질을 왜곡시

켜 대중의 판단을 그릇되게 하여 해당 개인의 신상에 침해를 주는 행위를 말한다.

2) 예컨대, 특정인을 책·잡지의 표지인물로 게재하거나 특정인의 사진을 현상수배자 리스트에 넣는 행위 등 일반인의 눈에 해당인이 진실과 다르게 보이도록 하여 해당 개인에게 정신적 고통을 주는 행위로서 형법상 명예훼손의 행위가 될 수도 있다.

(4) 사적인 일의 영리적 이용

1) 특정 개인의 인격적 이익을 침해하여 경제상의 이익을 취하는 행위로서 특정인의 성명, 사진, 경력을 영업적 이익의 확보를 위해 이용하는 행위를 말한다.

2) 이 유형의 프라이버시의 침해에 대하여 추구하는 보호법익은 정신적 이익의 보호뿐만 아니라 경제적 이익의 보호까지도 포함한다.

제 7 장 보안경찰

(1) 공공의 안녕의 요소 중 주로 국가의 존립과 기능의 불가침성(국가안전보장)에 대한 위험 내지 위해에 대한 예방과 진압활동을 전개하는 경찰활동
(2) 「자유민주적 기본질서」의 보호 ⇒ 외사·정보경찰과 함께 수행⇒국가목적의 치안유지

1. 보안사범의 특징

추상적 위험범 확신범	자기가 지키는 수범이나 질서를 현행 국가의 질서보다 상의의 것으로 평가하고, 범행을 수행할 의무가 있다고 확신하는 것→전문성 · 인격의 필요성
보안성	자체의 보안에 위장술 · 은닉술 같은 특별한 대책을 강구→치밀의 원칙
비노출적 범행	범행의 결과가 노출되지 않아 범죄의 인식이 매우 어려움
조직적 범죄	지하조직과 같은 조직적 · 집단적 범행의 경우가 많음
비인도적 범행	목적달성을 위해 수단과 방법을 가리지 않는다.
동족간의 범행	우리나라에 고유한 특징

2. 방첩의 기본원칙

완전협조의 원칙	완전한 방첩을 위해서는 방첩기관과 보조기관 및 일반대중과 완전 완전협조가 이루어져야 한다.
치밀의 원칙	간첩침투는 치밀한 계획 하에 교묘한 방법을 사용하므로 방첩활동은 더욱 치밀한 계획과 준비를 요한다.
계속접촉의 원칙	간첩 등의 용의자를 발견하더라도 즉시 검거하지 않고 조직망 전체가 완전히 파악될 때까지 계속 유·무형의 접촉을 한다. ※ 계속접촉 유지단계 : 탐지 → 판명 → 주시 → 이용 → 검거

3. 방첩의 수단

구분	개념	사례
적극적 수단	침투된 적과 적의 공작망 분쇄를 위하여 취하는 공격적 수단	첩보수집, 첩보공작수집, 대상인물 감시, 침투공작, 간첩신문, 역용 공작
소극적 수단	우리 쪽(我方)의 보호를 위해 자체보안기능을 발휘하는 방어적 조치수단	정보·자재보안의 확립, 인원·시설 보안의 확립, 보안업무 규정화, 입법사항건의
기만적 수단	비밀이 노출될 가능성이 있는 상황 하에서 우리 쪽(我方)이 기도한 바를 적이 오인토록 하는 방해조치	허위정보 유포, 양동간계 시위, 유언비어 유포

4. 방첩의 대상

<table>
<tr><td>간첩</td><td colspan="4">국가기밀수집 · 내부혼란의 목적으로 잠입한 자 또는 이에 지원 · 동조 · 협조하는 모든 조직적 구성분자</td></tr>
<tr><td rowspan="7">태업</td><td>의의</td><td colspan="3">① 대상국가의 방위력 또는 전쟁수행능력을 직 · 간접으로 손상하기 위하여 행해지는 일체의 행위 ⟶ 태업의 목표는 일단 파괴되면 대치가 곤란한 것이어야 함
② 원래는 노동쟁의의 수단이었으나, 공산주의자들이 침략전술로 이용하여 방첩활동의 주요 대상이 되고 있음
③ 태업에 대한 가장 근본적이 대책은 '보안유지'라 할 수 있음</td></tr>
<tr><td rowspan="6">유형</td><td rowspan="3">물리적 태업</td><td>방화태업</td><td>인화물로 목적물에 화재를 발생
(가장 파괴력이 강하고 우연한 사고로 위장 용이)</td></tr>
<tr><td>폭파태업</td><td>폭발물을 사용하여 목표물 파괴
(파괴가 전체적이고 즉각적이어야 할 때 주로 사용)</td></tr>
<tr><td>기계태업</td><td>철물, 황산 등의 기계투입, 열차탈선 등으로 손실 초래, 주로 장기공작원 에 의하여 행해지며 목표물에 접근해 있는 자가 실행한다.(범행이 용이하 며 사용자가 사전에 결함 발견이 곤란)</td></tr>
<tr><td rowspan="3">심리적 태업</td><td>선전태업</td><td>유언비어 유포, 반국가적 여론조성 등으로 사회불안, 국민의 사기저하 등 유도</td></tr>
<tr><td>경제태업</td><td>화폐위조 및 남발, 악성 노동쟁의 등으로 경제질서 혼란 초래</td></tr>
<tr><td>정치태업</td><td>정치적 갈등, 부당한 정치적 물의를 일으켜 국민의 일체감을 약화</td></tr>
<tr><td rowspan="4">전복</td><td>의의</td><td colspan="3">헌법질서에 위반하여 국가변혁 · 국가기능소멸 · 정권타도를 추구하는 모든 행위</td></tr>
<tr><td>수단</td><td colspan="3">전위당(공산당)조직, 통일전선, 선전 · 선동, 테러, 파업과폭동, 게릴라전술 등</td></tr>
<tr><td rowspan="2">형태</td><td>국가전복</td><td colspan="2">피치자가 치자를 무력으로 타도하여 정권 탈취</td></tr>
<tr><td>정부전복</td><td colspan="2">동일계급의 일부세력이 집권세력을 폭력으로써 타도하여 정권을 탈취</td></tr>
</table>

5. 간첩

1) 간첩망의 형태에 따른 분류

유형	특징	장점	단점
단일형	기성조직을 이용함이 없이 직접 단독활동하는 형태	① 보안유지 및 신속한 활동이 가능 ② 대남간첩이 많이 사용	활동범위가 좁고 공작성과 낮음
삼각형	① 간첩이 3명이내의 행동공작 원을 직접 지휘(공작원간의 횡적 연락을 차단) ② 지하당구축에 흔히 활용	① 횡적 연락이 차단되어 보안유지에 용이 ② 일망타진의 가능성이 적음	주공작원의 정체가 쉽게 규명되고 활동범위가 좁음
서클형	간첩이 합법적 신분을 이용하여 적국의 이념이나 사상에 동조토록 유도하여 공작목표를 달성하기 위한 조직형태	① 활동이 자유롭고 대중적 조직 · 동원이 가능 ② 전선조직(첩보전)에서 많이 사용	폭로시 외교문제가 유발될 있음
피라미드형	간첩 - 주공작원 - 행동공작원을 두는 형태	입체적 공작으로 활동범위가 넓음	노출이 쉬워 일망타진 가능성이 높다
레포형	피라미드형 조직에 있어서 간첩과 주공작원간, 행동공작원 상호간에 연락원을 두고 종횡으로 연결하는 방식으로 현대 첩보전에서는 사용안함.		

2) 활동방법 분류

고정간첩	일정기역 내에서 영구적으로 간첩 임무를 부여 받고 활동하는 간첩으로 일정한 공작기간이 없고 합법적으로 보장된 신분이나 보장될 수 있는 조건을 구비함.
배회간첩	고정간첩과 대응하는 개념으로서 일정한 주거없이 전국을 배회하면서 임무를 수행, 합법적인 신분을 취득하면 고정간첩으로 변할 수 있음.
공행간첩	타국에 공용의 명목하에 입국하여 합법적인 신분(외교관, 상사 주재원 등)을 갖고 이를 기화로 상대국에 대한 각종 정보를 수집하는 것을 목적으로 하는 간첩임.

3) 활동범위에 의한 분류

대량형 간첩	특정한 대상의 지목이 없이 광범위한 분야에서 정보를 입수하는 간첩, 전시에 많이 파견됨.(색출이 용이)
지명형 간첩	특정한 목표와 임무를 부여받아 특수한 정보를 수집하는 간첩, 평시에 파견됨(색출이 곤란함)

4) 임무(사명)에 의한 분류

일반간첩	기밀탐지·수집 등 가장 전형적인 형태의 간첩
무장간첩	요인암살·일반간첩의 호송 등을 주된 임무로 하는 무장한 간첩
증원간첩	이미 구성된 간첩망의 보강을 위해 파견되는 간첩· 도는 간첩으로 이용할 양인 등의 납치, 월북 등을 주된 임무로 하는 간첩
보급간첩	간첩을 침투시키거나 이미 침투한 간첩에게 필요한 활동자제를 보급·지원하는 간첩

Notice

〈대공상황 관련 용어〉

1. 무장공비 - 유격활동 및 거점 확보, 중요시설의 파괴, 양민학살, 약탈 등 민심교란을 목적으로 침투한 북괴의 인원을 말한다.
2. 거동수상자 - 인상착의, 휴대품, 언동 등과 주위의 제반사정으로 보아, 불합리한 점이 많아 간첩, 무장공비, 용공불순분자 또는 기타 범법자로 인정할만한 징후가 농후한 자를 말한다.
3. 괴한 - 인상착의, 휴대품, 언동 등과 주위의 제반사항 등으로 보아 반국가 용공행위를 하였거나 자행할 우려가 농후한 자를 말한다.
4. 괴(의아)선박 - 출현일시, 장소, 형태, 항진방법, 속력 등과 주위의 제반사정으로 보아 아국에 안보상 위해를 가할 우려가 있다고 인정되는 정체불명의 선박을 말한다.
5. 적성물품 - 공식적으로 수입하거나 반입하지 않은 적성국가 또는 집단에서 제조 가공한 것으로 국가의 안전보장에 영향을 미칠 수 있는 물건을 말한다.
6. 빨치산 - 군사용어인 Partisan(유격대)라는 프랑스어인데, 러시아혁명전후에 게릴라전으로 싸운 비정규군을 의미한다. 정규군과 호응하여 적군 후방를 교란, 파괴하는 유격대로 노동자, 농민 등이 가담한 자연발생적인 비정규군의 의미를 지니고 있다.

6. 공작활동

공작이란 정보기관이 어떠한 목적하에 주어진 목표에 대하여 계획적으로 수행하는 비밀활동으로서, 방첩업무에 현저히 가치가 있는 보안 정보의 수집이나 간첩·반국가단체에 대한 증거수집 및 범인 색출 등 국가안전보장을 위한 비노출적 보안활동이다.

(1) 비밀공작의 특징 - 전제성(강력한 통제) 인정

방첩업무에 현저한 가치가 있는 보안정보의 수집, 간첩·반국가단체에 대한 증거수집 및 범인색출 등 국가 안전보장을 위한 비노출적 보안활동을 의미함

1) 공작의 성격

① 전제성 : 강력한 통제하에 수행되며, 지령에 대한 하급자의 반대 불허
② 헌신성 : 비밀공작의 종사요원에 대하여 국가목적적 헌신성이 요구
③ 다양성 : 적대국·제3국·우방 등 다양한 대상에 대하여 전개
④ 변화성 : 현실상황에 따라 다양한 대처로 비정형적 성격
⑤ 복선성 : 노출에 대비 주관자는 철저한 위장대책의 수립이 요구
⑥ 비밀성 : 계획·추진과정은 물론 종료 후에도 비밀유지가 요구
⑦ 장기성 : 목전의 성과보다 장기에 걸친 활동효과를 추구

2) 공작의 4요소 - 주관자, 목표, 공작원, 공작금

① **주관자 :** 상부로부터 받는 지령을 계획하고 수행하는 집단으로서 공작의 책임자 (대표자는 공작관)

② **목표 :** 공작상황에 따라 결정되며, 개괄적이고 광범위한 것부터 구체적이거나 특정된 것까지 있으나, 공작의 진행에 따라 구체화·세분화됨이 보통이다.

③ **공작원**

㉠ 주공작원 : 공작관 밑에 위치하는 공작망의 책임자이며, 공작관의 명령시달에 의하여 자기 공작망 산하 공작원에 대한 지휘조종의 책임을 담당
㉡ 행동공작원 : 공작목표에 대하여 실제로 첩보수집 기타 공작임무를 직접 수행 (통상 주 공작원의 지휘조종을 받아 임무 수행)
㉢ 지원공작원 : 비밀활동을 수행하는 공작원 · 조직체에 공작에 필요한 기술 · 물자 등을 지원하는 활동을 수행(통상 주공작원의 지휘조종을 받아 임무 수행)

④ **공작금**

Notice

* 공작활동에서 노출방지를 위한 2대 필수 요소 : 가장, 신호

3) 공작평가보고서 → 지방청장 승인, 진행에 따라 세분화한다.

일선경찰서에서 방첩공작을 진행하기 위하여 보안첩보를 입수하여 내사진행을 거쳐 공작의 가치가 있다고 판단되면, 공작평가보고서를 작성하여 지방경찰청으로 공작승인 요청한다.

Notice

*** 방첩공작의 진행순서**

보안첩보 수집 → 내사 → 공작평가보고서 작성 →지방청장의 공작승인 → 방첩공작

4) 비밀공작의 순환단계

지령 ⇨ 계획 ⇨ 모집·훈련 ⇨ 브리핑 ⇨ 파견 및 귀환 ⇨ 디브리핑 ⇨ 보고서작성 ⇨ 해고(해고의 경우 보안 및 비밀유지에 주의하여야 함)

5) 공작의 분류

공작운영기구	통합공작(연락, 연합공작), 합동공작
공작대상지역	대북, 대공산권, 대우방국공작
공작목적	첩보수집, 태업, 지원, 와해모략(심리전) 공작 등

6) 비밀공작망의 형태

구분	직접망	주공작원망
개념	최선단에서 활동하는 공작원이 직접 공작관과 연락되어 공작관의 조정 통제를 받는 망형태이다	공작관으로부터 공작임무를 위임받은 주공작원이 공작망을 조정 통제하는 망 형태이다

장점	① 조정 · 통제가 용이 ② 공작관과 공작원이 직접 접촉하게 되어 공작원에 대한 테스트가 용이 ③ 양질의 첩보수집과보안유지가 가능 ④ 공작비가 절약	① 많은 공작원을 간접적으로 조정 ② 공작관이 노출될 염려가 적다 ③ 유용한 공작원의 활용으로 능률 향상 ④ 공작관의 언어상 장벽해소
단점	① 공작관의 신분이 알려져 조직 노출의 우려 ② 공작원의 업무량 과다 ③ 많은 목표를 대상으로 할 수 없다	① 공작관이 공작원을 직접 통제할 수 없다 ② 공작비가 과다지출 ③ 공작원에 대한 평가곤란

(2) 비밀공작활동의 유형

1) 가장 – 정보활동에 관한 제요소의 정체가 외부에 노출되지 않도록 내외요소를 꾸미는 것 (외관만을 다르게 꾸미는 위장과 구별됨)

① **원리** – 합리성, 임기응변성

② **종류**

㉠ 인공적 가장(신분조작) – 자연가장
㉡ 중 가장(신분, 문서완비) – 경 가장
㉢ 신분가장 – 행동가장
㉣ 개인가장 – 집단가장 – 조직가장(조직자체를 보통의 기관이나 기업체처럼 가장)
㉤ 기본적 가장– 부차적 가장

중가장	가장을 충분히 입증할 수 있는 증명문건 등을 완전히 구비하여 일반적 수사에서 정체가 쉽게 폭로되지 않는 가장
경가장	입증문건 등의 구비상태가 완벽하지 못한 가장
개인가장	개개인을 비밀활동에 적합하게 가장
집단가장	정보기관 종사자가 집단적으로 행동할 때 취하는 가장
조직가장	조직자체를 보통의 기관이나 기업체처럼 가장(명칭 · 사업 등)

자연적 가장	기존의 신분이나 직업 등 기존 사실대로 가장
인공적 가장	새로운 신분이나 직업·생활 등을 조작하여 허위의 가장
신분가장	공작지역에 체류함으로 자연스럽도록 신분을 가장
행동가장	정보활동 수행상 제반 행동사항을 보호하여 주는 가장
기본적 가장	정보활동에 있어서 제1차적이고 기본이 되는 가장
부차적 가장	기본적 가장이 폭로되거나 사용할 수 없는 경우에 대비한 2차적 가장

(3) 연락

비밀공작을 수행함에 있어 물자·문서 등을 전달하기 위하여 설치한 수단·방법의 유지 및 운용을 의미한다.

1) 3요소

신속성, 정확성, 안전성

2) 연락계획 4대요건

연락(계속)요건, 안전요건, 유동요건, 통제요건

3) 연락선

변동하는 각종상황 하에서도 비밀조직내의 인원이나 기관간에 상호 연락할 수 있도록 체계를 구성하는 것

정상선	정상적인 공작상황에서의 연락선 ① 기본선 : 통상 개인회합과 같은 연락수단을 이용 ② 보조선 : 기본선의 과중한 사용을 피하기 위하여 또는 기본선의 사고발생시를 대비한 것이다. ③ 긴급선 : 긴급한 지령·첩보를 전달할 경우, 기본선과 보조선을 이용할 시간적 여유가 없을 경우에 사용
예비선	조직원의 교체 또는 조직의 확장, 부활, 변동 시 대비한 것, 최초접촉을 위한 선
비상선	(경고선) 위급상황에서 공작의 중단이나 정지를 알리기 위한 연락선 비상선이 활용되면 모든 공작원은 즉시 공작을 중단하고 안전가옥에 잠복하거나 국외로 도피한다. 그리고 다시 공작을 계속해야 할 경우에는 예비선을 통하여 재접촉을 가진 후 정상선을 재조직하게 된다.

4) 연락방법

연락수단에는 두 구성원간에 직접 대면하는 **개인 회합**과 직접적인 접촉 없이 매개자나 매개물을 통한 **차단**이 있다.

아지트	① 비합법적인 운동이나 간첩행위 등의 근거지로 사용하는 집회소나 지도본부 ② 아지트는 공작원이 외부로부터 보호될 수 있는 고도의 차단성을 구비하여야 함
비트	땅을 파고 들어가 은신하는 비합법적인 활동의 잠복거점
드보크	① 러시아어로 참나무를 뜻하는 두푸 에서 유래한 공작용어로서 2차 대전 당시 상호연락 수단이 없었던 시베리아 지방에서 동네입구에 서 있는 큰 참나무를 표식으로 하여 편지나 물건을 갖다 놓았던 사실에서 유래되었다. ② 사람을 통하지 않고 자연지물을 이용한 비밀함에 의해 문건이나 물건 · 공작금 · 무기 등을 주고받는 수단 ③ 드보크 선정 장소 - 매몰과 발굴이 용이한 지점 - 주변에 뚜렷하고 반영구적인 목표물이 있는 지점 - 군 · 경의 감시나 왕래가 없는 지점 - 혼자서 찾아내기 쉬운 지점 - 쌍방에게 모두 편리하며 안전한 지점 ④ 대인접선으로 인한 위험성을 방지하고 안전하게 연락을 실현할 수 있어 보안성이 높은 반면, 매몰장소 식별이 곤란한 단점도 있다.

5) 잠복전술의 종류

잠복전술이란 침투 간첩들이 남한지역에 체류하는 동안 정보수사기관의 인지를 피하여 활동거점을 마련하고 은신하는 기술과 활동을 의미한다.

비합법 기술잠복	① 가장 기본적인 잠복으로 침투지점부터 공작지역까지 침투 · 복귀시, 공작지역에 체류하는 전기간에 기본적으로 은거하는 잠복 ② 잠복장소를 비트라고 하며, 공작지역까지의 침투과정에서 만드는 임시비트와 공작지에서 활동거점으로 만드는 영구비트

비합법 자연잠복	비트를 굴설할 시간적 여유가 없거나, 토질조건의 불량 등 굴설조건이 못되는 경우에 자연지리적 조건과 지형지물을 이용하여 잠복
반합법 기술잠복	유흥접객업소 종사자와 동거 · 동숙하는 등 신분확인이 곤란한 점을 이용하여 합법적인 인물처럼 공개적으로 잠복
반합법 엄호잠복	침투간첩들이 포섭된 대상의 엄호를 받으며, 그의 거주지나 영업소에 은거하여 합법적인 인물로 가장 잠복

◉ 심리전

(1) 개념

비무력적인 선전·선동·모략 등의 수단으로 직접 상대국의 국민·군대에 정신적 자극을 주어 사상혼란과 국론분열을 유발시킴으로써 자국의 의도대로 유도하는 것(비무력적인 선전, 선동, 모략의 수단에 의한 전술 일체)

(2) 유형

목적	선무 심리전	아측 후방지역의 사기를 앙양시키거나 수복지역 주민들의 협조를 얻고 질서를 유지하기 위한 선전활동(일명 타협심리전)
	공적적 심리전	적측에 대해 특정의 목적 달성 위해 공격적으로 행하는 심리전
	방어적 심리전	적측에 가해 오는 공격을 와해 축소 시키기 위해 방어적으로 행하는 심리전
운용	전략 심리전	광범위하고 장기적인 목표 하에 대상국의 전국민을 대상으로 실시하는 심리전 예 자유진영국가들이 공산진영국가에 대한 대공산권 방송
	전술 심리전	단기적인 목표하에 즉각적인 효과를 기대하고 실시하는 심리전 예 간첩을 체포한 후 널리 공개하는 것
주체	공연성 심리전, 비공연성 심리전	

(3) 주요심리전의 수단

<table>
<tr><td rowspan="4">선전</td><td colspan="2">주최측의 일정한 사상·판단·감정·관심 등을 대중에게 일방적으로 표시하여 의식·무의식간에 그들의 태도에 일정한 경향과 방향을 부여하는 것</td></tr>
<tr><td>백색선전</td><td>① 출처 공개
② 국가 또는 공인된 기관이 공식적인 보도기관을 통하여 행하게 되므로 주제·용어 등에 제한을 받지만 신뢰도가 가장 높음</td></tr>
<tr><td>흑색선전</td><td>① 출처 위장 (예 구 한민전의 '구국의 소리')
② 장점 : 적국 내에서도 행할 수 있고 특정한 목표에 대해 즉각적이고 집중적인 선전을 할 수 있음
③ 단점 : 출처노출을 피하기 위해 많은 주의가 요구되며 정상적인 통신망을 이용할 수 없다.</td></tr>
<tr><td>회색선전</td><td>① 출처 비공개
② 장점 : 선전이라는 선입관을 주지 않고 효과를 얻을수 있음
③ 단점 : 적의 역선전에 대항하기 어려움, 출처의 은폐로 선전의 효과를 거두기 어렵다.</td></tr>
<tr><td>선동</td><td colspan="2">① 대중의 심리를 자극하여 감정을 폭발시킴으로써 군중심리에 의하여 폭력을 유발하게 활동으로서 대중의 주체의식과 개성을 상실시키는 특징이 있음
② 대중의 감정을 간파하고 호소할 수 있는 웅변·예언이 뛰어난 대중인기인에 의해 행해짐</td></tr>
<tr><td>유언비어</td><td colspan="2">① 사회불안을 이용하여 확실한 근거가 없고 출처가 불분명한 풍설을 퍼뜨리는 활동, 인위적은 물론이거니와 자연적으로 발생하는 경우도 있음.
② 방지책 : 비공식적 해명, 정확한 보도, 사전방지, 근원지의 색출 등</td></tr>
<tr><td>전단</td><td colspan="2">① 심리전 주체가 의도한 선전내용을 간단히 문자·그림·사진 등으로 수록한 유인물
② 장점 : 소지가 쉽고, 타인에게 보여줄 수가 있어 다량전파가 가능하며, 사용이 자유로움
③ 단점 : 많은 시간이 거리며, 적의 역대응에 약하고, 기상 등의 영향을 받음</td></tr>
</table>

<table>
<tr><td>불온
선전물</td><td>① 북한이 대남심리전의 목적으로 각종 문제를 그때 그때의시사성에 맞추어 왜곡 · 선전하여 살포하는 선전물(전단 · 책자 · 화보 · 신문 · 삐라 등)
② 국내에서 집회 · 시위 또는 인권운동의 수단으로 사회 · 노동단체, 학생 등이 제작 살포하는 불온유인물(안보위해문건)과 구별
※ 안보위해문건의 규제법률 : 국가보안법, 경범죄처벌법, 옥외광고물등관리법
<table>
<tr><td>불온선전물</td><td>북</td><td>내용왜곡</td></tr>
<tr><td>불온유인물</td><td>남</td><td></td></tr>
</table>
</td></tr>
<tr><td>모략</td><td>① 계획적 · 날조적으로 상대측의 특정개인 · 단체에게 누명을 씌우거나, 상대국가 세력을 약화 또는 단결력을 파괴시키는 활동
② 모략의 최적기 : 목표집단의 지도이념이나 가치가 파괴되었을 때</td></tr>
</table>

◉ 북한의 대남공작기구

북한은 대남공작부서 조직을 노동당에서 국방위원회 정찰총국 위주로 개편하였다.

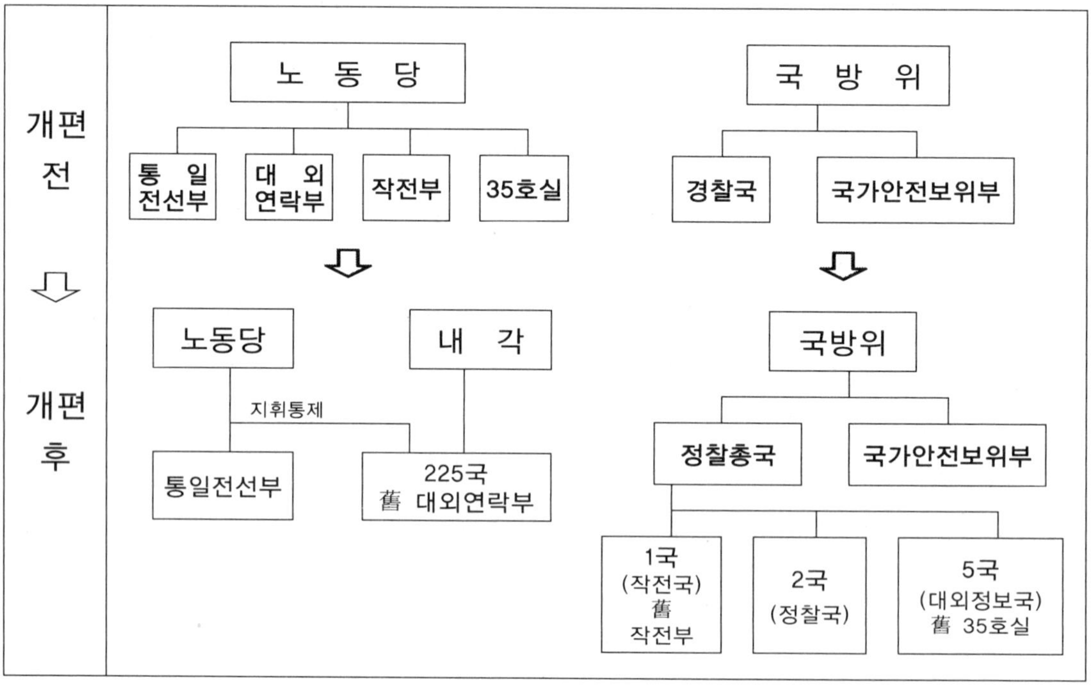

가. 225국(구 대외연락부)

주로 공작원의 밀봉교육, 남파, 남한 내 지하당 구축공작 및 해외공작 전담

나. 통일전선부

① 1977년 김일성의 교시에 따라 설치된 대남사업부서
② 남북대화 주관, 조총련 및 해외교포 공작사업, 대남심리전 및 통일전선 공작 등을 전담
③ 외곽단체로는 조국평화통일위원회(조평통), 조국통일민주주의전선(조국전선), 반제민족민주전선(반제민전), 조선아세아태평양평화위원회(아·태평화위) 등이 있다.

※ 반제민족민주전선(반제민전)

① 남한 내 지하당인 것처럼 선전하고 있는 대남혁명투쟁의 전위조직으로, 북한은 1964년 통일혁명당(통혁당) 창당준비위를 조직하였고, 1985년 명칭을 한국민족민주전선으로 개칭하고 '통혁당 목소리 방송'도 '구국의 소리 방송'으로 개명하였으며, 2005.3.25 명칭을 반제민족민주전선(반제민전)으로 개명하였다.
② 심리전의 흑색선전과 관련된 단체이다.
③ 한민전은 2003년 8월 1일부터 '구국의 소리 방송' 방송을 중단하고, 같은 주파수로 조선중앙방송을 송출하고 있다.
④ 한민전은 인터넷사이트 '구국조선'을 운영해오다 2005.3.23 '반제민전'으로 개칭하였음

다. 정찰총국 1국 (구 작전부)

① 공작원들에 대한 기본교육 훈련, 침투공작원 호송·안내·복귀·대남 테러공작 및 대남 침투로 개척 등을 주임무로 함.
② 1998년 유고급 잠수정으로 속초지역으로 침투한 바 있음.

라. 정찰총국 2국(구 정찰국)

① 무장공비 양성·남파·요인암살·파괴·납치 등 게릴라 활동 및 군사정보 수

집

② 1983년 미얀마 아웅산 암살폭파사건, 1996년 강릉무장공비사건 자행

마 정찰총국 5국(구 35호실)

① 대외 · 대남정보수집, 해외간첩공작 및 테러공작을 전담하는 부서

② 1987년 KAL 858기 공중폭파테러를 자행

바 정찰총국 121국 – 전자정찰국 산하 사이버전 지도국

他國(타국)의 컴퓨터망에 침입해 자료를 해킹하고 바이러스를 유포하는 사이버전(戰) 부대

Notice

※ 인민보안성 : 북한의 치안담당기구로서 대남공작기구가 아님에 유의

'사회안정성'을 개명한 것으로 북한내의 사회안전질서 유지 및 국가와 인민의 생명과 재산을 보호하는 것을 목적으로 하는 우리의 경찰청과 유사한 조직

◉ 북한사회의 계층구조

핵심계층	정규의 당원을 비롯하여 김정일에게 충성을 다하는 계층
동요계층	어느 쪽으로도 분류하기 어려운 계층으로 기본계층 · 회색분자 · 기회주의자라고도 불리우며 하급간부나 기술자로 배치되는 계층
적대계층	북한공산집단에 동조하지 않는 계층으로 복잡계층이라고도 하며, 유해노동직에 배치되고 진학 · 입당 등이 원칙적으로 봉쇄된 계층(감시의 주대상)

◉ 보안관찰

(1) 보안처분의 의의

보안처분이라 함은 형벌로는 행위자의 사회복귀와 범죄의 예방이 불가능하거나 행위자의 특수한 위험성으로 인하여 형벌의 목적을 달성하기 곤란한 경우에 형벌을 대체하거나 보완하기 위한 예방적 성질의 목적적 조치를 말한다. 보안처분에는 행위책임의 원칙이 적용되지 않는다. 그러나 보안처분도 개인의 자유를 침해하는 제재이므로 비례의 원칙의 범위 내에서 그 정당성을 찾을 수 있다.

(2) 보안관찰의 의의(제1조)

보안관찰법은 특정범죄를 범한 자에 대하여 재범의 위험성을 예방하고 건전한 사회복귀를 촉진하기 위하여 보안관찰처분을 함으로써 국가의 안전과 사회의 안녕을 유지함을 목적으로 하고 있다.

1) 보안관찰이란 행위자의 장래의 위험성 때문에 행위자 치료·교육·재사회화를 위한 개선과, 그에 대한 보안이라는 사회방위를 주목적으로 하여 과하여지는 형벌 이외의 형사제재를 말하는데, 이는 행위책임을 도외시하고 현존하는 행위자의 위험성으로부터 사회를 방위하기 위한 합목적적 강제조치이다.

2) 특정범죄인「반국가사범」에 대하여 일정한 요건에 합치하는 경우에 관찰·지도·경고 등의 조치를 취하는 보안관찰은 대상자의 자유를 제한하는 대인적 보안처분의 일종으로서, 보안경찰의 활동대상이라고 하겠다. (주거제한적 요소는 있지만, 대가택보호처분은 아니다).

(3) 보안관찰 대상범죄(제2조)

구분	해 당 범 죄	제 외 범 죄
형법	내란목적살인죄, 외환유치죄, 여적죄, 간첩죄, 시설제공이적죄, 물건제공이적, 모병이적죄	일반이적죄, 내란죄, 전시군수계약불이행죄
군형법	반란죄, 반란목적 군용물탈취죄, 군대 및 군용시설제공죄, 군용시설 등 파괴죄, 간첩죄, 일반이적죄	단순반란불고지죄
국가보안법	목적수행죄, 자진지원죄, 금품수수죄, 잠입탈출죄, 편의제공죄	반국가단체구성죄, 찬양 · 고무죄, 회합 · 통신죄, 특수직무유기죄, 불고지죄, 무고날조죄

(4) 보안관찰처분 대상자(제3조)

보안관찰해당범죄 또는 이와 경합된 범죄로 금고이상의 형의 선고를 받고 그 형기합계가 3년 이상인 자로서 형의 전부 또는 일부의 집행을 받은 사실이 있는 자를 말한다.

1) 보안관찰해당범죄 또는 이와 경합된 범죄

보안관찰해당 범죄만으로 형의 선고를 받은 경우뿐만 아니라, 보안관찰해당범죄 이외에 국가보안법상의 찬양·고무죄 또는 형법상의 절도·강도 등 비보안관찰해당범죄와 경합된 죄로 형의 선고를 받은 경우에도 해당한다.

2) 금고이상의 형의 선고를 받고 그 형기 합계가 3년 이상인 자

단, 1회에 보안관찰해당범죄 또는 이와 경합된 범죄로 금고 3년 이상을 선고받은 경우뿐만 아니라, 2회 이상 금고 이상의 형을 받고 그 형기 합계가 3년 이상인 경우도 이에 해당한다.

3) 형의 전부 또는 일부의 집행을 받은 자

금고 3년 이상의 형이 확정되었으나 집행되기 전에 사면되었거나 집행유예·선고유예를 받은 자는 제외한다.

4) 재범의 위험성(제4조)

보안관찰처분은 보안관찰대상자 중에서 보안관찰해당범죄를 다시 범할 위험성이 있다고 인정할 충분한 이유가 있어 재범의 방지를 위한 관찰이 필요한 자에 대하여 한다. 따라서 보안관찰해당범죄가 아닌 범죄를 다시 범할 위험성이 있더라도 보안관찰처분 할 수는 없다.

(5) 보안처분의 청구와 기간(제5조)

보안관찰처분 청구는 검사가 행하고, 보안관찰처분에 관한 결정은 보안관찰처분심의위원회의 의결을 거쳐 법무부장관이 결정한다. 보안관찰처분의 기간은 2년으로 한다. 그러나 법무부장관은 검사의 청구가 있는 때에는 보안관찰처분심의위원회의 의결을 거쳐 그 기간을 갱신할 수 있다. 갱신된 기간도 2년이고 갱신횟수에는 제한이 없다.

(6) 신고(제6조)

1) 대상자의 신고

① 처분대상자는 교도소 등에서 출소하기 2개월 전에 교도소 등의 장을 경유하여 거주 예정지 관할경찰서장에게 신고한다. 그리고 처분대상자는 출소 후7일 이내에 거주 예정지 관할경찰서장에게 출소사실을 신고하여야 한다.

② 처분대상자는 신고사항에 변동이 있을 경우7일 이내에 변동사실을 관할 경찰서장에게 신고하여야 한다.

③ 교도소등의 장은 제3조에 해당하는 자가 생길 때에는 지체없이 보안관찰처분심의위원회와 거주예정지를 관할하는 검사 및 경찰서장에게 통고하여야 한다.

2) 피보안관찰자 신고(제18조)

① 피보안관찰자 신고 - 관찰처분을 받은 날부터 7일 이내

② 정기 신고 - 관찰처분을 받은 달부터 매 3월마다 주요 활동사항 신고

③ 수시 신고 - 신고사항에 변동이 있을 때에는 7일 이내에, 주거지이전·국외여행·10일 이상 국내여행은 미리 지구대장(파출소장)을 거쳐 관할서장에게 신고

(7) 이의신청(행정소송)(제23조)

이 법에 의한 법무부장관의 결정을 받은 자가 그 결정에 이의가 있을 때에는 행정소송법이 정하는 바에 따라 그 결정이 집행된 날부터 60일 이내에 서울고등법원에 소를 제기할 수 있다. 다만, 제11조의 규정에 의한 면제결정신청에 대한 기각결정을 받은 자가 그 결정에 이의가 있을 때에는 그 결정이 있는 날부터 60일 이내에 서울고등법원에 소를 제기할 수 있다.

(8) 보안관찰처분의 집행(제17조)

1) 검사의 지휘하에 관할경찰서장이 피보안관찰자에게 결정서 등본을 교부함으로써 집행이 개시

2) 집행중지

① 사유 : 피보안관찰자의 도주, 소재불명(1개월 이상) 등

② 절차 : 관할경찰서장이 검사에게 신청하고, 검사는 집행중지결정후 지체없이 법무부장관에게 보고

③ 집행중지의 사유가 소멸된 때에는 검사는 지체없이 그 결정을 취소하여야 한다.

(9) 보안관찰실시(수단)

1) 관찰(시행령 제4조)

관할경찰서장은 매월 1회 이상 피보안관찰자의 동태를 파악하고, 사회복귀 선도 및 재범방지를 위한 조치를 행한다.

2) 지도(제19조제1항)

① 지도사항

㉠ 피보안관찰자와 긴밀한 접촉을 가지고 항상 그 행동 및 환경 등을 관찰하는 것

㉡ 피보안관찰자에 대하여 신고사항을 이행함에 적절한 지시를 하는 것

㉢ 기타 피보안관찰자가 사회의 선량한 일원이 되는데 필요한 조치를 취하는 것

② 재범방지 조치(제19조제2항)

㉠ 보안관찰해당범죄를 범한 자와의 회합 · 통신금지

㉡ 집단적이 폭행, 협박, 손괴,방화 등으로 공공의 안녕질서를 위협할 가능성이 명백한 집회 · 시위장소에의 출입금지

㉢ 피보안관찰자의 보호 또는 조사를 위한 특정장소에의 출석요구

3) 보호(제20조)

① 검사 및 사법경찰관리는 피보안관찰자가 자조의 노력을 함에 있어, 그의 개선과 자위를 위하여 필요하다고 인정되는 아래의 적절한 보호를 할 수 있음

㉠ 주거 · 취업의 알선

㉡ 직업훈련의 기회제공

㉢ 환경의 개선

㉣ 기타 본인의 건전하 사회복귀를 위하여 필요한 원조를 하는 것

② 법무부장관은 보안관찰처분대상자 또는 피보안관찰자 중 국내에 가족이 없거나 가족이 있어도 인수를 거절하는 자에 대해서는 거소를 제공할 수 있음

4) 응급구호(제21조)

검사 및 사법경찰관리는 피보안관찰자에게 부상·질병 기타 긴급한 사유가 발생하였을 때에는 대통령령이 정하는 바에 따라 필요한 구호를 할 수 있다.

5) 경고(제22조)

검사 및 사법경찰관리는 피보안관찰자가 의무를 위반하였거나 위반할 위험성이 있다고 의심할 상당한 이유가 있는 때에는 그 이행을 촉구하고 형사 처벌 등 불이익한 처분을 받을 수 있음을 경고할 수 있다.

(10) 보안관찰처분의 면제결정(제11조)

1) 준법정신 확립
2) 일정한 주거와 생업이 있을 것
3) 대통령령이 정하는 신원보증이 있을 것

Notice

※ 신원보증인이 될 수 있는 자

1. 주거지의 읍·면·동·리·통·반의 장
2. 신청인이 근무하는 직장의 장
3. 법 제20조제3항의 규정에 의하여 거소제공을 받은 때에는 그 제공된 사회복지시설등의 장
4. 기타 학식과 덕망이 있는 자(선거에 의하여 취임하는 공무원을 제외한다)

◉ 국가보안법

1. 목적과 성격

(1) 목적

국가의 안전을 위태롭게 하는 반국가활동을 규제함으로써 국가안전보장과 국민의 생존 및 자유의 확보를 목적으로 한다.

(2) 성격

국가보안법은 "반국가활동"이라는 특정한 행위에 대하여 특별한 처벌규정과 절차를 두고 있으므로 일반형법과 형사소송법에 대한 특별법으로서의 성격을 가지고 있다. 따라서 국가보안법에 특별한 규정이 없는 경우에는 일반법인 형법과 형사소송법이 적용된다.

2. 국가보안법상 범죄의 유형

(1) 반국가단체구성죄 (제2조)

1) 의의 : '정부를 참칭' 하거나 '국가를 변란'할 것을 목적으로 하는 국내외의 결사 또는 집단으로서 지휘통솔체계를 갖춘 단체

2) 반국가단체의 성립요건

① 정부를 참칭하거나 국가를 변란할 것을 목적으로 할 것

㉠ 정부참칭이란 합법적인 절차에 의하지 아니하고 임의로 정부를 조직하여 진정한 정부인양 사칭하는 것(예 : 북한), 정부와 동일한 명칭을 사용할 필요까지는 없고 일반인이 정부로 오인할 정도이면 충분함

㉡ 국가변란이란 정부를 전복하여 새로운 정부를 조직하는 것, 형법상 내란죄의 '국헌문란'이란 헌법 또는 법률의기능소멸이나 헌법기관의 전복 또는 권능행사의 불가능을 의미함. 따라서 형법 제91조에 규정된 '국헌문란이 국가보안법상'국가변란'보다 넓은 개념이다.

㉢ 정부참칭과 국가변란의 목적은 반드시 직접적일 것

② 결사 또는 집단일 것

㉠ 결사의 요건 : 첫째 일정한 공동목적의 수행을 위하여 조직 된 것, 둘째 반드시 구성원이 2인 이상 일 것, 셋째 계속성이 있을 것

㉡ 집단 : 결사와 같이 일정한 공동목적을 위해 조직된 특정 다수인의 집합체이지만 결사가 계속적인 집합체임에 반하여 집단은 일시적인 집합체

③ 지휘통솔 체제

2인 이상의 특정 다수인 사이에 내부질서를 유지하고 그 단체를 주도하기 위하여 일정한 위계 및 분담 등의 체계를 갖출 것

(2) 반국가단체의 구성 · 가입 · 가입권유죄 (제3조)

1) 의의 : 반국가단체를 구성하거나 이에 가입하거나 타인에게 반국가단체에 가입할 것을 권유하는 행위

2) 구성요건

① **주체 :** 내·외국인, 기존 반국가단체의 구성원 등 누구든지 가능

② **행위** : 구성, 가입, 가입권유

③ **주관적 요건** : 첫째, 행위시에 반국가단체라는 점에 대한 인식이 있을 것(과실로 인식하자 못한 경우 불벌), 둘째 반국가단체의 구성·가입권유에 대한 고의가 있을 것(납북 등에 의한 강요된 행위는 불벌)

3) 처벌

① 수괴의 임무에 종사한 자는 사형 또는 무기징역
② 간부 기타 지도적 임무에 종사한 자는 사형 무기 또는 5년 이상의 징역
③ 미수범 및 예비, 음모 처벌
④ 필요적 공범으로 행위자의 지위와 역할의 차이에 따라 법정형의 구별을 두고 있다.

(3) 목적수행죄 (제4조)

1) 의의

반국가단체의 구성원 또는 지령을 받은 자가 그 결사 · 집단의 목적수행을 위하여 자행하는 간첩, 인명살상, 시설파괴 등 범죄를 특별히 중하게 처벌하기 위해 마련한 조항

2) 형법과의 관계

① 국가보안법이 형법의 특별법이므로 목적수행죄도 형법범에 대하여 특별법적 성격을 가진다.
② 목적수행죄는 대부분 형법보다 법정형을 가중하고 있다.
③ 형법은 유형에 따라 법정형에 차등을 두고 있으나, 국가보안법에서는 같은 죄질에 속하는 한 법정형을 통일하고 있다.

3) 국가보안법 제4조(목적수행) 제1항의 구성요건적 체계

제1호	외환의 죄, 존속살해, 강도살인, 강도치사 등의 범죄
제2호	간첩죄, 간첩방조죄, 국가기밀탐지 · 수집 · 누설 등의 범죄
제3호	소요, 폭발물 사용, 방화, 살인 등의 범죄
제4호	중요시설파괴, 약취 · 유인, 항공기 · 무기 등의 이동 · 취거 등의 범죄
제5호	유가증권위조, 상해, 국가기밀서류 · 물품의 손괴 · 은닉 등의 범죄
제6호	선전 · 선동, 허위사실 날조 · 유포 등의 범죄

4) 간첩죄

① 개념

반국가단체의 구성원이나 그 지령을 받은 자가 목적수행의 의사로 간첩함으로써 성립하고, 여기서 간첩이라 함은 대한민국의 군사상 기밀사항을 탐지·수집하는 것을 말한다.

② 행위의 주체

반국가단체의 구성원 또는 지령을 받은 자

③ 행위의 객체

㉠ 간첩죄의 행위의 객체는 군사상 기밀이다. 군사상 기밀에는 순순한 군사에 관한 사항뿐만 아니라 정치, 경제, 사회, 문화 등 각 방면에 걸쳐 적국에 알리지 아니하거나 확인되지 아니한 우리나라의 국익 내지 국방정책상 필요한 모든 기밀사항을 포함한다.

㉡ 일반인에게 널리 알려진 공지의 사실, 물건 또는 지식에 속하지 아니할 것

㉢ 대법원 판례에 의하면 각지의 지형, 주요기관·시설의 위치·기능, 정부·군경의 활동사항, 주요인사 동정 및 인적사항, 중요제도, 주요 경제현황 등이 군사상 기밀로 인정 되었다.

④ 행위의 태양

대한민국의 군사상 기밀을 탐지, 수집하는 것

⑤ 주관적 구성요건

범행 당시에 간첩행위에 대한 사실의 인식 외에 목적수행을 위한 행위라는 인식이 있어야 한다.

⑥ 기수, 미수, 예비·음모

㉠ 기수의 기시는 군사상 기밀에 속하는 사항을 탐지·수집한 때이다.

㉡ 간첩죄의 미수범의 성립은 간첩행위의 실행에 착수했을 때이다.(간첩목적으로 대한민국의 지역에 침입하면 실행의 착수로 본다.)

㉢ 무인포스트 설정, 암호책자 해독 등은 실행의 착수라고 볼 수 없다.

5) 간첩방조죄

① **의의**

간첩을 방조함으로써 성립하는 범죄로서 간첩이라는 정을 알면서 간첩의 임무수행과 관련하여 간첩행위자의 범의를 강화시키거나 또는 간첩의 범의에 의한 실행행위를 용이하게 하는 일체의 행위

② **주체**

방조 상대방이 간첩이라는 인식만 있으면 된다.

③ **객체**

적국의 간첩

④ **행위**

간첩행위를 용이하게 하는 일체의 행위를 말하며, 수단 · 방법에는 제한이 없다.

⑤ **주관적 구성요건**

방조행위의 대상이 간첩이라는 인식이 있어야 하고, 방조의 의사가 있어야 한다.

⑥ **처벌**

간첩죄의 경우와 동일하다.

(4) 자진지원죄 (제5조 제1항)

1) 의의

① 반국가단체의 구성원 또는 지령을 받은 자 이외의 자가 반국가단체나 그 구성원 또는 그 지령을 받은 자를 지원할 목적으로 자진하여 외환유치, 간첩, 소요, 중요시설파괴, 유가증권위조, 선동 등 국가보안법 제4조 제1항에 규정된 행위를 함으로써 성립되는 범죄

② 소위 자생적 공산주의자 등이 사전 의사연락 없이 반국가단체나 그 구성원 또는 그 지령을 받은 자 등을 지원하기 위해 반국가적인 행위를 하는 사례를 차단하기 위한 목적

2) 구성요건

① **주체**

반국가단체의 구성원 또는 그 지령을 받은 자를 제외한 모든 자

② **행위태양**

㉠ 자진하여 반국가단체의 구성원 또는 그 지령을 받은 자와 아무런 의사연락 없이 자기 스스로의 의사에 의하여 범행

㉡ 국가보안법 제4조 제1항 각호에 규정된 행위를 하여야 한다.

③ **주관적 구성요건**

㉠ 자진하여 제4조 제1항 각 호에 규정된 행위를 한다는 인식이 있는 외에, 반국가단체나 그 구성원 또는 지령을 받은 자를 지원한다는 목적이 있어야 한다.

㉡ 목적점이다. 목적달성 여부는 본죄의 성립과 아무런 관련이 없다.

3) 처벌

① 제4조 제1항의 예에 의하여 처벌 한다.

② 미수, 예비, 음모 처벌 한다.

(5) 금품수수죄 (제5조2항)

1) 의의

국가의 존립·안전이나 자유민주적 기본질서를 위태롭게 한다는 정을 알면서 반국가단체의 구성원 또는 그 지령을 받은 자로부터 금품을 수수함으로써 성립

2) 구성요건

① **주체**

아무런 제한이 없다. 반국가단체의 구성원이나 그 지령을 받는 자도 주체가 된다.

② **행위의 객체**

㉠ 반국가단체의 구성원 또는 그 지령을 받은 자로부터 금품을 수수하는 것

㉡ 금품은 사람의 수요나 욕망을 충족시킬 수 있는 일체의 물건 또는 이익

③ **주관적 구성요건**

㉠ 국가의 존립, 안전이나 자유민주적 기본질서를 위태롭게 한다는 정을 알았어야 한다.

㉡ 금품을 제공하는 상대방이 반국가단체의 구성원이나 그 지령을 받는 자임을 알았어야 한다.

3) 처벌

① 기수범은 7년 이하의 징역

② 미수범 처벌, 예비 · 음모 불벌

(6) 잠입 · 탈출죄 (제6조)

1) 단순 잠입·탈출죄 (제6조제1항)

① **의의**

국가의 존립 · 안전이나 자유민주적 기본질서를 위태롭게 한다는 정을 알면서 반국가단체의 지배 하에 있는 지역으로부터 잠입하거나 그 지역으로 탈출함으로써 성립

② **주체**

아무런 제한이 없다.

③ **행위태양**

㉠ 반국가단체의 지배하에 있는 지역(북한지역, 외국에 있는 북한공관, 안전가옥, 공작선 등)으로 잠입하거나 탈출하는 것

㉡ 잠입의 기수시기는 '육로 – 휴전선 월경시', '해상 · 공중 – 영해 · 영공 침범시'

④ **주관적 구성요건**

㉠ 국가의 존립, 안전이나 자유민주적 기본질서를 위태롭게 한다는 정을 알면서 행했을 것

㉡ 잠입 · 탈출 행위 자체에 대한 인식이 있을 것

2) 특수 잠입 · 탈출죄(제6조 제2항)

① **의의**

반국가단체나 그 구성원의 지령을 받거나 받기 위하여 또는 그 목적수행을 협의하거나 협의하기 위하여 잠입 · 탈출함으로써 성립

② **주체**

아무런 제한이 없다.

③ **행위**

㉠ 지령은 지시와 명령을 의미하며, 수단 · 방법에는 제한이 없으며, 상하관계를 전제로 하는 것도 아니다.

㉡ 단순 잠입 · 탈출은 반드시 반국가단체의 지배하에 있는 지역으로부터 잠입하거나 탈출하여야 하나, 본죄에서는 반국가단체의 지배하에 있는 지역이 아니라도 무방하다.

④ **주관적 구성요건**

㉠ 지령을 받거나 목적수행을 협의하기 위해 대한민국이 지배하는 지역에 들어오거나 그 지역으로부터 이탈한다는 인식이 있을 것

㉡ 지령을 받고 잠입하는 경우에는 지령을 받은 것만으로는 부족하고 그 지시사항을 실천할 의사와 목적이 있어야 한다.

(7) 각종 이적행위(제7조)

1) 개설

① **의의**

'이적동조 등', '이적단체구성 · 가입', '이적단체 구성원의 허위사실 날조 · 유포', '안보위해 문건 제작 등'을 처벌하기 위한 조항

② **위헌여부**

'죄형법정주의 원칙에 위배', '헌법상 기본권 침해', 등의 논란이 있으나 대법원 및 헌법재판소는 일관되게 동조항이 합헌임을 명시

2) 이적동조 등(제7조 제1항)

① **의의**

국가의 존립 · 안전이나 자유민주적 기본질서를 위태롭게 한다는 정을 알면서

반국가단체나 그 구성원 또는 그 지령을 받은 자의 활동을 찬양·고무·선전 또는 이에 동조하거나 국가변란을 선전·선동하는 행위

② **주체**

행위주체에는 아무런 제한이 없다.

③ **행위태양**

㉠ 찬양·고무·선전·동조 행위
㉡ 국가변란 선전·선동 행위

④ **공통적 행위요건**

㉠ 행위의 내용이 객관적으로 국가의 존립·안전이나 자유민주적 기본질서를 위태롭게 할 위험성이 있는 경우에만 본죄 성립
㉡ 행위의 일부에 반국가단체의 활동을 찬양·동조하거나 국가변란을 선전·선동하는 내용이 포함되어 있어도 처벌 가능
㉢ 특정 또는 불특정인이 인식할 수 있는 상태하에서 행해져야 함.

⑤ **주관적 구성요건**

국가의 존립·안전이나 자유민주적 기본질서를 위태롭게 한다는 인식이 있어야 함

⑥ **판례**

㉠ 북한 공산집단의 상투적인 선전·선동에 동조한 경우
㉡ 반국가단체나 그 활동을 찬양·고무하는 행위
㉢ 자유민주적 기본질서를 위협하는 공격적 표현

3) 이적단체 구성·가입죄(제7조 제3항)

① **의의**

이적찬양·고무·선전·동조 또는 국가변란 선전·선동의 행위를 목적으로 하는 단체를 구성하거나 이에 가입함으로써 성립

② **주체**

아무런 제한이 없다.

③ **행위**

반국가단체나 그 구성원 또는 그 지령을 받은 자의 활동을 찬양·고무·선

전·동조 또는 국가변란 선전·선동의 행위를 목적으로 하는 단체를 구성하거나 이에 가입

④ **주관적 구성요건**

㉠ 국가의 존립, 안전이나 자유민주적 기본질서를 위태롭게 한다는 인식

㉡ 이적동조 등 행위를 할 목적으로 단체를 구성하거나 그러한 목적으로 가입한다는 인식

⑤ **단체성 인정 사례**

㉠ 결성식을 개최하여 강령·규약을 채택하고 의장단과 중앙위원을 선출한 경우

㉡ 대의원회, 중앙위원회, 중앙 집행위원회 등 구체적 기구를 갖추고 있는 경우

㉢ 연구소 형식의 단체에 연구부, 대외사업부, 총무부 등 각종 부서를 두고 보안수칙을 두고 있는 경우

⑥ **이적행위의 목적성이 인정된 사례**

㉠ 국가보안법 철폐, 미군철수 등 북한의 상투적 선전·선동 내용

㉡ 연방제통일 등 북한 주장 통일방안 동조

㉢ 반국가단체인 남한사회주의노동자동맹 활동 동조 및 지원

㉣ 현정부 및 미제타도 후 민중 민주정부 수립

⑦ **특징** : 찬양고무죄의 가중적 구성요건으로 필요적 공범이나, 반국가단체구성죄와는 달리 법정형에 차등이 없음

⑧ **반국가단체와 이적단체의 구별기준** : 직접 달성하려는 목적

단체가 정부참칭이나 국가변란을 자체를 직접적인 1차 목적으로 삼고 있다면 반국가단체이고, 별개의 반국가단체의 존재를 전제로 하여 그 반국가단체의 활동을 찬양하는 방법으로 동조하는 것을 목적으로 하는 경우에는 이적단체에 해당함.

4) 이적단체 구성원의 허위사실 날조·유포죄(제7조 제4항)

① **의의**

이적단체의 구성원이 사회질서의 혼란을 조성할 우려가 있는 사항에 대하여 허위사실을 날조·유포함으로써 성립

② **주체**

이적단체의 구성원에 한함

③ **행위**

㉠ 사회질서가 혼란될 우려가 있는 허위의 사실을 날조·유포

㉡ '허위사실'은 객관적 진실에 맞지 않는 사실로 건전한 사회생활을 하는데 혼란을 초래할 가능성이 있는 것이면 충분

㉢ '날조'란 전혀 없는 사실을 마치 있는 것처럼 조작하는 것

㉣ '유포'란 불특정 또는 다수인에게 전파 하는 것

④ **주관적 구성요건**

허위사실을 날조·유포한다는 인식이 있어야 함

5) 안보위해문건 제작 등 죄(제7조 제5항)

① **의의**

제7조제1·3·4항의 행위를 할 목적으로 문서·도화 기타의 표현물을 제작·수입·복사·소지·운반·반포·판매 또는 취득함으로써 성립

② **주체**

아무런 제한이 없다.

③ **객체**

㉠ 문서, 도화 기타의 표현물이며 기타의 표현물에는 컴퓨터 디스켓, 영화·사진의 필름, 운반 등에 해당

㉡ 문서는 형법상의 개념과는 다르며, 명의의 유무를 불문하며 초고, 초안, 사본 등도 해당

④ **행위**

문서·도화 기타의 표현물을 제작·수입·복사·소지·운반·반포·판매 또는 취득

⑤ **주관적 구성요건**

해당 표현물의 이적성을 인식한 것만으로는 부족하고 제7조 제1·3·4항의 이적행위를 할 목적이 인정되어야 한다.

⑥ 판례상 나타난 사례

㉠ 사회주의 이론에 따라 자본주의의 필연적 붕괴를 주장하는 경우
㉡ 노동자 · 민중계급에 의한 자본자 계급의 타도 등 계급투쟁 프롤레타리아 혁명을 선동하는 경우
㉢ 대한민국을 친미예속정권으로 규정하고 대한민국의 정통성을 부정하거나 북한의 정통성을 주장하는 경우
㉣ 북한의 사회상을 왜곡하여 미화하거나 북한의 체제 · 제도 · 활동 · 주체사상 등을 편파적으로 찬양하는 경우
㉤ 북한의 대난적화통일전략에 따른 선전 · 선동내용을 그대로 전파 · 선전하는 경우

(8) 회합 · 통신죄(제8조)

1) 개설

① 의의

국가의 존립 · 안전이나 자유민주적 기본질서를 위태롭게 한다는 정을 알면서 반국가단체의 구성원 또는 그 지령을 받은 자와 회합 · 통신 기타의 방법으로 연락함으로써 성립

② 헌법재판소에서 합헌임을 명시

2) 구성요건

① 주체

아무런 제한이 없다.

② 행위

㉠ 회합은 2인 이상이 일정한 장소에서 만나는 것
㉡ 통신은 우편 · 전신 · 전화 등을 통하여 서로의 의사를 전달하는 것
㉢ 기타 방법은 회합, 통신 외의 방법으로 의사를 전달하는 일체의 행위

③ 주관적 요건

㉠ 국가의 존립 · 안전이나 자유민주적 기본질서를 위태롭게 한다는 정
㉡ 상대방이 반국가단체의 구성원 또는 지령을 받은 자라는 점
㉢ 반국가단체의 구성원 등과 회합 · 통신 등 연락한다는 점에 대한 인식이 있어야 한다.

(9) 편의제공죄(제9조)

1) 개설

국가보안법 제3조 ~ 제8조의 죄를 범하거나 범하려는 장게 유형무형의 편의를 제공함으로써 그들의 활동을 용이하게 하는 행위를 처벌하기 위한 조항

2) 구성요건

① **주체**

아무런 제한이 없다.

② **객체**

국가보안법 제3조 ~ 제8조의 죄를 범하거나 범하려는 자

③ **행위태양**

㉠ 총포 · 탄약 · 화약 기타의 무기의 제공(제1항)
㉡ 금품 기타 재산상의 이익 제공(제2항 본문 전문)
㉢ 잠복회합 · 통신 · 연락을 위한 장소의 제공(제2항 본문 중단)
㉣ 기타의 방법으로 편의 제공(제2항 본문 후단)

④ **주관적 구성요건**

㉠ 상대가 국가보안법 제3조 ~ 제8조의 죄를 범하거나 범하려는 자라는 정
㉡ 그에게 편의를 제공한다는 사실에 대한 인식

3) 처벌

① 제1항, 제2항 모두 미수범 처벌
② 단순편의제공(제2항)은 행위자와 편의제공을 받은 상대방 사이에 친족관계가 있는 때는 형을 감경 또는 면제할 수 있으나, 무기류 등의 편의제공(제1항)은 감면 안됨.

(10) 불고지죄(제10조)

1) 개설

① 반국가단체구성 · 가입 · 권유죄(제3조), 목적수행죄(제4조), 자진지원죄(제5조 제1항)를 범한 자라는 정을 알면서 수사기관 또는 정보기관에 고지한지 아

니하는 행위로써 성립
② 대법원은 본조가 합헌이라고 명시
③ 입법취지는 국가보안법 위반 범인에 대한 불가비호성(不可庇護性)

2) 구성요건

① **주체**

아무런 제한이 없다.

② **객체**

제3조(반국가단체구성의 구성 · 가입 · 가입권유죄), 제4조(목적수행죄), 제5조 제1 · 3 · 4항(자진지원죄, 미수, 예비, 음모)의 죄를 범한자

③ **행위태양**

㉠ 수사기관이나 정보기관에 신고하지 아니함으로써 성립
㉡ 고지의 수단, 방법에는 제한이 없다.

3) 처벌

① 5년 이하의 징역 또는 200만원 이하의 벌금에 처한다. 국가보안법 중 유일하게 벌금형을 규정하고 있다.(결과적으로 선택형이 됨)
② 본범과 친족관계에 있을 때는 그 형을 감면한다.(필요적 감면)

(11) 특수직무유기죄 (제11조)

1) 의의

범죄수사 또는 정보의 직무에 종사하는 공무원이 국가보안법에 규정된 죄를 범한자라는 것을 인지하고도 그 직무를 유기하기 위하여 수사 등 필요한 조치를 취하지 아니하는 경우를 가중처벌하기 위한 규정

2) 주체

범죄수사 또는 정보의 직무에 종사하는 공무원으로 한정 됨.

3) 객체

국가보안법의 죄를 범한 자

4) 행위태양

직무를 유기하는 것

5) 주관적 구성요건

① 국가보안법 위반의 죄를 범한 자라는 정을 알 것

② 직무를 유기한다는 인식

6) 처벌

본범과 친족관계가 있을 때는 임의적 감면

(12) 무고 · 날조죄(제12조)

1) 의의

타인으로 하여금 형사처분을 받게 할 목적으로 국가보안법에 규정된 죄에 대하여 무고·위증하거나 증거를 날조·인멸·은닉하는 행위를 처벌하기 위한 규정

2) 주체

제1항(일반 무고·날조)은 제한이 없으나, 제2항(직권남용 무고·날조)은 범죄수사 또는 정보의 직무에 종사하는 공무원이나 이를 지휘하는 자

3) 행위태양

① 제1항(일반 무고·날조)

② 제2항(직권남용 무고·날조) : 직권을 남용하여 국가보안법에 규정된 죄에 대하여 무고·위증하거나 증거를 날조·인멸·은닉하는 행위

4) 주관적 구성요건

① 고의 외에 타인을 형사처분을 받게 할 목적이 있어야 한다.

② 형사처분을 받게 할 목적이 유일한 목적일 필요는 없고 다른 목적과 결부되어 있어도 본죄가 성립한다.

국가보안법위반사범 수사를 위한 '통신사실 확인자료 제공'(통신비밀보호법)

① 통신사실확인자료의 대상

- 가입자의 전기통신일시, 전기통신개시·종료시간, 발·착신 통신번호등 상대방의 가입자 번호, 사용도수 그 밖에 대통령령으로 정하는 전기통신사실에 관한 자료

② **전기통신사업법상의 '통신자료제공'의 범위**

– 이용자의 성명, 이용자의 주민등록번호, 이용자의 주소, 이용자의 전화번호, 아이디, 이용자의 가입 또는 해지 일자

◐ 국가보안법상의 형의 감경과 면제 ◑	
임의적 감면	필요적 감면
▶ 편의제공죄(제9조) ▶ 특수직무유기(제11조) 본범과 친족관계가 있는 때	▶ 불고지죄(제10조) : 본범과 친족관계에 있을 때
▶제16조 (형의 감면) 다음 각호의 1에 해당한 때에는 그 형을 감경 또는 면제한다. 1. 이 법의 죄를 범한 후 자수한 때 2. 이 법의 죄를 범한 자가 이 법의 죄를 범한 타인을 고발하거나 타인이 이 법의 죄를 범하는 것을 방해한 때	

3. 국가보안법의 특성

특성	(1) 고의범만 처벌 : 과실범의 처벌규정 없음 (2) 예비·음모·미수의 확장 : 불고지죄(제10조), 특수직무유기죄(제11조)와 같은 부진정 부작위범으로 그 미수 및 예비·음모가 예상되지 않은 경우와 무고죄(제12조)와 같은 침해 법익이 경미한 경우를 제외하고는 모든 반국가적 범죄에 대하여 미수·예비·음모를 처벌하고 있다. (3) 편의제공이나 선동·선전 및 권유 한 경우 교사·방조가 아니라 별도의 처벌규정을 두어 정범으로 처벌하고 있음 (4) 불고지에 대한 형사책임 ㉠ 대상범죄 : 반국가단체구성, 목적수행, 자진지원 ㉡ 범인색출은 국가의 임무이므로 일반국민은 범죄에 대한 고지의무가 없다. 그러나 국가보안법의 보호법익은 국가의 안전보장이므로 모든 국민에게 범죄고지 의무를 부과하고 불고지죄를 처벌한다.

특성	(5) 형벌에 있어서의 특징 ㉠ 재범자의 특수가중 일정한 반국가적 범죄를 범하고 금고 이상의 형의 선고를 받은 후 5년이 경과하지 아니한 자가 다시 국가보안법상의 일정범죄를 범한 때에는 최고형을 일률적으로 사형으로 규정하고 있음 ㉡ 징역형의 선고시 그 형의 장기 이하의 자격정지를 병과할 수 있음 ㉢ 범죄예방을 위해 자수 등을 하는 경우에는 필요적 감면을 하도록 규정하고 있음. 단, 단순편의제공죄, 특수직무유기죄는 자수하지 않더라도 본범과 친족관계인 때에는 형을 감경하거나 면제 할 수 있다.(임의적 감면) (6) 참고인의 강제구인과 소환 : 참고인으로 소환을 받은 자가 정당한 이유 없이 2회 이상 소환에 불응할 때 구속영장에 의하여 참고인을 구인 하는 경우에 필요할 때에는 가장 근접한 경찰서나 기타 적당한 장소에 임시로 유치할 수 있다. (7) 피의자구속기간의 연장 사법경차관의 구속기관은 1차, 검사의 구속기간은 2차에 한하여 각각 10일씩 구속기간의 연장 가능. 최장 50일 까지 구속수사가 가능. 단 특수직무유기, 무고날조, 찬양고무, 불고지죄의 경우 연장 불가능 (8) 공소보류 ㉠ 검사는 국가보안법 위반사범에 대하여 공소제기를 보류할 수 있으며, 검사가 공소제기를 보류한 후 2년이 경과하면 소추할 수가 없음 ㉡ 이때 공소보류가 취소된 경우에는 형사소송법 제208조의 '재구속의 제한' 규정에도 불구하고 동일한 범죄사실로 재구속·소추를 할 수 있음 (9) 몰수·추징 불기소 처분시에도 압수물을 환부하지 않고 폐기 또는 국고귀속을 명할 수 있음.

제 8 장 외사경찰

○ 최근 국제간 교류의 증대 및 무한경쟁 등으로 인해 외사경찰의 업무는 증가하는 추세

○ 국제사회에서 가장 일반적·우선적인 중요한 법원(法源) : 조약

1. 외사사범의 특질

대상의 특성	외국인, 외국기관 · 단체, 해외교포를 대상으로 외국인 관련 범법행위와 내국인의 외국관련범죄(외국사절의 경우 특별한 지위인정 → 업무 취급성 주의를 요함)
범위의 광범성	① 국제사회를 무대로 정보 · 보안 · 수사 · 경무분야의 업무를 통합한 형태의 업무를 취급 ② 외사경찰은 기능별 분류가 아닌 대상별 분류임
내용의 전문성	외국어 및 국제안보 · 경제 · 외교, 국제범죄조직, 컴퓨터 등의 전문지식을 요함.
수단상의 특성 → 고도의 기술성, 국가법익의 보호, 비공개성, 비노출성	

피해의식 희박, 조직적, 계획적, 광역적, 외교특권, 섭외사건 특칙, 비노출

◐ 국제질서에 대한 사상들의 변천 순서 ◑		
사 상	시 대	주 요 내 용
이상주의	18세기	국가도 국제관계의 이익에 봉사(이익의 조화)
자유방임주의	19세기	전세계적 자유무역 주장
제국주의	19세기말	보호무역, 열강들의 식민지 쟁탈전(이익의 충돌)
이데올로기적 패권주의	1차대전 이후	자유주의와 공산주의의 이데올로기 대립
경제패권주의	1980년대 이후	냉전종식,WTO체제, 경제적 이익추구를 최우선시

◐ 국제질서에 관한 주요견해 ◑	
견해	내 용
Hobbes	홉스가 주장한 자연 상태의 인간은 '만인에 대한 만인의 투쟁'이라는 사상을 국제정치에 적용한 것으로 모든 국가는 생존을 위해 투쟁하고 있으며 전쟁은 생존을 위한 대외전략의 하나로써 아무런 도덕적 또는 법적구속을 받을 필요가 없다고 봄
Kant	국제정치 본질은 국가 간 분쟁이 아니라 국가내부에 존재하는 '초국가적 유대감'에 있다고 봄(홉스적 견해와는 반대입장)
Grotius	홉스나 칸트적 견해를 모두 비판하며, 국가 간의 관계는 공동의 규율과 국제기구에 의한 제한을 받게 되며, 국제정치는 한 국가가 다른 국가와 가지는 조화로운 경제 · 사회적 관계의 정립이라고 봄 주어진 국제사회 질서 속에서 상호공존과 협력을 위하여 노력하는 것이 국제정치의 요체라고 봄(도덕성과 국제법 준수를 강조)

2. 외국인의 의의

(1) 최광의

자국의 국적을 갖고 있지 않은 모든 사람(무국적자와 외국국적자 포함)

(2) 광의

무국적자와 외국국적자 중에서 사인(私人)만을 의미, 국가원수·외교사절 등 공적 지위에 있는 자는 포함되지 않음

＊ 일반적으로 외국인의 국제법상 지위를 논할 때의 외국인

(3) 협의

외국의 국적을 갖고 있는 사람(무국적자는 제외)

(4) 출입국관리법상의 개념

대한민국의 국적을 가지지 아니한 사람

(5) 국적의 취득

1) 선천적 국적 취득사유 : 출생(부모양계혈통주의·속인주의·속지주의·예외적 출생지주의)
2) 후천적 취득사유 : 인지, 귀하(일반·간이·특별), 수반취득, 국적회복에 의한 국적취득, 국적의 재취득

◉ 국적법

[시행 2011.1.1] [법률 제10275호, 2010.5.4, 일부개정]

제10조(국적 취득자의 외국 국적 포기 의무) ① 대한민국 국적을 취득한 외국인으로서 외국 국적을 가지고 있는 자는 대한민국 국적을 취득한 날부터 1년 내에 그 외국 국적을 포기하여야 한다. 〈개정 2010.5.4〉

② 제1항에도 불구하고 다음 각 호의 어느 하나에 해당하는 자는 대한민국 국적을 취득한 날부터 1년 내에 외국 국적을 포기하거나 법무부장관이 정하는 바에 따라 대한민국에서 외국 국적을 행사하지 아니하겠다는 뜻을 법무부장관에게 서약하여야 한다. 〈신설 2010.5.4〉

제11조(국적의 재취득) ① 제10조제3항에 따라 대한민국 국적을 상실한 자가 그 후 1년 내에 그 외국 국적을 포기하면 법무부장관에게 신고함으로써 대한민국 국적을 재취득할 수 있다.

제11조의2(복수국적자의 법적 지위 등) ① 출생이나 그 밖에 이 법에 따라 대한민국 국적과 외국 국적을 함께 가지게 된 자[이하 "복수국적자"(複數國籍者)라 한다]는 대한민국의 법령 적용에서 대한민국 국민으로만 처우한다.

② 복수국적자가 관계 법령에 따라 외국 국적을 보유한 상태에서 직무를 수행할 수 없는 분야에 종사하려는 경우에는 외국 국적을 포기하여야 한다.

③ 중앙행정기관의 장이 복수국적자를 외국인과 동일하게 처우하는 내용으로 법령을 제정 또는 개정하려는 경우에는 미리 법무부장관과 협의하여야 한다.

제12조(복수국적자의 국적선택의무) ① 만 20세가 되기 전에 복수국적자가 된 자는 만 22세가 되기 전까지, 만 20세가 된 후에 복수국적자가 된 자는 그 때부터 2년 내에 제13조와 제14조에 따라 하나의 국적을 선택하여야 한다. 다만, 제10조제2항에 따라 법무부장관에게 대한민국에서 외국 국적을 행사하지 아니하겠다는 뜻을 서약한 복수국적자는 제외한다. 〈개정 2010.5.4〉

2. 외국인의 지위

(1) 일반적 지위

1) 외국인은 자국의 통치권뿐만 아니라 체류국의 통치권에 복종해야하는 이중적 복종의 지위를 지닌다.

2) 학설

상호주의	외국이 그 외국 체류 자국민에게 인정하는 것과 같은 정도로 인정
평등주의	자국민과 같은 정도로 권리·의무를 인정(내국인에 비해 차별 없음)

(2) 외국인의 권리

1) 사법상 권리

내국인과 동일하게 인격권(생명·성명·정조권), 재산권(물권·채권·무채재산권),

신분권 등이 인정되나, 공증인 등 일정한 재산권 및 직업에 대해서는 불인정 또는 제한 된다.

2) 공법상 권리

원칙적으로 참정권(선거권·피선거권·공무담임권)과 생활권(근로권 등)은 인정되지 않으나, 예외적으로 자유권(신체·종교·언론출판)과 재판청구권 등은 인정 된다.

(3) 외국인의 의무

1) 사법상 의무

사법상 권리에 대응하는 사법상 의무를 내국인과 동일하게 부담한다.

2) 공법상 의무

원칙적으로 내국인과 동일하게 체류국의 통치권에 복종해야 하므로 재판권, 경찰권, 납세권에 복종해야 하나, 병역·교육·사회보장가입의무는 부담하지 않는다.

Notice

※ 외국인만 부담하는 의무

지방적 구제원칙에 대한 의무, 추방원인 행위를 하지 않을 의무, 외국인등록 의무

지방적 구제의 원칙에 대한 의무란 외국인이 체류국의 행위에 의해 입은 손해에 대해 먼저 체류국의 국내법 절차에 따른 국내적 구제를 받아야 할 의무를 말함

3. 내 · 외국인의 출·입국

(1) 외국인의 입국

1) 개념 : 외국인이 국가에 체류하거나 통과하기 위하여 당해 국가의 영역으로 들어오는 것

2) 학설

① 영미법계 : 외국인의 입국은 본질적으로 국내문제로 원칙적으로 금지할 수 있음

② 대륙법계 : 국가의 교통권으로 인정하므로 원칙적으로 금지할 수 없음

3) 통설

통설은 영미법계 입장으로 국가가 국제법상으로 외국인 입국을 허가할 의무는 없으며, 입국을 허가하는 경우에도 제한을 가할 수 있다고 봄.

(2) 입국절차

소속국가로부터 여권을 발급받아야 하고 입국하려는 국가 당국에 여권을 제출하여 입국허가를 받아야 하는데 통상 사증(Visa)의 형태로 발급됨

1) 여권(Passport)

외국으로의 여행을 인정하는 일방적 증명서(본국의 외교부장관 발급)

* 여권을 대신하는 문서 : 여행증명서, 난민여행증명서, 국제연합통행증 등

2) 사증(Visa)

여권이 유효한 것임을 확인하고 그 국가로의 입국 및 체류가 적당하다는 것을 인정하는 입국추천서 (여행목적지 국가의 법무부 장관 발급)

입국허가서로 보는 국가	사증(Visa) 소지시 당연히 입국허가
입국추천서로 보는 국가	입국심사 후 입국허가(우리나라, 미국 등)

3) 무사증 입국사유(출입국관리법 제7조 제2항)

① 재입국허가를 받은 사람 또는 재입국허가가 면제된 사람으로서 그 허가 또는 면제받은 기간이 끝나기 전에 입국하는 사람

② 대한민국과 사증면제협정을 체결한 국가의 국민으로서 그 협정에 따라 면제대상이 되는 사람

③ 국제친선, 관광 또는 대한민국의 이익 등을 위하여 입국하는 사람으로서 대통령령으로 정하는 바에 따라 따로 입국허가를 받은 사람

④ 난민여행증명서를 발급받고 출국한 후 그 유효기간이 끝나기 전에 입국하는 사람

(3) 상륙

1) 개념 : 외국인이 부득이한 사유로 사증 없이 출입공항만에서 출입국관리소장의

허가를 받아 일시 상륙하는 것

2) 종류

① 승무원상륙 - 15일
② 관광상륙 - 3일
③ 긴급상륙 - 30일
④ 재난상륙 - 30일
⑤ 난민임시상륙 - 90일

출입국관리법 시행령

제18조의2(승무원의 복수상륙허가) ① 출입국관리공무원은 대한민국에 정기적으로 운항하거나 자주 출·입항하는 선박등의 외국인승무원에 대하여 법 제14조제1항에 따라 승무원 상륙을 허가할 때에는 유효기간 범위에서 승무원이 2회 이상 상륙할 수 있는 복수상륙허가를 할 수 있다.
② 출입국관리공무원은 제1항에 따른 허가를 할 때에는 유효기간이 1년이고 상륙허가기간이 15일 이내인 승무원 복수상륙허가서를 발급하여야 한다.

제21조(상륙허가기간의 연장) ① 법 제14조제1항, 제14조의2제1항, 제15조제1항, 제16조제1항 또는 제16조의2제1항에 따른 상륙허가를 받은 사람이 그 허가기간 내에 출국할 수 없을 때에는 상륙허가 신청을 한 자가 그 연장 사유를 적은 상륙허가기간 연장신청서를 사무소장 또는 출장소장에게 제출하여야 한다. 〈개정 2012.5.25〉
② 제1항에 따른 연장신청이 있는 경우 1회에 연장할 수 있는 기간은 법 제14조제1항, 제14조의2제1항, 제15조제1항, 제16조제1항 또는 제16조의2제1항에서 정한 허가기간을 초과할 수 없다.

(4) 외국인의 출국

1) 개념 : 외국인 체류하는 국가영역 밖으로 퇴거하거나 여행하는 것
2) 원칙적으로 외국인의 출국을 정지할 수 있음(출입국관리법 제29조, 제4조)

외국인 입국	외국인이 입국하고자 할 때에는 유효한 여권 또는 이에 갈음할 수 있는 여행증명서, 국제연합통행증과 함께 여행목적지 국가의 법무부장관이 발급한 사증(Visa)을 가지고 있어야 한다.
여권	① 대한민국정부 · 외국정부 또는 권한있는 국제기구에서 발급한 내국인의 출국 또는 외국인의 입국을 허가 · 증명하는 문서로서 여권은 사증이 있어야 그 효력을 발휘하므로 여행을 할 수 있음을 증명하는 본국의 일방적인 증명서(문서)일 뿐이다. ② 발급권자 : 외교통상부장관, 일반여권업무는 시 · 도지사, 영사가 대행할 수 있음 ③ 여권의 종류 : 일반여권(녹색), 관용여권(황갈색), 외교관여권(적자색), ＊여행증명서(연청색) - 각각 단수여권(1회에 한함)과 복수여권(횟수무제한) ④ 여권의 유효기간 : 일반여권은 10년 이내(단, 18세 미만자에 대하여 일반여권의 유효기간은 5년 이내), 관용여권은 5년 ⑤ 유효기간은 연장할 수 있으나, 총유효기간이 10년을 초과할 수는 없음
사증 (Visa)	① 여행목적지 국가에서 발급하는 입국허가서 ② 발급권자 : 법무부 장관 ③ 사증은 통상 제출된 여권에 표시되고 따로 발급되지 않음 ④ 예외적으로 사증없이 입국할 수 있으며, 우리나라와 미 수교국의 경우에는 사증대신 외국인입국허가서를 받아 입국할 수 있음.
여행 증명서	출국하는 무국적자, 국외에 체류 또는 거주 중인 자로서 여권의 발급을 기다릴 시간적 여유 없는 자, 국제입양자 등에게 외교통상부장관이 발급하는 1년의 유효기간을 가진 여권대용 증명서

Notice

※ 여행증명서의 발급대상자

외교통상부장관은 법 제14조에 따라 다음 각 호의 어느 하나에 해당하는 사람에게 여행증명서를 발급할 수 있다.

1. 출국하는 무국적자(無國籍者)
2. 국외에 체류하거나 거주하고 있는 사람으로서 여권을 잃어버리거나 유효기간이 만료되는 등의 경우에 여권 발급을 기다릴 시간적 여유가 없이 긴급히 귀국하거나 제3국에 여행할 필요가 있는 사람
3. 국외에 거주하고 있는 사람으로서 일시 귀국한 후 여권을 잃어버리거나 유효기간이 만료되는 등의 경우에 여권 발급을 기다릴 시간적 여유가 없이 긴급히 거주지국가로 출국하여야 할 필요가 있는 사람
4. 해외 입양자
5. 그 밖에 외교통상부장관이 특히 필요하다고 인정하는 사람

Notice

※ 여권을 대신 할 수 있는 증명서

- 국제연합통행증, 여행증명서(무국적자 등)
- 선원신분증명서 : 대한민국정부 또는 외국정부가 발급한 선원임을 증명하는 문서로 종래에는 여권에 준하는 효력을 인정하였으나, 현재는 선원신분증명서의 여권기능이 배제되었음. 다만, 외국과의 협정 등에서 선원신분증명서로 여권을 대신할 수 있도록 하는 경우에는 선원신분증명서의 확인으로 여권의 확인을 대신할 수 있다.
- 선원신분증명서의 발급권자 : 국토해양부 해양수산관청(지방해운항만청장)

Notice

※ 외교부에서 발령하는 여행경보

제1단계 - 여행유의(신변안전 유의)
제2단계 - 여행자제(산변안전 특별유의·여행필요성 신중검토)
제3단계 - 여행제한(가급적 여행삼가·긴급 용무가 아닌한 귀국)
제4단계 - 여행금지(방문금지·즉시대피 또는 철수)

4. 출입국관리법

외국을 여행할 때에는 반드시 출입국하에서 출입국에 필요한 통관절차·출입국심사·검역조사를 받게 되는데 이 절차를 C.I.Q 과정이라 한다.

통관절차(Customs)	세관공무원의 세관검열
출입국심사(Immigrations)	출임국관리공무원의 검역조사
검역조사(Quarantine)	검역관리공무원의 검역조사

(1) 내국인의 출국금지 및 외국인의 출국정지 사유

제4조(출국의 금지) ① 법무부장관은 다음 각 호의 어느 하나에 해당하는 국민에 대하여는 6개월 이내의 기간을 정하여 출국을 금지할 수 있다. 〈개정 2011.7.18〉

1. 형사재판에 계속(係屬) 중인 사람
2. 징역형이나 금고형의 집행이 끝나지 아니한 사람
3. 대통령령으로 정하는 금액 이상의 벌금이나 추징금을 내지 아니한 사람
4. 대통령령으로 정하는 금액 이상의 국세·관세 또는 지방세를 정당한 사유 없이 그 납부기한까지 내지 아니한 사람
5. 그 밖에 제1호부터 제4호까지의 규정에 준하는 사람으로서 대한민국의 이익이나 공공의 안전 또는 경제질서를 해칠 우려가 있어 그 출국이 적당하지 아니하다고 법무부령으로 정하는 사람

② 법무부장관은 범죄 수사를 위하여 출국이 적당하지 아니하다고 인정되는 사람에 대하여는 1개월 이내의 기간을 정하여 출국을 금지할 수 있다. 다만, 다음 각 호에 해당하는 사람은 그 호에서 정한 기간으로 한다. 〈신설 2011.7.18〉

1. 소재를 알 수 없어 기소중지결정이 된 사람 또는 도주 등 특별한 사유가 있어 수사진행이 어려운 사람: 3개월 이내
2. 기소중지결정이 된 경우로서 체포영장 또는 구속영장이 발부된 사람: 영장 유효기간 이내

Notice

※ 외국인의 출국

- 외국인의 자발적 출국 : 원칙적으로 자유이므로 외국인의 출국을 금지할 수는 없음
- 추방이나 범죄인 인도와 같은 강제적 출국 : 주권의 행사로서 허용되지만 정당한 이유가 요구되며, 정당한 이유없는 강제출국은 권리남용행위에 해당함

제1조의3(벌금 등의 미납에 따른 출국금지 기준) ① 법 제4조제1항제3호에서 "대통령령으로 정하는 금액"이란 다음 각 호의 금액을 말한다. 〈개정 2012.1.13〉
1. 벌금: 1천만원
2. 추징금: 2천만원
② 법 제4조제1항제4호에서 "대통령령으로 정하는 금액"이란 5천만원을 말한다.

제4조의2(출국금지기간의 연장) ① 법무부장관은 출국금지기간을 초과하여 계속 출국을 금지할 필요가 있다고 인정하는 경우에는 그 기간을 연장할 수 있다.
② 제4조제3항에 따라 출국금지를 요청한 기관의 장은 출국금지기간을 초과하여 계속 출국을 금지할 필요가 있을 때에는 출국금지기간이 끝나기 3일 전까지 법무부장관에게 출국금지기간을 연장하여 줄 것을 요청하여야 한다.

(2) 입국의 금지

제11조 【입국의 금지등】 ① 법무부장관은 다음 각 호의 어느 하나에 해당하는 외국인에 대하여는 입국을 금지할 수 있다.
1. 감염병환자, 마약류중독자, 그 밖에 공중위생상 위해를 끼칠 염려가 있다고 인정되는 사람
2. 「총포·도검·화약류 등 단속법」에서 정하는 총포·도검·화약류 등을 위법하게 가지고 입국하려는 사람
3. 대한민국의 이익이나 공공의 안전을 해치는 행동을 할 염려가 있다고 인정할 만한 상당한 이유가 있는 사람
4. 경제질서 또는 사회질서를 해치거나 선량한 풍속을 해치는 행동을 할 염려가 있다고 인정할 만한 상당한 이유가 있는 사람
5. 사리 분별력이 없고 국내에서 체류활동을 보조할 사람이 없는 정신장애인, 국내체류비용을 부담할 능력이 없는 사람, 그 밖에 구호(救護)가 필요한 사람
6. 강제퇴거명령을 받고 출국한 후 5년이 지나지 아니한 사람
7. 1910년 8월 29일부터 1945년 8월 15일까지 사이에 다음 각 목의 어느 하나에 해당하는 정부의 지시를 받거나 그 정부와 연계하여 인종, 민족, 종교, 국적, 정치적 견해 등을 이유로 사람을 학살·학대하는 일에 관여한 사람
   가. 일본 정부
   나. 일본 정부와 동맹 관계에 있던 정부
   다. 일본 정부의 우월한 힘이 미치던 정부

8. 제1호부터 제7호까지의 규정에 준하는 사람으로서 법무부장관이 그 입국이 적당하지 아니하다고 인정하는 사람

② 법무부장관은 입국하려는 외국인의 본국(本國)이 제1항 각 호 외의 사유로 국민의 입국을 거부할 때에는 그와 동일한 사유로 그 외국인의 입국을 거부할 수 있다.

(3) 외국인 강제퇴거의 대상자

제46조 【강제퇴거의 대상자】 ① 사무소장·출장소장 또는 외국인보호소장은 이 장에 규정된 절차에 따라 다음 각 호의 어느 하나에 해당하는 외국인을 대한민국 밖으로 강제퇴거시킬 수 있다.

1. 제7조를 위반한 사람(유효한 여권과 사증없음)
2. 제7조의2를 위반한 외국인 또는 같은 조에 규정된 허위초청 등의 행위로 입국한 외국인(허위초정)
3. 제11조제1항 각 호의 어느 하나에 해당하는 입국금지 사유가 입국 후에 발견되거나 발생한 사람(입국심사위반)
4. 제12조제1항·제2항 또는 제12조의3을 위반한 사람(입국심사위반)
5. 제13조제2항에 따라 사무소장이나 출장소장이 붙인 허가조건을 위반한 사람(조건부입국허가)
6. 제14조제1항, 제15조제1항, 제16조제1항 또는 제16조의2제1항에 따른 허가를 받지 아니하고 상륙한 사람(상륙허가)
7. 제14조제3항, 제15조제2항, 제16조제2항 또는 제16조의2제2항에 따라 사무소장·출장소장 또는 출입국관리공무원이 붙인 허가조건을 위반한 사람(상륙허가서 내용 위반)
8. 제17조제1항 · 제2항, 제18조, 제20조, 제23조, 제24조 또는 제25조를 위반한 사람(외국인의 체류 및 활동범위 위반)
9. 제21조제1항 본문을 위반하여 허가를 받지 아니하고 근무처를 변경·추가하거나 같은 조 제2항을 위반하여 외국인을 고용·알선한 사람(근무처 변경 추가)
10. 제22조에 따라 법무부장관이 정한 거소 또는 활동범위의 제한이나 그 밖의 준수사항을 위반한 사람(활동범위의 제한)

11. 제28조제1항 및 제2항을 위반하여 출국하려고 한 사람(출국심사)
12. 제31조에 따른 외국인등록 의무를 위반한 사람(외국인 등록)
13. 금고 이상의 형을 선고받고 석방된 사람
14. 그 밖에 제1호부터 제13호까지의 규정에 준하는 사람으로서 법무부령으로 정하는 사람

② 제10조제1항에 따른 체류자격 중 대한민국에 영주할 수 있는 체류자격을 가진 사람은 제1항에도 불구하고 대한민국 밖으로 강제퇴거되지 아니한다. 다만, 다음 각 호의 어느 하나에 해당하는 사람은 그러하지 아니하다.

1. 「형법」 제2편제1장 내란의 죄 또는 제2장 외환의 죄를 범한 사람
2. 5년 이상의 징역 또는 금고의 형을 선고받고 석방된 사람 중 법무부령으로 정하는 사람
3. 제12조의3제1항 또는 제2항을 위반하거나 이를 교사(敎唆) 또는 방조(幇助)한 사람

(4) 외국인의 체류

제17조(외국인의 체류 및 활동범위) ① 외국인은 그 체류자격과 체류기간의 범위에서 대한민국에 체류할 수 있다.

② 대한민국에 체류하는 외국인은 이 법 또는 다른 법률에서 정하는 경우를 제외하고는 정치활동을 하여서는 아니 된다.

③ 법무부장관은 대한민국에 체류하는 외국인이 정치활동을 하였을 때에는 그 외국인에게 서면으로 그 활동의 중지명령이나 그 밖에 필요한 명령을 할 수 있다.

제19조(외국인을 고용한 자 등의 신고의무) ① 제18조제1항에 따라 취업활동을 할 수 있는 체류자격을 가지고 있는 외국인을 고용한 자는 다음 각 호의 어느 하나에 해당하는 사유가 발생하면 그 사실을 안 날부터 15일 이내에 사무소장이나 출장소장에게 신고하여야 한다.

1. 외국인을 해고하거나 외국인이 퇴직 또는 사망한 경우
2. 고용된 외국인의 소재를 알 수 없게 된 경우
3. 고용계약의 중요한 내용을 변경한 경우

제20조(체류자격 외 활동) 대한민국에 체류하는 외국인이 그 체류자격에 해당하는 활동과 함께 다른 체류자격에 해당하는 활동을 하려면 미리 법무부장관의 체류자격 외 활동허가를 받아야 한다.

제23조(체류자격 부여) 대한민국에서 출생하여 제10조에 따른 체류자격을 가지지 못하고 체류하게 되는 외국인은 그가 출생한 날부터 90일 이내에, 대한민국에서 체류 중 대한민국의 국적을 상실하거나 이탈하는 등 그 밖의 사유로 제10조에 따른 체류자격을 가지지 못하고 체류하게 되는 외국인은 그 사유가 발생한 날부터 30일 이내에 대통령령으로 정하는 바에 따라 체류자격을 받아야 한다.

제27조(여권등의 휴대 및 제시) ① 대한민국에 체류하는 외국인은 항상 여권·선원신분증명서·외국인입국허가서·외국인등록증 또는 상륙허가서(이하 "여권등"이라 한다)를 지니고 있어야 한다. 다만, 17세 미만인 외국인의 경우에는 그러하지 아니하다.

② 제1항 본문의 외국인은 출입국관리공무원이나 권한 있는 공무원이 그 직무수행과 관련하여 여권등의 제시를 요구하면 여권등을 제시하여야 한다.

제31조(외국인등록) ① 외국인이 입국한 날부터 90일을 초과하여 대한민국에 체류하려면 대통령령으로 정하는 바에 따라 입국한 날부터 90일 이내에 그의 체류지를 관할하는 사무소장이나 출장소장에게 외국인등록을 하여야 한다. 다만, 다음 각 호의 어느 하나에 해당하는 외국인의 경우에는 그러하지 아니하다.

1. 주한외국공관(대사관과 영사관을 포함한다)과 국제기구의 직원 및 그의 가족
2. 대한민국정부와의 협정에 따라 외교관 또는 영사와 유사한 특권 및 면제를 누리는 사람과 그의 가족
3. 대한민국정부가 초청한 사람 등으로서 법무부령으로 정하는 사람

② 제23조에 따라 체류자격을 받는 사람으로서 그 날부터 90일을 초과하여 체류하게 되는 사람은 제1항에도 불구하고 체류자격을 받는 때에 외국인등록을 하여야 한다.

③ 제24조에 따라 체류자격 변경허가를 받는 사람으로서 입국한 날부터 90일을 초과하여 체류하게 되는 사람은 제1항에도 불구하고 체류자격 변경허가를 받는 때에 외국인등록을 하여야 한다.

④ 사무소장이나 출장소장은 제1항부터 제3항까지의 규정에 따라 외국인등록을 한 사람에게는 대통령령으로 정하는 방법에 따라 개인별로 고유한 등록번호(이하 "외국인등록번호"라 한다)를 부여하여야 한다.

제33조(외국인등록증의 발급) ① 제31조에 따라 외국인등록을 받은 사무소장이나 출장소장은 대통령령으로 정하는 바에 따라 그 외국인에게 외국인등록증을 발급하여야 한다. 다만, 그 외국인이 17세 미만인 경우에는 발급하지 아니할 수 있다.

② 제1항 단서에 따라 외국인등록증을 발급받지 아니한 외국인이 17세가 된 때에는 90일 이내에 체류지 관할 사무소장이나 출장소장에게 외국인등록증 발급신청을 하여야 한다.

(5) 출입국관리법위반자에 대한 조치사항

1) 내국인 - 출국금지
2) 외국인 - 입국금지, 출국정지, 강제퇴거, 보호조치, 출국권고, 출국명령
3) 내·외국인 : 고발, 통고처분

Notice

재외동포의 출입국과 법적 지위에 관한 법률

제2조(정의) 이 법에서 "재외동포"란 다음 각 호의 어느 하나에 해당하는 자를 말한다.

1. 대한민국의 국민으로서 외국의 영주권(永住權)을 취득한 자 또는 영주할 목적으로 외국에 거주하고 있는 자(이하 "재외국민"이라 한다)
2. 대한민국의 국적을 보유하였던 자(대한민국정부 수립 전에 국외로 이주한 동포를 포함한다) 또는 그 직계비속(직계비속)으로서 외국국적을 취득한 자 중 대통령령으로 정하는 자(이하 "외국국적동포"라 한다)

5. 외국인근로자의 고용 등에 관한 법률

(1) 근로계약

제9조(근로계약) ① 사용자가 제8조제4항에 따라 선정한 외국인근로자를 고용하려면 고용노동부령으로 정하는 표준근로계약서를 사용하여 근로계약을 체결하여야 한다. 〈개정 2010.6.4〉

② 사용자는 제1항에 따른 근로계약을 체결하려는 경우 이를 「한국산업인력공단법」에 따른 한국산업인력공단에 대행하게 할 수 있다.

③ 제8조에 따라 고용허가를 받은 사용자와 외국인근로자는 제18조에 따른 기간 내에서 당사자 간의 합의에 따라 근로계약을 체결하거나 갱신할 수 있다. 〈개정 2012.2.1〉

④ 제18조의2에 따라 취업활동 기간이 연장되는 외국인근로자와 사용자는 연장된 취업활동 기간의 범위에서 근로계약을 체결할 수 있다.

(2) 취업의 제한

제18조(취업의 제한) ① 외국인근로자는 입국한 날부터 3년의 범위에서 취업활동을 할 수 있다.

제18조의2(취업활동 기간 제한에 관한 특례) ① 다음 각 호의 외국인근로자는 제18조에도 불구하고 1회에 한하여 2년 미만의 범위에서 취업활동 기간을 연장받을 수 있다. 〈개정 2010.6.4, 2012.2.1〉

1. 제8조제4항에 따른 고용허가를 받은 사용자에게 고용된 외국인근로자로서 제18조에 따른 취업활동 기간 3년이 만료되어 출국하기 전에 사용자가 고용노동부장관에게 재고용 허가를 요청한 근로자
2. 제12조제3항에 따른 특례고용가능확인을 받은 사용자에게 고용된 외국인근로자로서 제18조에 따른 취업활동 기간 3년이 만료되어 출국하기 전에 사용자가 고용노동부장관에게 재고용 허가를 요청한 근로자

② 제1항에 따른 사용자의 재고용 허가 요청 절차 및 그 밖에 필요한 사항은 고용노동부령으로 정한다.

(3) 사업 또는 사업장 변경

제25조(사업 또는 사업장 변경의 허용) ① 외국인근로자(제12조제1항에 따른 외국인근로자는 제외한다)는 다음 각 호의 어느 하나에 해당하는 사유가 발생한 경우에는 고용노동부령으로 정하는 바에 따라 직업안정기관의 장에게 다른 사업 또는 사업장으로의 변경을 신청할 수 있다. 〈개정 2010.6.4, 2012.2.1〉

1. 사용자가 정당한 사유로 근로계약기간 중 근로계약을 해지하려고 하거나 근로계약이 만료된 후 갱신을 거절하려는 경우
2. 휴업, 폐업, 제19조제1항에 따른 고용허가의 취소, 제20조제1항에 따른 고용의 제한, 사용자의 근로조건 위반 또는 부당한 처우 등 외국인근로자의 책임이 아닌 사유로 인하여 사회통념상 그 사업 또는 사업장에서 근로를 계속할 수 없게 되었다고 인정하여 고용노동부장관이 고시한 경우
3. 그 밖에 대통령령으로 정하는 사유가 발생한 경우

② 사용자가 제1항에 따라 사업 또는 사업장 변경 신청을 한 후 재취업하려는 외국인근로자를 고용할 경우 그 절차 및 방법에 관하여는 제6조·제8조 및 제9조를 준용한다.

③ 제1항에 따른 다른 사업 또는 사업장으로의 변경을 신청한 날부터 3개월 이내에 「출입국관리법」 제21조에 따른 근무처 변경허가를 받지 못하거나 사용자와 근로계약이 종료된 날부터 1개월 이내에 다른 사업 또는 사업장으로의 변경을 신청하지 아니한 외국인근로자는 출국하여야 한다. 다만, 업무상 재해, 질병, 임신, 출산 등의 사유로 근무처 변경허가를 받을 수 없거나 근무처 변경신청을 할 수 없는 경우에는 그 사유가 없어진 날부터 각각 그 기간을 계산한다.

④ 제1항에 따른 외국인근로자의 사업 또는 사업장 변경은 제18조에 따른 기간 중에는 원칙적으로 3회를 초과할 수 없으며, 제18조의2제1항에 따라 연장된 기간 중에는 2회를 초과할 수 없다(제25조제1항제2호의 사유로 사업 또는 사업장을 변경한 경우는 포함하지 아니한다). 다만, 대통령령으로 정하는 부득이한 사유가 있는 경우에는 그러하지 아니하다

▣ 경찰청 외사국

외사 기획과	외사기획계	외사경찰 복무 · 인사 · P산관리, 통역요원 관리 및 통역지원,재외국민 · 외국인 신원조사 등
	국제협력계	외국 경찰기관 등과의 국제협력, 해외주재관 등 국외 외사경찰의 선발 · 교육 및 운영, 외국경찰 자료 등 외사자료 수집 및 관리 등
	국제보안계	국제보안기획,국제테러관련 정보수집 · 분석 및 전파, 외사경호에 따른 보안활동 등
외사 정보과	외사정보1계	외사치안정보의 수집 · 평가 · 분석 · 전파 및 관리 등
	외사정보2계	상주 상사단테 등에 대한 치안 정보 수집 등
외사 수사과	외사범죄 대책계	외사범죄에 대한 대책 수립, 외국인 또는 외국인과 관련된 범죄의 수사지도 및 조정, 외사범죄자료 수집 · 분석 및 관리
	인터폴계	국제형사경찰기구 대한민국 국가중앙사무국 운영 및 사무총국 · 회원국과의 협력, 해외도피사범에 대한 공조 수사 등
	외사수사계	외국인 및 외국인 관련 중요 국제성 범죄 수사 등

○ 국제형사경찰기구(ICPO) 한국 중앙사무국 국장: 외사국장

○ 국제형사경찰기구(ICPO) 한국 중앙사무국 : 경찰청 외사국 외사수사과 인터폴계

◉ 외사경찰의 임무

가. 외사요원 관리규칙

①외사정보업무 ②외사방첩업무 ③외사수사공작업무 ④대테러업무 ⑤해외주재업무

나. 실무상

①외사정보업무 ②외사수사업무 ③외사보안업무 ④국제협력업무

◉ 외사사범의 종류

1) 내용에 따른 분류

국가의 안전 및 이익 침해사범	㉠ 국가보안법에 규정된 범죄로서 외국을 위한 또는 외국인에 의한 범죄 ㉡ 형법 제3조 내지 제5조에 규정된 내국인의 국외범, 국외에 있는 내국 선박 등에서 외국인이 범한 죄, 외국인의 국외범 ㉢ 출입국관리법, 밀항단속법, 해외이주법, 외국인토지 법에 규정된 범죄 ㉣ 관세법, 외국환관리법 국내재산도피방지법, 외자도입법, 외국간행물 수입배포에 관한 법률에 규정된 범죄
사회공익 침해사범	㉠ 외국인, 해외교포 또는 외국과 관련되어 마약류 관리에 관한 법률, 관광진흥법을 위반 하는 범죄 ㉡ 외국인, 해외교포 또는 외국과 관련되어 직업안정법을 위반하는 범죄

2) 태양에 따른 분류

국제성 범죄	㉠ 특별히 법적으로 규정된 범죄를 뜻하는 것은 아니고, 국제협약 등에 규정되고 있는 범죄나 국내범죄가 인적, 물적, 장소적으로 2개국 이상 관련되어 있는 범죄로서, 국제성 · 조직성 · 이동성을 특징으로 한다. ㉡ 국제간첩사건과 같은 반국가적 범죄, 국제테러, 북한의 우회 침투간첩, 마약 · 무기밀매나 인신매매 · 국제적 매춘조직 등 인간의 존엄성과 건강을 위협하는 국제적 · 조직적인 범죄, 국제통화위조 · 국제상거래범죄 · 돈세탁 등 신용을 해하는 범죄
일반 외사 사범	주로 국내체류 외국인 또는 국내인의 외국관련범죄를 말하며, 범죄의 성질상 국제성 범죄에 속하지 않는 회사사범으로서, 외국인의 국내형사법의 위반, 한미행정협정 위반사범, 외국인토지법 위반사범, 외국간행물 수입배포에 관한법률 위반사범, 출입국관리법 위반사범, 밀항단속법 위반사범, 여권법 등이 이에 속한다.

Notice

〈외국인 범죄의 처리요령〉

(1) 모든 외국인 범죄는 경찰서장·지방경찰청장에게 즉보 하여야 한다. 〈즉보사항〉

(2) 외국인 범죄자를 경찰관서에 동행하였을 경우에는 지체 없이 영사와의 면담 여부를 문의하여 면담토록 조치하고, 면담을 원하지 않을 경우에는 진술서에 그 사실을 기록함

(3) 체포·구금시에는 반드시 해당 영사기관에 통보하여야 함

(4) 외국인 피의자를 조사할 때에는 공정성 확보를 위해 반드시 통역을 참여시켜야 함

(5) 출입국위반사범의 처리

① 형사사건과 출입국위반혐의(밀입국 · 불법체류)가 병합된 경우 → 우선 일반 형사사건 절차를 종료한 후에 출입국관리사무소에 인계하여야 함

② 단순 출입국위반사범의 경우 → 출입국관리사무소에 인계하고, 출입국관리소장의 고발이 있어야 공소를 제기할 수 있음
단, 출입국관리소장의 고발 없이도 수사는 가능하다.

◉ 한미행정협정에 따른 미군범죄에의 대응

가. 개 설

한미주둔군지위협정(SOFA)은 주한미군의 법적 지위를 규정한 협정으로 대한민국과 아메리카 합중국간의 상호방위 조약 제4조에 따라 체결되었다.

1) 한미행정협정(SOFA)은 주한미군의 법적 지위를 규정한 협정으로서, 한미행협에 따라 한미행협사건에 대해서는 그 처리과정에서 경찰 등 한국 사법당국의 개입이 매우 제한된다.

2) 외사경찰은 한미행협의 본질을 정확히 파악함으로써 국민의 권리를 최대한 보장하고 미군범죄에 엄정히 대처할 수 있도록 전문적인 지식을 바탕으로 적극적인 태도로 사건처리에 임해야 할 것이다.

나. 한미행정협정의 주요내용

(1) 한미행정협정의 대상자

1) 합중국 군대의 구성원(한미행협 제1조 (가))

대한민국 영역 안에 있는 아메리카 합중국의 육군, 해군 또는 공군에 속하는 인원으로서 현역에 복무하고 있는 자를 말한다.

* 관광목적으로 여행 중인 미군은 제외

* 주한미군사고문단원, 대사관무관은 제외 (준 외교특권을 향유)

2) 군속(한미행협 제1조 (나) 전단)

합중국 국적을 가진 민간인으로서 대한민국에 있는 합중국 군대에 고용되어 있거나, 근무하거나 또는 동반하는 자를 말한다.

* 한·미 양국의 국적을 모두 가진 이중국적자인 군속의 경우에도 그가 주한미군사령부의 지휘·통제를 받는 자라면 본 협정의 적용대상이 됨

3) 가족(한미행협 제1조 (다))

a) 미군, 군속의 배우자 및 21세 미만의 자녀

b) 부모 및 21세 이상의 자녀 또는 기타 친척으로서 그 생계비의 반액 이상을 합중국군대의 구성원 또는 군속에 의존하는 자

4) 초청계약자(한미행협 제15조 제1항)

a) 합중국군대 등과의 계약이행만을 위하여 대한민국에 체류하고 합중국 정부가 지정한 자

b) 법인·고용인 및 그 가족을 포함함

* 카투사(KATUSA) : 카투사의 인사 · 행정권은 한국군에 있고 지휘 · 감독권은 미군에 있는 것으로 보아서, 이들은 미군으로 간주되지 않으므로 SOFA가 적용되지 않고 대한민국 군인으로 간주되므로 한국군사법정의 재판을 받음.

합중국 군대의 구성원	대한민국 영역 안에 있는 미국의 육·해·공군에 속하는 인원으로서 현역에 복무하고 있는 자. 대사관 무관, 고문단원은 외교관
군속	미국의 국적을 가진 민간인으로서 대한민국에 있는 미군에 고용되어 있거나, 근무하거나 또는 동반하는 자
가족	미군·군속의 배우자 및 　　 미만의 자녀와 부모 및 21세 이상의 자녀 또는 기타 친척으로서 그 생계비의 반 이상을 미군과 군속에 의존하는 자
초청계약자	미국법률에 따라 조직된 법인의 직원으로서 미군당국과 계약이행만을 위하여 대한민국에 체류하는 자 및 그 가족

기본원칙	「접수국 법령 존중의 원칙」⇒영토주권의 원칙을 규정⇒단 일정한 배분을 규정

재판관할권
「재판권 분장의 원칙」을 선언⇒ 대한민국과 미군당국이 재판권의 행사 주체

전속적 재판권
SOFA대상자들이 범한 범죄로서 일방국의 법령에 의해서만 처벌할 수 있는 경우에 처벌이 가능한 국가만이 배타적으로 형사재판권을 행사하는 경우
미군당국의 전속적 재판권 → 긍정
대한민국의 전속적 재판권 → 긍정
but, 미군당국의 요청에 의한 포기를 규정하고 있어 재판권이 제한되고 있다.

재판권의 경합과 제1차적 재판권
특정 범죄에 대하여 양국이 각각 재판권을 행사하여 처벌할 수 있는 경우

*** 미군당국의 1차적 재판권행사**
① 오로지 합중국의 법익 또는 객체에 대한 범죄
② 공무집행 중의 범죄 (공무판단의 기준 : 미군의 공무증명서→ 합동위의 결정)
*** 대한민국의 1차적 재판권행사 :** 미군당국의 1차적 관할권에 속하지 않는 모든 범죄
*** 공무판단의 기준**

- 1차적 기준 : 미군당국이 발행한 공무증명서
- 검사가 공무증명서를 거부한 경우 : 이의제기(10일)·조정(30일)을 거쳐 미군과 의견조정을 함
- 의견조정 실패시 : 한미 동수가 참여하는 한미합동위원회의 결정에 따르게 됨

○ 체포시 계속 구금권

개정전	없다.
개정후	(1) 살인 혹은 죄질이 나쁜(egregious) 강간을 저지른 미군 피의자를 우리측이 체포하였을 경우에 미군 측에 신병을 인도하지 않고 계속 구금이 가능함을 규정 (2) 단, 증거인멸, 도주, 피해자나 증인에 대한 가해 가능성 때문에 피의자를 구금해야 할 필요성이 있을 경우에는 계속구금권 행사가 가능

○ 신병인도시기

<table>
<tr><td>개정전</td><td colspan="2">재판 종결 후 신병인도</td></tr>
<tr><td rowspan="2">개정후</td><td colspan="2">12개 중요 범죄 유형⇒기소시 신병을 인도한다.(본문에 규정)
나머지 범죄⇒현행과 같이 재판 종결 후 신병을 인도한다.</td></tr>
<tr><td>12개 중요 범죄</td><td>① 살인② 강간③ 석방대가 갈취 목적의 유괴 ④ 마약 거래 ⑤ 마약 생산 ⑥ 방화 ⑦ 흉기휴대 강도 ⑧ 상기 7개 범죄의 미수 ⑨ 폭행치사·상해치사 ⑩ 음주운전으로 인한 치사 ⑪ 교통사고 치사 후 도주 ⑫ 상기 범죄를 포함하는 다른 죄명의 범죄</td></tr>
</table>

○ 구금시의 상호협력의무

재판전 피의자의 체포 및 구금

(1) 피의자의 체포: 상호 통고 및 통지의무를 명시

(2) 피의자의 구금

미군당국이 체포⇒재판절차가 종결되고 대한민국 당국이 구금을 요청할 때까지 계속 구금할 수 있다.

대한민국이 체포⇒미군의 요청이 있으면 미국당군에 인도되어야 한다.(후에 미군이 계속 구금)

(3) 구금시의 상호 협력의무

대한민국의 구금인도 요청을 호의적 고려를 규정하고, 미군당국의 요청에는 강제성을 내포

○ 범죄수사 및 증거수집에 관한 협조

범죄수사 및 증거수집에 관한 협정 ⑴ 양 당국의 상호협력 의무를 규정 ⑵ 대한민국 당국은 미정부대표의 입회 하에 신문을 할 수 있다. ⇒ 대표의 입회를 흠결하고 작성된 신문조서는 그 효력을 상실한다.

○ 피의자 및 피고인의 권리

피의자 및 피고인의 권리 ⑴ 대한민국의 형사소송법상 절차적 권리를 보유 ⑵ 합중국 정부대표와의 접견·교통권 및 재판에의 입회권 ⇒ 주의 무제한적 접견교통권 언제든지 접견가능 + 접견시 보조적인 보호와 물건(음식·의료 등)의 공여가 가능

○ 대물 교통사고 처리

개정전	없다.
개정후	⑴ 미군과 군속의 대물 교통 사고 중 공무 수행중이거나 $25,000이상의 보험에 가입한 경우에는 형사불입건-단, 피해자가 이의를 제기하는 경우 형사 입건 가능 ⑵ 교통사고 발생시 의료비 사전지급 등 손해배상이 신속히 이루어지도록 상호 노력을 규정

◉ 한미행협사건 처리요령

1) 경찰서 외사계

a) 기초사실 조사→ 미군당국에 통고→ SOFA 사건 발생보고 → 신병 인도의 절차를 거침

b) SOFA 사건 발생보고 : 사건접수 후 24시간 이내에 관할 지검에 보고 함

c) 신병인도 : 미군당국이 신병이도를 요구하면 책임 장교 서명과 신병인수증을 받은 후 미군당국에 인도하여야 한다. 단 사안이 중대하고 증거 인멸의 우려

가 있는 경우에는 합중국대 표를 입회시킨 후 예비조사를 실시한 후에 인도 해야 함

2) 피의자 조사

a) 출석요구 : 수사당국은 적어도 48시간 전에 미군당국에 피의자 출석을 요구 해야 함
b) 피의자 신문조서의 작성 : 조서말미에 반드시 미정부대표의 서명이 있어야 하며, 서명이 없는 조서는 유죄의 증거로 채택 되지 않는다.
c) 미군속·초청계약자 및 이들의 가족은 아무리 경미한 사건이라도 대한민국에 전속적 재판권이 있으므로 반드시 피의자 신문조서를 작성해야 함.

◉ 한미행정협정상 제3자에 대한 손해배상(국가배상) 책임

1) 공무수행 중 발생(간접적 보상)

- 공무집행 중 입힌 손해에 대해서는 대한민국이 1차 소송당사자로서 피해자에게 배상을 한 뒤에, 다시 미군에 대해 청구하게 됨(일본·독일도 유사함)

a) 대한민국의 법령에 따라 심사·해결·재판을 하게 됨
  - 우리나라의 '국가배상법'이 적용되고, 손해배상에 대한 대한민국 법원의 최종결정은 양당사자국에 대한 구속력을 가짐
b) 미군이 직무집행중 고의 또는 과실로 대한민국 내에서 대한민국 정부 이외의 제3자에게 손해를 미친 경우에는, 피해주민이 '지역배상심의위원회'나 '법원'에 손해배상을 청구하면 미군 또는 한미합동으로 피해조사를 하게 됨(배상심의회의 배상 결정은 임의적 절차임)
c) 만약, 배상심의위원회의 배상결정에 대해 미군이 이의를 제기하면, 국가배상 소송을 거쳐 최종 판단하게 됨
d) 배상액의 부담
  - 전적으로 미군의 책임인 경우 : 미군이 75%, 한국정부가 25% 배상
  - 미군과 한국정부의 공동책임 : 양측이 각각 50%씩 배상함

2) 공무이외에 발생(미군당국의 직접적 보상)

- 대한민국 당국이 심사를 하여 배상금 보고서를 작성하여 미군당국에 통고하고, 미군은 이 보고서를 토대로 보상여부 및 보상액을 결정하게 되고, 청구인이 이 보상액을 수락하면 보상절차가 종결 되게 됨.

○ **SOFA 대상자의 공무 외에 발생한 손해에 대한 배상은 미국정부가 100% 부담**

a) 대한민국 당국이 심사를 하여 배상금보고서를 작성하고, 미군은 이보고서를 토대로 보상여부 및 보상액을 결정하게 되고, 청구인이 이 보상액을 수락하면 보상절차가 종결된다.

b) 보상금의 지급은 청구인의 대한민국 법원에 대한 재판권에 영향을 미치지 아니함

c) 미군의 군용차량을 허가 없이 사용하여 발생한 손해에 대해서도 이를 적용하게 됨

○ 시설 및 구역내외의 경찰권

(1) 원칙적으로 미군 당국의 부대 영내외에서의 경찰권 행사를 인정 (2) 대한민국이 형사재판권을 행사할 수 있는 SOFA 대상자가 미군 측에 있을 경우 ⇒ 이들을 대한민국 측에 인도하여야 하는 대상에서 제외 ⇒ 신병확보가 어렵다.
(1) **시설 및 구역내부 경찰권** ① 1차적으로 미군당국에 체포권이 인정된다. ② 미군당국이 동의한 경우와 중대한 죄를 범하고 도주하는 현행범인 체포시 우리의 체포권이 인정된다. ③ SOFA 대상자가 아닌 경우 대한민국이 요청하는 경우 미군당국이 체포·인도하여야 한다.
(2) **시설 및 구역 주변 경찰권** 미군당국의 현행범인 체포·유치권 인정⇒SOFA대상자가 아닌 경우 즉시 대한민국에 인도해야 한다.
(3) 사람이나 재산에 관한 압수·수색·검증 미군당국의 동의를 요한다.

<table>
<tr><th colspan="2">◐ 외국군함 ◑</th></tr>
<tr><td>의의</td><td>(1) 해군에 복종하는 승무원이 승선하고 장교의 지휘 하에 있는 선박으로서 군대의 일부
(2) 국제법상 국가기간이므로 군함의 법률상·사실상 행위의 효과는 국가에 귀속</td></tr>
<tr><td>지위</td><td>(1) 불가침권 → 연안국 관헌은 함장의 동의 없이 군함 내부로 들어갈 수 없으며, 함장이 출입을 거부하면 외교경로를 통해 범인의 인도요구가 가능(함정에 대한 임의적 인도요구는 가능)
(2) 비호권 → 원칙적으로 비호권이 없으므로 일반범죄인의 인도의무가 있으며, 인도불응시 연안국은 군함에 대하여 퇴거요구를 할 수 있다.
(3)치외법권
① 타국의 영해·항만에서 특권을 누리며 연안국의 재판관할권으로부터 면제된다.
→ 그러나 항해·위생·경찰 등 연안국의 행정규칙을 준수해야 하며 이의 위반 시에는 퇴거요구가 가능하다.
② 공해상에서는 본국 이외의 어느 국가의 관할권으로부터도 면제된다.
→ 무해통항권은 모든 국가의 선박에 대해 인정이 되나, 군함의 경우에는 예외적으로 보통 사전 통고제 또는 허가제를 취하고 있다. (우리의 경우에는 3일전 사전통고를 요건으로 하고 있음)</td></tr>
</table>

<table>
<tr><th colspan="2">◐ 외국군대 ◑</th></tr>
<tr><td>의의</td><td>(1) 군대란 국가의 독립·권위·안전을 유지하기 위하여 존재하는 국가기관으로서 군대의 행위는 국가에 그 효과가 귀속된다.
(2) 외국군대의 구성원은 군인·군속·그 부양가족을 포함함, 무관은 외교특권 향유자이므로 외국군대의 구성원에서 제외된다.</td></tr>
<tr><td>주둔</td><td>(1) 파견국과 접수국간 우호관계에 의거 파견국 군대가 접수국 영토내에 머문다.
(2) 주둔과 점령의 비교
<table>
<tr><th>주둔</th><th>비교</th><th>점령</th></tr>
<tr><td>파견국과 접수국의 합의</td><td>근거</td><td>파견국의 일방적 행위</td></tr>
<tr><td>평시 (장기 주둔)</td><td>상태</td><td>전시(戰時)</td></tr>
<tr><td>조약에 의하여 정해짐</td><td>법적 지위</td><td>전시 국제법에 의함</td></tr>
<tr><td>우호관계에 기한 것으로 주둔지역의 영유권 귀속과는 무관함</td><td>주둔지역 영유권</td><td>적대관계에 기한 것으로 점령지역 영유권은 평화조약에 의해 귀속관계를 결정함</td></tr>
</table></td></tr>
</table>

지위	(1) 접수국 법령준수 의무 (2) 출입국관리 → 일반적으로 출입국 절차를 간소화 (3) 통관 및 관세 → 원칙적으로 접수국의 관세법이 적용 - 일반적으로 공용 또는 사용으로 직접 사용하기 위해 외국군대 당국의 공인된 기관을 통하여 수입되는 물건은 관세를 면제 한다. (4) 형사재판 관할권 → 원칙적으로 국가면제를 받지 못하고 접수국의 관할권에 귀속 ① 협정을 통하여 형사재판 관할권의 배분과 협력을 규정하는 경우가 많다. ② 일반원칙 → [군대의 막사는 불가침이며, 주둔지역 내에서 재판권이 면제]

◉ 외교특권과 경찰

외교특권(diplomatic privilege)의 개념

외교특권은 치외법권 또는 특권과 면제라고도 하는데, 외교관은 체재국법의 적용을 받지 않고 본국법을 따르는 국제법상의 특권을 말한다. 이렇게 외교사절은 종류와 계급을 불문하고 일반외국인과는 달리 국제법과 국제관습상 인정된 일정한 특권적 지위, 권리를 갖는데, 이를 외교특권이라 한다.

참고

※ 외교사절의 파견절차

아그레망 요청 → 대통령의 임명 → 신임장 부여 → 접수국 입국 → 신임장부본 제출 → 신임장정본제출

(1) 아그레망 요청 : 특정의 인물을 외교사절로 파견하기를 희망하는 국가가 파견하기 전에 상대국(접수국)에게 사전 동의를 구하는 것(외교사절단의 장은 아그레망이 필요, 그 외 직원은 아그레망 없이 임명할 수 있다. 단, 무관의 경우에는 사전에 성명의 통지를 요구할 수 있다.)

(2) 아그레망 부여 : 아그레망의 요청에 대하여 이의가 없다고 회답하는 것

(3) 아그레망 거부 : 접수국이 아그레망을 요청받은 특정인이 자국의 이익을 위해 만족할 만한 인물이 아니라고 판단되어 거부하는 것(접수국은 파견

국에 대해 아그레망의 거부이유를 통고할 의무를 지지 않는다. 아그레망을 부여한 후에도 비우호적인 인물로 선언하고 파견국에 대하여 외교사절의 소환을 요구할 수 있다.)

참고

※ 페르조나 난 그라타(persona non grata)

다른 나라가 파견한 외교관을 접수국이 특정외교관의 전력, 또는 정상적인 외교활동을 벗어난 행위를 문제 삼아 '비우호적 인물' 또는 '기피 인물'로 선언하는 것.

◐ 외교특권의 시기와 종기 ◑	
특권향유의 시기	부임하기 위하여 접수국의 영역에 입국하였을 때
특권향유의 종기	접수국의 영역을 출국할 때까지

◐ 외교사절의 종류 ◑		
상주외교사절		국가를 일반적으로 대표할 자격을 가지고 접수국에 상주하여 본국과의 외교관계를 처리하는 외교사절
임시외교사절	사무사절	외국과의 특정한 외교교섭, 조약체결, 국제회의 참가 등 목적으로 파견되는 일시적 외교사절
	예의사절	외국의 축전 또는 의식에 국가대표로 파견되는 일시적 외교사절

◐ 외교사절의 계급 ◑	
대사(ambassadors)	국가의 원수에 의해 파견된 대사
공사(ministers : 전권공사)	국가의 원수에 의해 파견된 공사
대리공사(chaeges d'affaires)	외교통상부장관에 의해 파견된 대리공사

◐ 외교사절의 직무 ◑	
파견국대표	외교사절은 접수국에서 파견국을 대표한다. 단, 조약의 체결은 다시 전권 위임장을 요한다.
외교교섭	외교사절은 파견국을 대표하여 접수국과 외교교섭을 하며, 이 교섭은 접수국의 외무당국을 경유한다.
관찰과보호	적법한 수단에 의하여 접수국내의 정치 · 경제 · 문화 · 교육 등을 관찰하여 본국에 보고한다.
자국민의 보호와 감독	외교사절은 접수국내에서 자국민을 보호하고 감독한다. 접수국의 국내법에 저촉되지 않는 범위내에서 자국민의 출생, 혼인, 사망에 관한 신고를 수리하고 여권 · 신분증명서를 발급한다.
우호관계촉진	외교사절은 파견국과 접수국간의 우호관계를 촉진하고, 양국간의 정치적 · 경제적 · 문화적 · 군사적 관계 등의 발전을 도모한다.

◉ 외교사절

공 관 장		• 대사, 대사대리
공 관 직 원	외교직원	• 공사, 참사관, 각급서기관, 각종 주재관(무관, 상무관, 공보관, 노무관등)등 외교관신분이 부여된 자
	행정 · 기능직원	• 부기사, 개인비서, 속기사, 타자수, 기록보관사, 교정사 등
	노무직원	• 요리사, 운전사, 사환, 하인 등
개인 사용인		• 사용 노무종사자로 공관직원의 가사에 종사

◉ 특권·면제의 인적범위

외교관	• 비엔나 협약의 모든 특권향유(외교관: 공관장과 외교직원)
행정·기능직원	• 외교직원과 같은 특권과 면제를 향유. • 민사, 행정재판권 면제는 직무중의 행위에 한함
노무직원	• 직무 대상 중의 행위에 한함
개인 사용인	• 보수면세, 각국의 재량

Notice

(1) 외교관과 그들의 가족, 임무수행중인 행정 및 기술관료들이 가지는 재판권과 행정권으로부터 면책권으로서, 「치외법권(治外法權)」 또는 「특권과 면제(비엔나 협약)」등의 용어로 사용된다.
→ 외교특권은 외교사절이 입국한 때로부터 부여된다.
→ 외교특권을 가지는 외교관은 대사·공사이다.(영사는 제외)
(2) 「외교관계에 대한 비엔나 협약1961」, 「영사관계에 대한 비엔나 협약 : 1963」
→ 비록 성문의 조약이 존재하지 않는다 해도 국제관습법으로 인정되고 있다.
(3) 법적 성질 → 기능설(파견국 측에서만 외교특권의 포기가 가능)
(4) 주한 미연합군사고문단원이나 대사관 무관의 경우 「준외교특권」을 향유한다.
(5) 영사(領事) → 주재국과의 통상증진, 자국민 보호 등을 목적으로 파견된 공무원으로서 외교특권을 가지지 않다. (영사의 범죄에 대한 수사상의 특칙은 인정된다.)

◉ 외교특권의 내용(1961년 비엔나 협약 기준)

불가침권	신체의 불가침	(1) 어떠한 경우에도 체포·구금·소추·처벌을 받지 않는다. 단, 소환요구나 추방조치, 일시적 신체의 자유의 구속은 가능 (2) 형법§107·108의 특별보호 규정
	관사의 불가침	(1) 공관 + 개인주택 + 교통수단 → 수색·압류·강제집행 안 된다. (2) 범죄인의 비호권은 인정되지 않는다. → 폭도로부터의 일시적 보호는 가능
	문서의 불가침	(1) 문서가 있는 장소 및 공문서·사문서 여부는 불문한다. (2) 외교단절의 경우에도 불가침이 인정 (3) 불가침성이 상실되는 경우 ① 간첩행위의 書證이 되는 경우 ② 동일국적의 간첩이 절취·복사한 문서

<table>
<tr><td rowspan="6">치외법권
(면제권)</td><td colspan="3">외교사절은 원칙적으로 접수국의 통치권(재판 · 행정 · 과세권)에 복종하지 않는다.</td></tr>
<tr><td rowspan="3">재판권의
면제</td><td>형사재판권</td><td>완전 면제→공무+개인자격의 행위 모두 포함</td></tr>
<tr><td>민사재판권</td><td>원칙적으로 면제가 되고 예외적으로 허용된다.</td></tr>
<tr><td>증언의무</td><td>증언의무가 없다.(자발적 증언은 가능)</td></tr>
<tr><td>경찰권의
면제</td><td colspan="2">(1) 교통신호 등의 기초질서에 대한 준수의무는 존재한다.
→ 그러나 공권력으로 관철될 수는 없다. (경찰벌에서 면제)
(2) 긴급방어나 긴급사태의 상황이 존재할 경우 경찰강제가 허용된다.
① 행위책임 → 음주운전자에 대한 위험방지 조치
② 상태책임 → 화재나 전염병의 발생시 관사출입 가능</td></tr>
<tr><td>경비의무</td><td colspan="3">(1) 경찰은 외교관과 관사에 대해 보호의무를 부담
(2) 공관경비로서 중요시설경비에 해당한다.</td></tr>
</table>

Notice

※ 외교사절의 직무종료사유(비엔나 협약 제43조)

- 본국으로부터의 소환
- 접수국으로부터의 퇴거요구
- 사절의 승진으로 원임무가 종료되고 새로운 신임장을 요하는 경우
- 외교관계의 단절 또는 전쟁의 발발
- 본국 또는 접수국의 원수의 사망, 퇴임, 임기만료
- 본국 또는 접수국의 정체의 변경, 소멸
- 사절자신의 사망

◐ 외교사절과 영사의 특권·면제 비교 ◑		
	외교사절	영사
성질	정치적기관	비정치적 · 우호통상기관(경제)
임무개시	신임장의 제출시	접수국의 영사인가장 부여
신체의불가침	포괄적(안전을 위한 일시적 구속가능)	공무에 한하여(체포 · 구속 · 기소가능)
공관의불가침	포괄적(공 · 사불문)	공관만 향유(추후보상을 전제로 징발할 수 있다)
문서의불가침	포괄적	공문서만 보호 (영사직원의 입회하에 개봉요구 할 수 있음)
면제권	포괄적 향유	공무상 행위만 해당
외교교섭	가능	불가능
국적	자국민	자국민일 필요는 없음
아그레망	요함	불요

◐ 영사의 종류 ◑	
전임영사 (전무영사)	① 본국으로부터 일정한 급여를 받고 영사 직무에 전임하는 자 ② 파견국의 국민이며 관사, 본무영사 또는 파견영사라고 함
명예영사 (선임영사)	접수국의 국민중에서 선임되며 단순히 위촉을 받아 영사 직무에 종사하나 이에 전임되는 것은 아니며 수당성격의 보수받음

Notice

※ 영사의 계급(1963년 영사관계에 관한 비엔나 협약 제9조 제1항)

① 총영사(Consul general) ② 영사(Consul) ③ 부영사(Vice consul)
④ 영사대리

◉ 인터폴(ICPO) : 국제형사경찰기구(International Criminal Police Organization)

1. 의의 : 국제화에 따른 범죄의 무국경화에 대응하기 위하여 사무총국 및 회원국 경찰당국간 범죄정보를 교환하고 범죄인 검거 등에 상호 협력하는 국제기구

2. 발전과정

1914년 당시 61세이던 모나코의 알버트1세 왕자는 모나코 왕궁에서 독일 애인과 밀애를 즐겼다. 그런데 독일 애인이 변심해 몰래 모나코의 보물을 훔쳐 이탈리아로 도주했다.

'늙은' 모나코 왕자는 애인의 배신에 몹시 상심해, 즉각 이탈리아 경찰에 도주한 애인의 소재를 파악해 체포해줄 것을 요구했다. 그러나 이탈리아 경찰은 국제법학자로부터 독일 애인은 이탈리아 국내법을 어긴 사실이 없으니 체포할 근거가 부족하다는 충고를 듣고 이를 알버트1세에게 통보했다. 이 일을 계기로 두 나라는 국제 공조 수사를 위한 장치 마련에 공감하게 되었다. 알버트1세는 국가간의 경찰 협력을 위한 기구 창설을 주장하여, 1914년 4월14일 24개국이 참가한 가운데 제 1회 국제경찰회의가 개최됐는데, 이것이 인터폴 창설의 기초가 되었다.

① 1914년 모나코에서 제1차 국제형사경찰회의 개최

'국제범죄 기록보관소 설립, 범죄인 인도절차의 표준화 등에 대하여 논의'

② 1923년 비엔나에서 제2차 국제형사경찰회의 개최

'국제형사경찰위원회(ICPC)' 창설

'국제형사경찰위원회(ICPC)'는 근본적으로 유럽대륙 위주의 기구였다는 지역적 한계성을 가지고 있었다.

③ 1956년 제25차 비엔나 ICPC총회에서 '국제형사경찰기구(ICPO)' 발족 (회원수 55개국)

④ 1971년 국제연합에서 정부간 국제기구로 인정

⑤ 1996년 국제연합 총회에서 옵저버 지위를 부여

⑥ 2008년 현재 회원국 186개국의 범세계적 국제기구로 발전

⇨ 우리나라는 1964년 가입하여 1979년 서울에서 제5차 아시아지역회의 및 1999년 제68차 서울총회 개최

3. 기구의 목적 및 가입

(1) 목적(인터폴헌장 제2조)

회원국 형사경찰당국간의 협조를 최대한 보장·증진하여 국제범죄를 예방 및 진압

* 정치, 종교, 군사, 인종적 성격을 띤 사항에 대하여는 활동이 금지

(2) 가입

국가의 공식 경찰기관이 회원으로 가입할 수 있으며, 관계 정부당국이 사무총장에게 가입신청서를 제출 후 총회에서 참석회원국 2/3 이상의 찬성을 얻어 가입

4. 법적 지위

① 인터폴헌장, 회원국의 국내법에 의거하여 국제간 경찰협력을 위해 활동하는 국제기구

② 자체 범죄수사권을 가진 국제경찰이 아니라 경찰협력을 통한 국제공조수사 기구

5. 회원국간의 협력

가. 협력의 기본원칙

① **주권존중** : 횡원국의 국내법에 따라 행하는 통상적 업무수행 범위내 협조

② **일반형법의 집행** : 일반 범죄와 관련된 범죄의 예방 및 진압에 국한된다.

③ **보편성** : 지리적·언어적 요소로 방해 받지 않고 타 회원국과 협력할 수 있음

④ **평등성** : 재정분담금의 규모와 관계없이 동일한 혜택과 지원을 받음

⑤ **타기관과의 협력** : 국가중앙사무국을 통해 범죄예방·진압 관련 타 국가기관과 협조

⑥ **협력방법의 융통성** : 회원국 국내실정을 고려하여 협조방식 변경가능

나. 협력의 종류

① 범죄수사 협력

범죄행위 등에 대한 조사요령, 도피범죄인의 체포 또는 신병확보

② 범죄예방을 위한 협력

국제성범죄 관련 우범자 등 발생시 사전통보, 새로운 범죄발생시 각국에 통보, 범죄정보 회람시, 교육 및 세미나 개최에 의한 기술협조 등

6. 조직

가. 총회

① 기구의 최고 의결기관으로써 중요정책, 활동계획, 재정업무 관련 중요사항을 의결

② 매년 1회 개최 및 각 회원국 대표로 구성, 각 회원국은 동등하게 1표 행사

나. 집행위원회

① 제한적 심의기관으로, 총회 결정사항의 이행여부확인, 총회의제안 준비, 총회에 제출될 활동계획 및 예산안 승인, 사무총국 운영에 대한 감독업무를 수행

② 매년 3회 개최, 13명의 위원(총재1, 부총재3,집행위원9)은 지역적 배분 원칙에 따라 선출

다. 사무총국(프랑스 리용에 있음)

① 상설 행정기관 및 기술기관으로서, 총회 결정사항을 이행하고 범죄정보를 집중관리하며 회원국 및 국제기구와의 연락·협력업무를 수행

② 5년 임기 사무총장이 사무총국을 운영하여 조직관리 및 예산 집행

③ 경찰업무관리관, 행정관리관 등 2개관과, 비서실, 자문관실, UN담당관실, 법무지원실 등 4개실과 NCB지원 및 I-24/7지원국, 수사지원국, 특별범죄국, 지역사무소운영국, 예산행정국, 기술정보지원국 등 6개국을 두고 있음

라. 국가중앙사무국

① 회원국에 설치된 상설 경찰협력부서로 사무총국 및 회원국들과의 공조, 자국내 법집행기관들과의 협력업무를 수행

② 우리나라는 경찰청 외사국 외사수사과 인터폴계에 설치 (외사국장이 국가중앙사무국장)

각국의 국제형사경찰기구 국가중앙사무국
영국 – SOCA(중대조직범죄청)
미국 – 법무부 FBI 정보3과
독일 – BKA(연방범죄수사국)
프랑스 – 경찰청 수사국 외부연락부국 국제관계과
일본 – 경찰청 장관관방 국제부
중국 – 공안부 국제합작국 인터폴업무처
한국 – 경찰청 외사국 외사수사과 인터폴계

◉ **국제수배서**

국외도피범, 실종자, 우범자 및 장물 등 국제범죄와 관련된 수배대상인 인적·물적 사항에 관한 정확한 자료를 회원국에 통보하여 국제적으로 범죄수사에 공동대응하기 위한 것.

○ **국제수배서의 종류**

적색 수배서	체포 수배서(범죄인 인도)	Red Notice
청색 수배서	국제정보조회 수배서(신원확인, 소재확인 요청 등)	blue Notice
녹색 수배서	상습국제범죄자 동향 파악 수배서	Green Notice
황색 수배서	가출인 수배서(가출인 소재파악 또는 기억상실자 신원 파악)	Yellow Notice
흑색 수배서	변사자 수배서 (신원불상 사망자 또는 가명 사용 사망자 신원확인)	Black Notice
오렌지 수배서 (보안경고서)	테러범, 위험인물경고 수배서 (폭발물,테러사용 도구에 관한 사실 통보)	Orange Notice(Security Alert)
장물 수배서	도난 또는 불법취득물건 문화재 등 수배	Stolen Property Notice
자주색 수배서 범죄수법수배서	새로운 범죄수법 배포	Purple Notice Modus Operandi

◉ 국제수배서의 발행 및 취소

① 발행 : 사무총국은 각 회원국에서 수배 의뢰한 내용을 종합하여 수시로 국제수배서를 발행하여 우편 또는 인터폴 통신망(긴급을 요할 경우)을 이용하여 각 회원국에 배포함

② 취소 : 수배자 검거, 시효완료, 범인인도, 소재확인, 신원파악, 장물회수 등 수배 취소사유 발생 시에는 사무총국에 통보하고, 사무총국은 이를 종합하여 월 2회 수배해제를 각 회원국에 통보함. **그러나 녹색수배서의 경우**에는 특별한 경우 외에는 취소되지 않으며 수배요청국의 재량에 의해 취소될 수 있을 뿐이다.

◉ 국제수배자 및 장물 발견시의 조치사항

① 국제수배자 및 장물 발견시의 조치사항은 각 국제수배서에 기록되어 있으나, 원칙적으로 대상물의 발견시에는 사무총국 및 수배요청국에 통보하여 외교적 절차를 밟아 해결함

② **다만, 적색수배서의 경우**에는 이를 긴급인도구속 청구서로 인정하는 국가의 경우에는 즉시 체포와 신병인도가 가능하지만, 그렇지 않은 국가의 경우에는 수배국에 입국사실을 통보해야 하며, 수배국에서 범죄인 인도를 청구할 수 있도록 적절한 조치를 해야 한다.

○ 인터폴 공용어 : 영어, 불어, 스페인어, 아랍어

○ 인터폴 사무총국 : 상설행정기관으로 프랑스 리용에 있음. 사무총국 제2국이 연락 및 범죄정보의 배포 등 핵심적 기능을 수행함

○ 인터폴 국가중앙사무국 : 모든 회원국 내에 설치된 상설기구로 회원국 간의 각종 공조요구에 대응하고 있음(NCB : National Central Bureau)

○ 인터폴의 가입 : 총회에서 출석회원 2/3 이상의 찬성을 얻어야 함

○ 국제형사경찰기구 헌장 제2조

각국의 국내법 범위내에서 **세계인권선언**의 정신에 입각하여 형사경찰 당국간의 최대한 협조를 보장· 증진하고, 범죄의 예방과 진압에 효과적으로 기여할 수 있는 모든 제도를 설립·발전시킨다.

○ 국제형사경찰기구 헌장 제 3조

국제형사경찰기구는 **정치적, 종교적, 군사적, 인종적** 성격을 띤 사항에 대해서는 어떠한 간섭이나 활동을 하는 것을 엄격히 금지한다.

Notice

*** 국제공조수사시 구비서류**

① 피의자 인적사항(여권상 영문성명, 여권번호)
② 범죄사실(송치의견서 사본 등 첨부)
③ 도주예상국 및 은신처(영문 등 현지어 표기), 출국기록(일시,국가)
④ 구속 또는 체포영장 사본
⑤ 여권 행정제재 공문 사본(외교통상부 여권과에 요청)
⑥ 출입국규제(입국시 통보요청)공문사본(경찰청 수사과 → 법무부)
⑦ 기타관련사항
　* 도주예상국 및 은신처(영문 및 한글표기) ×

Notice

*** 인터폴 적색 수배자 입국시 관할 경찰서 조치요령**

① 수배자 여부를 컴퓨터로 재확인 후 수배자의 동향을 24시간 감시한다.
② 지원이 필요할 경우에는 관할 지방경찰청 외사과에 보고하고 필요한 인원을 지원 받는다
③ 수배자가 타관할로 이동한 경우 이동한 경찰서 외사요원에게 동향감시를 인계한 후 경찰청으로 즉보한다.
④ 인수받은 경찰서는 수배자 출국시까지 동향감시하고 그 결과를 매일 경찰청에 즉보한다

Notice

*** 인터폴 사무총국에 적색수배요청기준**

① 살인, 강도, 강간 등 강력범죄 관련사범
② 폭력조직 중간보스 이상 조직폭력사범 (폭력조직원등 조직폭력사범 ×)
③ 다액(50억원 이상)경제사범
④ 기타 수사관서에서 특별히 적색수배를 요청하는 중요사범

◉ 범죄인 인도 원칙

한나라의 형법, 기타 형사관계법을 위반한 범죄인이 다른 나라에 있는 경우 범죄지 국가의 요청에 따라 그 범죄인을 인도하는 것을 말한다.

상호주의의 원칙 (제4조) (Reciprocity principle)	우리나라와 범죄인 인도조약이 체결되지 않은 국가의 경우에 동일·유사한 사안의 경우에 대한민국의 공조요청에 응한다는 요청국의 보증이 있는 경우에만 인도에 응한다는 원칙
최소한 중요성의 원칙(§6) (Principle of Minimum gravity)	어느정도 중요성을 띤 범죄만 인도한다는 원칙 -우리나라는 사형, 무기, 장기1년 이상의 범죄만 인도
쌍방 가벌성의원칙 (제6조)(Principle of double criminality)	청구국과 피청구국 쌍방의 법률에 의하여 범죄를 구성하지 않는 경우에는 범죄인을 인도하지 않는다는 원칙
유용성의 원칙(§7 1호) (Principle of utility)	실제로 처벌하기 위해 필요한 범죄자만 인도한다는 원칙 - 시효완성, 사면 등으로 처벌하지 못하는 범죄자는 인도대상에서 제외

정치범 불인도의원칙 (제8조)	① 인도대상인 범죄는 일반범죄에 한하고, 정치범은 인도치 않는다. ② 범죄인인도법은 정치범에 대한 개념 규정이 없고, 인도의 예외사항만 규정하고 있음. - 가해조항(Belgium clause:암살조항) - 정치범에 해당하는 범죄의 경우라도 국가원수나 그 가족을 살해한 자는 정치범으로 인정하지 않는다는 것이다. 예외) 국가원수 암살, 항공기 불법납치, 집단학살, 전쟁범죄, 야만·약탈행위, 해적행위, 노예·인신매매, 위조, 마약거래, 인종차별, 고문 등
자국민 불인도의 원칙 (제9조)	자국민은 인도하지 않는다는 원칙(한국 : 임의적 거절사유) - 대륙법 채택, 영미법 채택 없음
특정성의 원칙(제10조) (Principle of specialty) *예외(제10조의2, 제42조의4)	인도된 범죄인이 인도가 허용된 범죄 외의 범죄로 처벌받지 않는다는 원칙 * 인도가 허용된 범죄 외의 범죄에 대하여 외국으로부터 동의요청이 있는 경우 및 외국에 대한 동의요청의 경우 그 상당한 이유 인정에 따라 인도승인 가능 즉 다른 명목의 범죄로 처벌하거나 제3국에 인도될 수 없다는 원칙
군사범 불인도의 원칙	군사범죄, 즉 탈영, 항명 등의 범죄자는 인도하지 않는다는 원칙(우리나라는 명문의 규정이 없음)

(1) 범죄인 인도청구의 심사절차

① 외교부장관이 외교경로를 통하여 범죄인인도 청구서를 접수

② 외교부장관은 조약유무 등 형식적 사항을 확인 후 법무부장관에게 청구서 송부

③ 법무부장관은 상당성 여부를 판단 후 청구서를 서울고등검찰청 검사장에게 송부

④ 서울고등검찰청 검사는 서울고등법원에 인도심사를 청구(형사소송절차 준용)

⑤ 원칙적으로 범죄인을 인도구속, 긴급시 긴급인도구속영장으로 긴급인도구속

⑥ 서울고등법원은 2개월 내(훈시규정) 인도심사 여부 결정(각하, 거절, 허가)

⑦ 인도허가결정시 법무부장관은 범죄인인도 명령을 하고, 인도장을 발부해 검사장에게 송부

⑧ 검사는 교도소장을 지휘, 기한 내(인도명령을 한 날로부터 30일) 지정된 장소에서 청구국 호송관에게 범죄인 인도

◉ 인도청구서의 접수 → 외교부장관의 처리 → 법무부장관의 인도심사청구명령 → 서울고등검찰청의 인도심사청구 → 서울고등법원의 심사(범죄인이 구속 중인 경우에는 구속된 날로부터 2개월 이내에 결정해야함)

(2) 외국에 대한 인도청구

① 수사 또는 재판 관여 검사는 법무부장관에게 범죄인 인도 요청

② 법무부장관은 범죄인인도 청구 여부 결정

③ 청구결정시 검사 ⇨검찰총장⇨법무부장관⇨외교부장관⇨피청구국 외교부로 인도청구자료를 송부

④ 피청구국에서 인도결정 후 인도준비 통보, 검사는 호송관을 파견하여 범죄인 송환

◉ 사법경찰관 → 검사 → 법무부 → 외교부 → 피청구국(통상 피청구국 외무부 → 법무부), 조약이나 피청구국의 국내법에 다른 규정이 있으면 법무부에서 해당기관에 직접 전달 할 수 있다.

(3) 인도 대체수단

인터폴 수배를 통한강제송환, 추방요구, 3국에서의 인도, 여권무효, 외국 사법처리(기소)

범죄인 인도법

제3조의2(인도조약과의 관계) 범죄인 인도에 관하여 인도조약에 이 법과 다른 규정이 있는 경우에는 그 규정에 따른다.

제4조(상호주의) 인도조약이 체결되어 있지 아니한 경우에도 범죄인의 인도를 청구하는 국가가 같은 종류 또는 유사한 인도범죄에 대한 대한민국의 범죄인 인도청구에 응한다는 보증을 하는 경우에는 이 법을 적용한다

제6조(인도범죄) 대한민국과 청구국의 법률에 따라 인도범죄가 사형, 무기징역, 무기금고, 장기(長期) 1년 이상의 징역 또는 금고에 해당하는 경우에만 범죄인을 인도할 수 있다.

제7조(절대적 인도거절 사유) 다음 각 호의 어느 하나에 해당하는 경우에는 범죄인을 인도하여서는 아니 된다.

1. 대한민국 또는 청구국의 법률에 따라 인도범죄에 관한 공소시효 또는 형의 시효가 완성된 경우
2. 인도범죄에 관하여 대한민국 법원에서 재판이 계속(係屬) 중이거나 재판이 확정된 경우
3. 범죄인이 인도범죄를 범하였다고 의심할 만한 상당한 이유가 없는 경우. 다만, 인도범죄에 관하여 청구국에서 유죄의 재판이 있는 경우는 제외한다.
4. 범죄인이 인종, 종교, 국적, 성별, 정치적 신념 또는 특정 사회단체에 속한 것 등을 이유로 처벌되거나 그 밖의 불리한 처분을 받을 염려가 있다고 인정되는 경우

제8조(정치적 성격을 지닌 범죄 등의 인도거절) ① 인도범죄가 정치적 성격을 지닌 범죄이거나 그와 관련된 범죄인 경우에는 범죄인을 인도하여서는 아니 된다. 다만, 인도범죄가 다음 각 호의 어느 하나에 해당하는 경우에는 그러하지 아니하다.

1. 국가원수(國家元首)·정부수반(政府首班) 또는 그 가족의 생명·신체를 침해하거나 위협하는 범죄
2. 다자간 조약에 따라 대한민국이 범죄인에 대하여 재판권을 행사하거나 범죄인을 인도할 의무를 부담하고 있는 범죄
3. 여러 사람의 생명·신체를 침해·위협하거나 이에 대한 위험을 발생시키는 범죄

② 인도청구가 범죄인이 범한 정치적 성격을 지닌 다른 범죄에 대하여 재판을 하거나 그러한 범죄에 대하여 이미 확정된 형을 집행할 목적으로 행하여진 것이라고 인정되는 경우에는 범죄인을 인도하여서는 아니 된다.

제9조(임의적 인도거절 사유) 다음 각 호의 어느 하나에 해당하는 경우에는 범죄인을 인도하지 아니할 수 있다.

1. 범죄인이 대한민국 국민인 경우
2. 인도범죄의 전부 또는 일부가 대한민국 영역에서 범한 것인 경우
3. 범죄인의 인도범죄 외의 범죄에 관하여 대한민국 법원에 재판이 계속 중인 경우 또는 범죄인이 형을 선고받고 그 집행이 끝나지 아니하거나 면제되지 아니한 경우
4. 범죄인이 인도범죄에 관하여 제3국(청구국이 아닌 외국을 말한다. 이하 같다)에서 재판을 받고 처벌되었거나 처벌받지 아니하기로 확정된 경우
5. 인도범죄의 성격과 범죄인이 처한 환경 등에 비추어 범죄인을 인도하는 것이 비인도적(非人道的)이라고 인정되는 경우

◉ 국제형사사법공조의 기본원칙

① 상호주의, 쌍방가벌성의 원칙, 특정성의 원칙

국제형사사법공조법

제5조 (공조의 범위) 공조의 범위는 다음 각 호와 같다.
1. 사람 또는 물건의 소재에 대한 수사
2. 서류·기록의 제공
3. 서류 등의 송달
4. 증거 수집, 압수·수색 또는 검증
5. 증거물 등 물건의 인도(引渡)
6. 진술 청취, 그 밖에 요청국에서 증언하게 하거나 수사에 협조하게 하는 조치

② 공조절차

검사(사법경찰관은 검사에게 신청)는 외국과의 공조가 필요한 경우 대검찰청을 경유하여 법무부 장관에게 공조요청서를 송부하고, 법무부 장관은 공조요청 여부를 결정한 뒤 요청이 상당하다고 인정되면 외교통상부 장관에게 이를 송부하며, 외교통상부 장관은 피요청국에 공조요청을 실시한다. 조약체결국에 대한 공조요청의 경우에는 원칙적으로 조약규정에 따른다.

Notice

◑ 범죄인 인도와 국제형사사법공조와의 차이 ◐

범죄인 인도는 피의자나 피고인 또는 유죄의 확정판결을 받은 자의 강제적 신병인도를 목적으로 하는 제도임에 대하여, 형사사법공조는 신병확보가 주목적이 아니고 형사사건과 관련한 국제협력을 통하여 범죄진압을 위한 제조건의 개선을 목적으로 하며 대부분의 경우 강제조치가 수반되지 아니한다.

Notice

◑ 국제형사사법 공조법 제7 공조의 연기 ◐

대한민국에서 수사가 진행 중이거나 재판에 계속(係屬)된 범죄에 대하여 외국의 공조요청이 있는 경우에는 그 수사 또는 재판 절차가 끝날 때까지 공조를 연기할 수 있다.

Notice

◑ 국제형사사법 공조법 제6조 임의적 공조거절사유 ◐

1. 대한민국의 주권, 국가안전보장, 안녕질서 또는 미풍양속을 해할 우려가 있는 경우
2. 인종·국적·성별·종교·사회적 신분 또는 특정 사회단체에 속한다는 사실이나 정치적 견해를 달리한다는 이유로 처벌되거나 형사상 불이익한 처분을 받을 우려가 있다고 인정되는 경우
3. 공조범죄가 정치적 성격을 지닌 범죄이거나 공조요청이 정치적 성격을 지닌 다른 범죄에 대한 수사 또는 재판을 할 목적으로 행하여진 것이라고 인정되는 경우
4. 공조범죄가 대한민국의 법률에 의하여 범죄를 구성하지 아니하거나 공소를 제기할 수 없는 범죄인 경우
5. 이 법에 요청국이 보증하도록 규정되어 있는데도 불구하고 요청국의 보증이 없는 경우

◉ 인터폴을 통한 공조절차

순찰지구대 등 → 경찰서 외사계 → 지방청 외사계 → 경찰청 외사수사과 인터폴계 → 상대국 인터폴 중앙사무국 → 상대국 경찰서

◉ 외교경로들 통한 형사사법공조절차

경찰서 → 검사 → 대검찰청 → 법무부장관 → 외교부장관 → 상대국주재 한국대사관 → 상대국외무부장관 → 상대국 경찰기관

◉ **외국의 요청에 따른 수사의 공조절차**

공조요청국 → 외교부장관 → 법무부장관 → 지방검찰청 검사장 → 검사 → 경찰

◉ **형사재판에 관하여 외국의 공조요청에 대한 절차**

공조요청국가 → 외교부장관 → 법무부장관 → 법원행정처장 → 관할 지방법원

저자소개

배 철 효

영남대학교 행정대학원 행정학과 졸업(행정학 석사)
경남대학교 대학원 행정학과 졸업(행정학 박사)
경비지도사 출제 및 검토위원
공인행정관리사 시험출제위원
청원경찰 시험출제위원
7급 공무원 공개채용시험 출제위원
민주평화통일자문회 자문위원
대구지방경찰청 집회·시위 시민참관단 위원
대구북부경찰서 경찰행정발전위원회 위원
법무부 범죄예방위원회 위원
한국민간경비학회 지역부회장
한국자치경찰경비학회 회장
한국경찰발전연구학회 연구이사
(사)대한지방자치학회 감사
한국전문대학교육협의회 학과평가위원
한국특수행정탐정학회(PIA)대구·경북지회장
알투스 경찰서 평가위원원장
신변보호사자격시험 대구본부장
대구산업정보대학 학사운영처장
현) 수성대학교 민간경비교육센터장
　　수성대학교 경찰행정학과 교수

[주요저서]

경찰학개론(대영문화사, 2007)
경비지도사 법학개론(21세기사, 2007)
경비지도사 민간경비론(엑스퍼트, 2006)
경찰학개론(경찰고시연구원, 2006)
경찰실무종합/상·하(경찰고시연구원, 2005)
공인 행정관리사 문제연구(대영문화사, 2005)

배 재 경

한국외국어대학교 대학원 행정학과 졸업(행정학 석사)
경남대학교, 창원대학교, 대전대학교 공무원반 특강교수
대구산업정보대학, 영남이공대학 강사
대전 국민경찰학원 경찰학 강사
마산 육서당고시학원 경찰학 강사
진주 한빛고시학원 경찰학 강사
서울 노량진 제일고시 경찰학 강사
현 국민경학학원 경찰학 강사
현 부산고시학원 경찰학 강사

[주요저서]

경찰학개론(대영문화사, 2007)

김정석

용인대학교 학사
용인대학교 석사
명지대학교 박사
아세아 항공전문학교 항공보안학부 학부장
대통령 경호실
한국 경호경비학회 서울 상임이사
대한 무도학회 이사
한국치안행정학회 이사
한국민간경비학회 이사
경찰대학 무도 자문위원
한국 산업인력공단 경비지도 시험 출제위원

김문성

동국대학교 법학과 졸업
고려대학교 법학석사
전남대학교 법학박사과정
현 청암대학교 겸임교수
덕성평생교육원 이사
법무부 범죄예방위원회 사무국장
순천교도소 교육위원
안암법학회 정회원

가기현

용인대학교학사
명지대학교대학원석사
선문대학교대학원박사
육영재단 어린이회관 교육부 문화.체육과장(전)
제24회 서울올림픽공로 표창장 8320호(체육부장관)
(사)어린이교통안전협회,안전운전교통봉사단안전위원(현)
감사장(어린이교통안전협회, 안전운전교통봉사단)
한국경호인협회 지도위원(전)
충남유도협회 이사(전)
중앙대학교 사회체육학과 겸임교수(현)
빅타경호시스템 경호사업부 자문위원(현)
표창장 수상(경찰무도지위원회 2012년 2월 24일)
(사)한국킥복싱협회 중앙위원장(현)
용인문화예술진흥원 경찰경호.체육학부장.교수(현)

[주요저서 및 논문]

스포츠마사지 실버생활관리사 교재편찬(중앙대학,경기농협산학협력과정)
청소년지도사 자격연수 교재편찬(산악자전거) 한국청소년개발원
운동처방과 영양관리. 진영사.(2012년. 가기현외)
스포츠회복 마사지. 진영사.(2012년. 가기현외)
전문가를 위한 호신술. 스포츠북스.(2011년. 가기현외)
킥복싱/킥복싱다이어트 입문서 진영사.(2012년. 가기현외)
킥복싱다이어트 이해. 감수(2012년. 가기현 외)
스포츠 사회학. 진영사.(2013년. 가기현 외)
최신 경호 트레이닝방법론 진영사.(2013년. 가기현 외)
스포츠마사지가 유도선수 피로 회복속도에 미치는 영향(명지대석사)
장기간 복합트레이닝이 운동성 스트레스 반응에 미치는 영양에 관한연구(선문대박사).
골프선수의 경력 및 기능수준에 따른 특성과 주의형태.스포츠리서치.(외 2명)
스키 선수와 코치와의 유형. 스포츠리서치.(외 2명)
스포츠 마케팅의 연구동향에 관한 이론적 고찰. 스포츠리서치.(외 2명)
운동시 에너지 소비 전해질 변화에 관한 연구.스포츠리서치.외 2명
대학 엘리트 축구선수의 운동성 스트레스 반응에 대한연구(제89회전국체전기념 학술발표)
대학 축구선수에 일회성 무산소 운동에 따른 유발성 스트레스 반응변화 연구.(한국운동영양학회지 2009년 제3권 3회)